해인사 비로전에 봉안된 목조 비로자나불

비로자나불 철조 도피안사(국보63호)

합천 해인사 대적광전

『80 화엄경』
「입법계품소초」 영인본
(봉은사 판)

大方廣佛華嚴經疏鈔卷六十九
于闐國三藏沙門實叉難陀 譯
清涼山大華嚴寺沙門澄觀撰述
入法界品第三十九之十
爾時善財童子了知彼優婆珊演底夜神初發菩提
心所生菩薩藏所發菩薩願所淨菩薩度所入菩薩
地所修菩薩行所行出離道一切智光海普救眾生
心普備大悲雲於一切佛刹盡未來際常能出生菩
賢行願漸次遊行至普德淨光夜神所
疏第二普德淨光夜神寄離垢地善友義如前說

論云謂如虛空經成眾功性常無盡如來一切真
實功德亦復如是其窮未來際云究竟功德者論
云如未來際無有盡期如來利他功德亦復如是
究竟無盡然上二句無著但云無盡功德等不言
開合無性開二故但第二十初有一生起
刹塵心念可數知大海中水可飲盡虛空可量風可
繫無能盡說佛功德
若有聞斯功德海而生歡喜信解心如所稱揚悉當
獲慶勿於此懷疑念
疏後二偈結德無盡亦是別顯無盡功德雖是總

刹塵心念可數知
大海中水可飲盡
虛空可量風可繫
無能盡說佛功德

세상의 먼지와 생각은
다 헤아릴 수 있고
큰 바다의 물도
다 마셔 없앨 수 있고
허공도 헤아릴 수 있고
바람도 묶어 맬 수 있으나
부처님의 위대한 공덕은
말로 다 표현할 수 없다네

화엄석경이 봉안된 봉경사 장경각

화엄석경 탁본(입법계품 권57下)

산서성 태원시 진사 내 봉경사에 조성된 화엄석경

현통사 조사전에 봉안된 화엄종 조사상(1조/2조/3조)

제4조 청량국사 징관상

의상대사

행복한 화엄경

행복한 화엄경

초판 1쇄 발행 | 2008년 3월 03일
개정 1쇄 발행 | 2018년 3월 20일
개정 2판 1쇄 발행 | 2023년 7월 28일

지은이 | 정엄

펴낸이 | 김제구
펴낸곳 | 리즈앤북
인쇄·제본 | 한영문화사

출판등록 제2002-000447호
주소 04029 서울시 마포구 잔다리로 77 대창빌딩 402호
전화 02-332-4037
팩스 02-332-4031
이메일 ries0730@naver.com

값은 뒤표지에 있습니다.
ISBN 979-11-90741-37-8 (03220)

행복한 화엄경

시공을 넘어서 핀 꽃

리즈앤북
ries & book

스님들의 법문을 들으면서는 '아! 이것이 바로 부처님의 가르침, 깨달음의 세계구나.' 싶은 감명에 고개를 끄덕이다가도, 시간이 지나면 어느새 그 감흥을 잊고 맙니다. 가르침을 듣는 순간에는 그 의미를 새기고자 하지만 현실의 생활 속에서 실천에 이르지 못하고, 결국 다시 우리는 '불교란 무엇인가?' 라는 근원적인 물음으로 되돌아가곤 합니다. 그리고는 고개를 저으며 접근 자체를 어려워합니다. 그러나 이렇게 한 번 생각해 보십시오.

여러분은 한 편의 시나 소설 혹은 에세이를 읽고서 감동하며 마음에 깊이 새겼던 적이 있을 것입니다. 그리고 그 감동의 한 구절을 가까운 벗이나 지인들에게 전하면서 내가 받은 감동을 함께 느꼈으면 하는 바람을 가진 적이 있었을 것입니다. 또 어느 철학가의 심오한 사상을 접하고서는 그의 사상을 삶의 지침으로 삼았던 적도 있을 것입니다.

같은 선상에서 불교 경전을 잘 생각해 보십시오. 경전 속에는 시와 소설, 에세이, 철학, 사상뿐만 아니라 구전 전승되는 설화 등 여러 장르가 다 포함되어 있습니다. 어느 스님의 깨달음을 읊은 게송은 맑은 시요, 경전 자체는 장엄한 소설이며 심오한 철학이고, 전해오는 일화 혹은 영험담은 재미있는 설화입니다.

이뿐만이 아닙니다. 경전을 바탕으로 그려져 있는 불화와 탱화 속에는 미의 세계를 초월한 영적 세계를 느끼게 하는 경탄감과 신비감이 깃들어 있으며, 노래 속에는 우리의 마음과 영혼을 맑게 해주는 의미 깊고 아름다운 시와 리듬이 담겨 있습니다. 더 나아가 현대 과학과 의학적 지식에는 불교적 세계관과 우주관이 용해되어 있다고 볼 수 있습니다.

불교의 많은 경전 가운데서도 특히 『화엄경』은 부처님께서 많은 천상의 대중을 위해 그 깨달음의 세계를 온전히 설하신 뛰어난 경전입니다. 『화엄경』 속에는 부처님께서 행하신 온갖 수행법과 법신불이신 비로자나부처님의 광명세계가 화려하고 아름답게 그려져 있습니다.

이 책은 바로 『화엄경』의 세계에 대한 이야기입니다. 필자는 어떻게 하면 『화엄경』과 쉽게 만날 수 있을까를 고민하면서 이 책을 집필하였습니다. 화엄사상이나 화엄과 관련한 여러 장르를 통해 우리는 어떤 세계를 품으며, 이 복잡 다양한 사회 속에 우리의 삶을 어떻게 인식하고 살아가야 하는지에 대한 해답을 찾아보려고 합니다. 우리가 진정으로 마음을 내어 『화엄경』을 배워 간다면, 이 세계에서 어떻게 살아가야 할 것인지에 대한 자각이 저절로 생기고, 그것은 자연스럽게 생활 속 실천으로 연결될 것입니다. 즉, 저절로 깨우침의 세계에 들어가 대우주적 삶을 추구하는 환희에 찬 자신과 만날 수 있게 될 것입니다.

실제로 『화엄경』과 화엄사상은 소설로, 그림으로, 영화로, 노래로, 또한 늘 올리는 예불과 염불, 사찰의 이름과 전각 등 여러 분야에서 우리의 일상과 너무나 친숙합니다. 그럼에도 우리는 『화엄경』에 대해 어렵고 난해하게만 생각하는 경향이 있습니다. 이제부터 이런 관념들을 과감히 벗어던지고 우리 함께 살아 숨 쉬고 있는 불교와의 만남을 시도해 '참 나'를 찾아보지 않으시렵니까? 깨달음을 향한 길로 첫 걸음을 내디딘 바로 이 순간이 '참 나'를 찾는 길임을 명심하십시오.

이 책에서는 우리 곁에 늘 있었으면서도 제대로 인식되지 못했던 『화엄경』에 대해 보다 알기 쉽고 친밀하게 이야기해 보고자 합니다. 물론 우리가 늘 접해온 세계처럼 화엄의 세계가 누구나 쉽게 이해할 수 있는 세계는 아닙니다. 그러나 길을 잘 인도해 줄 안내자를 따라가면 초행길이라도 쉽고 편하게 갈 수 있듯이, 『화엄경』을 어렵게만 느끼고 가까이하기 어려웠던 분들께 이 책이 친절한 길잡이가 되었으면 하는 바람입니다.

　　나무대방광불화엄경
　　나무대방광불화엄경
　　나무대방광불화엄경

　　　　　　　　　　　　　　　　　　　정엄 합장

Ⅲ 진리의 세계

Ⅰ부에서는 『화엄경』과의 친숙한 만남을 위해 『화엄경』의 성립과 특징, 화엄의 의미 등 역사적인 내용을 중심으로 『화엄경』에 나타난 장엄의 세계를 설명하고 있다.

『화엄경』의 본래 이름은 『대방광불화엄경(大方廣佛華嚴經)』이다. '대방광불(大方廣佛)'이란 한없이 크고 넓은 시간과 공간을 초월한 절대적인 부처님을 말한다. 이 대방광불은 석가모니께서 태어나시어 출가, 성도, 교화하는 인간적 모습을 얘기하는 것이 아니라, 법신 부처님이신 '비로자나불(vairocana)', 즉 광명의 부처를 말한다. '화엄(華嚴)'은 '잡화엄식(雜華嚴飾)'의 줄인 말로서 '갖가지 꽃들로 장엄하다'라는 뜻이다. 그러므로 『대방광불화엄경』은 '위대한 부처님의 깨달음의 세계를 갖가지 꽃들로 장엄한 것에 비유한 경전'이라는 뜻이 된다.

『화엄경』은 처음부터 완성된 형태의 경전이 아니었다. 현재 단일한 구성을 지닌 『화엄경』은 여러 독립적인 경전을 묶어 편찬한 것이다. 이렇게 완성 되기 전에는 '화엄경류(華嚴經類)', 즉 중앙아시아를 비롯한 서역 지역을 중심으로 대본 『화엄』의 각 품들이 널리 유포되었다. 현재 『화엄경』에는 60권본·80권본·40권본 『화엄경』과 『장역화엄경(티베트어 화엄경)』 등 네 종류가 있다.

『화엄경』에는 많은 지명이 나오는데 주로 남인도와 관련된 지명이 많고, 수많은 보살, 신, 왕, 인물들이 등장한다. 그들은 신분이나 사회적 위계와 는 관계없이 모두 부처님의 위신력과 공덕을 찬탄한다.

I

장엄의
세계

1. 화엄의 세계에 들어가며

'들어간다'는 것의 의미

선재동자가 물었다. "성인께서는 어디서 오셨나이까?"
미륵보살이 대답하였다.
"선남자여, 보살들은 오는 일도 없고 가는 일도 없이 그렇게 오느니라. 다니는 일도 없고 머무는 일도 없이 그렇게 오느니라. 처소도 없고 집착도 없고, 없어지지도 않고 나지도 않고, 머물지도 않고 옮기지도 않고, 동(動)하지도 않고 일어나지도 않고, 연연함도 없고 애착함도 없고, 업(業)도 없고 과보도 없고, 생기지도 않고 멸(滅)하지도 않고, 아주 없지도 않고 영원히 머묾도 없이 그러하게 오느니라."
-『화엄경』「입법계품」중에서

이는 위없는 깨달음을 얻으려 선지식을 찾아 구도의 여정에 들어간 선재동자의 질문에 대한 미륵보살의 대답이다. 이 말을 어떻게 이해해야 할까? 오고 가지도 않고 다니지도 머무는 일도 없이 그렇게 온다는 것. 이 말에 '들어간다'는 말을 대입해 보면 어떨까? 들어감도 나감도 없이 들어간다고, 향하는 곳도 도달하는 곳도 없이 들어간다고…….
편 가르기와 대립에 익숙해져 있는 우리에게 이런 말들은 선뜻 이해하기 어렵다. 그러나『화엄경』뿐만 아니라『금강경』과『반야심경』등의 경전에도 가득한 이런 말들이 바로 불교의 본질을 잘 묘사하고 있는 말이다. 이렇게 자신의 앎과 경험으로 쉽게 이해되지 않는 말을 접하면서 느껴지는 낯섦은, 그 것에 대한 진지함을 상실하지 않는다면, 진리로 들어가는 소중한 기회가 된다.

그렇다면 '들어간다'는 것은 도대체 무슨 의미를 가질까? 들어간다는 것은 우선 들어가기 전과 후가 다르다는 것을 뜻한다. 『화엄경』을 읽기 전과는 달리, 처음 『화엄경』을 펴는 순간 우리는 『화엄경』이 안내하는 다른 세계 속으로 들어가게 된다. 또한 '들어간다'는 말 속에는 방향성이 내포되어 있다. '~로부터 ~로 들어간다.'라고 해야 완전한 문장이 된다.

『화엄경』을 읽게 된 인연은 각자 다르지만, 그 모두는 『화엄경』이라는 문턱을 넘어 생생한 광명의 부처님, 비로자나부처님의 세계로 들어가는 것이다.

그러나 들어가는 것이 끝이 아니다. 우리는 어떤 곳으로부터 나와야 다른 곳으로 들어갈 수 있다. 나간다고 말할 때 '안'의 시점에 있고, 들어간다고 말할 때 우리는 '밖'의 시점에 있다. 하지만 이 '안'과 '밖'을 한없이 밀착시켜 보라. 그 것이 일치하는 어떤 순간, 우리가 문턱을 통과하는 그 순간은 나옴과 들어감이 일치하게 된다. 들어감과 나옴은 얼핏 반대인 것 같지만, 면밀하게 관찰한다면 들어가고 나옴이 하나가 되어서, 그 전의 나오는 과정은 들어가는 과정을 포함하게 되고, 들어가는 과정은 나오는 과정을 포함하고 있음을 알 수 있다. 위의 방식이 논리적인 분석의 방식으로 공성(空性)을 설명하는 나가르주나(용수)의 방식이었다면, 이제는 상상력을 발휘해서 우리의 인식이 우주의 저 끝에 있다고 생각해 보자.

우리의 들어오고 나감은 너무나 작은 움직임이어서, 마치 작은 점의 진동과 같을 것이다. 더더욱 부처님의 현묘(玄妙)하고 무한한 인식의 장 속에서는 그런 미세한 진동조차도 없이 무차별하다고 말할 수 있지 않을까. 차별과 대립의 유한한 인식을 떠난 무한한 부처님 깨달음의 세계를 보여주는 것이 『화엄경』의 세계이다.

우리는 『화엄경』의 세계로 들어갈 준비가 되었는가? 복잡하고 부산한 일상을 넘어 '예부터 변함없는 부처님(舊來不動名爲佛)'의 세계로 향할 준비가 되었는가? 만약 준비가 되었다면 우리는 『화엄경』을 읽으면서 깨달음의 모습들을 비유적으로 표현하는 수많은 보살들과 신과 왕들을 만나게 될 것이고, 믿음과 서원, 삼매와 수행을 통해 열리게 되는 깨달음의 경지와 해탈의 경로들을 배우게 될 것이다. 그리하여 보살의 서원을 굳게 간직하고 쉼 없이 실천한다면, 언젠가는 들고 남이 없는 세계, 무명(無明)이 거두어진 있는 그대로의 실상(實相)을 보게 될 것이다.

화엄의 의미

'들어간다'는 것의 의미를 깊이 새기며, 이제 본격적으로 '화엄(嚴經)'에 대해서 생각해 보고자 한다. 『화엄경』의 본래 이름은 『대방광불화엄경(大方廣佛華嚴經)』(Mahā-vaiplya-buddha-gaṇḍa-vyūha-sūtra)이다. 여기서 '대(大 Mahā)'는 작다(小)의 상대적 개념인 크다(大)가 아니라, '절대의 대(大)', '상대가 끊어진 극대(極大)'를 말한다. 시간과 공간의 개념을 초월한 절대의 대(大)라고 할 수 있다. '방광(方廣 vaiplya)'은 넓다는 뜻으로, 특히 공간적으로 넓다는 뜻이다. 따라서 '대방광(大方廣)'은 크고 넓다는 뜻으로 부처님을 수식하는 형용사다. 그러므로 '대방광불'이란 한없이 크고 넓은 시간과 공간을 초월한 절대적인 부처님을 말한다.

『화엄경』에서 부처님은 '비로자나불(vairocana)'로서, 즉 광명의 부처로 '광명변조(光明遍照)'의 성격을 지닌다.

불신충만어법계(佛身充滿於法界)　　부처님은 온 세계(법계)에 충만하사
보현일체중생전(普現一切衆生前)　　널리 일체 중생 앞에 나투시네.
응수화기실충만(應受化器悉充滿)
　　　　　　　교화 대상의 그릇(능력)에 응하여 모두 충족시키기 위해
불고처차보리수(佛故處此菩提樹)
　　　　　　　부처님은 일부러 보리수 아래 처한 것이다.
(63쪽 『80화엄경』 「여래현상품」 내용 참고)

　　　　　　　　　　　　　　　　　　행복한 화엄경

이처럼 부처님께서는 자기 수행만을 위해 오신 것이 아니라 사바세계의 중생을 구제하기 위해 일부러 오신 것이다. 그것도 중생 각자의 능력에 따라 근본 마음, 깨달음이 피어오르게 하기 위해서 보리수 아래에 자리하셨다. 부처님의 뜻과 능력, 방식과 그 결과를 꽃에 비유해 나타낸 것이 '화엄(華嚴)' 이라는 말이다.

'화엄' 은 '잡화엄식(雜華嚴飾)' 에서 비롯된 말로서 범어로는 'Gaṇḍa-vyūha(간다뷰하)' 라고 한다. 어원상 논란의 여지는 있지만, 'Gaṇḍa(간다)' 는 '잡화(雜華)', 'vyūha(뷰하)' 는 '엄식(嚴飾)' 을 뜻한다. 그러므로 '잡화엄식' 은 '갖가지의 꽃들로 장엄하다' 라는 뜻이다.

이와 같이 내가 들었다.
어느 때 부처님께서 마갈제국(摩竭提國)의 적멸도량(寂滅道場)에서 처음으로 정각(正覺)을 이루셨을 때, 그곳은 금강(金剛)으로 꾸며져 있고 온갖 보배와 갖가지 꽃들(雜花)로 장식되었으며, 아름다운 향기가 넘쳐 흘렀다.
-『60화엄경』「세간정안품」

여기서 '갖가지 꽃들로 장식되었으며' 가 바로 화엄의 의미이다. 『화엄경』을 잡화경(雜華經)이라고도 하는데, 이 '잡화' 라는 말은 바로 위의 경구에서 비롯되었다.

요약하면, 『대방광불화엄경』은 '광대무변하여 우주에 두루 계시는 부처님께서 온갖 꽃으로 장엄하듯 웅장하고 화려하게 진리를 설하신 경전' 즉, '위대한 부처님 깨달음의 세계를 설한 경전인 것이다.

왜 『화엄경』에서는 진리의 세계를 화려한 장엄의 세계로 묘사한 것일까? 해탈의 세계는 색(色 물질)과 수(受 느낌)와 상(想 인위적인 개념) 등의 개념을 멀리 여의어야 가능한 것이 아닐까? 이런 물음을 가질 수도 있다. 하지만 『화엄경』은 깨달음을 향해 가는 길만을 보여주는 것이 아니라, 깨달음 자체의 세계, 부처님 깨달음의 광대한 '능력'을 설하고 있는 경전이라는 것도 명심해야 한다.

『화엄경』에서 보현보살은 부처님의 신력을 받아 이렇게 설한다.

일미진중다찰해(一微塵中多刹海) 한 티끌 속에 있는 많은 세계해
처소각별실엄정(處所各別悉嚴淨) 처소는 다르지만 깨끗이 꾸며져
여시무량입일중(如是無量入一中) 한량없는 세계들이 하나에 들되
일일구분무잡월(一一區分無雜越) 제각기 분명하여 섞이지 않네.

일일진내난사불(一一塵内難思佛) 티끌마다 헤아릴 수 없는 부처님
수중생심보현전(隨衆生心普現前) 중생의 마음 따라 앞에 나타나
일체찰해미부주(一切刹海靡不周) 모든 세계해에 두루하나니
여시방편무차별(如是方便無差別) 이와 같은 방편이 차별이 없네.
―『80화엄경』「세계성취품」

우리는 업(業)에 따라 크게는 생로병사, 더 세심하게는 12연기를 따라 윤회의 고단한 삶을 반복한다. 우리는 각자 개성을 가지고 살아가지만, 사실 그 개성이란 우리가 쌓아온 업에 지나지 않는다. 우리는 인연에 따라 아름다운 꽃처럼 살아가기도 하지만, 또한 인연에 따라 길거리의 뭉개진 잡초처럼 살기도 한다. 만약 부처님께서 해탈(解脫)과 열반(涅槃)의 길을 보여주시지 않았더라면, 우리는 무명(無明)의 갑갑함 속에서, 혹은 그 갑갑함도 모른 채 수동적으로 나약하게 살아갈 수밖에 없었을 것이다. 그러나 부처님이 깨달음을 이루심으로써 우리는 '해탈'이라는 새로운 세계를 엿볼 수 있게 되었다.

앞에서도 말했듯이, 부처님은 자신의 수행만을 위해서 오신 분이 아니기에 부처님의 공덕과 신력이 한없이 커서 모든 중생에게 고루 나타난다. 비로자나부처님의 빛이 온갖 보배와 꽃들에 골고루 퍼져 찬란히 빛날 수 있게 하듯이, 우리의 업에 차이는 있지만 방편으로 나타나는 부처님의 능력에는 아무런 차별이 없다. 부처님의 빛과 같은 가르침으로 인해 우리는 누구나 다 불국토, 즉 화엄의 세계를 만들어가는 데 참여할 수 있게 된다.

이렇게 『화엄경』은 우리가 살고 있는 이 세계를 긍정적으로 바라보게 하며, 다양하지만 다투지 않는 세계, 다르지만 하나가 될 수 있는 세계를 보여준다. 이것이 『화엄경』을 위대한 대승경전으로 영원히 남게 하는 이유이다.

대승불교의 대표적인 경전으로는 법(法)을 설하는 『법화경』
(법을 연꽃에 비유해서 설한 경전)과 불(佛)을 설하는 『화엄경』
(부처님 본체를 설한 경전)을 들 수 있다. 『화엄경』을 '과상현
법문(果上現法門)', 즉 깨달은 자리에서 진리를 나타낸 법문이
라 어렵다고 말하기도 한다. 그렇다면 '부처님의 본체를 설한
경전'이란 무엇인지 그 의미를 살펴보기로 하자.

첫째는 전지전능하며 무소부주(無所不住)한 부처님, 즉 비
로자나부처님의 불가사의한 신력(神力)과 그 불가사의한 세계
(世界)와 작용(作用)과 공덕(功德) 등을 설한 경이라는 뜻이다.
비로자나부처님의 신력과 세계와 작용과 공덕의 네 가지는 참
으로 불가사의한 것이기 때문에 깨닫지 못한 중생들은 결코
헤아려 알 수 없다고 한다. 이 사실에 대해 『화엄경』에서는 다
음과 같이 묘사하고 있다.

일체불경계(一切佛境界) 모든 부처님의 경계는
심심난사의(甚深難思議) 참으로 깊고 깊어 생각하기조차 어려워라.
제여중생류(諸餘衆生類) 깨닫지 못한 중생들은
막능측량자(莫能測量者) 도저히 가늠조차 할 수 없네.
– 『60화엄경』 「세간정안품」

『화엄경』은 깨달음의 세계를 직접적으로 설하고 있어 어렵
다는 것이다. 그러나 반대로 깨달으면 바로 갈 수 있다는 뜻

이기도 하다. 즉, 깨닫기만 하면 너무나 쉬운 경전이다. 신라의 의상스님도 부처님의 세계는 깨달은 사람만이 알 수 있는 경계, 즉 '증지소지비여경(證智所知非餘境)'이고, 십불(十佛)이나 보현보살과 같은 대인들만이 알 수 있는 경계이므로, 중생들이 감히 짐작해서 알 수 있는 바가 아니라고 했다.

둘째는 앞에서 말한 '불가사의한 신력과 세계와 작용과 공덕을 갖춘 비로자나불이 되는 길(道)을 설한 경'이라는 뜻이다. 다시 말하면 무명 중생에서 한 걸음 두 걸음 닦아 나가 십신, 십주, 십행, 십회향, 십지, 등각, 묘각 등 52단계의 수행 과정을 거쳐 부처가 되는 과정인 보살도를 설명하는 경이라는 뜻이다.

보살수행 52단계(五十二位)는 37조도(三十七助道) 수행법과 함께 불자라면 반드시 실천해야 할 수행의 단계이다. '52단계를 언제 다 올라갈까'라고 생각할지 모르겠지만, 그것은 아직 수행을 시작하지 않은 사람의 생각에 불과하다. 부처님도 오랜 세월 그렇게 수행하셨으며, 『화엄경』에 등장하는 수많은 보살들과 신들 또한 수겁에 걸쳐 그렇게 수행하였다. 수행을 시작하게 되면, 태어남과 죽음, 아픔과 고통은 그저 깨달음에 이르는 과정에 불과하다. 이생에서 저생으로 옮겨 가는 윤회(輪廻)의 여정에 두려움이 없게 된다는 이야기이다. 그래도 수행하는 데 주저하는 사람을 위해, 『80화엄경』의 「초발심공덕품」에 나오는 구절 가운데 '위없는 깨달음을 얻으려는 발심(發心)의 공덕'을 소개해 본다. 법혜보살은 제석천왕에게 보살의 발심에 대해 설명한 후, 다음과 같이 말한다.

　발심하였으므로 항상 삼세의 모든 부처님의 생각하심이 되며, 삼세 모든 부처님의 위없는 보리를 얻을 것이며, 삼세의 모든 부처님이 묘한 법을 주실 것이며, 삼세의 모든 부처님과 더불어 성품이 평등하며, 삼세의 모든 부처님의 도를 돕는 법을 이미 닦았으며, 삼세의 모든 부처님의 힘과 두려울 것 없음을 성취하며, 삼세의 모든 부처님의 법문 말씀하는 지혜를 모두 얻을 것이니, 왜냐하면 이렇게 발심함으로써 마땅히 부처가 될 것이기 때문이니라.

이 사람이 곧 삼세의 모든 부처님들과 평등하리니, 삼세의 부처님 여래의 경계와 평등하며, 삼세의 부처님 여래의 공덕과 평등하며, 여래의 한 몸과 한량없는 몸이 끝내 평등하고 진실한 지혜를 얻으리라.

발심하자마자 곧 시방 모든 부처님으로부터 칭찬받게 될 것이며, 곧 능히 법을 말하며, 온갖 세계에 있는 중생들을 교화하고 조복할 것이며, 곧 능히 일체 세계를 진동할 것이며, 곧 능히 일체 세계를 비출 것이며, 곧 능히 일체 세계에서 나쁜 갈래의 고통을 멸할 것이며, 곧 능히 일체 국토를 깨끗이 장엄할 것이며, 곧 능히 일체 세계에서 성불함을 보일 것이며, 곧 능히 일체 중생으로 하여금 환희하게 할 것이며, 곧 능히 일체 법계의 성품에 들어갈 것이며, 곧 능히 일체 부처님의 종성을 지닐 것이며, 곧 능히 일체 부처님의 지혜 광명을 얻을 것이니라.

　발심의 공덕만 해도 이렇게 크다. 발심하면 그 이후의 길은 부처님께서 알려주신다. 「입법계품」의 선재동자처럼, 발심하면 선지식을 만나게 되고, 선지식은 다른 선지식에게 안내해 연결하여 주며, 우리는 묻고 대답을 듣고, 그것에 대해 생각하고, 실천해 나가면 된다. 깨달음을 향한 여정이 어찌 즐겁지 아니할까.

2. 『화엄경』의 종류

이 장은 다소 학문적인 내용이라서 『화엄경』을 전문적으로 공부하지 않을 분들은 그냥 넘어가도 좋지만, 그래도 한번 읽어볼 것을 권한다. 왜냐하면 경전을 깊이 알기 위해서는 경전 자체만이 아니라, 경전을 둘러싼 역사적이고 사상적인 배경, 경전을 논하고 주석한 선학(先學)들의 생각과 삶을 알아야 하기 때문이다. 그래야 경전을 독단적으로 이해하지 않고, 경전의 의미를 자신의 상황에 비추어 볼 수 있는 능력을 기를 수 있다.

『화엄경』은 처음부터 완성된 형태의 경전이 아니다. 『화엄경』처럼 각각의 독립적인 경전들을 묶어 하나로 편찬한 경우, 편찬자의 의도·방식·필연성을 생각해 보아야 그 경전의 진정한 의미를 찾을 수 있다. 이런 사색이야말로 입으로만 떠드는 '대승'이 아니라 불자들 스스로가 진정한 '대승'의 의미를 알고 실천하도록 해준다. 더불어 『화엄경』은 그 전파와 전승이 아시아 전역에서 이루어졌기 때문에 서양식 사고에 익숙한 요즘 사람들에게 '아시아'적인 비전을 갖춰 균형 잡힌 지식을 섭취할 수 있도록 도와줄 것이다. 이것이 바로 우리가 불교를 공부하는 재미이고, 공부해야 하는 까닭이다.

경전으로서의 『화엄경』은 사적(史的) 자료의 부족으로 아직도 연구해야 할 것이 많지만, 그런 측면은 오히려 독자 스스로 상상력을 발휘할 여지를 만들어주어 흥미를 유발한다.

『화엄경』의 네 가지 종류

현재 단일한 구성을 갖추고 있는 『화엄경』은 실은 여러 경전이 편집된 것이다. 그러므로 여기서는 『화엄경』과 관계되는 모든 경전을 총칭해서 '화엄경류(華嚴經類)'라 하고, 『화엄경』과 '화엄경류'를 일괄적으로 '화엄경전'이라 부르기로 한다. 현재 『화엄경』에는 다음과 같이 네 종류가 있다.

① 『대방광불화엄경』 34品 60권 (『60화엄경』)

420년경 불타발타라(覺賢, Buddhabhadra 359~429)가 번역하였다. 각현은 인도 야가리성(耶呵利城)에서 태어났으며, 석씨(釋氏)의 성을 이어 대대로 불교를 존중한 집안에서 자랐다. 8세에 출가하여 불대선(佛大先)선사로부터 선(禪)을 전수받았으며, 마침내 계빈국(罽賓國)으로 오게 되었다. 중국의 구법승 지엄(智儼) 등은 계율과 선법을 잘 수행하고 있는 각현에게 중국에서 『화엄경』을 번역해 줄 것을 요청하였다. 각현은 육로인 실크로드를 통하지 않고 해로(海路)를 통해 중국으로 왔다.

각현은 동진(東晉)의 수도 건강(지금의 양주) 도량사(道場寺)에서 418년 3월 10일에 『화엄경』 번역을 시작하여 420년 6월 10일에 완성하였다. 2년 3개월이 걸린 번역불사였다. 이때 각현이 번역한 『화엄경』을 이해하고 받아 적은 최초의 중국인은 법업(法業 화엄경 旨歸 2권 저술)이었다.

② 『대방광불화엄경』 39品 80권 (『80화엄경』)

699년 실차난타(Sikṣānanda 652~710)가 번역했다. 당의 여제(女帝) 측천무후가 새로운 경전의 보급과 『60화엄경』의 부족함을 보충하기 위해 인도에서 경전을 가져오도록 명을 내렸다. 이때 장안에 범본 『화엄경』을 가져와 낙양(洛陽) 동도(東都)의 대편공사(大遍空寺)에서 번역을 시작한 이가 실차난타이다. 보리류지(菩提流支)와 삼장법사 의정(義淨)이 범본을 읽고, 부례(復禮)와 현수법장이 번역을 도왔다. 이 경의 번역은 699년 불수기사(佛授記寺)에서 완성되었으며, 내용면에서나 문장의 구성면에서 거침이 없어 완성된 형태의 『화엄경』이 되었다.

실차난타 스님은 연로한 어머니를 만나기 위해 704년 코탄(于闐)으로 갔다가 708년에 당 황제 중종(中宗)의 청으로 다시 장안으로 돌아왔다. 710년 그가 입적하자 다비식(火葬)을 하였는데 혀는 타지 않고 남아, 그의 혀를 장안성(長安城) 근처 북문 밖에 있는 고연등대(古燃燈臺) 근처에 7층탑을 세워 모시고 '화엄삼장탑'이라 불렀다.

③ 『대방광불화엄경』 1品 40권 (『40화엄경』)

798년 당(唐)의 정원(貞元) 연간에 반야(般若, Prajñā 연대 미상) 삼장이 번역했다. 그래서 이 경을 정원역(貞元譯) 『화엄경』이라 하기도 한다. 795년 남인도의 오차국(烏荼國)의 사자왕이 손수 베껴 쓴 『화엄경』을 당의 황제 덕종(德宗)에게 보낸 것이라 한다. 이 경 번역에 화엄종 제4조로 추앙받는 청량 징관도 동참하여 경의 문장을 다듬는 윤문(潤文)의 소임을 맡았다. 이 경은 「입불가사의 해탈경계 보현행원품(入不可思議 解脫境界 普賢行願品)」(보현행원품) 1품으로 구성되었으며, 『40화엄경』과 『80화엄경』의 「입법계품」, 『장역화엄경』의 「경장엄품(莖莊嚴品)」이 대폭 증보 개정된 것이다. 『천수경』에 나와 있는 여래십대발원문이나 108예불참회문의 후렴구, 보현십원가, 장엄염불의 출전이 바로 이 경전이다.

④ 『장역(藏譯)화엄경』 45品 ('불화엄'이라 불리는 대방광경)

9세기 말경에 티베트의 지나미트라(Jinamitra) 등이 번역했다. 중국에서는 티베트를 서장, 즉 서역에 있는 나라라 칭하였으며 따라서 이 경전을 '장역화엄'이라 했다.

종류(별칭)	번역 시기 & 번역가(나라)
대광불화엄경 34품 60권(60화엄경)	418년~420년 불타발타라(인도)
대광불화엄경 39품 80권(80화엄경)	699년 실차난타(당)
대광불화엄경 1품 40권(40화엄경)	798년 반야(당)
장역화엄경 45품(불화엄)	9세기말 지나미트라(티베트)

이 가운데 『화엄경』의 범본(梵本)이 완성된 형태로서 현존하는 것은 『60화엄경』와 『80화엄경』, 『장역화엄경』의 「십지품」과 「입법계품」(또는 「경장엄품」)이다. 그렇지만 일찍이 완성된 형태의 『화엄경』이 범본으로서 존재했다는 것은 당나라 초기 지엄(600~668)의 『공목장(孔目章)』에서 "대자은사화엄범본(大慈恩寺華嚴梵本)의 존재를 확인하고, 그 조사를 행했다." 는 기록에서 추측할 수 있다. 그러나 이 기록이 『화엄경』이 최초에 범어로 저술되었다거나 『60화엄경』과 『80화엄경』, 『장역화엄경』의 저본이 범본이란 것을 증명하는 것은 아니다. 범본에서 바로 번역된 것은 「십지품」과 「입법계품」이며, 그 외에는 범본이 없다. 학문적으로 더 깊게 연구하고 싶으면 범본을 참조하는 것이 좋다.

완성된 형태의 『화엄경』을 모든 원본과 대조해 보면 다음과 같은 사실을 알 수 있다.

◆ 네 종류의 『화엄경』은 구성상 일치하지 않는다.

즉, 몇몇 품은 이 본에는 있는데 다른 본에는 없다. 예를 들면 「여래화엄품(如來華嚴品)」과 「보현소설품(普賢所說品)」은 『장역화엄경』에만 있다. 「십정품(十定品)」은 『80화엄경』과 티베트본 『장역화엄경』에는 있지만, 다른 두 종류의 『화엄경』에는 없다. 또한 몇몇 품이 일대일로 대응되지 않는다. 예를 들면, 『60화엄경』의 「노사나불품」은 『80화엄경』의 「여래현상품」으로부터 「비로자나품」의 5품에 해당되고, 『장역화엄경』
은 「여래품」부터 「비로자나품」의 9품으로 나뉘어져 있다.

◆ 번역된 품명(品名)에 차이가 있다.

　예를 들면, 『60화엄경』의 「세간정안품(世間淨眼品)」은 『80
화엄경』과 『장역화엄』에서는 「세주묘엄품(世主妙嚴品)」으로,
『60화엄경』의 「보왕여래성기품(寶王如來性起品)」은 『80화엄
경』에서는 「여래출현품(如來出現品)」으로 되어 있다.

　이와 같이 네 종류의 『화엄경』이 구성상 일치하지 않는 점
은 대본(大本) 『화엄경』이 성립된 후, 몇 가지 다른 판본이 만
들어졌다는 것을 추측할 수 있게 한다. 한편, 이들 네 종류의
『화엄경』 간에 발전사적인 연계성을 찾아내는 것도 가능하다.
이를테면, 『60화엄경』 → 『자은화엄(慈恩華嚴)』 → 『80화엄
경』 → 『장역화엄경』으로 발전한 것으로 볼 수 있겠다.

◆ 회처(會處)에 차이가 있다.

　『화엄경』에서 비로자나부처님은 직접 법을 설하지 않으셨
다. 그러나 교법을 설하는 자리에는 항상 등장하고 그 중심에
계신다. 그렇지만 그 자리, 즉 회처가 지상(地上)에서 천상(天
上)으로, 또 다시 지상(地上)으로 바뀌어 간다.

　'처(處)'란 경을 설한 장소를 말하고, '회(會)'란 경을 설한
모임의 횟수를 말한다. 경을 설한 장소(處)로는 적멸도량, 보
광법당, 서다림원 등 지상의 세 곳과 도리천궁, 야마천궁, 도

솔천궁, 타화자재천궁 등 천상의 네 곳이다. 이 가운데 보광법당에서 『60화엄경』은 두 번 설해져서 7처 8회이며, 『80화엄경』은 세 번 설해져서 7처 9회이다. 즉, 적멸도량 6품 – 보광법당 6품 – 도리천궁 6품 – 야마천궁 4품 – 도솔천궁 3품 – 타화자재천궁 1품 – 보광법당 11품 – 보광법당 1품 – 서다림(기원정사 급고독원) 1품으로 구성되어 있다(49쪽 『화엄경』표 참조).

여기서 적멸도량은 부처님이 처음 깨달으신 보리수 아래를 말하며, 보광법당은 빛이 나는 법당이라는 뜻으로, 일부 학자들은 보리수 아래에서 얼마 떨어져 있지 않은 곳으로 추측할 뿐이다. 또한 도리천궁에서 타화자재천궁까지는 천상세계인데, 몸은 적멸도량에서 움직이지 않고 삼매에 들어 바로 천상에 올라가신 것이다. 경을 설한 장소는 보살의 수행 계위를 염두에 두고 구상된 것이다.

화엄교학에서는 보살의 수행 계위를 일반적으로 52단계(또는 53단계)로 나누고 있다. 『화엄경』의 서문인 제1회 적멸도량을 제외한 제2회 보광법당으로부터 제9회 중각강당(사위국 기원정사 서다림)까지 보살의 52계위와 연관시켜 배정하고 있다.

경을 설한 주체(說主)와 설한 장소, 교설 내용 등에 의해 『화엄경』 전체의 내용을 보면, 보현보살이 설주(說主)가 되어 보리수 아래와 보광명전에서 부처님의 깨달음의 세계를 설하는 부분과 문수보살이 설주가 되어 중생에게 신심을 일으키게 하는 부분, 그리고 천상(4회)에서 십지보살도를 설하는 부분으로 나누어 볼 수 있다.

이때 주목할 것은, 중생에게 믿음(信)을 설하는 단계인 문수보살의 설법이 부처님의 깨달음을 설하는 장소인 보광명전에서 설해지고 있다는 사실이다. 이는 모든 존재가 부처 종자이기에 부처가 될 수 있음을 말해 주는 것으로, 중생과 부처가 하나가 되는(因果交徹) 화엄세계를 잘 나타내 보인 것이다.

화엄경류와 『화엄경』

'화엄경류(華嚴經類)'란 대본 『화엄경』, 즉 『60화엄경』과 『80화엄경』이 번역되기 전에 중앙아시아를 비롯한 서역 지역을 중심으로 대본 『화엄경』의 각 품들이 유포되어 읽혀진 경전들을 말한다.

『60화엄경』의 번역 경위에 대하여 『출삼장기집(出三藏記集)』 권9에는 도인인 지법령(支法領)이 코탄(宇闐)에서 구한 범본 『화엄경』을 토대로 불타발타라 스님이 양주(揚州) 도량사(道場寺)에서 번역하였다고 기록하고 있다. 번역 작업은 원희(元熙) 2년(420)에 일단 끝나고, 약 1년 반 뒤에 교정이 완료되었다고 한다. 이러한 사실에서 『60화엄경』이 토대로 했던 텍스트는 범본이었고, 5세기 초엽에 코탄에 존재했었다는 것을 알 수 있다. 범본은 남아 있는 것이 적어 과연 존재했었는지 역시 불분명하다.

참고로 『화엄경』의 범본이 존재하였다는 코탄(宇闐)은 현재 중국 신장 위구루 자치구의 수도인 우루무치(烏魯木齊)에서

멀지 않은 허텐(和田)지역에 해당한다. 사막 한가운데 있었던 오아시스의 나라로 옛 서역의 고창국(高昌國) 수도였다. 7세기 말에 역출된 『80화엄경』의 범어 원전도 이곳을 무대로 전개되는 등 『화엄경』과 관련이 깊은 나라다.

당(唐)의 영융(永隆) 원년(680)에는 일조(日照, divākara) 삼장 등에 의해서 『80화엄경』의 저본이 들어왔는데, 여기에는 『60화엄경』의 보역, 특히 「입법계품」이 대거 보충되어 번역되었다. 이를 '자은사본'이라 한다.

『화엄경』이 완성되기 이전에 『십지경』(Daśabhūmika-sūtra), 『입법계경』(Gaṇḍavyūha-sūtra) 등과 같이 현재의 『화엄경』을 구성하는 품 중 몇몇 품들은 이미 각각 독립된 경전으로 유포되고 있었다.

바꾸어 말하자면, 『화엄경』은 이미 존재하고 있던 공통적인 성격의 몇몇 대승경전을 일정한 의도나 구상 하에서 선택하고, 여기에 다시 몇몇 품을 편입시켜 이들을 체계적으로 배열·편집하여 하나의 경전으로 완성했다고 볼 수 있다.

그렇다면 『화엄경』의 각 품에 해당되는 경전에는 어떠한 것들이 있을까?

이 가운데 한 품 내지 몇몇 품에 해당하는 모든 경전이 2세기 후반 후한시대(25~220) 이후부터 계속 전래·번역되어 『60화엄경』이 역출된 유송(劉宋) 초 무제(武帝)의 재위기간인 420년경 이전에 이미 중국에는 소박한 경전인 화엄경류가 존재했음을 알 수 있다.

경전	번역가(나라)	화엄경
도사경(兜沙經)	지루가식 (후한)	「명호품」「광명각품」
보살본업경(菩薩本業經)	지겸 (오)	「명호품」「광명각품」「정행품」「십주품」
보살십주경(菩薩十住經)	지다밀 (동진)	「십주품」
십주단결경(十住斷結經)	축불불 (후진)	「십주품」
십지경(十地經)	구마라집·불타야사(후진)	「십지품」
점비일체지덕경(漸備一切智德經)	축법호(서진)	「십지품」
등목보살경(等目菩薩經)	축법호(서진)	「십정품」
여래흥현경(如來興顯經)	축법호(서진)	「성기품」
도세경(度世經)	축법호(서진)	「이세간품」
여래성기미밀장경(如來性起微密藏經)	미상(서진)	「명호품」「성기품」
마라가경(摩羅伽經)	안법현 (위)	「입법계품」
불설십지경(佛說十地經)	시라달마	「십지품」

이와 같이 대본 『화엄경』이 번역되기 전에 이미 중국에는 『화엄경』이 들어올 수 있는 배경이 만들어져 있었고, 특히 『십지경』은 그 중요성이 인정되어 지론학파(地論學派)가 성립되기까지 했다.

화엄경의 한국 전래

우리나라에 『화엄경』이 전래된 경위에 관해서는 여러 일화가 있다. 먼저 문수신앙과 관련해서 신라시대에 자장(慈藏) 율사가 중국에 유학을 가서 '화엄만게(華嚴萬偈)', 즉 1만 개의 노래로 된 『화엄경』을 가져왔다고 전한다. 진흥왕 26년(565)에 중국 진(陳)의 문제(文帝)가 보낸 1,700여 권의 경론 속에 『화엄경』이 포함된 것으로 추정하기도 한다.

『80화엄경』은 799년 범수스님에 의해 징관의 『화엄경소』 60권과 함께 들어온 것으로 추정된다. 그러나 기록만 남아 있을 뿐 아직까지 이 경들이 어디서 어떤 형식으로 전해졌고, 어떻게 보관되어 간경되었는지에 대한 확실한 과정은 조사되어 있지 않다.

『화엄경』의 경전 가운데 돌과 나무에 새겨져 있는 것이 있는데, 구례 화엄사 각황전에는 석경(石經 신라 문무왕 17년인 677년경의 석각으로 추정)이 조각으로 남아 있다. 해인사 사간장경(寺刊藏經)에 『60화엄경』, 고려장경에 『60화엄경』과 『80화엄경』이 판각되어 있다. 또 강남 봉은사 판전에는 청량국사 징관의 『화엄경소(華嚴經疏)』와 『연의초(演義鈔)』 합본이 판각된 목판이 소장되어 있다.

3. 『화엄경』의 특징

『화엄경』에는 수많은 보살, 신, 왕, 인물들이 등장한다. 그들은 신분이나 사회적 위계에 관계없이 하나의 목소리로 부처님의 위신력(威神力)과 공덕을 찬탄한다. 그래서 『화엄경』을 읽으면 오페라나 웅장한 스케일의 영화를 보는 것 같은 느낌을 가지게 된다. 주어진 환경과 각자의 능력이 다르지만, 하나의 목소리로 부처님을 찬탄하고 있음을 알 수 있다.

뒤의 법계(法界)연기나 여래성기(如來性起) 사상에서 더 자세히 살펴보겠지만, 『화엄경』은 현대의 어떤 사상 못지않게 세련된 면모를 가지고 있다. 『화엄경』의 내용을 본격적으로 다루기 전에

『화엄경』에 등장하는 지명과 인물, 논서 및 주석서의 출처를 통해 『화엄경』의 특성과 유래에 대하여 좀 더 살펴보기로 하자.

『화엄경』에 언급된 지명

「입법계품」에 해당하는 범본 『간다뷰하(Gaṇḍa-vyūha)』에 남인도와 관련된 지명이 많이 나타나는 것이 먼저 시선을 끈다. 예를 들면 "남방에 있는 바주라프라라는 이름의 드라비다인의 마을에 가라. 그곳에 메가라는 이름의 드라비다인이 있다."라는 내용이나 혹은 같은 남방의 "바다의 제방(堤防)이라고 이름 지어진 랑까(스리랑카)에의 길" 등의 내용이 보인다.

'카링가의 숲(Kalinga-vana)', '토사라 시(Tosala, 아프가니스탄의 옛 지명)'에 대한 언급도 있다. 카링가국은 인도 최초의 통일 왕조인 마우리야 왕조 제3대 왕인 아쇼카 왕(B.C. 274~237)이 정벌전쟁에서 치열하게 싸운 곳이다. 인도네시아 보로부두르 (Borobudur) 섬에는 사일렌드라 왕조 때인 8세기 말에서 9세기 중순까지 조성된 것으로 보이는 거대한 탑들이 있다. 특히 소승불교권임에도 사원에 새겨진 조각에서 『화엄경』 「입법계품」의 내용들을 볼 수 있는 것이 매우 흥미롭다.

'바다(海 sāgara)'라는 단어가 매우 많이 보이는 것으로 보아 『화엄경』 「입법계품」이 남인도를 배경으로 성립되었다는 것, 그 작자(혹은 작자들)는 아쇼카 왕에 의해 B.C. 261년경에 멸망된 카링가국의 존재를 알고 있었다는 것 등을 유추해 볼 수 있다.

「입법계품」의 주인공 선재동자가 '장자의 아들'이라는 것도, 남인도의 서쪽 해안에는 기원 후 수세기에 걸쳐서 상인들의 기부로 다수의 동굴사원이 건설되었다는 점과 남인도 해안 전체에 걸쳐서 로마 화폐가 많이 발견되고 있는 점을 관련해 생각해 볼 수 있다. 『화엄경』, 특히 「입법계품」의 성립 배경에서는 상업적 환경이 활발했던 상황을 엿볼 수 있다.

한편 『60화엄경』 「보살주처품」을 보면, 거기에는 진단(眞旦, 중국), 변이(邊夷, 『80화엄경』에서는 소륵疏勒, 즉 카시카르), 계빈(罽賓, 케시미르), 간다라(乾陀羅) 등의 나라 이름이 등장한다. 이것은 「입법계품」이 인도 지역뿐만 아니라, 중국과 중앙아시아를 생활권에 둔 사람(혹은 사람들)에 의해 편집되었을 가능성을 시사하기도 한다.

이렇듯 지명을 통해 보면, 『화엄경』의 편찬이 광범위한 지역에서 상당히 이른 시기부터 대승불교가 성립될 때까지 장기간에 걸쳐 편집되었음을 알 수 있다.

등장인물의 지위 · 직업

『화엄경』에 등장하는 인물들은 어떤 지위와 직업을 가졌는가?

『화엄경』은 전체적으로 부처님께서 직접 설법하신 것이 아니다. 설법은 주로 보살에 의해서 이루어졌고, 더욱이 「입법계품」에서는 그 교설이 사리불 등 성문 대제자의 경계를 초월해 있으므로 그들은 알지 못한다고 말하고 있다. 이러한 사실에서 혹자는 『화엄경』은 매우 엘리트적인 경전으로 불·보살만 등장하고 있지 않은가라고 생각할지도 모른다. 그러나 『화엄경』은 부처님의 세계가 일체 중생에게 열려 있다는 것을 구체적인 묘사를 통해서 밝히고 있다.

첫째, 『60화엄경』의 「세간정안품(世間淨眼品)」을 보면 적멸도량회에 부처님께서 깨달은 장소에 '과거세의 선우(善友)'인 대보살들과 함께 금강역사 등 무수히 많은 33중이 모여들어서 부처님의 깨달음을 찬탄한다. 화엄신중 탱화에 나타나는 104부중의 신들이 여기에 대거 등장한다.

① 대보살 ② 금강역사 ③ 도량신 ④ 용신 ⑤ 지신 ⑥ 나무신 ⑦ 약초신 ⑧ 곡식신 ⑨ 강신 ⑩ 바다신 ⑪ 불신(火神) ⑫ 바람신 ⑬ 허공신 ⑭ 방향신(主方神) ⑮ 밤의 신(主夜神) ⑯ 낮의 신(主晝神) ⑰ 아수라신 ⑱ 가루라왕 ⑲ 긴나라왕 ⑳ 마후라가왕 ㉑ 구반다왕 ㉒ 야차왕 ㉓ 월천자(달) ㉔ 일천자(해) ㉕ 삼십삼천왕(도리천왕) ㉖ 야마천왕 ㉗ 도솔천왕 ㉘ 화락천왕 ㉙ 타화자재천왕 ㉚ 대범천왕 ㉛ 광음천자 변정천왕 ㉜ 과실천자 ㉝ 정거천왕

이들 왕들과 왕의 권속들이 모두 함께 법문을 듣기 위해 모여드는데, 이를 음악으로 나타낸 것이 영산회상가(靈山會上歌), 그림으로 표현한 것이 영산탱화(靈山幀畵)이며, 이를 절에 모신 것이 화엄신중탱화(華嚴神衆幀畵)이다.

아마도 이러한 묘사는 기본적으로는 부처님의 깨달음이 모든 존재에게 스며들어 그들이 각각 제 모습으로 불도(佛道)에

참여한다고 하는, 부처님과 존재하는 모든 것과의 보편적인 교류를 나타내고 있는 것으로 해석할 수 있다.

여기에서 주목해야 할 것은 자연신(自然神)이라는 형태로 대지, 수목, 약초, 곡물, 하천, 바다의 여섯 가지가 그 자체의 성스러움을 인정하고 있다는 점이다. 『80화엄경』에서는 자연신으로서 위의 여섯 신에 다시 주산신(主山神), 주림신(主林神), 주수신(主水神)의 3신이 추가되었는데, 이들이 자연 존재의 대표로서 신격화되어야 하는 논리적 필연성은 없다. 어쩌면 『60화엄경』으로 계승된 『화엄경』, 직접적으로는 그 드라마의 무대에 해당되는 「세간정안품」의 편찬자들에게 적어도 산은 신격화의 의식 밖의 존재였다. 이를 통해 그들이 수목과 약초가 무성하고, 곡물이 열매 맺는 토지에 강과 바다(또는 호수)를 가까이 두고 생활했음이 추측할 수 있다.

둘째, 「입법계품」에서 선지식(善知識 좋은 친구, 훌륭한 도반의 뜻)들을 묘사한다. 공부를 하면서 친구가 없다면 참 외로운 일이다.

주변에 평생 도를 배우고, 도를 이해하는 도반이 몇 명이나 있는지 생각해 보는 것도 의미가 있을 것이다. 이들 선지식은 모두 주인공인 선재동자가 문수보살의 지시를 받아 차례로 방문한 상대인데, 그들의 지위 혹은 신분과 직업을 보면 다음과 같다.

① 보살 ②~④ 비구 ⑤~⑥ 장자 ⑦ 비구 ⑧ 여성신자(우바이) ⑨ 신선 ⑩ 바라문 ⑪ 딸(kany, 동녀) ⑫ 비구 ⑬ 소년(동자) ⑭ 남성신자 ⑮ 자산가(거사) ⑯ 법의 장자 ⑰ 장자 ⑱~⑲ 국왕 ⑳ 여성신자 ㉑ 편력행자(외도) ㉒ 향장사 ㉓ 어부 ㉔ 장자 ㉕ 비구니 ㉖ 경건한 여성(bhāgavatī) ㉗ 남성신자 ㉘~㉙ 보살 ㉚ 신의 아들(devaputra) ㉛ 대지의 여신 ㉜~㊵ 밤의 여신 ㊶ 룸비니림의 여신 ㊷ 부처님의 어머님(마야부인) ㊸ 신의 딸 ㊹ 소년의 선생 ㊺ 장자의 소년 ㊻ 여성신자 ㊼ 금세공사 ㊽~㊾ 자산가(장자) ㊿바라문 (51) 소년소녀 (52)~(54) 보살

선지식들이 다양한 지위, 계층, 신분, 직업에 분포되어 있는 점으로 보아 불교에서는 직업적 차별이나 남녀 차별을 하지 않았다는 것을 알 수 있다. 이것은 대승불교의 기치인 '평등'을 이상으로 내세운 것일 뿐만 아니라, 사상적으로는 「입법계품」에서 결정된 종교운동 그 자체가 사회의 계층이나 신분 · 직업을 초월하여 폭넓게 지지받았다는 것을 증명하는 것으로 여겨진다.

등장인물 가운데 장자 혹은 자산가, 특히 여성이 8인(신을 포함하면 20인)에 달하고 있는데, 역시 이들이 대승운동의 직접적인 지지 기반이 아니었을까 생각된다. 또 하나는 천민인 드라비다인 미가(Megra 천민 출신 장자)와 어부인 바이라(Vaira 뱃사공 자재해사自在海師)가 선지식으로 등장하고 있는데, 드라비다인은 아리야 민족에 의해서 정복되었던 인도 선주민족의 혈통을 이은 사람들로 경전에서는 이들을 수용하고 있는 것이다.

이들 선주민족은 대부분 노예로 사회의 최하층에 놓여 있

었다. 어부 또한 원어인 다사(dāsa)의 의미가 원래 유목민이며, 정복민인 아리야 민족에 대해 선주(先住)의 적대자, 피정복민을 의미함에서 알 수 있듯이 노예 계층의 사람들이 종사했던 직업이다. 다시 말하면 드라비다인과 어부는 실질적으로는 거의 동일한 의미와 내용을 가지는 사회 최하층의 구성원인 것이다. 이것은 당시 사회상의 반영이기도 하다.

그러면 「입법계품」 편집자들은 왜 이들을 선지식으로 등장시켰던 것일까? 여러 이유가 있겠으나 그중 하나는, 이 경전에 사상적으로 집약되어가는 종교운동이 노예계급에게도 지지를 얻었기 때문인 것으로 추측된다. 즉, 카스트제도 하에 놓인 억압된 시민의식을 깨워 종교적·정신적으로 해방시키려는 대승불교의 노력이 아니었을까 생각된다.

여러 논서의 주석과 인용

인도에서는 수많은 논(論), 즉 경(經)에 대한 주석서가 성립되었는데, 그들 논서 중에도 『화엄경』을 주석 또는 인용하고 있는 것이 많다. 여기에서 여러 논서와의 관계를 밝힘으로써 『화엄경』 성립 연대의 하한을 추정함과 동시에 인도에서의 화엄경전의 유포 상황을 엿볼 수 있다.

대승불교 8종의 종조(宗祖)로 불리는 용수(龍樹, Nāgārjuna, 약 150~250년)보살이 지었다고 전해지는 『십주비바사론(十住毘婆沙論)』(제2지까지의 주석)과 세친(世親, Vasubandhu, 약 400~480년)보살이 지었다고 전해지는 『십지경론』이 있다. 이것은 모두『화엄경』「십지품」에 해당하는『십지경』에 대한 주석서로, 인도에서의 십지사상의 중요성과 함께『십지경』이 아주 이른 시기에 성립되었다는 것을 보여준다. 또한 용수보살의 저작으로 되어 있는『대지도론(大智度論)』(600권 대반야경을 주석한 책)에 10만 게(偈)로 이루어진『불가사의해탈경(不可思議解脫經)』의 존재가 언급되는데, 이를『화엄경』으로 지칭한다는 견해가 있다. 현존의『간다뷰하(Gaṇḍa-vyūha)』와 여기에 상당하는『화엄경』「입법계품」이 가진 여러 교설이 이 경의 교설로 종종 언급되고 있다.

이런 사실에서 만일『불가사의해탈경』이『화엄경』또는『간다뷰하』를 가리키고, 동시에『대지도론』이 용수보살의 저작이라고 한다면,『화엄경』또는「입법계품」은 그가 생존한 2~3세기에는 이미 유포되었다는 뜻이 된다. 하지만『대지도론』에서『불가사의해탈경』의 인용을 논거로 하여『간다뷰하』와『화엄경』원전의 성립을 용수보살 이전이라고 간주하는 것은 삼가야 한다. 다른 논서 및 주석들과의 시대적 차이가 너무 크기 때문이다. 이는 근년에 라모뜨(É. Lamotte) 교수에 의해서『대지도론』은 4세기 초에 성립되었고, 저자는 북인도 출신으로 설일체유부(說一切有部)에 출가했던 학승이었다는 새로운 설이 제기되었다는 점에서도 알 수 있다.

이외에도『화엄경』의 개별 품을 하나의 독립된 경전으로 인용하고 있는 인도의 논서에는 견혜(堅慧, Sāramati)가 5세기 초에 지었다는 『보성론(寶性論)』과 적천(寂天, Śāntideva, 650~750년경)의 『대승집보살학론(大乘集菩薩學論, Śaikṣāsamuccya)』이 있다. 전자에는 「성기품(性起品)」에 대응하는 경 이름이 없고, 후자에는 「현수품(賢首品)」에 대응하는 것으로 『보거다라니(寶炬陀羅尼)』와 「십회향품」의 일부에 상당하는 것으로 『금강당경(金剛幢經, Vajradhvaja-sūtra)』 등의 인용이 보인다. 이것은 직접적으로는 위의 3품이 5~8세기경 인도에서 각각 독립 경전으로 유포되어 있던 것을 증명한다. 그리고 일찍이 「성기품」에 해당하는 『여래흥현경(如來興顯經)』이 서진(西晉)의 축법호에 의해서 한역되고 있는 점에서 보면, 그것을 『여래흥현경』에 상당하는 독립 경전에서 인용된 것이라고 추측하는 편이 자연스러울 것이다. 그러나 이것이 곧 『화엄경』이라고 단정 짓는 것은 삼가야 한다.

하지만 『대승집보살학론』에 포함된 『화엄경』「현수품」의 인용 사실이 가진 의미는 결코 가볍지 않다. 왜냐하면 그것은 대본 『화엄경』이 성립된 이후, 이를 테면 화엄경류를 모두 흡수하여 만들어진 것이 아님을 증명하기 때문이다.

대본 『화엄경』이 그 자체로는 인도에서 유포된 흔적이 없고, 한편 「십지품」에 대응하는 『십지경』과 「입법계품」에 대응하는 『간다뷰하』는 오늘날까지 각각 독립 경전의 형태로 전해 오고 있다.

이러한 사실들과 비교해 생각한다면, 인도에서는 몇 개의 화엄경류, 즉 『십지경』, 『간다뷰하』, 『보거다라니』, 『금강당경』 등이 어느 시대까지는 존재했고, 때로는 서로 접촉하거나 교섭이 이루어졌다고 추정된다. 대본 『화엄경』의 편찬과 유포는, 인도 문화권 내에 화엄경전이 가지는 사상운동의 한 방식을 나타내는 것에 지나지 않았음이 틀림없다.

화엄경의 구성

다음의 표를 보면 대 서사시로서의 『화엄경』을 느낄 수 있다.

무대 배경이 지상에서 천상, 다시 지상으로 시간과 공간을 초월해서 우주적으로 움직이고 있다. 등장인물도 우주적으로 부처님이 등장하시고 부처님은 자리에 앉으신 채 해인삼매에 들어 지상과 천상의 세계를 넘나들고 있으며, 다양한 보살들이 나타나 법을 설하는데, 웅장하고 장엄하게 그 모습을 드러내고 있다. 막으로 보면 3막이지만 장은 9장이며, 장 안에 39품이 있는데 시간적으로도 굉장한 규모이다.

성불하신 지 2주째 되는 날부터 삼칠일간 경을 설했다고 나오는데, 이는 부처님의 정신세계를 말하므로 숫자를 염두에 둘 필요는 없다. 이 거대한 서사극을 삼칠일 만에 설했다기보다 부처님이 성불하시고 맨 처음 설한 것임을 강조한 의미로 볼 수 있다.

	법회 會	장소 處	품 명 品名	말한이 說主	오주인과 – 사분 (五周因果 – 四分)
지상 1막 제1장	제1회	법보리장 (菩提樹下) 적멸도량 (寂滅道場)	1. 세주묘엄품	보현	소신인과(所信因果) – 거과권락생신분 (擧果勸樂生信分)
			2. 여래현상품	〃	
			3. 보현삼매품	〃	
			4. 세계성취품	〃	
			5. 화장세계품	〃	
			6. 비로자나품	〃	
제2장	제2회	보광명전	7. 여래명호품	문수	차별인과(差別因果) – 수인계과생해분 (修因契果生解分)
			8 사성제품	〃	
			9. 광명각품	〃	
			10. 보살문명품	〃	
			11. 정행품	〃	
			12. 현수품	〃	
천상 1막 제1장	제3회	도리천궁	13. 승수미산정품	〃	
			14. 수미정상게찬품	〃	
			15. 십주품	법혜	
			16. 범행품	〃	
			17. 초발심공덕품	〃	
			18. 명법품	〃	
제2장	제4회	야마천궁	19. 승야마천궁품	〃	
			20. 야마궁중게찬품	〃	
			21. 십행품	공덕림	
			22. 십무진장품	〃	
제3장	제5회	도솔천궁	23. 승도솔천궁품	〃	
			24. 도솔궁중게찬품	금강당	
			25. 십회향품	〃	
제4장	제6회	타화천궁	26. 십지품	금강장	
지상 1막 제1장	제7회	보광명전	27. 십정품	보현	
			28. 십통품	〃	
			29. 십인품	〃	
			30. 아승지품	**부처님**	
			31. 여래수량품	심왕	
			32. 제보살주처품	〃	
			33. 불부사의법품	연화장	
			34. 여래십신상해품	보현	
			35. 수호광명공덕품	**부처님**	
			36. 보현행품	보현	평등인과(平等因果)
			37. 여래출현품	〃	
제2장	제8회	보광명전	38. 이세간품	〃	성행인과(成行因果) – 탁법진수성행분 (托法進修成行分)
제3장	제9회	급고독원 (기원정사)	39. 입법계품	선재동자 구법순례	증입인과(證入因果) – 의인증입성덕분 (依人證入成德分)

80권 『화엄경 (대방광불화엄경 大方廣佛 華嚴經)』표

    이상에서 알 수 있듯이, 화엄경전의 성립과 유포를 둘러싼 모든 문제는 현 단계에서 명확하게 결론지을 수 없다. 그러나 지금까지 논의해 온 사실들을 총괄하여 감히 필자가 지금 생각하고 있는 문제의 요점을 정리한다면 다음과 같다.

① 『화엄경』은 단일 경전으로 성립된 이후에도 종종 수정되거나 보충되어 많은 이본(異本)이 생겨났다.

② 현존하는 『화엄경』 가운데 『60화엄경』이 가장 오래된 형태를 띠고 있고, 그 산스크리트 원본은 5세기 초 코탄(宇闐)에 존재했다.

③ 『화엄경』의 구성은, 거슬러 올라가 보면 3세기 전반에 한역된 『보살본업경』에서, 더 나아가서는 2세기 후반의 『도사경(兜沙經)』까지 연관되어 있다.

④ 『화엄경』이 만약 「세간정안품」·「노사나불품」·「십지품」·「성기품」·「입법계품」 등을 중심축으로 하고 있다면, 『화엄경』의 성립은 『보살본업경』의 발전한 형태로, 즉 여래장사상이나 마음의 철학을 가진 경전에서 발전한 형태로써 이들 모든 품의 원본과 합해져서 편성된 시점이라고 할 수 있겠다.

⑤ 그들 모든 품 가운데 적어도 「십지품」 및 「성기품」에 상당하는 것이 3세기 후반에, 「입법계품」에 상당하는 것이 4세기 후반에 독립되어 존재했다는 것은 확실하다.

⑥ 「세간정안품」(60권본)이나 「노사나불품」이 독립되어 있었

던 흔적은 없다. 이들은『화엄경』을 편찬할 때에 새로 작성되거나 첨부된 것으로 생각되며, 이러한 점에서『화엄경』의 독자성을 명확히 인정할 수 있다.

⑦ 이상의 사실로 보아 적어도『60화엄경』과 동일 또는 근접한 구성과 체계를 갖는『화엄경』의 성립 연대는 그다지 오랜 시대까지 거슬러 올라갈 수는 없다. 현재로서는 서기 400년 전후에는 성립되어 있었다고 추정할 수 있을 뿐이다.

⑧『화엄경』「입법계품」에 상당하는『간다뷰하』의 원형이 성립된 곳으로 남인도가 유력하다. 남인도는 바다를 접하고 있고,『화엄경』에서도 해인삼매나 바다에 관한 것을 많이 언급하고 있기 때문이다. 그러나 여러 가지 상황이나 증거로 볼 때,『간다뷰하』를 삽입시키는 형태로『화엄경』의 편찬이 행해진 것은 서역의 코탄 또는 그 주변이라고 생각된다. 4~5세기에 오아시스 나라인 코탄의 존재가『법현전』에도 언급되어 있다.

II부는 『80화엄경』에서 설한 내용들을 자세히 설명하면서 그 각 내용이 품고 있는 사상을 중심으로 구성되어 있다. I부에서 말했듯이, 『80화엄경』은 7처 9회에 걸쳐 설해진 경으로 지상→천상→지상으로 무대를 옮겨 가면서 다양한 보살들이 나타나 법을 설하고 있다.

지상은 적멸도량, 보광명전, 서다림원 등 세 곳에서, 천상은 도리천궁, 야마천궁, 도솔천궁, 타화자재천궁 등 네 곳에서 경이 설해진다. 이 가운데 보광명전에서는 경이 세 번 설해지므로 7처 9회가 되고 모두 39품이 설법된다.

즉, 적멸도량 6품 - 보광법당 6품 - 도리천궁 6품 - 야마천궁 4품 - 도솔천궁 3품 - 타화자재천궁 1품 - 보광법당 11품 - 보광법당 1품 - 서다림(기원정사 급고독원) 1품 등이다.

『80화엄경』은 3막 9장 39품으로 구성되어 있는데, 그 무대 배경이 시공을 초월하여 지상에서 천상으로, 다시 지상으로 범우주적으로 이루어지고 있다. 또한 부처님은 자리에 앉으신 채 해인삼매에 들어 지상과 천상의 세계를 넘나들고 있으며, 다양한 보살들이 웅장하고 장엄한 모습으로 법을 설하며 광명의 세계를 펼쳐 보이고 있다. 이 39품 중에서 9장 서다림원에서 설해진 「입법계품」은 『화엄경』의 중심 세계를 더욱 심오한 체계 속에 설하고 있어 III부에서 별도로 다루고 있다.

II부에서는 「입법계품」을 제외한 38품을 통해 부처님이 어떻게 출현하시고 깨달음의 세계를 향해 찬란한 광명의 빛을 비추고 계신지를 자세히 밝혀보고자 한다.

II

광명의
세계

1. 깨달음이 품은 세상
- 「세주묘엄품(世主妙嚴品)」

깨달음으로 이룬 장관(壯觀)

　그때 부처님께서 이 법보리도량(적멸도량) 사자좌에 앉아 온갖 법에서 가장 바른 깨달음을 이루시니, 지혜는 삼세(三世)에 들어가 모두 평등해지고, 몸은 모든 세간에 가득하고, 음성은 시방세계의 말을 따르시니, 마치 허공이 여러 가지 물상을 포함하고 있으면서도 모든 경계에 차별이 없는 것 같았으며, 또 허공이 온갖 것에 두루하여 여러 세계에 평등하게 따라 들어가는 듯하였다.

　몸은 모든 도량에 항상 앉아 보살 대중 가운데 위엄과 빛나심이 혁혁하여 마치 찬란한 햇빛이 세계에 비친 듯하며 삼세에서 지으신 복덕 바다가 모두 청정하였고, 여러 부처님 나라에 항상 일부러 태어나시며, 그지없는 몸매와 원만한 광명이 온 법계에 두루하되 평등하여 차별이 없으시고, 모든 법을 연설하심은 큰 구름이 일어나는 듯하였다. 털끝마다 온갖 세계를 받아들이되 서로 장애되지 아니하며, 제각기 한량없는 신통한 힘을 나타내어 모든 중생들을 교화하여 조복(調伏)하시고, 몸이 시방세계에 두루하면서도 오고 가는 일이 없었으며, 지혜는 모든 걸모양에 들어가 법이 비고 고요함을 알았으며, 삼세 부처님들이 갖고 있는 신통 변화를 광명 속에서 모두 보게 되고, 온갖 부처님 세계와 부사의한 겁에 있는 장엄을 모두 나타나게 하였다.

「세주묘엄품(世主妙嚴品)」은 온 세계의 주인이 되는 이들(世主)이 아란야 법보리도량(阿蘭若法菩提場)에 모여 부처님 깨달음의 세계를 오묘하게 장엄(妙嚴)하였다는 뜻이다. 오묘하다는 것은 깨달음의 세계가 우리가 가지는 상식이나 이해의 차원을 뛰어넘기에 신기하고 미묘하여 환희심을 불러일으킨다는 것이고, 장엄하였다는 것은 부처님의 깨달음에 대한 수많은 보살, 호법신장들과 천왕, 신들의 찬탄으로 온갖 불세계가 아름답게 꾸며졌다는 것을 말한다.

부처님 깨달음의 순간을 그림을 보듯 설명한 위의 장면은 부처님의 나타나심을 테마로 하고 있다. 그리고 주된 테마는 서로 들어감(相入)과 두루함(遍在)이다. 우리의 상식은 허공과 물건, 털끝과 세계를 분리시켜 생각한다. 하지만 부처님 세계 속에서는 허공과 물건이 서로를 포함하고 있고, 세계는 하나의 털끝이 되고 털끝이 하나의 세계가 되기도 한다. 이것이 다만 말장난이 아니라는 것, 깊고 깊은 심오한 통찰이라는 것을 예를 들어 이해해 보기로 한다.

우리는 허공과 물건의 관계를 이야기할 때, 흔히 그릇을 예로 든다. 그릇은 비어 있지만, 그 비어 있음은 온갖 것을 채울 수 있으므로 꽉 차 있다고 말할 수 있다. 하지만 그 비어 있음도 어떤 물건이 채워지지 않는다면 알 수 없는 것이 된다. 물(物)을 따름으로써 그 허공이 물로써 실현되고, 허공이 물을 따를 수 있게 하는 조건이 되었음을 알게 된다. 따라서 허공과 물건은 서로를 의지하고 있다.

현대에 이르러 털끝에 세계가 있고, 세계가 털끝에 있다는 것은 더 이상 비유가 아니다. 인터넷을 생각해 보자. 인터넷은 우리가 클릭할 때마다 새로운 세계를 열어 보여준다. 목표로 정한 세계뿐 아니라 그 목표와 상관관계를 가지는 다른 여러 세계까지도 함께 보여준다. 우리는 인터넷 속으로 들어가고 나올 때마다 내 생각이 얼마나 많은 관계들 속에 있는지 확인하게 된다. 부처님의 연기(緣起)와 『화엄경』의 비전은 수많은 시간을 가로질러 왔어도 여전히 풍요롭다.

「세주묘엄품」은 부처님 깨달음의 구체적인 내용, 예를 들면 사성제와 팔정도, 공(空), 대승법문보다는 부처님 깨달음의 힘, 깨달음이 가지는 능력과 그 능력에 힘입어 보살들과 왕들과 신들이 이룩한 해탈문(解脫門)에 초점이 맞추어지고 있다.

우리는 자주 내용과 그것이 발휘되는 능력을 구분하는 경향이 있다. 그래서 "그 말은 맞는 말인데 현실적으로 불가능해"라고 말하곤 한다. 내용은 인정하겠지만 내게는 그럴 힘이 없다는 무능력의 고백이다. 그러나 부처님의 깨달음은 마냥 정적으로 고정되어 있는 어떤 것, 그래서 움직이지 않아 우리가 이를 악물고 다가가야 하는 어떤 것이 아니다.

「세주묘엄품」에서 묘사하는 부처님의 깨달음은 그 내용과 능력이 완전히 일치하여, 깨달음 자체가 광대한 힘을 발휘한다. 그렇기 때문에 부처님은 언제나 '빛'의 부처님이시다. 빛은 '실체'라고 말할 수 있는 것이 없지만, 어느 곳에 두루하지 않음이 없다.

내용과 능력의 일치는 『화엄경』의 가장 큰 특성이기도 하다.

『화엄경』이 법계연기(法界緣起), 여래성기(如來性起), 유식(唯識) 등 부처님 가르침의 내용을 포괄하면서도 보살 수행 52위의 수행단계를 가르쳐주는 훌륭한 수행 지침서가 되는 이유도 여기에 있다. 제대로 안다는 것은 그것을 이미 실천하고 있다는 것이다.

각각의 세주(世主, 善德)들이 다양한 해탈문으로

부처님께서 법보리도량에서 정각(正覺)을 이루시자 신통력으로 도량에는 모든 장엄이 조화되어 빛났다.

보현보살을 위시한 보살 대중과 집금강신 · 신중신 · 족행신 · 도량신 · 주성신 · 주지신 · 주산신 · 주림신 · 주약신 · 주가신 · 주하신 · 주해신 · 주수신 · 주화신 · 주풍신 · 주공신 · 주방신 · 주야신 · 주주신 · 아수라왕 · 가루라왕 · 긴나라왕 · 마후라가왕 · 야차왕 · 용왕 · 구반다왕 · 건달바왕 · 월천자 · 일천자 · 삼십삼천왕 · 야마천왕 · 도솔타천왕 · 화락천왕 · 타화자재천왕 · 대범천왕 · 광음천왕 · 변정천왕 · 광과천왕 · 대자재천왕 등 총 39중이 권속들과 함께 부처님 회상에 구름처럼 모여 왔다.

이들은 단순히 부처님의 제자나 수호신이 아니다. 이들은 부처님의 가르침을 체득하기 위해 모인 이들이다. 그래서 이들은 부처님 세계와 법의 기쁨 등을 무수한 시로 표현했다. 그들은 모두 부처님을 찬탄하는 노래를 부르고 있었다.

금강역사는 일찍이 법을 수호하겠노라고 서원을 세운 장사다. 또한 용신은 도량을 맑게 한다는 의미가 있다. 그리고 불의 신은 우리나라에서도 옛날에는 집집이 부뚜막에는 아궁이가 있다. 이 아궁이의 어원이 인도의 불의 신 이름인 '아그니'로, 이것이 우리나라에 정착해 아궁이가 된 것이다. 바람신은 생명을 움직이는 기운이다.

「세주묘엄품」은 수많은 보살과 신들이 부처님 깨달음을 배우기 위해 모인 풍경이 주는 장엄함에서 감동을 주기도 하지만, 모인 대중 각자가 자신의 선근을 부지런히 닦아, 그 많은 보살들과 왕들과 신들의 수만큼 많은 해탈문(解脫門)을 보여주는 모습도 지극한 마음을 불러일으킨다. 여기 여래 공덕의 바다에 들어감으로써 법보리도량에 모인 대중들은 모인 수만큼의 해탈문에 들어가게 된다.

묘한 불꽃 바다 대자재(妙焰海大自在) 천왕은 법계와 허공계에 고요한 방편의 힘인 해탈문을 얻었고, 자재한 이름 빛(自在名稱光) 천왕은 온갖 법을 두루 보고 모두 자재하는 해탈문을 얻었고, 깨끗한 공덕 눈(淸淨功德眼) 천왕은 온갖 법이 나지도 않고 멸하지도 않고, 오지도 않고 가지도 않고, 작용이 없는 행인 해탈문을 얻었고 …… (중략) …… 지국 건달바왕(持國乾闥婆王)은 자재한 방편으로 모든 중생을 거두어주는 해탈문을 얻었고, 나무 광명(樹光) 건달바왕은 온갖 공덕장엄을 널리 보는 해탈문을 얻었고 ······ (중략) ······ 넓은 광명 불꽃 갈무리하는 불 다스리는 신(普光焰藏主火神)은 온갖 세간의 어둠을 모두 없애는 해탈문을 얻었고, 광명 당기 널리 모은(普集光幢) 불 다스리는 신은 모든 중생의 번뇌인 흘러 헤매며 시끄러운 고통을 쉬게 하는 해탈문을 얻었고, 큰 광명 널리 비친(大光遍照) 불 다스리는 신은 흔들리지 않는 복력과 큰 자비의 광인 해탈문을 얻었고 ······ (중략) ······ 보현보살마하살은 헤아릴 수 없는 해탈문의 방편 바다에 들어 여래의 공덕 바다에 들어갔으니, 한 해탈문은 이름이 온갖 부처님의 극토를 깨끗하게 장엄하고 중생들을 조복하여 끝까지 벗어나게 함(嚴淨一切國土調伏衆生令究竟出離)이요, 한 해탈문은 이름이 모든 여래의 처소에 나아가 공덕을 구족한 경계를 닦음(普詣一切如來所修具足功德境界)이요 ······ (하략).

보현보살마하살을 제외한 모든 회중(會衆)은 오직 한 가지 해탈문만을 얻을 뿐이다. 『화엄경』에서 보현보살의 위치를 알 수 있게 해주는 부분이다. 그러나 하나인지 열인지에 큰 중요성을 부여하지 않아도 좋을 것 같다. 무한하고 걸림없는 해탈에 들어갔다는 것 자체가 중요한 일이기 때문이다.

부처님께서는 우리에게 아주 어려운 것을 말씀하지 않는다. 수많은 해탈문을 다 성취하라고 말씀하지도 않는다. 각각의 선근에 맞게, 각자의 능력껏 지속적으로 정진하기를 원하신다. 이 법보리도량에 모인 대중들은 자신에게 속한, 자신이 할 수 있는 한계 속에서 지속적으로 닦음으로써 해탈문에 이르렀다.

그러므로 불세계가 갖가지 게송들로 장엄될 수 있었던 것이다.

우리는 '내가 잘 할 수 있는 수행이 무엇일까?' 생각해야 하고, '이 수행이라면 난 틀림없이 잘 할 수 있다'라는 확신을 갖고 출발해야 한다. 『화엄경』을 지녀 외웠던 수많은 부처님의 제자들처럼 언제나 부처님과 화엄세계를 생각하고, 나는 부처님의 세계 속에서 무슨 꽃으로 피어날까 고민해 보아야 한다.

2. 부처님 나타나시는 모습
- 「여래현상품(如來現相品)」

낱낱의 대상으로 출현하시는 부처님

「여래현상품(如來現相品)」에서는 『화엄경』이 교설되는 인연을 설하고 있다. 세주(世主)들이 마음속으로 40가지 질문을 하는데, 크게는 불세계와 보살세계에 대한 질문이다. 이에 답하기 위해 부처님께서 광명으로 출현하신다. 모인 대중이 설법을 청하자 부처님께서는 먼저 상서(祥瑞, 좋은 모습)를 보이는데, 입으로 광명을 놓아서 수많은 세계와 불·보살을 나타내고, 미간의 광명으로는 설법할 법주를 비추고 국토를 진동케 하여 대중을 환희케 하신다. 또 부처님 앞에 연꽃이 나타나서 화엄의 정토인 연화장세계를 보여준다.

우리가 부처님의 뜻대로 살아가고, 위없는 깨달음을 얻고,

보살행을 실천하려는 발심을 한다면, 우리는 "과연 부처님께서는 어떻게 나에게 나타나실까?" 물을 수밖에 없다. 부처님의 나타나심은 나의 신심을 굳건하게 하고, 믿음에 후퇴가 없이 온전히 깨달음의 길을 갈 수 있도록 해주기 때문이다. 그저 믿기 때문에 믿는 공허한 믿음이 아니라, 알찬 과실과도 같은 믿음을 가지기 위해서는 삶에 주의를 기울이고 부처님께서 나타나시기를 간절히 바라야 한다.

하지만 부처님께서 모습을 나타내신다면 과연 어떤 모습일까?

『금강경』에서는 이렇게 말하고 있다.

약이색견아(若以色見我) 형태에 의해서 나를 보고
이음성구아(以音聲求我) 소리에 의해서 나를 찾는 자는
시인행사도(是人行邪道) 잘못된 노력에 빠져 있나니
불능견여래(不能見如來) 마침내 부처를 볼 수 없으리라

여기서 형태와 소리는 실체를 가진 것들, 연기와 인연의 흐름을 보는 것이 아니라 그것들을 고정시켜 나의 외부에 존재해 있는 무엇으로 보거나 듣는 것을 말한다. 우리가 어떤 것을 변함없이 존재하는 그것으로, 영원한 무엇으로 보게 되면 우리는 결코 부처님을 볼 수 없다. 그렇다면 도대체 우리는 어떻게 부처님이 나타나심을 보고, 그것을 알 수 있는 것일까?

선사(禪師)들은 다양한 경험을 통해 깨달음에 이르셨다. 어떤 스님은 '악' 하는 소리에, 어떤 스님은 몽둥이를 맞고, 어 떤 스님은 낙엽을 쓸다가 깨달음에 이르기도 하셨다. 만약 그 스님들이 어떤 소리에, 어떤 대상에 집착했다면 깨달음에 이를 수 있었을까. '악' 하는 소리가 다만 소리에 불과하였다면, 그 것은 목으로부터 나오는 음성이고 의미 없는 외침일 뿐이다. 하지만 이 소리와 이 소리를 듣는 사람의 인연과 선근 공덕이 만나게 되면 '악' 하는 소리는 깨달음에 이르게 하는 통로가 된다.

삶의 어떤 인연을 통해서 깨달음에 이르게 될지 우리는 알 수 없다. 그러나 발심을 하게 되면 우리의 주위를 둘러싼 모든 사물과 사람들이 깨달음의 가능성으로 가득 차 있다는 것을 알게 된다. 삶에서 마주치는 모든 것들이 깨달음에 이르도록 하는 가능성들이기에 부처님은 모든 세상에, 모든 인연에 두 루 계신다. 「여래현상품」에서 보살들은 부처님의 위신력을 받 아 이렇게 말한다. (22쪽 『60화엄경』 「노사나불품」 참고)

불신충만어법계(佛身充滿於法界) 부처님 몸 온 법계에 가득하시니
보현일체중생전(普現一切衆生前) 간 데마다 중생 앞에 나타나시며
수연부감미부주(隨緣赴感靡不周) 인연 따라 골고루 나아가지만
이항처차보리좌(而恒處此菩提座) 언제나 보리좌(菩提座)에 계시고

여래일일모공중(如來一一毛孔中) 부처님의 하나하나 털구멍마다
일체찰진제불좌(一切刹塵諸佛坐) 온 타끌세계에 타끌수 부처 계시네

보살중회공위요(菩薩衆會共圍繞) 보살 대중들이 빙 둘러 있을 때
연설보현지승행(演說普賢之勝行) 보현보살 뛰어난 행을 연설하시며

여래안처보리좌(如來安處菩提座) 부처님께서 보리좌에 앉아 계시면서
일모시현다찰해(一毛示現多刹海) 한 털 끝에 많은 세계 나타내시며
일일모현실역연(一一毛現悉亦然) 낱낱 털 끝에 나타냄도 또한 그러네
여시보주어법계(如是普周於法界) 이렇게 온 법계에 두루 하시도다.

부처님께서는 어떤 움직임도 없이, 어느 면에서 봐도 동일
한 사물처럼 원만하게 계시며, 어떤 인연을 통해서 부처님을
보더라도 우리는 동일한 부처님의 모습을 볼 수 있다. 시인의
눈이 만개한 꽃 속에서 우주의 펼침을 보고, 스러져 가는 꽃잎
에서 우주의 접힘을 바라보듯, 발심한 부처님의 제자는 모든
사물들 속에서 부처님의 출현과 오묘한 작용을 본다.

3. 삼매, 그 심연의 마음
- 「보현삼매품(普賢三昧品)」

삼매(三昧)란

『화엄경』속의 대부분 설법은 삼매 속에서, 혹은 삼매를 통해 이루어진다. 삼매는 산스크리트 'Samādhi(사마디)'를 음역한 말이다. 삼매는 불교의 수행 속에서 반드시 성취하여야 할 중요한 성과에 속하며, 해탈과 성불(成佛)로 가기 위한 주요한 이정표이다.

「보현삼매품」에서 보현보살은 설법하기 전에 '일체제불 비로자나여래장신(一切諸佛 毘盧遮那如來藏身)'이라는 삼매에 들어간다.

그때 보현보살마하살이 여래 앞에서 연화장 사자좌에 앉아 부처님의 위신력을 받들어 삼매에 드시었다. 이 삼매는 이름이 일체제불비로자나여래장신이니, 모든 부처님의 평등한 성품에 두루 들어가 법계에서 모든 영상(影像)을 능히 보이며, 넓고 크고 걸림이 없어 허공과 같고, 법계의 소용돌이에 따라 들어가지 않는 데 없으며, 온갖 삼매의 법을 내기도 하고, 시방의 법계를 널리 포함하기도 하며, 삼세의 모든 부처님들의 지혜 광명 바다가 모두 여기서 나오고, 시방에 나란히 벌려 있는 바다들을 능히 나타내기도 하며, 온갖 부처님의 힘과 해탈과 모든 보살의 지혜를 모두 머금어 간직하고, 온갖 국토의 티끌로 하여금 그지없는 법계를 용납하게 하며, 모든 부처님의 공덕 바다를 성취하고, 여래의 크신 원력 바다를 나타내어 보이고, 모든 부처님의 법륜을 유통하고 보호하여 끊어지지 않게 하였다.

여기서 삼매는, 부처님의 평등한 성품으로 들어가서 온갖 법계의 영상을 보고 부처님의 힘과 지혜를 간직하여 법계를 온전히 이어나가는 방편으로 제시되고 있다.

『화엄경』에서는 다른 어느 경전에서보다 삼매 현상의 의미가 광범위하고 구체적으로 나타나 있어 수행과 삼매와 신통(神通)이 가지는 연관성과 의미를 이해할 수 있게 해준다. 『화엄경』에서 보이는 삼매의 의미를 자세히 알고 삼매에 들어가기 위해서는 삼매의 기본적인 의미를 먼저 살펴보아야 한다.

삼매란 마음에서 일어난 표상(니밋타 nimitta)에 마음을 집중하는 것을 말한다. '표상'이라는 것은 마음이 대상을 대할 때 생겨나는 영상을 말하는 것으로, 삼매는 온 마음을 마음에서 일어난 한 가지 표상에 전념시키는 것을 말한다(『들숨 날숨에 마음 챙기는 공부』, 대림스님 역). 가령 우리가 숨쉬기에 집중한다면, 숨과 코가 부딪치는 지점에서 어떤 현상들이 생겨나는 것을 알 수 있는데, 그 현상에만 집중하여 다른 상념이 생겨나지 않는 상태가 삼매에 든 순간이다. 삼매에도 다른 마음의 움직임에 따라 초선(初禪)에서 사선(四禪)에 이르는 여러 경지가 있다.

아비달마 불교에서 삼매는 마음과 대상의 온전한 일치를 말한다. 마음과 대상이 하나가 된 경지를 심일경성(心一境性)

이라고 한다. 『아비달마구사론』에서 세친보살은 삼매에 대해서 다음과 같이 설명한다.

무엇을 일컬어 심일경성(心一境性)이라고 하는가. 말하자면 한 가지 대상(所緣)에 전념하는 것이다. 만약 그렇다고 한다면, 다시 말해 마음이 하나의 대상에 전념하는 상태에서 그것에 근거하여 '삼매(三昧)'라고 하는 명칭을 건립하였다고 한다면, 마땅히 그 밖의 다른 심소법(心所法)이 별도로 존재한다고 해서는 안 될 것이다.
- 『아비달마구사론』 28권, 「분별정품」

여기서 세친보살은 대상과 마음이 하나가 된 상태라면, 대상과 일체가 된 마음 이외에 다른 마음은 없기에 초선에서 4선에 이르는 경지의 구분도 없어야 된다고 말하고 있다. 온전히 하나인데 어떻게 구분이 있을 것인가? 마음과 대상의 관련은 복잡한 문제이고, 좀 더 포괄적이고 깊이 있는 접근을 필요로 하기 때문에 여기서 자세히 살펴볼 수는 없다. 하지만 세친보살의 설일체유부(說一切有部 개인 아我는 없지만 모든 법은 삼세에 걸쳐 실재한다고 주장하는 학파)에 대한 비판은 유심(唯心) 사상의 영향 하에 있는 마명보살의 『대승기신론』에서 한층 강화된 형태로 나타난다.

만약 지(止)를 닦는다면 고요한 곳에 머물러 단정히 앉아서 뜻을 바르게 하되, 기식(氣息)을 의지하지 않고, 형색(形色)을 의지하지도 않으

며, 공(空)을 의지하지도 않고 지(地)·수(水)·화(火)·풍(風)을 의지
하지도 않으며, 나아가 견문각지(見聞覺知)를 의지하지도 않아야 한다.
일체의 상념을 다 없애고 또한 없앤다는 생각마저도 없애야 한다. 모든
법이 본래 형상이 없기 때문에 찰나찰나 나지 않으며 찰나찰나 멸하지
않으며, 또한 마음을 따라 밖으로 경계를 생각하지 않은 후에 마음으로
마음을 제멸(除滅)하는 것이다. 마음이 만약 흩어져 나간다면 곧 거두어
와서 정념(正念)에 머물게 해야 할 것이니, 이 정념이란 오직 마음뿐이요,
바깥 경계가 없음을 알아야 할 것이다. 곧 또한 이 마음도 자상(自相)이
없어서 생각을 얻을 수가 없는 것이다.
– 『대승기신론소기회본』 6권

　　『대승기신론』에서는 마음 밖의 대상을 인정하지 않으며,
'마음의 어떤 움직임도 멸한 상태'를 삼매라고 말한다는 것을
알 수 있다. 따라서 삼매를 얻기 위해서는 대상에 마음을 집중
하는 것이 아니라, 저 마음 깊은 곳에서 온갖 영상을 만들어
내는 업에 물든 마음까지 닦아내야 한다. 그렇기 때문에 대승
불교의 삼매는 초기 불교의 삼매보다 훨씬 더 적극적인 수행
을 필요로 한다.

『화엄경』에서의 삼매

　　『화엄경』「현수품」에서는 "일체의 부처님께 공양하려면 삼
매에 들어가서 신통을 내어라. 한 손으로 삼천세계를 두루 하
여서 모든 세계 부처님께 공양하리라."라고 하면서 명시적으

로 삼매를 강조하고 있다.

또한 「보현삼매품」에서 보현보살은 삼매 속에서 모든 영상의 나타남을 보고 세계가 그 크기에 상관없이 서로 포함하는 광경을 본다. 얼핏 보면 대상으로부터 생성된 모든 영상을 떠나고, 떠난다는 사실조차 떠나는 대승불교의 삼매의 의미와는 상충되는 것처럼 보인다.

삼매는 기본적으로 '나'라는 것에 집착하는 '아집(我執)'과

12연기(十二緣起)란?

연기란 모든 현상은 무수한 원인(因)과 조건(緣)이 상호 관계하여 성립되므로 독립적인 것은 하나도 없고, 모든 원인이 없으면 결과(果)도 없다는 설이다. 나아가 일체현상의 생기소멸(生起消滅)의 법칙을 말한다. 연기설의 일반적 형태는 무명(無明)·행(行)·식(識)·명색(名色)·육입(六入)·촉(觸)·수(受)·애(愛)·취(取)·유(有)·생(生)·노사(老死)의 12종이 순차적으로 발생·소멸하는 것을 나타내는데, 이것을 12연기라고 한다.

아뢰야식(阿賴耶識)이란?

아뢰야식은 산스크리트어로 '인식의 보고'라는 뜻이며, 여래장(如來藏)이라고도 부른다. 팔식(마음의 8단계)의 가장 마지막 단계인 아뢰야식은, 일시적으로 현존하는 것이 아니고 전생에도 있었고 내생에도 계속 존재하는 것으로, 중생의 근본 생명이며 삶과 죽음을 윤회하는 영혼과도 같다.

세상을 주관하는 어떤 법칙이 있다는 '법집(法執)'을 떠나야 가능하다. 12연기에 따르면, 무엇이 '있다'고 생각하는 것은 집착의 산물이고, 집착은 갈애(渴愛)의 산물이며 그것은 근본적으로 무명(無明)의 산물이기에 생로병사의 윤회를 피할 수 없다.

삼매에 들어간다는 것은 생겨난 영상이라는 마음의 산물에 집착하는 것이 아니라 그 영상을 만들어낸 우리 내면의 가장 근본적인 마음, 곧 아뢰야식(阿賴耶識)과 대면한다는 것을 의미한다. 아뢰야식은 근본식으로서 그것으로부터 모든 것이 생겨난다. 우리가 보고, 느끼고, 생각하는 것은 아뢰야식에 기인하고 있고, 아뢰야식은 차별이 없기 때문에 너와 나의 대립, 나와 대상의 대립, 생각과 현실의 대립을 떠나 있다.

보현보살이 삼매에 들어 관찰하는 모든 광경은 모든 사물과 생명이 서로 포함하고(相入), 차별이 없는(相卽) 우리 의식 깊은 곳의 심연이다. 그렇기에 삼매에 들면, 어떤 장소에나 임의로 갈 수 있는 능력인 신족통(神足通), 무엇이든 꿰뚫어볼 수 있는 천안통(天眼通), 모든 소리를 분별해 들을 수 있는 천이통(天耳通), 타인의 마음속을 들여다볼 수 있는 타심통(他心通), 전세에 생존했던 상태를 알 수 있는 숙명통(宿命通), 모든 번뇌를 소멸하고 이 세상에 다시 태어나지 않는다는 것을 깨닫는 누진통(漏盡通) 등 걸림 없는 신통의 능력을 얻게 된다.

해인삼매와 서양사상

모든 법계가 서로를 생겨나게 하며 서로를 포함하는 장관을 보는 『화엄경』의 삼매를 '해인삼매(海印三昧)'라고 일컫는다. 이 해인삼매가 현대 사상사에서 얼마나 중요한 위치를 선취(先取)하고 있는지에 대해서는 많은 철학·문학 분야에서 거듭 보여주고 있다. 한 예로 서양의 소설가인 보르헤스의 소설을 제시할 수 있다.

'20세기의 창조자', '포스트모더니즘의 선구자'라 일컬어지는 보르헤스(1899~1986)는 수많은 현대 서양 사상가들에게 영감을 준 아르헨티나의 소설가이다. 그는 평생 불교를 사랑했으며, 그 자신이 불교를 강의하기도 하고, 아내의 영향으로 동양의 선불교 전통에 깊은 관심을 갖기도 하였다. 그가 1949년에 발표한 소설 「알레프(aleph 완전수의 상징)」에서는 앞의 '일체제불 비로자나여래장신삼매(一切諸佛 毘盧遮那如來藏身)'와 유사한 광경이 나온다. 알레프는 히브리어의 첫 글자로 '처음'을 뜻하기도 하고, 현실과 초현실을 뜻하기도 한다.

층계 아래쪽 오른편에서 나는 거의 눈에 담기 어려운 광채를 빛내고 있는 형형색색의 작은 구체 하나를 보았다. 처음에 나는 그것이 회전하고 있다고 생각했다. 그러나 잠시 후 그 움직임이 그 구체 속에 들어 있는 어지러운 광경들 때문에 생겨난 착각이라는 것을 깨달았다. 〈알레프〉의 직경은 2 또는 3센티미터에 달할 듯싶었다.

그럼에도 불구하고 전혀 크기의 측소 없이 우주의 공간이 그 속에 들어 있었다. …… 나는 으르렁거리는 바다를 보았고, 나는 새벽과 저녁을 보았고, 아메리카 대륙의 군중들을 보았고…… 나는 봉곳하게 솟아오른 적도의 사막과 모래벌판의 모래들 하나하나를 보았고…… 나는 각 페이지 안에 들어 있는 각 글자들을 동시에 보았고, 나는 밤과 낮을 동시에 보았고, 나는 한 온실의 바닥에 드리워져 있는 몇 그루의 양치류 식물들의 비스듬히 기울어진 그림자를 보았고, 나는 호랑이들과 피스톤들과 들소들과 거대한 파도들과 군대들을 보았고, 나는 지구상에 있는 모든 개미들을 보았고, 나는 페르시아의 고대 천체 관측기를 보았고…… 나는 모든 지점들로부터 〈알레프〉를 보았고, 나는 〈알레프〉 속에 들어 있는 지구를, 다시 지구 속에 들어 있는 〈알레프〉와 〈알레프〉 속에 들어 있는 지구를 보았고…… 나는 현기증을 느꼈고, 그리고 나는 눈물을 흘렸다. 왜냐하면 사람들이 제멋대로 남용해 쓰고 있지만 그 누구도 본 적이 없는 그 비밀스럽고 단지 상상적인 대상, 〈불가해한 우주〉를 보았기 때문이었다. 나는 끝없는 경외감과 끝없는 회한을 느꼈다.

위의 글을 보현보살이 든 삼매인 '일체제불 비로자나여래 장신' 삼매와 비교하여 보라. 우리가 그 삼매의 깊이에 대해 다 알 수는 없지만 그 의미가 얼마나 근접해 있는지 느낄 수 있을 것이다.

『화엄경』이 그리고 있는 서로 합류하고(相入) 서로 하나가 되는(相卽) 세계는, 심오하여 더 이상 이해할 수 없는 것이 아니라, 가장 현대적인 사유의 한가운데에 있다. 물론 서양사상에서 그런 세계는 단지 상상적인 대상일 뿐이지만, 불교에서는 믿음과 서원, 수행을 통해 그 세계를 성취할 수 있다는 점에서 근본적으로 다르다는 것 또한 지적되어야 할 것이다.

해인삼매에 대하여

화엄교학의 대성자인 현수 법장스님은 『탐현기』에서 "해인 삼매는 본래적인 불심, 불성을 은유적으로 표현한 것이다."라고 말했다. 또 화엄종 제4조 청량국사 징관스님은 『화엄현담』에서 비유를 들어 다음과 같이 설명하였다.

한 승려가 거울이 달려 있는 방에서 제자들에게 설법을 하고 있다. 거울과 승려와 제자에서 거울은 진심, 불성, 즉 마음에 비유한 것이고, 승려는 부처에 비유한 것이고, 제자는 인간을 비유한 것이다. 거울은 서로서로의 모습을 반영한다. 말하는 자와 듣는 자이다.

그리고는 이 현상에 참여하고 있는 사람들의 상호관계를 설명하기 위해 "제자의 거울 속에 있는 승려가 승려의 거울 속에 있는 제자에게 설법을 하고 있다."라고 말한다. 이는 다시 말하면 승려의 거울 속에 있는 제자가 제자의 거울 속에 있는 승려에 의해 법을 듣고 있다고 할 수 있다.

부처님이 설법할 때는 말하고 듣는 두 가지 방식이 아니라 네 가지 방식으로 설법이 이루어진다. 사람의 마음속에 있는 부처가 부처의 마음속에 있는 사람에게 설법을 하고, 부처의 마음속에 있는 사람이 사람의 마음속에 있는 부처에게 그 법을 듣는다. 결과적으로는 해인삼매 속에서 부처와 중생이 동시에 공존하기 때문에 내 자신 속에 부처와 중생을 나타낼 수 있다. 이를 한마디로 표현한 것이 '해인삼매'이다.

이런 해인삼매의 작용이 어떻게 나타나는가에 대해, "해인삼매는 여래지(如來智)로서 일체 색상을 인현(印現), 즉 도장을 찍은 것처럼 또렷이 나타낼 뿐만 아니라 삼라만상을 바로 그대로 즉시 나투어내는 작용이 있다."고 설명한다. 이를 해인삼매의 대용(大用)이라 하는데, 때로 업용(業用)·덕용(德用)·승용(勝用)이라고도 한다.

『화엄경』「현수품」에서는 현수보살이 열 가지 삼매의 작용을 게송으로 찬탄하고 있는데, 그 처음이 해인삼매의 대용을 찬탄한 것이다.

① 부처로 나타나고 오묘한 법장(法藏 법의 저장고)을 설한다.
② 언제(一切時) 어디에서나(一切處) 생각 생각에 모습을 나타내어 중생을 위해 보인다.
③ 성문·연각 등 삼승교(三乘敎)를 열어 삼승교로 널리 중생을 제도한다. 즉, 성문에게는 성문에게 맞는 가르침, 연각에게는 연각에게 맞는 가르침, 보살에게는 보살에 맞는 가르침을 가르쳐 그 단계에 머물지 않고 한 걸음 나아가게 한다.
④ 중생들의 원하는 바에 따라 모든 모습으로 나타난다.

⑤ 중생의 형상과 행업(行業)과 음성(音聲)이 한량이 없으나 나투지 않는 곳이 없다.

이처럼 찰나 찰나마다 중중무진한 세계에 다양한 모습으로 나타나 중생을 다 제도하는 것이 바로 해인삼매의 위신력에 의한 해인삼매의 수승한 덕용이라는 것이다. 따라서 만법이 다 해인병현(海印炳現 해인삼매에서 나타난 밝고 뚜렷한 모습)이요, 해인돈현(海印頓現 해인삼매에서 불현듯 나타난 모습)이 모두 부처님의 나타나심이 된다.

그럼 어떻게 하면 해인삼매에 들어갈 수 있을까? 우리는 평소 삼매 체험을 잘 하지 못한다. 시간을 내어 일부러 수행을 하지 않는 한 삼매 체험이 어렵다. 해인삼매에 드는 인연은 이렇다.

해인삼매에 드는 인연

『대집경』과 『대보적경』에서는 제일 먼저 다문(多聞)을 강조하고 있다. 만약 보살이 많이 듣기를 바다와 같이 하면 지혜를 성취하게 된다고 한다. 『화엄경』에서는 각 회마다 설주(說主)의 보살들이 삼매에 들어 지혜를 얻은 후 선정에서 나와 설법한다. 그 삼매의 힘은 모두 해인삼매의 힘으로 이해되며, 삼매의 인연에는 세 가지가 있다.

시방 일체 제불의 가지력(加持力)과 비로자나여래의 본원력(本願力), 일체 제불의 행원력(行願力)을 닦은 선근 공덕에 의해서다.

① **가지력**은 부처님이 보호해 주시고 위해 주는 위신력, 능력, 가피이다. 가피에는 세 가지가 있다. 몽중(夢中)가피, 현증(顯證)가피, 명훈(冥熏)가피이다. 몽중가피는 꿈속에서 가피를 주는 것, 현증가피는 눈앞에서 즉시 주는 것, 명훈가피는 알게 모르게 늘 우리에게 가피를 주는 것이다. 마치 가랑비에 옷이 젖듯이, 향이 피어오르듯이.

② **본원력**은 부처님이 부처되기 이전에 보살로서 닦은 수행공덕력이다. 아미타부처님이 법장비구 시절 48대원을 세웠기 때문에 부처를 이룬 것과 같다. 즉, 과거 부처님이 세운 원력에 의해 나도 해인삼매에 들어갈 수 있다는 의미다. 부지런히 석가모니불 정근을 한다든지, 진언과 다라니를 외운다든지 하는 공덕으로 해인삼매에 들어갈 수 있다.

③ **행원력**은 보현행원이다. 중생을 구제하겠다는 원력의 힘으로 들어갈 수 있다. 마치 우리가 라디오를 들을 때 듣고 싶은 방송에 주파수를 맞추듯이 마음을 부처님에게 맞추면 가피력과 본원력과 행원력의 공덕을 입을 수 있다.

선정의 고요함에 들어가는 것은 무작정 결심한다고 되는 것이 아니다. 보살들이 닦은 행원(行願)이 선정에 드는 인(因)이며, 제불의 본원력과 가피력은 연(緣)이 되므로 항상 제불보살을 친근히 해야 해인삼매를 구족하게 된다는 것이다. 「현수품」에서 해인삼매 등 10삼매의 대용(大用)은 발심수행한 훌륭한 덕의 하나로서 설해진 것이다. 그 신심은 「정행품」의 140가지 서원을 성취한 정신(淨信)을 말하며, 발심(發心)하여 성불하는 것이 바로 신만성불(信滿成佛)인 것이다.

화엄의 입장에서는 초발심이 곧 성불(初發心是便正覺)이다. 초심이 변하지 않으면 그것이 성불이라는 뜻이다. 물론 십주성불(十住成佛), 십행성불(十行成佛), 십지성불(十地成佛)도 설하고 있다. 포괄적인 동시에 구체적이며 실용적인 『화엄경』의 가르침을 엿볼 수 있는 대목이다.

4. 『화엄경』이 본 세계와 우주
-「세계성취품(世界成就品)」&「화장세계품(華藏世界品)」

현대과학과 화엄의 우주관

『화엄경』에는 불교의 우주관이 나타나고 있다. 그런 면에서 『화엄경』은 현대 과학자들이 주목하는 경전 가운데 하나다.

『화엄경』은 단일하고 통일된 하나의 우주관만을 제시하지 않는다. 「세계성취품」에서 우주의 유형을 머무름 · 형상 · 체성 · 장엄 · 청정방편 · 부처님 출현 · 겁(긴 시간)의 머무름 · 겁의 변천 · 차별 없는 일 등으로도 설명하고 있다. 그리고 각각 세계에는 모난 것, 둥근 것, 모나지도 둥글지도 않은 것, 물같이 소용돌이치는 것, 꽃 모양을 한 것, 중생 모양을 한 것 등 아주 다양한 모습을 하고 있다고 하였다. 보현보살은 세계해

(世界海)의 체(體), 세계해의 장엄, 세계해의 청정, 세계해의 여러 부처님, 세계해의 시간(劫) 등에 관해 설한다.

법장의 『탐현기』 권3에서는 세계해의 넓이에 대해 "번거로울 정도로 많고 겹겹이 쌓여 깊고 넓어서 그 끝을 알 수 없으므로 해(海)라 한다."라고 설명하고 있다. 즉 세계해란 바다와 같이 깊고 넓어서 한이 없는 세계를 말하는 것이다. 『화엄경』의 우주관은 이처럼 다양하기 때문에 서로 모순되는 것처럼 보이기도 하고, 서로 상관없는 것처럼 보이기도 한다.

세계해의 10사(事)를 10가지 종류로 설한 「세계성취품」에서 보현보살은 다음과 같이 게송을 읊는다.

일미진중다찰해(一微塵中多刹海) 한 티끌 속에 있는 많은 세계해
처소각별실엄정(處所各別悉嚴淨) 처소는 다르지만 깨끗이 장엄
여시무량입일중(如是無量入一中) 한량없는 세계들이 하나에 들되
일일구분무잡월(一一區分無雜越) 제각기 분명하여 섞이지 않네.

일일진내난사불(一一塵內難思佛) 티끌마다 헤아릴 수 없는 부처님
수중생심보현전(隨衆生心普現前) 중생의 마음 따라 앞에 나타나
일체찰해미부주(一切刹海靡不周) 모든 세계해에 두루하나니
여시방편무차별(如是方便無差別) 이와 같은 방편이 차별이 없네.

일일진중제수왕(一一塵中諸樹王) 낱낱 티끌 가운데 있는 나무들

종종장엄실수포(種種莊嚴悉垂布) 가지가지 장엄으로 드리웠는데
시방국토개동현(十方國土皆同現) 시방의 국토들이 함께 나타나
여시일체무차별(如是一切無差別) 이와 같이 온갖 것이 차별이 없네.

일일진내미진중(一一塵內微塵衆) 티끌마다 티끌같이 많은 대중들
실공위요인중주(悉共圍繞人中主) 사람 중에 왕(부처님)을 둘러쌌는데
출과일체변세간(出過一切遍世間) 온갖 것에 뛰어나 세간에 가득
역불박애상잡난(亦不迫隘相雜亂) 그래도 비좁거나 잡란치 않네.

일일진중무량광(一一塵中無量光) 낱낱 티끌 가운데 한량없는 빛
보변시방제국토(普遍十方諸國土) 시방의 모든 세계 두루하여서
실현제불보리행(悉現諸佛菩提行) 모두 부처님의 보리행을 나타내
일체찰해무차별(一切刹海無差別) 갖가지 세계해가 차별이 없네.

일일진중무량신(一一塵中無量身) 낱낱 티끌 가운데 한량없는 몸
변화여운보주변(變化如雲普周遍) 변화하여 구름처럼 가득해
이불신통도군품(以佛神通導群品) 부처님의 신통으로 중생을 제도
시방국토역무별(十方國土亦無別) 시방의 국토들도 차별이 없네.

일일진중설중법(一一塵中說衆法) 낱낱 티끌 가운데 온갖 법을 말하니
기법청정여륜전(其法淸淨如輪轉) 그 법 청정하여 수레바퀴 돌듯
종종방편자재문(種種方便自在門) 가지가지 방편과 자재한 법문
일체개연무차별(一切皆演無差別) 온갖 것을 연설하여 차별이 없네.

일진보연제불음(一塵普演諸佛音) 한 티끌도 모두 부처 음성으로 말하여
충만법기제중생(充滿法器諸衆生) 법 그릇으로 중생을 가득 채우고
변주찰해무앙겁(遍住刹海無央劫) 세계해에 머무르기 그지없는 겁
여시음성역무이(如是音聲亦無異) 이와 같은 음성이 다르지 않네.

찰해무량묘장엄(刹海無量妙莊嚴) 세계해에 한량없는 묘한 장엄이
어일진중무불입(於一塵中無不入) 티끌마다 들어가지 않은 데 없어
여시제불신통력(如是諸佛神通力) 이러한 부처님의 신통한 힘은
일체개유업성기(一切皆由業性起) 모두가 업성으로 일어나는 것.

일일진중삼세불(一一塵中三世佛) 낱낱 티끌 속에 삼세 부처님 계셔
수기소요실령견(隨其所樂悉令見) 원하는 바에 따라 다 보게 하지만
체성무래역무거(體性無來亦無去) 그 성품이 오는 것도 가는 것도 아니니
이원력고변세간(以願力故遍世間) 서원의 힘으로 세간에 가득하다네.

　「화장세계품」은 화엄경에서 말하는 정토세계인 연화장세계의 구조를 밝히고 있다.
　『아미타경』이나 『관무량수경』 등 정토삼부경에서는 아미타부처님이 극락을 건설하였으나 『화엄경』에서는 연화장세계를 말한다. 연화장세계를 '화장장엄세계해(華藏莊嚴世界海)'라고도 하는데, 이 세계는 비로자나불이 과거에 부처님 되기 전 보살행을 닦는 인행(因行)을 닦을 적에 엄청난 큰 서원으로 청정하게 장엄한 세계임을 말하고 있다.

보현보살은 이 화장장엄세계해가 생긴 모양을 말할 적에 맨 밑에는 수없는 바람둘레가 있고, 세계해의 주위에는 큰 철위산(鐵圍山 인도인들에게 철위산은 히말라야산을 말한다)이 있고, 그 안에 금강(金剛)으로 된 땅이 있는데, 땅 위에는 수없는 향물 바다가 있고, 그 사이에 향물 강이 흐르며, 그 수없는 향물 바다 가운데는 말할 수 없는 세계종(世界種)이 있고, 한 세계종마다 말할 수 없는 세계가 있다고 하였다.

이는 중중무진하게 무궁무진한 세계를 말한다. 자연과학에서는 빅뱅설을 통해 입방체가 폭발하여 우주를 형성하고 지금도 쉼 없이 그 작용이 일어나고 있다고 설명하는데, 이는 화엄의 우주관과 상통하는 내용이다.

이 지구를 받치고 있는 세계는 바람, 허공이다. 이 지구는 바람의 공간 사이를 돌고 있다. 지구만이 아니라 온 우주가 공간과 공간 사이에 떠돌고 있는 것이다.

이렇게 허공 속에 온 존재가 존재하고 있다. 이는 현재 우주의 모습, 지구의 모습을 화엄 속에서 생생하게 그려 보이고 있는 것이다. 이 세계가 과거 비로자나부처님의 엄청난 서원(誓願)에 의해 청정하게 형성되어 있다는 내용이다.

현대 이론물리학에는 '통일장 이론' 이라는 것이 있다. 통일장 이론은 서로 다른 힘으로 인식되었던 중력과 전자기력을 하나의 포괄적인 이론으로 만들려는 노력에서 시작되었다. 자연 속에 존재하는 네 가지 차별적인 힘, ①뉴턴의 만유인력을 설명하는 중력(重力) ②전자기 법칙을 설명하는 전자기력(電子氣力) ③물질의 붕괴를 설명하는 약력(弱力) ④핵의 구조를 설명하는 강력(强力)들을 하나의 일반 이론으로 이끌어내는 것을 목표로 하고 있다.

물론 『화엄경』이 문제에 대한 해답을 제시하고 있는 것은 아니다. 하지만 차별적인 것들이 어떻게 하나로 포괄되며, 하나로 포괄된 것 속에서 어떻게 차별적인 것들이 생겨나는지에 관련하여서는 동일한 문제의식을 가지고 있는 것처럼 보인다.

불자들이라면 한 번쯤 "우리 각자가 만들고, 우리 각자를 잡고 있는 차별적인 업력(業力) 속에서 부처님의 신통한 힘은 어떻게 두루 작용하고 있을까?" 혹은 "부처님 제자로서, 부처님의 해탈의 길을 따라갈 수 있는 근본적인 힘(佛性)이 과연 내게 있으며, 그것을 어떻게 확인할까?" 생각해 본 적이 있을 것이다.

그 해답을 찾아가는 구체적인 노력은 현대과학과 불교가 서로 다를 수 있겠지만, 차별과 차별 없음에 관한 공통된 문제를 공유하고 있는 이상, 불자는 현대과학으로부터 현대과학은 불교로부터 분명 배울 수 있는 것이 있을 것이다.

이러한 모습을 화엄교학에서 육상(六相)으로 나타내고 있는데 이는 무장애법계(無障礙法界) 또는 사사무애(事事無礙) 법계의 궁극적인 모습을 설명하는 하나의 교리체계이다. 이 내용은 뒤에 '법계'를 이야기할 때 구체적으로 언급하겠다.

5. 부처님, 그 빛
　－「비로자나품(毘盧遮那品)」

빛으로 나타나신 부처님

세계를 성취하게 하신 분이 비로자나부처님이며, 「비로자
나품」은 『화엄경』의 교주인 비로자나불의 과거 본생담(因行)
과 수행에 대해 설한 품이다.

훌륭한 세계는 반드시 그 원인이 있다고 말하면서, 지나간
세상에서 말할 수 없이 오랜 겁 전에 승음세계(勝音世界)가 있
었고, 그 세계에 일체공덕산 수미승운 부처님이 계셨는데, 그
나라의 대위광태자(大威光太子)가 그 부처님을 섬기면서 모든
삼매와 다라니와 반야바라밀다와 대자·대비·대희·대사·
대원과 큰 변재를 얻었고, 그 부처님이 열반하신 뒤에 다시 세
부처님을 섬기다가 생을 마치고, 다시 수미산 위에 태어나서
부처님의 법문을 듣고 삼매의 힘으로 실상(實相) 바다에 들어
가서 이익을 얻은 일을 말하였다.

『화엄경』에는 수많은 은유가 있지만, 그중에서도 '빛'의
은유는 『화엄경』의 가장 두드러진 특징 중 하나이다. 도대체
'빛'은 어떤 속성을 가지기에 부처님의 화현으로 간주될 수
있는 것일까? 빛의 네 가지 속성을 살펴보자.

① 두루 비춤(遍照)

빛은 사물을 가리지 않고 비춘다. 빛은 사물을 차별할 줄

모르며, 어떤 사물도 빛이 없고서는 그 형태를 나타내 보일 수 없다. 빛이 없는 어두운 곳에서는 모든 사물이 무차별적이고, 사물들은 그 어둠 속에 자신을 은닉한 채 긴장 속에 존재한다. 그래서 어둠은 인간으로 하여금 불안을 일으키며, 계속되는 불면의 밤은 신체와 정신에 좋지 않은 영향을 끼치게 된다.

「세계성취품」과 「화장세계품」에서 우리는 불교의 우주관을 살펴보았지만, 그 우주관 자체가 중요하기보다는 겹치고 겹쳐서 한없이 무한한 부처님의 세계가 결국은 모든 중생을 향하고 있다는 것이 훨씬 중요하다. 번뇌와 절망, 고독에서 허덕이는 모든 개별적인 존재들은 부처님의 빛 아래서 평안과 고요를 얻을 수 있다.

② 차별을 드러낸다

빛은 차별 없이 비추지만, 그 빛을 받은 사물들은 자신의 고유한 모습을 '다른 사물을 향해' 드러낸다. 시인 김춘수는 이름을 불러주기를 기다리는 '꽃'에 대해서 말했지만, 그 꽃을 비추는 빛이 없다면 꽃은 나를, 나는 꽃을 향할 수조차 없다. 빛은 모든 사물들을 자신의 방식으로, 곧 인위적이고 조작적으로 바꾸는 것이 아니라, 사물 고유의 존재성을 인정함으로써 스스로 드러날 수 있도록 도와주는 역할을 한다.

③ 자족성(自足性)

모든 사물은 빛에 의존하지만, 빛은 사물에 의존하지 않는

다. 빛이 사물에 의존한다면 빛은 사물의 움직임에 따라 변화하거나 있기도 하고 없어지기도 하겠지만, 실상 빛은 언제나 사물들을 비추고 있으며, 어둠과 무명은 다만 빛이 없는 잠정적인 사물들의 상태일 뿐이다. 그리하여 만약 우리가 우리의 마음의 움직임을 변화시켜 빛을 향하게 한다면 언제나 그 빛을 바라볼 수 있다.

대승불교의 '불성(佛性)' 사상의 위대한 점은, 빛이 외부에 있어 우리와 상관없는 하나의 대상(對象)으로 바라보는 것이 아니라, 우리 속에 깊이 위치시킴으로써 영원한 희망과 정진의 근거를 만들어주고 있다는 데 있다.

④ 생명성(生命性)

자연계를 먹이사슬의 연쇄로 설명할 때, 먹이 피라미드의 가장 아래쪽을 차지하는 식물은 모든 생명체에 에너지를 공급하는 원천이다. 그리고 식물의 가장 대표적인 특징은 자신의 영양분을 다른 생명체를 파괴함으로써 얻는 것이 아니라, 광합성이라는 작용을 통해 스스로 생산할 수 있다는 것이고, 광합성은 빛이 없다면 불가능한 작용이다.

이처럼 빛은 모든 생명체 에너지의 근원이며, 또 우리 삶의 근원이다. 우리 육체와 영혼은 이미 빛의 산물이고, 빛의 존재인 것이다.

빛으로 빛의 과거를 보라

부처님의 위신력으로 대위광보살은 다음과 같이 게송을 읊는다.

여인일광조(如因日光照) 비유컨대 태양의 빛으로 인해
환견어일륜(還見於日輪) 도리어 둥근 해를 보는 것같이
아이불지광(我以佛智光) 나 역시 부처님의 지혜 빛으로
견불소행도(見佛所行道) 부처님의 행하던 길을 봅니다.

아관불찰해(我觀佛刹海) 내가 수많은 불세계를 보니
청정대광명(淸淨大光明) 청정한 대광명의 세계
적정증보리(寂靜證菩提) 고요하게 증득한 보리의 도가
법계실주변(法界悉周遍) 온 법계에 두루 하였네.

아당여세존(我當如世尊) 오는 세상 나 역시 부처님과 같이
광정제찰해(廣淨諸刹海) 모든 세계를 다 깨끗이 하고
이불위신력(以佛威神力) 부처님의 불가사의한 위신력으로
수습보리행(修習菩提行) 위없는 보리행을 닦아 익히리.

우리는 빛의 여러 가지 속성에 대해서 살펴보았고, 부처님께서 그러한 모습으로 나타난다는 것을 알게 되었다. 그러나 우리 자신이 온전한 빛을 따라 살고 우리 스스로가 빛이 되기 위해서는 어떻게 해야 할지 말하지 않았다. 자연의 빛이 아무

런 노력을 하지 않아도 우리를 비추고, 비로자나부처님의 빛이 언제나 우리 안에 항존해 있는 것이라면, 우리는 아무런 노력을 하지 않아도 되는 것 아닐까? 내가 아무런 노력을 하지 않아도 부처님께서 모든 일을 다 이루게 해주시지 않을까? 그런 물음을 품을 수 있다.

환경오염으로 인한 지구 온난화가 세계적으로 큰 문제가 되고 있다. 자연의 빛을 너무나 당연하게 생각한 나머지, 인류는 맹목적인 산업화를 추구함으로써 환경 문제를 야기하게 되었다. 빛은 언제나 비추지만, 문제를 만드는 것은 인간의 어리석음, 곧 인간의 무명(無明)이다.

대위광태자는 "태양의 빛으로 인해 우리가 눈의 작용(視覺)을 얻고, 그 눈을 통해 태양의 둥근 모습을 보는 것처럼, 부처님의 지혜의 빛으로 부처님의 모습, 부처님이 가신 길을 보라."고 말하고 있다.

얼마나 기막힌 비유인가! 지금 우리 눈에 비친 빛은 이미 태양을 떠난 과거의 빛이다. 빛의 속도가 아무리 빠르더라도 그것은 변함없는 사실이다. 빛을 받은 우리는 그 빛을 향유하는 것으로 끝날 게 아니라, 빛의 근원에 대해서 성찰하고 빛이 나의 눈에 닿기까지의 여러 과정에 대해 성찰해야 한다. 그래야만 빛이 우리에게 주는 혜택을 온전히 성취할 수 있다. 마찬가지로 우리가 부처님의 지혜를 배웠다면, 그 지혜로 부처님의 길을 따라야 한다. 그래야만 부처님의 가피를 온전히 성취할 수 있다.

하여 부처님의 길을 따라 인행(因行)과 수행(修行)을 거듭한 대위광태자는 여러 부처님을 친견 공양하고 법문을 듣는다. 그리고 장차 부처가 되리라는 수기를 받고 비로자나부처님이 되었다. 우리 역시도 부처님을 친견하고(見佛), 경전의 말씀을 듣고(聞經), 부처님을 따라 수행한다면(行佛) 성불(成佛)이 더욱 가까워질 수 있을 것이다.

6. 무한한 부처님의 이름
　　－「여래명호품(如來名號品)」

오주인과(五周因果)

『80화엄경』의 제1회의 6품은 모두 믿을 대상(所信因果)으로서의 부처님과 세계의 오묘한 공덕과 훌륭한 과거의 행적(因行)을 보이고 있다. 여기서 소신인과(所信因果)라고 하는 것은 중국의 화엄교학에서 『화엄경』 전체를 그 의미에 따라 나눈 5가지 인과 중 첫 번째 것이다.

앞에서도 설명하였듯이 『화엄경』은 한 번에 단일한 형태로 완성된 경전이 아니라 오랜 시간을 두고 다양한 경전들을 포함해 가면서 완성된 경전이다. 중국의 화엄교학은 그렇게 완성된 『화엄경』의 방대하고 다양한 내용을 체계적으로 정리하는 일을 경주하였는데, 오주인과(五周因果)도 그런 노력 중

하나이다.

징관은 『화엄경소』권3에서 "만약에 화엄경의 이름을 체종용(體宗用)으로 나눈다면, 이실(理實)은 본체(體)요, 연기(緣起)는 작용(用)이요, 인과는 근본(宗)이 된다. 근본을 탐구하여 본체인 이실(理實)로 향하게 한다. 그러므로 '법계'는 본체·근본·작용 셋을 모두 다 포섭하고 있다."라고 하였다. 또한 『화엄경소』권4에서는 경 전체의 내용을 믿을 대상(所信)·차별(差別)·평등(平等)·성행(成行)·증입(證入)의 오주인과(五周因果)로 나누어 설명하고 있다. 즉, 궁극적인 깨달음을 얻기 위한 과정 중 일어나는 원인과 결과의 모습을 인연에 따라 다음의 5가지로 나누었다. (49쪽 화엄경표 참조)

① 소신인과(所信因果)
- 제1품「세주묘엄품」~ 제6품「비로자나품」
② 차별인과(差別因果)
- 제7품「여래명호품」~ 제35품「수호광명공덕품」
③ 평등인과(平等因果)
- 제36품「보현행품」~ 제37품「여래출현품」
④ 출세성행인과(出世成行因果) - 제38품「이세간품」
⑤ 증입인과(證入因果) - 제39품「입법계품」

믿을 대상의 과거와 그 결과를 보여주고, 원인과 결과가 서로 다르지 않으며, 수행을 통해 깨달음을 얻는 전체의 과정으로 『화엄경』을 구분한 것이 오주인과이다. 『화엄경』은 어느 부분을 펼쳐 읽어도 환희심을 가지고 읽을 수 있지만, 전체적인 구조를 미리 파악하고 읽어 나가면 좀 더 재미있고 유용하게 읽을 수 있다.

빛(光明)의 법당에서

『80화엄경』의 아홉 번의 법회 중 제2회의 6품과 제7회의 11품, 제8회 1품은 '보광명전'에서 이루어진다. 보광명전은 온통 광명으로 가득 찬, 빛으로 충만한 세계라는 뜻이다.

불교뿐만 아니라 다른 종교에서도 빛에 대한 이야기는 많이 나온다. 화엄학자들은 보광명전이 어디일까를 탐구하였는데, 부처님께서 깨달음을 이룬 장소(보리수 아래)에서 남동쪽으로 3리 정도 떨어진 히라나바키 강 부근으로 추정하고 있다(중국 당나라 때 법장스님의 『탐현기』에 보면 부다가야 주변에 강이 있는데, 강 주변에서 빛이 났다고 함). 부처님의 세계가 광명의 세계이므로 그 주변이 모두 빛으로 가득 찼을 것이라는 상징적인 의미로도 본다.

빛으로 충만한 장소인 보광명전에서는 6개품이 설해지는데, 문수보살이 부처님의 신통력을 입고 여래의 삼업(三業)과 부처님의 입장에서 신위법문(神位法門)을 설하였다. 또한 제2회의 6품에서는 신행(信行)을 보였으니, 곧 10신(信)이다.

그렇다면 무엇을 믿는가? 믿음의 대상, 믿음의 내용은 무엇인가? 어떤 의심을 떨쳐버려야 믿음이 생기는가? 어떤 의심이 있을 수 있는가? 어떻게 믿음을 성취할 수 있는가? 믿는 자의 태도는 어떠해야 하는가? 믿으면 어떻게 되는가? 즉, 신(信)의 공용(功用 · 功德)이 무엇인가?

여기서 믿음이란 것이 참 중요하다. 불교처럼 믿음의 체계에 대해 자세히 말하고 있는 종교는 없다. 불교에서는 믿음의 체계를 열 가지로 설명하고 있다.

믿음이란 그냥 믿으면 맹신이 되고, 잘못 믿으면 미신(迷信)이 된다. 화엄에서는 깨끗한 믿음(淨信)을 말하는데, 이 믿음이 깨달음의 바탕이 된다. 또한 믿음의 내용을 완전히 이해해야 하고, 이해가 되면 실천해야 한다. 그래서 불교에서는 신앙이라 하지 않고 신행(信行)이라 한다. 믿고 실천해야 부처님이 될 수 있다.

불교의 신(信) · 해(解) · 행(行) · 증(證)의 수행은 나의 생각과 행동과 말 속에서 동시에 이루어져야 한다. 그런 의미에서 여기서 설해지는 믿음은 수행의 바탕이 된다. 유교에서도 기본적인 실천 덕목으로서 인 · 의 · 예 · 지를 말하는데 그 바탕에는 신(信)이 있다. 이 신 · 인 · 의 · 예 · 지를 오상(五常 불변의 법칙)이라 하는데, 불교의 신 · 해 · 행 · 증과 같은 맥락으로 볼 수 있다.

무한히 많은 부처님의 이름

이름을 말한다는 것은 그 이름의 대상을 고정하여 받아들인다는 말이다. 만약 우리가 네 개의 다리에 앉을 수 있는 판자를 가진 대상을 '의자'라고 이름 한다면, 우리는 그 대상을 개념으로써 고정시킬 수 있고, 그렇게 고정된 개념으로 다른 사람과 의사소통을 할 수 있다.

그러나 그러한 개념화는 인간의 한계를 전제로 한다. 만약 우리가 의자에 앉지 않고, 의자 위에 공책을 놓고 필기를 한다면 우리는 그 대상을 의자가 아니라 '책상'으로 대하는 셈이며, 불을 피우기 위해 의자를 사용한다면 우리는 의자를 '땔감'으로 대하고 있는 셈이다.

우리가 의자의 이런 다양한 용도를 염두에 둔다면, 의자는 더 이상 우리가 알고 있는 의자가 아니라 매우 다양하게 사용될 수 있는 대상이 되고, 결국은 그것을 완전하게 개념화시킬 수 없다는 것을 알게 된다. 우리는 다만 어떤 편의성이나 의사소통의 필요성 때문에 대상을 개념화시켜 이름을 부여하고 있는 것이다.

이런 연유로 불교에서는 명색(名色 이름과 이름의 대상)에 큰 의미를 부여하지 않는다. 그것은 연기, 곧 인연에 따라 다르게 나타나기 때문이다. 그럼에도 불구하고 『화엄경』에서 부처님의 이름에 대해서 말하는 이유는, 부처님께서 우리 중생의 간절한 염원에 알맞게 다양한 모습으로 나타나심을 말하고자 하기 위함이다.

「여래명호품」에서는 부처님의 이름(身業)에 대해서 설한다. 부처님에게는 열 가지 이름이 있다. 그러나 『화엄경』에서의

'10'이라는 숫자는 개수가 아니라 완전하고 무한함을 가리킨다. 각 세계마다 왕을 지칭하는 말이 다르듯이 부처님의 이름도 다양하다. 다양한 이름을 통해 믿음의 대상인 부처님의 신업(身業)의 경계가 한량없음을 설한다. 이를 한자로 원만상(圓滿相)이라 한다. 부처님 상호가 '원만하시다', '32상 80종호를 갖췄다' 또는 '거룩하시다'라는 표현은 이 경전에 근거한 것이다.

이 품의 처음에는 제2회의 서론을 말하였고, 다음은 시방세계에 있는 부처님의 명호를 말한다. 부처님이 하시는 업은 모든 근기에 맞추어 갖가지 묘한 상호(相好)를 보이며 자유롭게 화현(化現)함을 나타낸 것이다. 각 처는 덕을 표현하는 것이므로 명호로써 부처님의 몸으로 하시는 업을 보인 것이다.

그러므로 부처님의 이름도 여러 가지가 있다. 예를 들면 부처님의 이름에는 실달·만월·사자후·석가모니·신선(神仙)·노사나·구담·대사문·최승(最勝)·능도(能度) 등이 있으며, 그 수는 이 세계에만 해도 만여 개에 이른다. 그런데 이 사바세계에는 선호국(善護國)·난양국(難陽國)·불혜국(佛惠國) 등 무수한 나라가 있고, 이들 세계의 동서남북에도 각각 무수한 세계가 있으며, 그 각각의 세계의 부처님 이름도 셀 수 없을 정도로 많다고 한다.

그러면 어째서 나라와 장소가 다르면 부처님의 이름도 다른 것일까? 「여래명호품」의 마지막은 다음과 같은 말로 끝을 맺고 있다.

이것은 모두 부처님이 보살로 계실 때, 인연이 있는 이들을 구제하기 위해, 온갖 방편과 구업(口業)의 음성과 행업(行業)의 과보(果報)와 법문의 방편(權道)과 여러 근(根)이 원하는 바로서, 모든 중생으로 하여금 부처님의 법을 알게 하기 위해서이다.

부처님이 아직 수행 중의 보살이었을 때 중생제도의 인연으로 여러 종류의 사람들을 구제하기 위해 갖가지 방편을 사용하여 여러 가지 설법을 하고, 모습을 변화시켜 가면서 중생에 맞게 부처님의 가르침을 알리려고 했기 때문에 부처님의 이름에도 갖가지 명칭이 있다는 것이다. 그리고 각각의 세계마다 부처님이 계시고, 수많은 보살들이 부처님 계신 곳으로 나아간다.

예를 들면 동방 부동지불(不動地佛)의 금색세계(金色世界)에 있는 문수사리보살을 비롯한 각수(覺首)·재수(財首)·보수(寶首)·덕수(德首)·목수(目首)·근수(勤首)·법수(法首)·지수(智首)·현수(賢首) 등 열 불의 수(首) 보살들이 시방세계 티끌 수만큼 많은 보살들과 함께 부처님 계신 곳으로 나아갔다. 여기서 수(首)는 머리를 말하는데, 머리는 신체 가운데 가장 윗부분으로 가장 위가 된다는 의미다. 즉, 각수보살은 깨달음이 으뜸, 재수보살은 재물이 으뜸, 보수보살은 보배가 으뜸이라는 뜻이다.

문수보살은 법왕자(法王子)라 하며, 부처님의 지혜를 나타낸다. 이 문수보살의 이름으로 국명(國名)을 세운 것이 만주라는 설도 있다. 중국 오대산에 가면 문수성지가 있고, 우리나라 오대산도 문수보살의 감응이 깃든 곳이다.

이와 같이 부처님의 국토, 부처님의 출현 등을 헤아릴 수 없으니, 부처님께서 중생의 욕망이 가시지 아니함을 아시고 알맞게 법을 설하여 조복하시기 때문이다. 여래는 사바세계에서 중생들로 하여금 제각기 알고 보게 하시므로 여래의 명호도 한량없는 것이다.

7. 부처님의 거룩한 네 가지 진리
- 「사성제품(四聖諦品)」

다양한 사성제의 의미 세계

「사성제품」은 불교의 진리관인 사성제(四聖諦 고 · 집 · 멸 · 도)에 대해 설하는 내용이다. 그러나 '고(苦)'는 무엇이고 '집(集)'은 무엇이고 '멸(滅)'은 무엇이고 '도(道)'는 무엇인가를 설명하는 것은 아니다. 다양한 언어와 민족이 있듯이 사성제를 설하는 방법도 다양하다.

「사성제품」에서는 사바세계, 밀훈세계, 최승세계, 이구세계, 풍일세계, 섭취세계, 요익세계, 선소세계, 환희세계, 진음세계 등 10가지 세계에 따라 사성제가 얼마나 다채로운 의미의 스펙트럼을 보이고 있는지를 설하고 있다.

사성제품은 믿음의 대상인 부처님의 구업(口業)의 경계가 한량없음을 설한다. 중생의 욕망이 각기 다르므로 부처님의 가르치는 방법도 같지 않음을 보이기 위하여, 시방 법계의 모든 세계에서 사성제를 일컫는 이름이 제각기 다른 것을 들어서 부처님의 입으로 하시는 업의 세계가 헤아릴 수 없음을 보였다. 이 사성제에 수많은 이름이 있다는 것을 설한 것이 「사성제품」이며, 그 설법자는 문수보살이다.

① 고성제(苦聖諦 괴로움의 진리)

사바세계에서는 고성제를 핍박, 변이(變異), 반연, 취(聚), 자(刺), 의근(依根), 허기(虛欺 허망하게 속임), 옹(癰 종기자리), 우부행(愚夫行 바보의 행동)이라고 한다.

이 가운데서 '변이'란 자신이 애착을 가지거나 집착하고 있는 것이 변화되고 파멸되어 가는 것을 말한다. '의근'이란 고통으로 인해 모든 악이 생기는 것을 말하는데, 여기서 '근'이란 고통을 의미한다. '옹(종기자리)'이란 악성 종양을 말하는 것으로, 인간은 종기가 생기면 괴로워하므로 고통을 가져오는 것이라 할 수 있다.

② 집성제(集聖諦 집착의 진리)

집성제의 다른 이름은 화(火), 능괴(能壞), 수의(受義), 망(網), 염(念), 순중생(順衆生), 전도근(顚倒根)이라 부른다. 어느 것이나 모두 고통의 원인을 나타내는 말들이다.

이중 '능괴'란 나쁜 생각이나 못된 수작을 꾀하려는 마음을 의미하며, '망'이란 잘못들을 덮고 가리려 하는 마음을 뜻한다. '전도근'이란 바로서지 못하게 하는 집착을 말한다.

③ 멸성제(滅聖諦)

멸성제(滅聖諦)의 다른 이름은 무장애(無障礙), 이진(離塵), 적정(寂靜), 무상(無常), 불사(不死), 무소유(無所有), 인연단(因緣斷), 멸진실(滅眞實), 자연주(自然住) 등이다. 모두 깨달음의 경지와 번뇌의 소멸을 나타내는 말들이다.

이중 '이진'은 모든 것으로부터 떠난 상태를 말하며, '적정'은 몸과 마음이 매우 고요한 상태를 말한다. 번뇌를 멸하고 고(苦)를 멸(滅)한 해탈의 경지라 할 수 있다.

④ 도성제(道聖諦)

도성제(道聖諦)의 다른 이름은 일승(一乘), 취적정(趣寂靜), 인도(引導), 구극희망, 상불리(相不離), 능사담(能捨擔), 성인수행, 선인행(仙人行), 십장(十藏) 등이다. 이 이름들은 깨달음에 이르는 방법을 나타낸 것이다.

이중 '능사담'이란 짊어진 짐을 버린다는 의미이다. 사바세계에 사는 우리들은 언제 내릴지 모를 짐을 지고 죽을 때까지 살아가는데, 그 짐을 벗는다는 것이다. '십장'은 '십무진장(十無盡藏)'의 줄임말로, '보살이 가진 열 가지 다함이 없는 저장고'라는 뜻이다. 나중에 「십무진장품」에서 다시 설명하겠지만, 믿음과 계(戒)의 저장고, 계를 어겼을 때 참회하고 다시 시작할 수 있게 하는 부끄러움과 염치의 저장고, 좋은 법을 많이 듣고 잘 듣는 들음의 저장고, 보시의 저장고, 지혜와 삼매의 저장고, 그것들을 지속시키는 힘의 저장고, 자신의 깨달음을 말 등을 통해 중생을 교화하는 갖가지 방편의 저장고를 말한다. 실로 보살의 길은 깨우침의 길 그 자체이다.

누구에게나 존재하는 네 가지 진리

「사성제품」의 마지막에서 문수보살은 다음과 같이 설한다.

여러 불자들이여, 이 사바세계에서 사성제를 말하는 데 사백억 수천 가지 이름이 있는 것처럼, 동방의 백천억 수없고 한량없고 끝없고 같을 이 없고 셀 수 없고 일컬을 수 없고 생각할 수 없고 헤아릴 수 없고 말할 수 없는 온 법계 허공계에 있는 세계의 낱낱 세계에서 사성제를 말하는 것이 또한 제각기 사백억 수천 가지 이름이 있나니, 중생들의 마음을 따라 모두 조복하게 하며, 동방에서와 같이 남방·서방·북방과 네 간방과 상방 하방에도 또한 그와 같습니다.

여러 불자들이여, 사바세계에 위에서 말한 것 같은 시방의 세계가 있는 것처럼, 저 일체 세계에도 또한 각각 이와 같은 시방세계가 있어, 낱낱 세계에서 고의 성제를 말하는데 백억만 가지 이름이 있고, 집의 성제와 멸의 성제와 도의 성제에도 각각 백억만 가지 이름이 있나니, 모두 중생들의 마음에 원하는 바에 따라서 그로 하여금 조복하게 합니다.

행복한 화엄경

사성제는 불교도가 세상을 바라보고 체득해야 하는 세 가지인 무상(無常)·고(苦)·무아(無我)의 삼법인을 네 가지 형태의 진리로 표현한 것으로, 부처님께서 고통과 고통의 원인, 고통의 멸함과 그 방법을 설하신 것이다.

어떤 행복도 시간 속에 사라져 갈 무상한 것이고, 그 기억조차도 죽음과 함께 사라질 것이기에 우리 삶의 모든 감각과 감정, 사유의 배후에는 고통이 항존해 있다. 이때의 고통은 자립적인 실체가 아니라 인연에 의해 생긴 것으로, 우리가 고통의 악순환을 끊는 과정이 수행이며 그 결과가 해탈이다.

그러나 사람마다 처해 있는 상황과 고통을 받아들이는 태도가 다르며, 역사와 사회에 따라 고통은 다양한 형태로 나타난다. 어떤 사람은 세계 도처에서 일어나는 전쟁과 학살과 기아를 피부로 체험하는 것처럼 고통을 느끼지만, 어떤 사람은 수백만 원짜리 모피코트를 사지 못하는 것 때문에 고통을 느끼기도 한다. 어떤 사람은 무의식 속에 자리 잡은 상처 때문에 고통을 느낀다고 생각하지만, 어떤 사람은 사회의 부조리 때문에 고통이 생긴다고 생각하기도 한다. 어떤 사람은 신에게 귀속됨으로써 고통에서 해방될 수 있다고 생각하지만, 어떤 사람은 돈과 권력을 소유함으로써 고통에서 해방될 수 있다고 생각한다.

고통과 고통을 해결하는 방식은 인연에 따라 다양한 모습으로 나타난다. 불교는 어떤 하나의 길만을 진리로 인정하지 않는다. 다만 고통과 고통의 원인, 그 고통을 해결할 수 있는 방법을 면밀히 살펴보라고 말할 뿐이다.

자신과 자신의 고통을 면밀히 살필수록 우리는 삶의 진정한 의미에 대한 통찰을 얻을 수 있으며, 그렇게 살피는 사람은 언젠가는 자신이 부처님의 길, 일승(一乘)의 길을 걷고 있다는 사실을 발견하게 될 것이다.

8. 변하지 않는 무량한 빛
　- 「광명각품(光明覺品)」

언제나 부처님의 광명을 생각하라

부처님께서 뿜어내시는 광명의 위력은 부처님의 의업(意業)의 경계, 곧 부처님의 마음이 한량없음을 나타내는 「광명각품」에서 잘 나타나고 있다. 여러 화엄행자들이 이 품을 보고 화엄의 관법수행인 불광관(佛光觀)을 수행한 바 있다. 화엄성지인 중국 오대산의 해탈선사와 이통현 거사 역시 불광관 수행으로 화엄수행을 완성했다.

보광명전에서 문수보살이 부처님 명호와 사제(四諦)의 이름을 설하자 부처님은 두 발바닥의 법륜 문양(相輪)에서 백억의 광명을 나투시어 두루 삼천대천세계의 일체의 것을 비추어 보이셨다. 그 빛을 통해 보니 각각의 세계에서 부처님이 연화장 사자좌에 앉으시고 문수보살 등 무수한 보살이 와서 예배를 드리고 있다. 그리고 일체처(一切處)의 문수보살이 게송으로써 부처님을 찬탄한다.

문수보살의 게송이 끝나자 부처님의 광명은 더욱 시방의 십불국토(十佛國土)를 두루 비추는데, 거기에 나타나는 일체처의 문수보살 또한 게송으로 부처님을 찬탄한다. 부처님이 또 다시 시방의 백억 세계를 비추어 보이니, 이들 세계에 각각 문수보살이 있어 부처님을 찬탄한다.

이와 같이 부처님의 광명이 한없이 시방으로 널리 퍼져 간다. 높은 곳에서 부처님께서 발바닥을 통해 광명을 비추니 삼천대천세계에서 그 광명을 받아 비추고, 삼천대천세계에서 다시 삼천대천세계를 향해 광명을 비추는 모습이다.

이렇듯 빛을 명상하면서 수행하는 것이 불광관(佛光觀)이다. 이 빛이 또한 나를 통해서 온 세계로 퍼져 나간다고 생각하면 참으로 황홀하지 않을 수 없다.

9. 문수보살, 진리를 묻고 답하다
– 「보살문명품(菩薩問明品)」&「정행품(淨行品)」

물음의 근원적 의미

인간을 규정하는 다양한 정의가 있다. 인간은 직립할 수 있는 존재이고, 도구를 만들 수 있는 존재이고, 생각하는 존재이고, 웃을 수 있는 존재이다. 이런 정의는 인간이 가지는 다양한 속성 중 가장 두드러진 것을 담고 있다. 이런 특성들 중 공통되는 어떤 것이 있을까?

이 모든 것의 공통점은 인간은 사물과 '거리를 두고' 대한 다는 것이다. 가령 동식물들은 그들 주위의 사물을 대할 때 그들의 필요성에 따라, 즉 본능에 따라 아주 자연스럽게 대한 다. 식물의 뿌리는 삼투압에 따라 움직일 뿐이며, 동물들은 욕 구의 충족을 향해서만 움직이기 때문에 욕구하는 대상 외에 다른 움직임에는 관심을 두지 않는다. 예를 들어 배고픈 사자 에게 우주 천체의 움직임은 욕구 충족의 대상이 아니다.

하지만 인간은 대상들과 거리를 두고 그 대상과 대상 주위 에 있는 것을 두루 살필 수 있는 능력을 가지고 있다. 생각하 는 것도 대상과 거리를 둘 수 있는 인간의 능력에 기인한 바가 크며, 웃음도 마찬가지이다.

대상과 거리를 둘 수 있는 인간의 능력은 인간이 사물을 낯 설게 대할 수 있도록 한다. 대상이 낯설게 다가오기 때문에 우 리는 대상에 대해 생각한다. '과연 이것은 무엇일까?' 혹은 '저것은 왜 저럴까?' 이런 물음 속에서 지식이 탄생하고, 인간 은 자연을 좀 더 유용하게 사용할 수 있게 된다. 인간이 물을 수 있다는 것은 물음표를 통해 전혀 다른 세계로 도약할 수 있다는 의미에서 매우 경이로운 일이다.

아무리 하찮은 것일지라도 인간 고유의 특성을 나타내기에 인간의 모든 물음은 소중한 의미를 지니지만, 물음에도 깊이 의 차이는 있다. 닥치는 대로 묻기만 하는 물음은 그 물음에 대답할 유일한 존재인 상대방의 가치를 인정하지 않는 것이기 때문에 덧없는 주절거림에 불과하다. 올바른 물음은 깊은 숙고와 경험 속에서 나오는 절실함을 포함하고 있으며, 그 물음에 답하는 상대방과 함께 인간과 세계에 대한 심오한 체험에 다가가게 하는 물음이다.

「보살문명품」에서 문수보살은 여러 보살들에게 물음을 던진다. 물음을 던지는 것은 문수보살이 다른 보살들에 비해 수행의 경험과 지혜가 부족하기 때문이 아니다. 「정행품」에서는 문수보살이 지수보살의 질문에 답을 하는 광경이 펼쳐진다. 이 또한 문수보살이 다른 보살보다 뛰어나서 다른 보살들을 시험하기 위함이 아니다. 문수보살은 자신의 깨달음을 보살들과 함께 나누고, 부처님의 진리를 기뻐하기 위해 질문을 던진다. 우리는 친구에게 묻고, 친구가 나와 같은 생각이라는 것을 알았을 때 기뻐한다. 하물며 진리에 대한 물음에서 같은 지혜(解)를 가지고 있다는 것은 얼마나 기쁜 일일까.

가장 높은 수준의 질문은 가르치고 배우는 수단으로서의 질문이 아니다. 아주 재미있는 놀이를 하듯 서로 묻고 대답하며 함께 진리를 나누는 질문, 동시에 모든 것이 이미 성취되었음을 깨닫게 하는 질문이야말로 가장 훌륭한 질문이다. 「보살문명품」을 펴고 문수보살의 열 가지 질문과 그에 대한 보살들의 답을 찬찬히 읽다 보면, 가장 행복한 대화의 모습을 발견할 수 있을 것이다.

일체무애인, 일도출생사

「여래명호품」, 「사성제품」, 「광명각품」의 3품은 믿음의 의지가 될 과위(果位)의 덕을 밝혔고, 이어지는 「보살문명품」, 「정행품」, 「현수품」의 3품에서는 적극적으로 믿는 행위의 모습을 보여주고 있다.

『60화엄경』에서는 「보살문명품」을 「명난품(明難品)」이라고 했다. '난(難)'이란 어려움으로, 믿음을 성취하는 데 방해가 되는 의심에 대해 밝히고 있다. 불교에서 신·해·행·증을 말하는데, 이때 해(解)가 믿고 이해하는 수행이다. 여기서 신해행증(信解行證 믿고, 이해하고, 실천하고, 깨달음)은 따로 떨어져 있는 것이 아니라 서로 연결되어 있다.

문수보살이 각수·재수·보수·덕수·목수·근수·법수·지수·현수 등 아홉 보살에게 차례차례 연기(緣起)와 교화(敎化)와 업과(業果)와 설법(說法)과 복전(福田)과 정교(正敎)와 정행(正行)과 조도사(助道事)와 단박에 깨달음에 이르는 법(一道) 등의 깊은 이치를 묻자 보살들은 각각 노래로 대답하였다. 다시 아홉 보살의 물음에 대하여 문수보살도 노래로써 "여래의 깊은 경계는 허공과 같아서 일체중생이 거기 들어가면서도 실제로는 들어가는 데가 없다."고 대답하여 믿음의 근거가 되는 지혜(知解)를 내게 하였다.

이 보살들의 10가지 문답은 십심심(十甚深 열 가지 깊은 법)이라고 불린다. 즉, 각수보살은 연기심심을 보이고, 재수보살은 교화심심을, 보수보살은 업과(業果)심심을 보이는 것이니, 이를 통해서 중생의 현실을 잘 파악하도록 하고 있다. 또 덕수보살은 설법(說法)심심, 목수보살은 복전(福田)심심, 근수보살은 정교(正敎)심심으로 부처님의 교화(敎化)의 모양을 보이고 있다. 법수보살은 정행(正行)심심, 지수보살은 조도(助道)심심으로 교화의 모양을 보이며, 현수보살은 일승(一乘)심심, 문수보살은 불경계(佛境界)심심으로 구경불과(부처님의 궁극적 깨달음)의 불가사의함을 바로 알도록 설한 것이라고 해석되고 있다. 이를 통해서 청정한 신심(淨信)을 개발토록 하였다. 이러한 보살들의 문답을 몇 가지만 소개하기로 한다.

　　먼저 문수보살이 각수보살에게 물었다.
"마음의 성품(心性)은 하나인데 어찌하여 갖가지 차별을 보는가?"
　　각수보살이 게송으로 답하였다.
법성본무생(法性本無生) 법의 성품 본래 남이 없지만
시현이유생(示現而有生) 나타내 보여서 남이 있으니
시중무능현(是中無能現) 이 가운데 능히 나타냄도 없고
역무소현물(亦無所現物) 또한 나타난 물건도 없도다.

　　문수보살이 묻는다.
"부처님의 교법은 하나인데 중생들이 보고 어찌하여 즉시에 온갖 번뇌의 속박을 끊지 못하는가?"
　　근수보살이 게송으로 답하였다.

여찬수구화(如鑽燧求火) 마치 나무를 비벼 불을 구함에
미출이삭식(未出而數息) 불이 붙기도 전에 자주 쉰다면
화세수지멸(火勢隨止滅) 불기운도 따라서 없어지나니
해태자역연(懈怠者亦然) 게으른 자 역시 그러하도다.

수행을 하다가 중간에 중단하면 성취하기 어렵다는 말이다.

또 문수보살이 묻는다.
"부처님 말씀처럼 만약 중생이 정법을 받아 지니면 일체 번뇌를 끊을 수 있
을 것인데, 어찌하여 정법을 받아 지니되 끊지 못하는 자가 있는가?"
법수보살이 게송으로 답하였다.
여인수타보(如人數他寶) 어떤 사람이 남의 보물을 세어도
자무반전분(自無半錢分) 스스로는 반푼도 없는 것같이
어법불수행(於法不修行) 법을 닦아 행하지 아니하면
다문역여시(多聞亦如是) 많이 듣기만 한 것도 그러하도다.

아무리 법을 많이 듣고 알더라도 수행하지 않으면 안 된다
는 말이다. 이렇게 묻고 답하는 것이 이어진다.

문수보살이 또 묻는다.
"불법 가운데는 지혜가 제일인데 여래께서는 무슨 까닭에 중생을 위하여
보시를 찬탄하고 혹은 지계, 선정, 인욕, 정진, 지혜를 찬탄하여 자비희사
를 찬탄하시는가?"

지수보살이 게송으로 답하였다.

간자위찬시(慳者爲讚施) 인색하면 보시를 찬탄하고
훼금자찬계(毀禁者讚戒) 금지함을 깨뜨리면 계를 찬탄하고
다진위찬인(多瞋爲讚忍) 성을 잘 내면 인욕을 칭찬하고
호해찬정진(好懈讚精進) 나태하면 정진을 찬탄하시도다.

이어서 문수보살이 또 묻는다.

"그 중 모든 부처님은 단박에(一道)에서 생사를 벗어나는데 왜 불국토(佛土)의 일이 각각 다른가?"

현수보살이 게송으로 답하였다.

문수법상이(文殊法常爾) 문수여, 법이 항상 그러하여
법왕유일법(法王唯一法) 법왕은 오직 한 가지 법뿐이니
일체무애인(一切無碍人) 일체 걸림 없는 사람(自由人, 道人)은
일도출생사(一道出生死) 단박에(즉시) 생사를 벗어나리라.

이 게송은 원효대사가 대중 속으로 회향하기 위해 들어가면서 읊었다는 유명한 게송이다.

끝으로 여러 보살들이 문수보살에 말하였다.

"우리들이 아는 것을 말하였으니, 묘한 변재(뛰어난 말솜씨)로 여래께서 소유하신 경계를 말해주시오."

이에 문수보살이 게송으로 답하였다.

여래심경계(如來深境界) 여래의 깊고 깊은 경계는

기량등허공(其量等虛空) 그 양이 허공과 같아서
일체중생입(一切衆生入) 일체 중생들이 들어가되
이실무소입(而實無所入) 실로 들어간 바가 없도다.

'들어가되 들어간 바가 없다'는 것은 불성(佛性)에 대한 깊은 깨달음을 의미한다. 무명을 깨고 밖으로 나가야만 진정한 내면으로 들어갈 수 있다는 것은, 혹은 진정한 내면을 발견해야만 나를 둘러싼 무명을 깰 수 있다는 것은 얼마나 역설적인 진리인가. 하지만 이 역설 속에서 '걸림 없음(無碍)'과 '단박에 깨달음에 이르는 법(一道)' 그리고 '생사에서 벗어남(出生死)'이라는 말들이 서로 아름다운 공명을 만들어내고 있지 않은가.

문수보살이 청정한 행동에 대해 답하다

「정행품」의 정행(淨行)이란 청정한 신심을 가지고 실천에 옮긴다는 의미다. 화엄에서 말하는 보살들의 실천사상을 일컫는다.

「보살문명품」에서 문수보살이 다른 보살들에게 질문하였다면, 「정행품」에서는 문수보살이 청정한 행동에 대해 지수보살에게 답한다.

지수(智首)보살이 몸과 입과 뜻의 삼업(三業)을 순화시켜 청정하게 하는 법을 묻자, 문수보살이 141개의 보살이 세워야 할 서원을 설한다. 내용상 분류하면 다음과 같다.

① 집에 있을 때 보살의 마음 쓰는 법

② 출가해서 계를 받을 때 마음 쓰는 법

③ 좌선(坐禪)에 나아갈 때 마음 쓰는 법

④ 행하고자 할 때 마음 쓰는 법

⑤ 대소변을 보고 세수할 때 마음 쓰는 법

⑥ 걸식하려 나갈 때 마음 쓰는 법

⑦ 자연을 보았을 때 마음 쓰는 법

⑧ 사람들을 만났을 때 마음 쓰는 법

⑨ 마을에 이르러서 걸식을 할 때 마음 쓰는 법

⑩ 돌아와서 씻고 목욕할 때 마음 쓰는 법

⑪ 경을 읽고 부처님께 예배를 할 때 마음 쓰는 법

⑫ 누워 자고 쉴 때 마음 쓰는 법

즉, 번뇌로 더럽혀진 일상생활의 모든 행위를 청정한 행위로 바꾸는 방법을 설하는 것이다. 그 가운데 최초의 서원은 보살이 가정에 있을 때의 원을 밝힌 것이다.

여기에 삼귀의(三歸依)에 대한 개념 정리가 잘 되어 있다.

자귀어불(自歸於佛) 거룩한 부처님께 귀의하면서

당원중생(當願衆生) 마땅히 이같이 원하라. 모든 사람들이

체해대도(體解大道) 큰 진리를 체득하여

발무상의(發無上意) 부처님 되려는 큰 뜻을 이루소서.

자귀어법(自歸於法) 거룩한 가르침에 귀의하면서
당원중생(當願衆生) 마땅히 이같이 원하라. 모든 사람들이
심입경장(深入經藏) 경율논 삼장의 의미를 깊이 깨달아
지혜여해(智慧如海) 지혜가 바다와 같아지소서.

자귀어승(自歸於僧) 거룩한 스님께 귀의하면서
당원중생(當願衆生) 마땅히 이같이 원하라. 모든 사람들이
통리대중(統理大衆) 이치로서 대중을 통솔하여
일체무애(一切無碍) 모든 것에 자유자재 하소서.

　　보살이 가정에 있을 때의 원 가운데 몇 가지를 들면 다음과
같다.

① 집에 있을 때
집에 있을 때,
중생이 집의 성품이 공한 줄 알아서 그 핍박을 면하기를
부모를 섬길 때,
중생이 부처님을 잘 섬겨서 온갖 것을 보호하고 공양하기를
처자가 모일 때,
중생이 원수이거나 친하거나 평등히 하여 탐착을 여의기를
누각에 오를 때,
중생이 정법 누각에 올라서 온갖 것을 철저히 보기를
보시할 때,

중생이 온갖 것을 능히 버리고 마음에 애착이 없기를
대중이 모일 때,
중생이 여러 가지 모인 법을 버리고 온갖 지혜를 이루기를
액난을 만날 때,
중생이 뜻을 따라 자재하여 행하는 것에 걸림이 없기를

② 출가해서 계(戒)를 받을 때
살던 집을 버릴 때,
중생이 출가하여 걸림이 없고 마음에 해탈 얻기를
출가하기를 청할 때,
중생이 물러가지 않는 법을 얻어서 마음에 장애가 없기를
수염과 머리털을 깎을 때,
중생이 번뇌를 여의고 마침내 적멸(寂滅)하기를
가사를 입을 때,
중생이 마음이 물들지 아니하고 큰 도를 갖추기를
구족계를 받을 때,
중생이 모든 방편을 갖추어서 가장 수승한 법 얻기를

③ 좌선(坐禪)에 나아갈 때
선방에 들어갈 때,
중생이 위없는 당에 올라가서 편안히 머물러 움직이지 않기를
몸을 바로하고 단정히 앉을 때,
중생이 보리좌에 앉아서 마음에 집착하는 것이 없기를

가부좌를 하고 앉을 때,
중생이 선근이 견고하여 흔들리지 않는 지위를 얻기를
가부좌를 풀고 앉을 때,
중생이 모든 행법이 다 흩어져 멸함으로 돌아가는 것을 보기를

④ 행하고자 할 때
하의(下衣)를 입을 때,
중생이 모든 선근을 입어서 부끄러움을 갖추기를
상의(上衣)를 입을 때,
중생이 수승한 선근을 얻어서 법의 저 언덕에 이르기를
가사(僧伽梨)를 걸칠 때,
중생이 第一位에 들어가서 움직이지 않는 법 얻기를

⑤ 대소변을 보고 세수할 때
양치대(칫솔)를 잡을 때,
중생이 모두 묘한 법을 얻어서 구경에 청정하기를
대소변을 볼 때,
중생이 탐·진·치를 버려서 죄법(罪法)을 깨끗이 제하기를
물로 얼굴을 씻을 때,
중생이 청정한 법문을 얻어서 길이 더러운 물듦이 없기를

⑥ 자연을 보았을 때
높은 산을 볼 때,

중생이 선근이 뛰어나서 능히 정상에 이를 수 있기를
꽃이 피는 것을 볼 때,
중생이 신통과 여러 법이 꽃과 같이 피기를
연못을 볼 때,
중생이 어업(語業)이 만족하여 교묘히 연설하기를
흘러가는 물을 볼 때,
중생이 좋은 의욕(意欲)을 얻어서 의혹의 때를 씻어 제하기를
두밭 매는 것을 볼 때,
중생이 오욕의 원두밭 가운데 애욕의 풀을 뽑아 제하기를

⑦ 사람들을 만났을 때
기뻐하고 즐기는 사람을 볼 때,
중생이 항상 안락을 얻어서 즐겨 부처님께 공양하기를
고뇌하는 사람을 볼 때,
중생이 근본지를 얻어서 온갖 고통 소멸하기를
병든 사람을 볼 때,
중생이 몸이 공적함을 알아서 어기고 다투는 법 떠나기를
은혜를 배반하는 사람을 볼 때,
중생이 악한 사람에게 그 앙갚음을 하지 않기를
출가한 스님을 볼 때,
중생이 순조롭고 부드럽고 고요해서 필경에 제일이 되기를
바르게 사는 사람을 볼 때,
중생이 청정한 목숨을 얻어서 거짓 행동를 하지 않기를

⑧ 경을 읽고 부처님께 예배를 할 때

경을 읽을 때,
중생이 부처님의 설하신 바를 따라 모두 가져 잊지 않기를
부처님을 볼 때,
중생이 걸림이 없는 눈을 얻어서 모든 부처님 보기를
부처님의 탑을 볼 때,
중생이 탑과 같이 존중해서 하늘과 사람의 공양 받기를
부처님의 공덕을 찬탄할 때,
중생이 온갖 덕을 다 갖추어서 끝없이 찬탄하기를
부처님의 상호를 찬탄할 때,
중생이 부처의 몸을 성취해서 형상 없는 법 증득하기를

⑨ 누워 자고 쉴 때에 마음 쓰는 법

발을 씻을 때,
중생이 신통한 힘을 구족해서 행이 걸림이 없기를
잠자고 쉴 때,
중생이 몸이 편안함을 얻어 마음에 어지러움이 없기를
잠자다가 막 깨었을 때,
중생이 모든 지혜를 깨달아서 시방을 두루 살피기를

　　이렇게 계속해서 이어지는 141개의 게송을 모두 다 외워 실
천하는 것도 의미 있는 일이지만, 더 중요한 것은 그것의 근본
의미를 알고 생활에 적용하는 일이다.

문수보살의 게송은 일상생활과 불법의 가르침, 중생 구제라는 세 가지 구조의 반복이다. 집에 있을 때는 집이 나의 소유물들로 채워진 곳이 아니라, 닳고 사라지는 것임을 알아 '공(空)'의 성품을 깨닫고, 머리털과 수염을 깎을 때는 우리 마음에서 나오는 업의 소산을 제거하는 일임을 알아 '적멸'을 깨닫고, 잠에서 깰 때는 아침의 햇살을 받아 모든 것이 밝게 빛나는 것처럼 '지혜'가 그와 같은 것임을 깨닫는다.

더불어 이 모든 것이 나를 위한 것이 아니고, 모든 중생들이 다 그렇게 되라고 서원한다. 어떤 생각을 할 때마다, 어떤 행동을 할 때마다 그 행동의 근본 의미를 불법과 연관하여 깨닫고, 그 결과를 중생에 회향하여 구제하는 것이 문수보살이 가르친 게송의 핵심이다.

현대 불교에서는 기복적이고 맹목적인 믿음을 탈피하여, 생활 속에서 불법을 이어나가려는 노력이 중요시되고 있다. 요즘 강조되고 있는 '생활불교'도 그중 한 측면이다. 예전에는 불교 교육의 기회가 몇몇 계층에 한정되어 있었지만, 지금은 그렇지 않다. 마음만 먹으면 누구나 경전을 읽을 수 있고, 부처님의 가르침과 직접 대면할 수 있다. 부처님 열반의 가르침에 따라 '스스로를 등불로 삼을(自燈明)' 수 있는 기회가 더욱더 확대되고 있는 것이다. 기회의 측면에서만 생각한다면, 불국토(佛國土)는 우리에게 더욱 가까이 와 있는 셈이다.

하지만 교육과 정보가 늘어날수록 사람들의 의심은 더욱

많아지고, 가르침을 실천하기보다는 듣고 의심하다 끝내는 경우가 허다하다. 『화엄경』의 「정행품」은 그런 요즘 풍토에서 진정한 불자들은 어떻게 살아야 하는가에 대한 구체적이고 모범적인 대답을 제시해 준다.

10. 부처님께 드리는 훌륭한 공양
– 「현수품(賢首品)」

한없는 믿음(信)의 공덕

「현수품」은 현수보살이 믿음에 대한 공용(功用・功德)을 다양하게 설한 것이다. 이 품에서는 행을 닦는 데는 반드시 덕이 나타나므로, 지해(知解)와 수행을 원만히 하여 보현의 수승한 공덕을 밝히고 있다.

문수보살의 요청으로 현수보살이 357개의 노래(偈頌)로 믿음의 공덕을 찬탄하고, 다시 한량없는 큰 작용을 들어 열 가지 삼매를 말하며 교묘한 비유로 깊은 뜻을 말한다. 끝으로 법이 깊고 얕은 것과 믿고 이해하기에 어렵고 쉬운 것을 비교하여 실제로 증득함을 보이고 제2회의 설법을 마치셨다.

신위도원공덕모(信爲道元功德母) 믿음은 도의 으뜸, 공덕의 어머니여서
장양일체제선법(長養一切諸善法) 모든 착한 법을 길러내며
단제의망출애류(斷除疑網出愛流) 의심의 그물 끊고 애착으로부터 벗어나

개시열반무상도(開示涅槃無上道) 열반의 위없는 도 열어 보이도다.

신위공덕불괴종(信爲功德不壞種) 믿음은 썩지 않는 공덕의 종자가 되고
신능생장보리수(信能生長菩提樹) 믿음은 능히 보리수를 자라게 하며
신능증익최승지(信能增益最勝智) 믿음은 뛰어난 지혜를 자라나게 하고
신능시현일체불(信能示現一切佛) 믿음은 모든 부처님을 나투시는도다.

『반야심경』에는 '야뇩다라삼먁삼보리'라는 말이 있다. 이는 '위없는 깨달음(無上覺)', '바른 깨달음(正覺)', '큰 깨달음(大覺)'이라는 뜻인데, 정각을 이루신 분이 바로 부처님이시다. 『반야심경』에서는 반야바라밀다를 의지하여 정각을 이루고 있다. 이처럼 불교에서는 믿음을 통해서 혹은 바라밀행을 통해서 반드시 정각을 이룰 수 있다고 말한다.

불교에서는 믿음이 기반이 되어서 신·해·행·증 수행이 동시에 이루어진다. 믿지 않고는 알 수 없는 것이고, 안다고 해서 믿음이 가는 것은 아니다. 확실한 믿음을 갖고 부처님의 말씀을 접하고, 실행으로 옮겨 깨달음에 이르러야 한다.

믿게 되어 신심이 원만 성취되면 열 가지 삼매의 공덕에 들어갈 수 있다. 이 열 가지 삼매는 다음과 같다.

① 원명해인삼매문(圓明海印三昧門) 원만하고 밝은 해인 삼매문
② 화엄묘행삼매문(華嚴妙行三昧門) 화엄의 오묘한 행 삼매문
③ 인다라망삼매문(因陀羅網三昧門) 인다라망 같은 삼매문

④ 수출광공삼매문(手出廣供三昧門) 손을 내밀어 공양하는 삼매문

⑤ 현제법문삼매문(現諸法門三昧門) 모든 법문을 드러내는 삼매문

⑥ 사섭섭생삼매문(四攝攝生三昧門) 사섭법으로 포용하는 삼매문

⑦ 궁동세간삼매문(窮同世間三昧門) 모든 존재와 하나되는 삼매문

⑧ 모광각조삼매문(毛光覺照三昧門) 모공의 광명이 비추는 삼매문

⑨ 주반엄려삼매문(主半嚴麗三昧門) 주반이 서로 빛나게 하는 삼매문

⑩ 적용무애삼매문(寂用無涯三昧門) 적용이 걸림이 없는 삼매문

　　이 하나하나의 삼매는 모두 깊고 진실된 수행을 통하여 체험할 수 있는 세계로서 궁극적으로 '자아(我)'가 소멸되는 깊이만큼 더 크고 넓게 펼쳐지는 것이다. 수행 과정에서 한두 번의 삼매 체험은 대단히 중요한 수행의 고리가 된다. 이를 통하여 더 깊고 큰 삼매를 느낄 수 있고, 그에 대한 확신을 얻을 수 있기 때문이다. 그러나 삼매는 지금 앉아 있다고 해서 바로 얻어지는 것이 아니다. 만약 지금 삼매를 체험했다면 이는 이미 이전부터 수행해 온 복력으로 얻어지는 것이다. 수행에도 이렇듯 인(因)을 지어야 한다.

사섭법(四攝法)이란?

보살이 중생을 제도(濟度)할 때 취하는 네 가지 기본적인 태도를 말하며, 사섭사(四攝事)라고도 한다.

① 보시섭(布施攝)은 중생이 재물을 구하거나 진리를 구할 때 힘 닿는 대로 베풀어주어서 중생으로 하여금 친애하는 마음을 가지게 하여 중생을 교화하는 것이다.

② 애어섭(愛語攝)은 중생을 불교의 진리 속으로 들어오게 하기 위하여 여러 사람에게 듣기 좋은 말을 하여 친애하는 정을 일으키도록 하는 것으로, 보살은 온화한 얼굴과 부드러운 말로 중생을 대한다.

③ 이행섭(利行攝)은 몸(身業)·말(口業)·생각(意業)으로 중생에게 이익을 주고, 보람된 선행(善行)을 베풀어서 중생으로 하여금 도에 들어가게 하는 것이다.

④ 동사섭(同事攝)은 보살이 중생과 일심동체가 되어 고락을 함께하고 화복을 함께하면서 그들을 깨우치고 올바른 길로 인도하는 적극적인 실천행이다.

🔔 불교의 우주관 – 삼계(三界)의 구조

1. 욕계(欲界)

욕계에는 지옥, 아귀, 축생, 아수라, 인간, 육욕천(사천왕, 도리천, 야마천, 도솔천, 화락천, 타화자재천)이 있다. 욕계의 중생들은 삼독에 찌들려, 욕심이 꽉 차서 괴로워하고 있다고 한다.

① 지옥(地獄)

중생이 고통스럽게 사는 세계를 말하며, 8대 지옥, 10대 지옥 등으로 나눈다.

② 아귀(餓鬼)

아귀란 '배고픈 귀신'이란 뜻이다. 배는 태산처럼 큰데 목구멍은 바늘구멍처럼 작아 비록 음식이 있다 해도 먹지를 못해 항상 배고픔을 면치 못하고 굶주리는 세계를 말한다.

③ 축생(畜生)

벌레나 날짐승, 물고기 따위를 말하는 것인데, 무려 34억 종류가 있다고 한다. 이들은 공중, 물, 육지의 세 곳에 각기 나누어 살고 있다.

④ 아수라(阿修羅)

줄여서 '수라'라고도 한다. 싸우기를 좋아하는 귀신으로, 항상 증오와 질투심을 가지고 있어서 33천과 싸우는 것을 본업으로 한다. 야단스러운 곳이나 처참하게 된 곳을 비유하여 '아수라장 같다'고 하는데, 바로 이 아수라로부터 나온 말이다. 아수라장은 아수라들이 제석천왕과 싸우는 장소를 말한다.

⑤ 인간(人間)

불교의 경전에 의하면 인간은 천인이 이 세상에 화생(化生)한 것이다. 우리나라 한민족의 조상인 단군을 제석천왕의 후손이라고 하는 것도 이와 같은 맥락에서 나온 것이다.

⑥ 육욕천(六欲天)

육도(六道)로 보면 천(天)에 속하지만, 아직까지 욕심을 떠나지 못한 세계이므로 삼계로 나눌 때는 욕계에 넣는다.

㉮ 사왕천(四王天)

㉯ 도리천(忉利天)

㉰ 야마천(夜摩天)

㉱ 도솔천(兜率天)

㉲ 화락천(化樂天)

㉳ 타화자재천(他化自在天)

2. 색계(色界)

색계란 모든 탐욕은 여의였으나 아직 완전히 정신적인 것은 되지 못한 중간의 세계이다. 욕계의 상층에 있으며, 욕계보다 수승한 물질로 구성되어 있다고 한다. 색계에는 초선천, 이선천, 삼선천, 사선천의 사천이 있어 '색계사천'이라 하며, 이를 세분하여 '색계18천'이라 하기도 한다.

① 초선천 : 범중천, 범보천, 대범천

② 이선천 : 소광천, 무량광천, 극광정천(무음천)

③ 삼선천 : 소정천, 무량정천, 변정천
④ 사선천 : 무운천, 복생천, 광과천, 무상천, 무번천,
　　　　　무열천, 선현천, 선견천, 색구경천

3. 무색계(無色界)
완전히 정신적인 세계로 삼계 중 가장 수승한 곳이다.
① 공무변처천(空無邊處天)
② 식무변처천(識無邊處天)
③ 무소유처천(無所有處天)
④ 비상비비상처천(非想非非想處天)

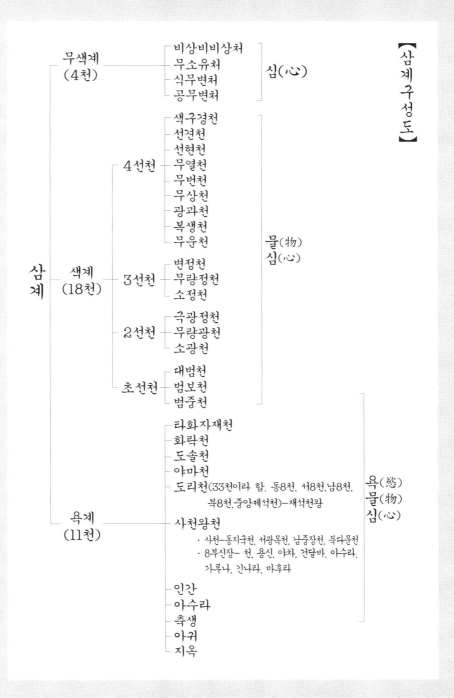

【삼계구성도】

무색계
(4천) ─── 비상비비상처
         무소유처   심(心)
         식무변처
         공무변처

삼계

색계
(18천)

4선천 ─── 색구경천
         선견천
         선현천
         무열천
         무번천
         무상천
         광과천
         복생천
         무운천

3선천 ─── 변정천   물(物)
         무량정천   심(心)
         소정천

2선천 ─── 극광정천
         무량광천
         소광천

초선천 ─── 대범천
          범보천
          범중천

욕계
(11천)

타화자재천
화락천
도솔천
야마천
도리천(33천이라 함. 동8천, 서8천, 남8천,
        북8천, 중앙제석천)—재석천왕
사천왕천
  • 사천—동지국천, 서광목천, 남증장천, 북다문천
  • 8부신장— 천, 용신, 야차, 건달바, 아수라,
            가루나, 긴나라, 마후라
인간
아수라
축생
아귀
지옥

욕(慾)
물(物)
심(心)

🐉 삼십삼천(三十三天) = 도리천(忉利天)

삼십삼천은 수미산의 가장 상봉에 위치하고 있다. 이를 '제석천(帝釋天)'이라 칭하기도 하고 '도리천(忉利天)'이라 칭하기도 한다. 이 천국은 33개의 천국으로 구성되어 있기 때문에 33천이라고 칭한다.

즉 선법당천(善法堂天), 주봉천(住峯天), 주산정천(住山頂天), 선견성천(善見城天), 발사지천(鉢私地天), 주구타천(住俱陀天), 잡전천(雜殿天), 주환희원천(住歡喜園天), 광명천(光明天), 파리야다수원천(波利耶多樹園天) 등 33천으로 구성되어 있다. 이들 33천의 한가운데에는 선법당(善法堂)이라는 큰 궁전이 있는데, 이곳은 우리 인간이 감히 생각할 수 없는 초호화 궁전이다.

여기에 거주하는 분을 제석천왕(帝釋天王)이라고 한다. 이 제석천왕이 33천을 다스리는 동시에 우리 인간세를 다스리는데, 우리 인간세의 선과 악의 행동이 제석궁중에 즉각 알려지게 되어 있다. 만약 선이 성하면 기뻐하고 반대로 악이 성하면 걱정하면서 사천왕과 의논하여 그 악을 정화하는 데 필요한 조처를 취한다.

이와 같이 제석천은 우리 인간계와 밀접한 관계를 갖는 천국인데, 그곳 천인들이 받는 복락은 대단하다. 즉 사왕천의 배이상의 복락을 받는다고 생각하면 되며, 수명도 역시 사왕천의 배를 더 산다.

11. 부처님, 수미산에 오르시다

  - 「승수미산정품(昇須彌山頂品)」
  - 「수미정상게찬품(須彌頂上偈讚品)」

천상에 오르신 부처님

제3회에서는 도리천궁, 즉 부처님께서 설법 장소를 지상세계에서 천상세계로 옮겨 모임이 이루어지고 있다.

우리가 아침저녁으로 독송하는 예불문에 '삼계도사 사생자부(三界導師 四生慈父)'라는 말이 나온다. 여기서 삼계는 중생세계의 욕계(欲界), 색계(色界), 무색계(無色界)를 말한다. 욕계는 욕심으로 이루어진 세계이고, 색계는 형상이 있는 세계를 말하며, 무색계는 정신만 있는 세계를 뜻한다. 욕계의 육도윤회의 존재 양태 가운데 지옥·아귀·축생·인간·천상 등은 '오도(五道)'라고 해서 부정적인 것으로 생각하는데, 그중 지옥·아귀·축생은 '삼악도(三惡道)'라고 해서 아주 나쁜 것으로 취급한다.

그리고 천상세계가 나오는데 욕계 가운데에는 여섯 개의 세계(6천), 색계 가운데에는 열여덟 개의 세계(18천), 무색계 가운데에는 네 개의 세계(4천)가 있다고 한다. 즉, 중생세계에는 모두 스물여덟 개의 세계(28천)가 있다.

육욕천에서 맨 아래에 있는 세계가 사천왕천, 두 번째가 도리천, 세 번째가 야마천, 네 번째가 도솔천, 다섯 번째가 화락천, 여섯 번째가 타화천 또는 타화자재천이다.

　부처님께서는 육욕천 중 도리천, 야마천, 도솔천, 타화천의 네 곳에서만 설법을 하시는데, 적멸도량 보리수 아래에 육신은 그대로 두시고 삼매 상태에서 정신만 도리천으로 올라가셔서 도리천의 대중들을 위해 설법하셨다.

　도리천 꼭대기에는 수미산(須彌山)이라고도 하고 묘고산(妙高山)이라고도 하는 산이 있다. 인도어로는 수메르(Sumeru : Su는 묘하다, meru는 높다는 뜻)라고 하는데, 이것은 히말라야산맥의 높은 산줄기를 상징하는 것으로 보인다. 도리천은 기본적으로 33개의 나라로 구성되어 있다고 한다. 수미산을 중심으로 동서남북에 각각 8개의 나라가 있어 모두 합치면 32개의 나라가 되는데, 수미산 꼭대기의 도리천까지 합쳐서 33개의 나라가 된다.

　이 33이라는 숫자가 꽤나 친숙하다. 독립선언서에 서명한 독립운동가도 서른세 명이고, 새해를 맞이하며 치는 보신각 타종도 서른세 번이다. 즉 『화엄경』에 나온 도리천과 관계가 있다는 말이다. 모든 중생들에게 도리천 세계의 소식을 전하고 중생계의 일들을 다시 천상계에 전한다는 의미가 있고, 한편으로는 아직 욕계 중생에 속하기 때문에 부처님 법문을 듣고 성불하라는 의미도 담고 있다.

　부처님께서 도리천궁(忉利天宮)의 묘승전(妙勝殿) 위에 계실 때 그 자리에 모인 대중들과 함께하였다. 법혜보살이 부처님의 신통력을 이어 보살의 무량방편삼매(無量方便三昧)에 들어 십주(十住) 등의 법문을 설하였다. 십주 법문에는 육바라밀과 십바라밀 사상이 잘 나타나 있다.

　　승수미산정(昇須彌山頂)이란 부처님께서 도리천의 가장 꼭대기에 있는 수미산 마루에 올라갔다는 뜻이다. 이 품(品)은 도리천궁에서 계속되는 품들의 머리말 부분으로, 부처님이 수미산 꼭대기에 올라가서 하늘 사람들을 교화한 내용과 부처님의 덕행을 찬양한 내용을 싣고 있다.

　　부처님은 인간세상에서 사람들을 교화하신 후 하늘세계의 사람들도 교화해야겠다고 생각하시고 수미산 꼭대기에 있는 제석천왕의 하늘궁전으로 향하였다. 이때 부처님은 성도하신 보리수를 떠나지 않고 수미산 꼭대기에 있는 제석천궁(帝釋天宮)에 올라가서 걸림 없이 화신(化身)을 나타내는 일을 보이셨다. 제석천왕은 부처님께서 오시는 것을 보고 궁전을 아름답게 꾸미고 부처님이 앉을 자리를 금은보화로 장식한 다음 부처님을 마중하였다. 제석천왕은 인도에서 인드라 신앙의 중심에 있는 창조신을 말하는데, 그 제석천왕이 『화엄경』에서는 부처님을 맞이하는 왕으로 등장한다. 그는 부처님께 이 궁전에 머물러 계시면서 하늘 사람들을 위하여 설법해 주실 것을 간절히 청하였다. 부처님께서는 그의 청을 수락하시고 궁전에 들어가 가르침을 설할 자리에 앉으셨다.

　　제석천왕은 부처님께서 자기의 궁전을 찾아주심에 기뻐하

며 노래로 부처님을 찬탄하고, 수미산 꼭대기의 궁전에 있는 수많은 대중들은 부처님을 위해서 춤추고 노래 부르며 악기를 연주하고 시를 읊으며 왜 제석천궁이 상서로운 곳인가를 설명한다. 전생에 가섭·나한본·부루손·수협·시기·비바시·불사·제사·파르마·정광 부처님 등 열 분의 부처님께서 이 궁전에 와서 설법하였기 때문이라는 것이다. 그러므로 제석천궁의 묘승전은 본래부터 상서로운 자리며, 또한 먼 과거생부터 수많은 대중들에게 감동과 깨달음을 주었다는 것을 알 수 있다. 「승수미산정품」에서는 부처님의 신비한 위력을 찬양하기 위한 전제를 마련한다.

보살들, 부처님을 찬탄하다

「수미정상계찬품」에서는 10보살들이 부처님의 공덕을 찬탄하고 있다. 시방의 부처님 세계에서 법혜·일체혜·승혜·공덕혜·정진혜·선혜·지혜·진실혜·무상혜·견고혜 보살 등 10혜 보살이 먼지 티끌과 같은 많은 수의 보살들과 함께 와서 부처님의 공덕을 찬탄한 제3회의 서론 부분이다. 보살들의 이름이 혜(慧)인 것은 지혜(智慧)가 보살행의 바탕임을 의미한다. 경전에는 다음과 같이 표현되어 있다.

그때 부처님께서 두 발가락으로 광명을 놓아 수미산 꼭대기를 비추시니 제석천 궁전 안의 부처님과 대중들이 그 속에 나타나지 않은 이가 없었다. 법혜보살을 위시한 모든 보살들이 그 경계를 게송으로 찬탄하였다.

아등금견불(我等今見佛) 우리들이 지금 부처님께서

주어수미정(住於須彌頂) 수미산정에 계심을 뵙듯

시방실역연(十方悉亦然) 시방에서도 모두 그러하니

여래자재력(如來自在力) 여래의 자재한 힘이로다.

일체법무생(一切法無生) 온갖 법이 나지도 않고

일체법무멸(一切法無滅) 온갖 법이 멸하지도 않나니

약능여시해(若能如是解) 만약 능히 이같이 알면

제불상현전(諸佛常現前) 부처님께서 항상 나타나시리라.

요지일체법(了知一切法) 온갖 법들이

자성무소유(自性無所有) 자성이 없는 줄 깨달을지니

여시해법성(如是解法性) 법의 성품이 이와 같은 줄 안다면

즉견노사나(卽見盧舍那) 즉시 부처님을 친견하리라.

위의 게송은 또한 자장율사께서 중국 오대산에서 문수보
살에게 기도하고 받은 것으로도 알려져 있다. 오대산은 당시
부터 문수보살 영험이 깃든 기도처로 유명했다. 수많은 봉우
리 가운데 가장 높은 다섯 봉우리를 오대라 하는데, 동대 · 서
대 · 남대 · 북대 그리고 중앙의 중대 모두 해발 3천 미터가 넘
는 봉우리들이다.

오대산에는 자장율사에 얽힌 일화가 있다. 자장율사가 오
대산에 들어가 3년간 기도만 하니 주위 스님들이 걱정이 많았

다. 그래도 자장율사는 아랑곳하지 않고 열심히 기도했다. 3년째 되는 어느 날, 꿈에 문수보살이 나타나 위의 게송을 읊어주었다. 하지만 꿈에서 깨어나면서 게송을 잊어버렸는데, 다음날 한 스님이 와서 꿈과 똑같이 게송을 알려주었다. 그 스님이 가면서 자신의 가사를 벗어주고 사리를 주었는데 바로 부처님 진신사리였다. 자장율사는 그 사리를 모시고 우리나라로 돌아와 오대보궁(양산 통도사, 강원도 오대산 중대, 설악산 봉정암, 태백산 정암사, 사자산 법흥사 적멸보궁)에 모셨다. 부처님 금란가사는 지금 통도사에 모셔져 있는데, 그때 받은 가사라 한다.

중국 산서성에 위치한 오대산의 중대에서 북대로 올라가다 보면 태화지(太和池)라는 연못이 있는데, 그곳에서 자장스님이 3년간 목욕재계하면서 기도를 올렸다고 한다. 울산의 태화강 이름은 이 태화지에서 유래된 것이 아닌가 싶다. 우리나라 오대산 또한 중국 오대산과 산세가 비슷하고 문수보살이 상주하셨다는 내용을 담아 자장율사가 '오대산'이라 이름을 붙였다는 일화가 있다.

위 게송의 내용들은 대승불교에서 회자하는 '무자성(無自性), 무아성(無我性)'과 상통하는 내용이다. 또 『금강경』의 "아상(我相), 인상(人相), 중생상(衆生相), 수자상(壽者相)을 버려라."라는 말과도 상통한다.

사상(四相)이란?

아상(我相), 인상(人相), 중생상(衆生相), 수자상(壽者相)을 말한다. 『금강경(金剛經)』은 이들이 실체를 가지고 있는 존재가 아니라 가유(假有)의 존재이며, 비록 공(空)이란 용어는 사용하고 있지 않지만, 그 본질이 공임을 말해 준다. 따라서 이에 대한 그릇된 견해와 집착에서 벗어날 것을 가르치고 있다.

① **아상(我相)**

오온(五蘊)이 화합하여 생긴 몸과 마음에 참다운 '나'가 있다고 집착하는 견해.

② **인상(人相)**

오온(五蘊)이 화합하여 생긴 '나'는 사람이니 지옥취나 축생취와 다르다고 집착하는 견해.

③ **중생상(衆生相)**

중생이 자신의 몸을 오온(五蘊)이 화합하여 이루어진 참된 실체라고 고집하는 잘못된 견해.

④ **수자상(壽者相)**

오래 살고 싶어 하는 생각이나 태어날 때 일정한 목숨을 가지고 있다는 견해.

불교에서는 이러한 견해를 버려야 한다고 하여 무아상(無我相), 무인상(無人相), 무중생상(無衆生相), 무수자상(無壽者相)을 강조한다.

무아(無我 anātman, anattan)란?

일반적으로 무아(無我)란 '내가 아닌 것(非我)' 이라는 말과 '나를 소유하지 않는 것(無我)' 이라는 두 가지 뜻이 있다. 나의 것, 나의 소유라고 생각하는 집착을 배제하라는 말이다.

그러나 석가모니 부처님이 말하는 무아는 실체가 없는 것, 즉 연기에 의해 이루어진 제법(諸法)을 실체로 보아서는 안 된다는 실천적 의미를 가리킨다.

오온(五蘊 pañca khandha)이란?

불교에서 인간을 구성하는 물질적 요소인 색온(色蘊)과 정신 요소인 4온을 합쳐 부르는 말로, 온이란 곧 집합 · 구성 요소를 의미한다.

오온은 색(色) · 수(受) · 상(想) · 행(行) · 식(識)의 다섯 가지로, 처음에는 인간의 구성요소로 설명되었으나 더욱 발전하여 현상세계 전체를 의미하는 말로 통용되었다.

오온이 인간의 구성 요소를 의미하는 경우에는 '색' 은 물질요소로서의 육체를 가리키며, '수' 는 감정 · 감각과 같은 고통 · 쾌락의 감수(感受)작용, '상' 은 심상(心像)을 취하는 표상 · 개념 등의 작용을 의미한다. '행' 은 수 · 상 · 식 이외의 모든 마음의 작용을 총칭하는 것으로, 그중에서도 특히 의지작용 · 잠재적 형성력을 의미한다. '식' 은 인식 판단의 작용, 또는 인식 주관으로서의 주체적인 마음을 가리킨다.

12. 보살이 머무는 자리
– 「십주품(十住品)」

십주(十住)에 대하여

「십주품」은 대승불교에서 성불하는 수행 단계를 10가지 방법으로 설명한다. 열 가지 바라밀행이라고 할 수 있다.

『화엄경』에서 52계위는 십신(十信) · 십주(十住) · 십행(十行) · 십회향(十回向) · 십지(十地) · 등각(等覺) · 묘각(妙覺)으로, 십신부터 십지까지 각각 10단계의 수행 계위를 나누고 이어 등각 · 묘각을 설명한다.

마지막 「입법계품」에서도 선재동자가 찾아간 선지식들이 52명이다. 사실은 53명인데 문수보살이 두 번 나오기 때문에 52명으로 본다. 이러한 수행 계위는 『화엄경』뿐 아니라 다른 경전에서도 찾아볼 수 있다. 52계위 가운데 십신의 10가지 믿음 수행의 계위는 정확하게 나타나지 않지만, 『화엄경』 전체를 주목할 때 믿음(信)은 보살의 행을 기초로 하기 때문에 십신을 갖는다고 본다.

『화엄경』에서는 십(十)이란 숫자를 중심으로 보살도의 단계를 설명함과 동시에 십에 의한 구조로 화엄의 사상을 설명하고 있다.

이러한 십의 뜻은 곧 만수(滿數)로 여기어 조금도 모자람이 없다는 뜻을 나타내는 진리의 법수(法數)로 설명된다. 마찬가지로 「십주품」에서는 십의 내용을 열거하며 보살이 수행함에 있어 어떻게 마음을 주(住 머무름)해야 하는가 하는 정신 자세를 설명하고 있다.

『금강경』에서는 어떻게 마음을 내야 하는가를 물으며 '응무소주 이생기심(應無所住 而生其心)' 즉, 마땅히 머무는 바 없이 마음을 내야 한다고 말한다. 그보다 한 단계 더 올라가 『화엄경』에서는 어떠한 마음가짐을 지녀야(住) 하는가를 말하고 있는 것이다.

「십주품」은 천상계인 도리천에서 설하신 내용으로, 장소는 수미정상의 제석천궁이다. 도리천궁은 삼계 가운데 욕계의 여섯 천계 중 두 번째로 수미산 정상에 위치한다. 또한 설주(說主)는 법혜(法慧)보살이 중심이 되고 있다. 석가모니 부처님께서 도리천(제석천)의 묘승전에 들어가 가부좌를 하고 계실 때, 법혜보살은 부처님의 위신력에 의해 보살의 무량방편삼매에 들었다가 선정으로부터 일어나서 보살들에게 법을 설하게 된다. 이때 교설한 내용이 십주(十住)이다.

십주는 부처님 집에 머무는 데 있어 10가지 수행의 덕용을 원만히 하는 것을 말한다. 여기서 '머문다'는 것은 보살로서 수행의 마음가짐과도 통한다. 10가지의 보살 마음을 냄으로써 깨달음의 세계를 열어갈 수 있기 때문이다. 이로써 보살이 깨달음을 추구하는 데 십주가 이상적인 수행임을 알 수 있다. 10가지 수행 주처에 수행 덕목이 완성되어 가는 즐거움(法樂)

을 성취함으로써 마음을 다져 수행 자체의 해탈문을 열 수 있기 때문이다. 따라서 십주는 이 10가지 마음의 해탈문을 열어주는 수행법이라고 볼 수 있다.

이러한 사상은 『금강반야바라밀경』에서도 나타난다. 보살이 마음을 항복받고 마음을 주(住)하는 것이 곧 '응무소주 이생기심(應無所住 而生其心)'이라고 한 것을 볼 때, 마음가짐을 어떻게 가져야 하느냐는 내용과 상통한다. 여기서 마음가짐은 곧 수행 덕목의 완성을 구하는 지위와도 같다. 그러므로 법혜보살은 십주의 10가지 마음가짐을 내어서 보살의 행을 닦아나가야만 된다고 설법하였다.

십주는 다음 단계인 십행(十行)으로 나아가는 발판이지만, 십주 그 자체로 하나의 완전한 단계임을 보여주고 있다.

이는 『화엄경』의 큰 특징이라 할 수 있다. 보통 수행은 한 단계 한 단계 닦아서 다음 단계로 나아간다고 보지만, 『화엄경』에서는 십이라는 숫자가 드러내고 있듯이 단계 그 자체로 완성·성취를 나타내므로, 독립적인 불과(佛果)의 행이라고도 볼 수 있다.

「십주품」에서는 보살이 머무는 곳을 '넓고 커서 법계 허공계와 같다'라고 하였으며, '보살은 삼세의 모든 부처님의 집에 머문다(住三世諸佛家)'고 하였다. 보살이 부처님 집에 머문다는 것은, 이미 보살의 행을 통해 부처님의 공덕을 성취하고자 하는 수행의 덕목과 진리를 깨달은 즐거움, 즉 법락(法樂)

의 과정 전체를 완성한 모습으로 나타내고 있다.

참고로 『화엄경』에는 오랜 시간 동안 수행을 쌓고 또 쌓아 십신→십주→십행→십회향→십지→등각→묘각 등 점차적으로 단계를 밟으며 인격이 완성된 후에 성불한다고 하는 점수(漸修) 수행법도 있지만, 즉각 깨달음에 이르는 돈오돈수(頓悟頓修) 수행법도 있다. 믿음의 초기에 결정 발심만 한다면 바로 성불한다는 십신성불(十信成佛), 신초성불(信初成佛), 믿음이 완성되면 바로 그때가 성불할 때라는 신만성불(信滿成佛), 십주의 어느 단계든지 어떤 계기로 인해 바로 깨달으면 성불할 수 있다는 십주성불(十住成佛) 등을 돈오성불(頓悟成佛)이라고 한다. 이 말이 「법성게」나 「약찬게」에서는 '초발심시변정각(初發心是便正覺)'이라는 내용으로 요약된다. 처음 발심할 때 결정적으로 발심을 한다면 바로 그때가 성불할 때라는 말이다.

「십주품」은 각 경지의 단계마다 10가지의 10법이 있는 특이한 점을 보인다. 이러한 십주 보살이 마음을 낸 지위(地位)의 주처는 10가지이다. 십주는 초발심주(初發心住)·치지주(治地住)·수행주(修行住)·생귀주(生貴住)·구족방편주(具足方便住)·정심주(正心住)·불퇴주(不退住)·동진주(童眞住)·법왕자주(法王子住)·관정주(灌頂住)이다.

부처님의 집에 머무르는 10가지 마음

① 지혜를 내는 마음 – 초발심주(初發心住)

보살이 깨달음을 성취하기 위해 처음 발보리심을 낸 마음 가짐의 자리이다. 여기서는 발심의 원인이 되는 10가지 법과 발심의 인연, 그리고 초발심주에서 닦는 10법지(法智)를 차례로 설하고 있다.

발심은 수사발심(隨事發心)과 순리발심(順理發心)으로 구분할 수 있다. 수사발심은 어떤 사건·사람의 지시나 가르침을 따라서 발심하는 것을 말하고, 순리발심은 이치와 도리를 따라서 발심하는 것을 말한다. 초발심주에서는 처음 발심을 낸 보살의 모습을 설명하고 있으며, 두 가지 발심 가운데에서 순리발심에 중심을 두고 있다.

초발심주의 10법지(法智)는 다음과 같다.

처비처지(處非處智) 옳은 곳과 그른 곳을 아는 지혜
선악업보지(善惡業報智) 선악의 업을 아는 지혜
제근승열지(諸根勝劣智) 근기가 수승하고 둔함을 아는 지혜
종종해차별지(種種解差別智)
　　　　　갖가지 이해의 차별이 있음을 아는 지혜
종종계차별지(種種界差別智) 갖가지 경계를 아는 지혜
일체지처도지(一切至處道智) 일체지처가 진리임을 아는 지혜
제선해탈삼매지(諸禪解脫三昧智) 선정·해탈·삼매를 아는 지혜
숙명무애지(宿命無碍智) 과거세에 대해 걸림 없이 아는 지혜
천안무애지(天眼無碍智) 천안통 얻어 걸림이 없는 지혜
삼세루보진지(三世漏普盡智) 누진통 얻어 모든 번뇌가 사라진 지혜

② 다양한 마음자리를 다스림 – **치지주**(治地住)

지(地)란 심지(心地)로서, 마음의 덕을 나타내는 표현이다. 하나의 마음이 있을 뿐이지만, 마음은 여러 가지 인연에 따라 다양한 마음의 자리를 가진다. 여기서 지(地)는 대지에 비유한 것으로, 대지가 만물을 생성해 내는 것과 마찬가지로 마음이 만법의 근원임을 나타낸 것이다. 심지의 내용을 보다 밝게 설명한 경전으로는 『심지관경(心地觀經)』이 있다. 『심지관경』 제8권에서는 다음과 같이 설하고 있다.

삼계가 오직 마음이며 마음을 땅이라고 하는 것이다.
마음의 법은 세간 · 출세간의 선과 악의 5취와 유학 · 무학 · 독각 · 보살 · 여래를 낸다.

따라서 치지(治地)의 자리는 마음의 법을 다스리는 계위로, 안으로는 마음의 고요함 · 적정을 이루는 것이요, 밖으로는 현상세계, 즉 6진경계(六塵境界 색 · 소리 · 냄새 · 맛 · 감각 · 현상)의 실상을 깨달아 반연에 따르지 않는 것이다. 이를 선수행법에서 살펴보면 좌(坐)와 선(禪)으로도 설명할 수 있다.

『육조단경』에서는 "좌(坐)는 일체 번뇌가 일어나지 않는 것이며, 선(禪)은 안으로 본래 성품을 보아 어지럽지 않은 것이다."라고 말하고 있다.

이 단계의 보살은 중생들에게 이익심(利益心) · 대비심(大悲心) · 안락심(安樂心) · 안주심(安住心) · 연민심(憐愍心) · 섭수심(攝受心)·수호심(守護心)·동기심(同己心 보살은 중생을 내 몸과 같이 생각한다)·사심(師心)·도사심(導師心 모두가 나를 인도하고 이끄는 스승이다) 등 10가지 마음을 낸다.

③ 실상을 보는 마음 – **수행주**(修行住)

보살의 수행의 행법(行法)을 가리키는데, 10가지로 일체법을 관찰하는 행법을 보인다.

무상·고·공·무아·무작(無作)·무미(無味)·이름이 같지 않음(不如名)·처소가 없음(無處所)·분별을 여읨(離分別)·견실하지 않음(無堅實) 등 10가지 행법을 닦고 일체법을 관찰함과 동시에, 중생계(衆生界)·법계(法界)·세계(世界)·지계(地界)·수계(水界)·화계(火界)·풍계(風界)·욕계(欲界)·색계(色界)·무색계(無法界)를 관찰한다고 했다.

④ 부처님 법에 머무는 마음 – **생귀주**(生貴住)

보살은 부처님의 교법으로부터 귀하게 생하여서 10법을 성취하여 마음의 평등함을 얻는다.

생귀주(生貴住)는 보살이 부처님의 교법을 통해 귀하게 태어난 마음가짐의 자리이다. '귀하게 태어난다'는 것은 하기 어려운 일들을 물리치고, 구하기 힘든 것을 구하고, 남이 할 수 없는 일을 하여 모든 사람들로부터 존경과 찬탄을 받을 수 있는 일을 성취한다는 뜻이다. 여기에는 새롭게 변화된 모습, 즉 진리의 인격으로 형성되었기에 모든 사람에게 희망과 기쁨을 줄 수 있는 행과 덕을 갖추고, 보기 드물게 변화 발전된 모습이 구족되는 것이기에 귀하게 태어난다고 한다.

왜 그런가 하면, 부처님의 교법에 의해 기존의 상태에서 회심(廻心)하여, 자신의 부족함을 절실히 자각하고 완전한 깨달음의 세계로 되돌아가고자 이를 충족시키려는 곳으로 태어나는 것이기 때문이다. 이것을 『금강경』에서는 '의법출생(依法出生)'이라 하였다.

이러한 의법출생의 가르침인 부처님의 교설은 10가지 법을 성취한다. 즉, 영원히 퇴전하지 않으며, 깊고 청정한 신심을 내며, 법을 잘 관찰하며, 중생·국토·세계·업행(業行)·과보·생사·열반을 잘 아는 것이다. 이 생귀주는 보살이 수행을 통해 성취하는 상구보리(上求菩提)의 지위로, 자리행(自利行)에 가깝다고 하겠다.

⑤ 중생을 생각하는 마음 – **구족방편주**(具足方便住)

보살이 선근을 닦아 중생에게 이로움을 주는 데 조금의 모자람도 없이 지혜방편이 원만히 구족되어 있는 마음가짐의 자리이다. 여기서는 보살이 하화중생(下化衆生)하는 이타행(利他行)을 나타내고 있다. 모든 방편을 갖추고 중생에게 이익을 주게 하는 것이다.

이러한 이타행에는 10가지가 있다. 온갖 중생을 구호하고 이익·안락·자비·제도해탈·재난구제·생사해탈·발청정신심·모든 마장을 조복하고 열반을 증득하도록 교화하려는

데 목적을 두고 있다.

⑥ 단호하여 흔들리지 않는 마음 - **정심주**(正心住)

보살의 신심(信心)과 관련된 내용으로, 발보리심을 낸 보살의 결연한 의지력과 용맹심 등을 바르게 갖춘 심력(心力)을 보이는 경계를 잘 설명하고 있다.

보살은 발보리심을 낸 자로서 깨달음을 이루려고 노력 정진하는 수행의 실천자이다. 이러한 정신자세와 단호한 마음가짐을 지닌 보살은 처음 발심한 마음이 흔들리지 않는다. 이와 같이 굳건하고 견고한 신심(信心)으로 바르게 신심을 갖는 마음자리를 나타내는 것이 정심주, 곧 부동심(不動心)이며 결정심(決定心)이라고 하였다.

어떠한 유혹과 시비·논쟁·희론·시기질투·훼방 등에 의심과 의혹·불만 등을 갖지 않고, 찬탄 등으로 유혹한다 하여도 도법(道法)의 청정함을 확신하기에 흔들림이 없음을 자각한 마음자리이다. 이러한 결정심은 마음의 눈이 열려 지혜를 얻음으로써 물질이 허공과 다르지 않고 허공 또한 물질과 다르지 않은 실상을 사무쳐 알고 이해하며 깨닫기에, 자신의 신앙과 관련한 믿음에 확연성이 표명되는 것임을 알 수 있다.

이와 같이 도심청정(道心淸淨)의 혜안이 갖추어지기 위해서는 10가지 법수법행(法隨法行), 즉 진리에 따라 행하고 진리 자체를 행해야 한다. 이에 존재의 규명을 위한 반야바라밀 수행을 강조하였다. 반야바라밀행은 존재의 무자성(無自性)·공

(空)・연기(緣起)를 철저히 깨닫도록 하는 수행법으로, 존재에 대한 현상의 집착을 경계하고 궁극적 실상에 대한 진실을 바르게 앎으로써 흔들림이 없는 신심(信心)의 마음자리를 굳건히 하는 수행이다.

⑦ 어떤 장애에도 후퇴하지 않는 마음 - **불퇴주**(不退住)
보살의 수행과 관련된 의지(意志)와 정진을 말한다. 의지는 행동자의 약속이고 목표가 될 수 있다. 따라서 발보리심을 통한 큰 깨달음을 성취함에 있어 도중에 의지가 꺾인다거나 목표가 확실치 않다거나, 또는 이 모든 것에 희망과 성과를 기대할 수 없다는 등의 의심과 의혹으로부터 좌절하거나 물러서지 않는 굳건한 소신과 결연한 의지가 필요하다. 어려운 난관을 극복하고 전진해 나가는 의지가 발휘되는 경지이다.

『소품반야바라밀경』에서는 살타바륜보살이 보살의 불퇴심과 방일(放逸)함 혹은 나태함 없이 일심으로 반야바라밀을 수행하는 모습이 그려진다. 살타바륜보살이 중향성에 있는 담무갈보살을 찾아 반야바라밀을 배우고자 구법여행을 떠나는 내용에서 보듯이, 어려운 난관에 봉착하더라도 확실한 믿음을 갖고 물러남 없이 결연한 의지를 발휘하여 보살도를 수행하는 것이 중요하다는 것을 나타낸다. 이러한 불퇴전의 보살을 '아비발치(Avaivartiks)보살'이라고 한다. 마찬가지로 불퇴주(不退住)에서는 보살로서 부처님이 있다거나 없다거나 하는 등 10가지 법을 듣고도 물러서지 않는 결연하고 부동한 자세를 갖춘 경계라 하겠다.

불퇴주와 관련하여 『해심밀경(解深密經)』에서는 보살이 익혀야 할 법으로 육바라밀(六婆羅蜜)을 설명하고 있다. 이 가운데 네 번째 정진바라밀 수행에서 용맹스러운 피갑정진(被甲精進), 착한 법을 전환해서 일으키는 가행정진(加行精進), 중생을 이롭게 하는 무퇴정진(無退精進) 등을 나타내고 있다. 이로 보아 정진과 불퇴전(不退轉)은 곧 복덕(福德)과 지혜를 성취하는 기반이 된다고 할 수 있다.

⑧ 물들지 않는 깨끗한 마음 - 동진주(童眞住)

동자와 같이 순진한 마음자리로, 보살이 10가지 업(業)에 머무는 자리이다. 업성(業性)과 관련된 내용으로 구성되어 있다. 동진(童眞)이란 천진난만한 어린 동자와 같이 보살의 마음자리에 때가 없으며(無垢), 10가지 청정 업성(業性)의 마음가짐을 갖는다는 말이다.

업(業)이란 카르마(Karma)라고 하며, 이는 산스크리트의 '만들다', '행위하다'라는 동사의 어근 'kṛ'에서 유래한 개념이다. 넓은 의미로는 행위ㆍ조작ㆍ힘ㆍ운동ㆍ행동ㆍ작용 등으로 해석할 수 있다. 좀 더 깊이 분석하면 인과(因果)의 이치를 속성으로 하고 있으며, 나아가 연기법과도 일치됨을 알 수 있다. 대체로 업은 인간 문제와 관련하여 설명한다.

인간 행위의 필연적 반응으로 결과를 낳는 에너지로 설명되는 업은, 결과를 초래하는 본질로서의 성품이다. 즉 행위 자체는 발생한 뒤 반응을 낳는 것이므로, 업은 인간 행동에 있어 의지가 수반된 행위를 일컫는다. 업은 또한 인과(因果)로도 설명된다. 원인에 의한 결과를 가져오는 인과율은 업에 의해 전개되는 업인업과(業因業果)로, 인간의 3가지 행위에 의해 발생되는 세계를 말한다. 이것을 3업, 즉 신업(身業)·구업(口業)·의업(意業)이라고 한다. 3업이 청정치 못하면 당연히 괴로움의 고과(苦果)가 따르므로, 중생의 삶이 고해 속에서 벗어나지 못하는 까닭을 3업으로 설명하는 것이다.

동진주(童眞住)에서의 보살은 3업이 청정한 경지를 갖추기 때문에 보리심을 성취시킬 수 있으며, 나머지 욕(欲)·해(解)·계(界)·업(業)·세계의 성괴(成壞)에 대해 업상(業相)을 이해하는 보살의 덕목을 완성한다.

⑨ 중생과 여래의 일을 아는 마음 – **법왕자주**(法王子住)

법왕(法王)의 행할 바를 아는 왕자의 마음자리로, 중생의 10법을 잘 아는 지위이다. 법왕의 아들인 왕자가 법왕의 법행(法行)에 대해 모든 것을 관통하고 있는 것처럼 보살도 보살이 행해야 할 법행을 알고 있는 마음가짐의 자리이다. 그 내용은 곧 10법으로서 중생의 수생(受生)·번뇌(煩惱)·습기(習氣)·방편(方便) 등과 세제(世諦)와 제일의제(第一義諦 즉 聖諦)를 연설함을 잘 아는 지위이다.

여기서 주시할 것은 법사(法師)와의 관련성이다. 법사는 『법화경』에서 여래사(如來師)라고 한다. 여래사는 여래의 일을 하는 실천자이며 담지자인 까닭에 여래의 일(事)과 여래의 본원이 무엇인지를 완전하게 알고 있어야 한다. 아울러 여래와 동일성을 이루어 여래를 대신해서 여래의 일을 해야 한다.

또한 법사(法師)는 곧 설법자로 여기는데, 설법하는 내용이 무엇인가에 대한 정의를 밝히고 있다. 따라서 법왕의 지위와 역할을 계승해야 하는 왕자의 마음가짐과 같이 보살의 덕을 나타내고 있다.

법사가 설법하는 내용은 다름 아닌 부처님의 교법(教法)이며, 교법은 윤회(輪廻)·번뇌(煩惱)·습기(習氣)·교화방편(教化方便)·법(法)·위의(威儀)·세계차별(世界差別)·인과(因果)·세제(世諦)와 제일의제(第一義諦)를 말한다. 이 지위에 오른 법사(法師)는 이와 다름이 없음을 보이고 충분히 연설할 조건이 완성되어 있다.

⑩ 모든 지혜를 갖춘 마음 – 관정주(灌頂住)

왕자가 관정식(灌頂式)을 갖고 왕위에 취임하는 것을 비유한 경지이다. 이는 보살이 열 가지 지혜, 즉 일체종지(一切種智)를 얻어 최고 자리에 앉는다는 뜻이다. 능력과 소질·자격 등을 인정받고 충분히 갖추어진 상태임을 드러내는 마음자리이다.

관정(灌頂)은 범어로 '비세따(abhisetana 또는 abhiseta)'라고 한다. 옛날 인도에서는 왕의 즉위식 때 네 바다(四海)의 물을 왕자의 정수리에 부어줌으로써 왕위의 계승을 인정하는 의식이 있었다. 마찬가지로 관정주는 보살이 수행의 맨 윗단계에 이르러 갖춰야 할 지혜를 성취한 경계를 나타낸다. 관정주는 지혜 성취가 강조되며 지혜를 본질로 삼고, 나아가 중생을 제도하는 대자비심이 충만된 상태임을 밝히고 있다.

이러한 내용으로 보살은 10가지 지혜를 성취한다고 했다. 10가지 지혜는 세계를 진동하고, 비추고, 머물며, 나아가며, 장엄하는 것과, 중생에게 열어 보이며, 관찰·이해·안내·조복하게 하는 것이라고 하였다. 그러기 위해서는 지혜가 완성되어야 함을 밝히는데, 이 지혜는 삼세(三世)·불법(佛法)·무애법계(無碍法界)·무변법계(無邊法界)·일체법계(一切法界) 충만 등과 중생을 아는 지혜, 모든 법을 아는 지혜, 무량무변한 일체 부처님을 아는 지혜를 말한다. 이 지혜는 일체종지(一切種智)·일체지(一切智)·도종지(道種智)로, 불도를 성취하기 위하여 온갖 지혜를 증득해야 하는 경계임을 알 수 있다.

이와 같이 「십주품」은 10가지 수행 차례의 단계로 설정되어 있으며, 각 단계별로 10법의 성취로 경계에 임하는 것을 설명함과 동시에 보살이 닦아야 할 수행법을 10가지로 열거하고 있다.

13. 마음을 내어 살피고, 묻고, 닦으라
─「범행품(梵行品)」&「초발심공덕품(初發心功德品)」

청정행(梵行)의 의미

모든 집착을 떠난 청정한 범행이야말로 최상의 가치를 지니고 있다. 범행이라는 것은 도덕적 생활, 해탈을 위한 종교적 생활이나 수행이다. 도덕적 생활이란 진정한 가치, 즉 선(善)을 추구하는 생활이다. 그렇다면 선은 무엇인가? 절에서 아침마다 외우는 '이산혜연선사발원문'에 청정범행이 나오는데, 이는 『화엄경』에서 연원한 말이다.

청정행은 우리를 행복하게 한다. 행복이란 무엇인가? 행복은 모든 욕구가 충족되어 고뇌가 없이 평화로운 상태다. 우리는 행복하게 살기를 희망한다. 인간의 욕구 가운데 가장 큰 욕구는 죽지 않고 사는 것이다. 그러나 태어나서 죽지 않을 수는 없다. 따라서 가장 가치 있는 일은 죽음에서 해방되는 일일 것이다.

범행(梵行, brahma-cariya)이란 좁은 의미로는 일상적인 삶에서 행복을 추구하는 도덕적 생활을 의미하지만, 종교적인 의미에서는 죽음이 없는 본원(本願)의 세계로 돌아가기 위한 행위를 의미한다. 본원은 '부처님의 본래 서원 자리'라는 뜻이다. 따라서 범행이야말로 가장 큰 가치의 추구라 할 수 있다.

그렇다면 범행은 어떻게 가능할까? 범행이 본원의 세계로 가기 위한 실천이라면 이를 위해서는 본원의 세계에 대한 바른 견해(正見), 즉 진리가 문제되지 않을 수 없다. 진리를 안다면 올바른 가치의 추구가 가능할 것이기 때문이다. 바꾸어 말하면, 진리에 기초하여 범행의 근본이 되는 가치관을 정립할 수 있다는 뜻이다. 그러므로 부처님께서 "모든 존재가 연기하는 중도(中道)의 세계임을 모르고 유(有)·무(無)·단(斷)·상(常)의 사견(邪見)에 빠진 주장이 진리일 수 없으며, 범행의 근본이 되지 못한다."고 비판하신 것은 지극히 당연하다.

이와 같은 부처님의 비판은 가치론의 측면에서 이루어진 것이며, 가치관이 바르게 확립되지 않은 상태에서는 모든 고뇌가 종식된 열반의 세계로 나아갈 수 없다.

계율과 마음을 관찰하는 법

마음을 관찰하는 데는 여러 과정을 지나게 되는데, 수행의 과정을 지나기 전에 가장 먼저 배우고 반드시 지켜야 하는 것이 계율이다. 계율이 바로 기준이 되고 바탕이 되기 때문이다. 마음을 관찰하고자 하면, 마음의 움직임에 대해 민감해야 하는데, 계율을 지키지 않고 거리낌 없이 행동하면 섬세한 마음의 움직임을 알 수 없게 된다.

어떤 규칙을 정해 놓고 생활해 본 사람이라면 알 수 있다. 내가 정한 규칙과 세상의 흐름이 어긋날 때 얼마나 많은 마음이 일어나는가. 그럴 때 일어나는 마음이 바로 자신이 지어온 업에 의한 마음이며, 스스로 정한 것이나 익숙한 것들에 머물러 집착하는 마음이다. 그러므로 계율은 우리가 기본적으로 수행할 수 있는 소양을 갖추는 일이다. 이 토대 위에서 번뇌를 끊어야 평정한 생활을 할 수 있다.

일반 사람들은 상식과 법률로써 선악을 판단하지만, 수행자는 부처님의 계율로써 마음에 일어나는 선과 악을 판단하여 모든 수행의 바탕으로 삼는다. 말하자면 계율이 바탕이 되어 선과 악을 판단하는 것이다. 그러므로 계율은 악을 멀리하고 선을 행하도록 하는 발판이 되며, 여기에서 팔정도(八正道), 육바라밀(六波羅蜜) 등의 모든 수행이 이루어진다. 이는 자기의 마음을 보는 수행의 첫 단계이다.

이렇게 수행이 이루어질 때 열반의 성취는 자연히 이루어지는 것이다. 법은 인(因), 즉 원인에 따라 반드시 결과를 가져오기 때문이다. 선과 악도 법이다. 선과 악이 그에 상응하는 결과를 초래하는 것은 당연하다. 선으로서의 팔정도, 육바라밀 등의 수행은 반드시 열반에 나아가는 길을 여는 결과를 가져온다.

「범행품(梵行品)」에서는 정념천자(正念天子)가 법혜보살에게 두 가지 질문을 하고 있다. "출가자는 어떻게 하여야 청정한 범행을 얻고, 보리도에 이르러 갈 것인가?"

이에 대하여 법혜보살이 대답하였다.

범행(梵行)을 닦을 때에는 몸, 신업, 말, 어업, 의(意), 의업, 불(佛), 법(法), 승(僧), 계(戒) 등의 십법(十法)을 대상으로 하여 관찰하면 청정범행을 이룰 수 있다.

범행을 이루는 주요한 요지는 관찰하는 데 있음을 유의하여야 한다. 법을 관찰하면 십법(十法)의 본질이 있는 그대로 나타나며 동시에 청정범행이 이루어진다고 설한다.

즉, 몸에 대해서는 부정하고 냄새 나는 송장으로 관찰하고, 몸의 업에 대해서는 모든 행위를 관찰하며, 말에 대해서는 음성·숨·가슴 등을 관찰하며, 말의 업으로는 인사·문안·칭찬 등을 관찰하는 것이다. 그리고 부처님을 관찰할 경우는 색(色)·수(受)·상(想)·행(行)·식(識)의 오온을 관찰하며, 교법을 관찰할 경우는 열반(涅槃)·불생(不生)·불기(不起)·불가설(不可說)·무분별(無分別)·무소행(無所行) 등을 관찰한다. 승려에 대해서는 그 스님의 깨달음의 경지나 신통을 관찰하고, 계(戒)에 대해서는 계단(戒壇)이나 위의(威儀)의 가르침과 삭발하거나 가사를 입는 일과 걸식하는 것 등이 계(戒)인지 아닌지를 관찰한다. 관찰은 지혜의 눈과 정견을 가지고 대상을 보는 것이다.

이와 같이 관찰했을 때 십법의 본질이 있는 그대로 나타난다.

즉, 이렇게 관찰하면 몸에 취할 것이 없고 닦는 데 집착할 것이 없고 법에 머물 것이 없으며, 과거는 이미 멸하였고 미래는 이르지 못하였고 현재는 고요하다. 업을 짓는 이도 없고 과보를 받을 이도 없으며, 이 세상은 이동하지 않고 저 세상은 바뀌지 않는다.

이렇게 관찰하면, 법은 얻어 가지는 것이 아니며, 없는 것이며, 삼세의 법이 다 공적(空寂)한 것이며, 뜻에 집착이 없는 것이며, 마음에 장애가 없는 것이며, 행할 것이 없는 것이며, 방편이 자재(自在)한 것이며, 모양 없는 법을 받아들이는 것이며, 모양 없는 법을 관찰한 것이며, 부처님 법이 평등함을 안 것이며, 온갖 부처님 법을 갖추게 된다. 이것을 청정한 범행이라 일컫는 것이다.

「범행품」에서는 이상과 같이 관찰의 대상인 신(身)·구(口)·의(意)의 삼업과 불·법·승의 삼보와 계(戒)를 있는 그대로 관찰할 것을 설하며, 있는 그대로 관찰하고 있는 그대로 관찰한 결과가 나타날 때 청정한 범행은 이루어짐을 설하고 있다. 즉, 십법을 정관(正觀)함으로써 행이 이루어짐을 설한다.

요지경계(了知境界) 분명히 알라. 경계라는 것은
여환여몽(如幻如夢) 요술 같고, 꿈 같고
여영여향(如影如響) 그림자 같고, 메아리 같고
역여변화(亦如變化) 또한 변화하는 것

이 말씀은 『금강경』에서 설하고 있는 사구게와 상통하는 내용이다.

일체유위법(一切有爲法)　모든 존재들은
여몽환포영(如夢幻泡影)　꿈·허깨비·물거품·그림자
여로역여전(如露亦如電)　이슬·번개 같으니

응작여시관(應作如是觀) 이렇게 관찰할지라.

물으며 닦아가기

「범행품」에서 제시하는 수행은 끊임없는 물음의 과정으로 이루어진다. 「범행품」에서는 몸과 몸의 업, 말과 말의 업, 뜻과 뜻의 업뿐만 아니라 부처님과 교법과 승가와 계율에 대해서도 관찰하라고 가르친다. 여기서의 관찰은 그저 바라보는 것이 아니라, 관찰하는 대상이 과연 구체적인 실체를 가지고 있는 것인가를 끊임없이 생각하는 것을 의미한다.

부처님이 범행이라면, 색온(色蘊)이 부처인가 수온(受蘊)이 부처인가 상온(想蘊)이 부처인가 행온(行蘊)이 부처인가 식온(識蘊)이 부처인가 상(相)이 부처인가 호(好)가 부처인가 신통이 부처인가 업행(業行)이 부처인가 과보가 부처인가.

만일 교법이 범행이라면, 적멸(寂滅)이 법인가 순종치 않음이 법인가 얻을 바 없음이 법인가 열반이 법인가 나지 않음이 법인가 일어나지 않음이 법인가 말할 수 없음이 법인가 분별없음이 법인가 행할 바 없음이 법인가 모이지 않음이 법인가 순종치 않음이 법인가 얻을 바 없음이 법인가 열반이 법인가 나지 않음이 법인가 일어나지 않음이 법인가 말할 수 없음이 법인가 분별없음이 법인가 행할 바 없음이 법인가 모이지 않음이 법인가.

만일 승가가 범행이라면, 예류향(豫流向)이 승가인가 예류과(預流果)가 승가인가 일래향(一來向)이 승가인가 일래과(一來果)가 승가인가 불환향(不還向)이 승가인가 불환과(不還果)가 승가인가 아라한향(阿羅漢向)이 승가인가 아라한과가 승가인가 삼명(三明)이 승가인가 육신통(六通)이 승가인가.

만일 계율이 범행이라면, 계단(壇場)이 계율인가 청정한가 묻는 것이 계율인가 위의를 가르침이 계율인가 갈마를 세 번 말함이 계율인가 화상이 계율인가 아사리가 계율인가 머리 깎는 것이 계율인가 가사 입는 것이 계율인가 걸식함이 계율인가 정명(正命)이 계율인가.

불교의 가장 큰 특징은 어떤 맹목성도 추구하지 않는다는 것이다. 부처님과 교법과 계율과 승가에 대해서도 끊임없이 물음을 품고 생각하라고 가르친다. 불교는 부정적인 의미에서의 '권위'를 추구하지 않는다. 우리는 진리를 묻고 찾아가면서 때론 혼돈에 빠지기도 하고 잘못된 견해에 빠지기도 하지만, 멈추지 않고 계속해서 진리를 추구한다면 불법이 진리임을 알게 되고, 불교의 진정한 '권위'가 생겨나게 된다.

10가지 법에 대한 물음이 끝나면 우리는 다음과 같은 10가지를 또 물어야 한다.

다시 열 가지 법을 닦아야 하나니, 무엇이 열인가. 이른바 옳은 것과 그른 것을 아는 지혜, 지난 세상 지금 세상 오는 세상의 업과 과보를 아는 지혜, 모든 선정 해탈 삼매를 아는 지혜, 모든 근성의 승(勝)하고 열(劣)함을 아는 지혜, 가지가지 이해를 아는 지혜, 가지가지 경계를 아는 지혜, 온갖 곳에 이르는 길을 아는 지혜, 천안통이 걸림 없는 지혜, 숙명통이 걸림 없는 지혜, 습기(習氣)를 영원히 끊는 지혜니, 여래의 십력을 낱낱이 관찰하며, 낱낱 힘에 한량없는 뜻이 있는 것을 마땅히 물어야 하느니라.

「범행품」은 관찰하는 것과 묻는 것과 닦아가는 것과 지혜를 얻는 것이 모두 하나의 과정임을 말해 주고 있다. 그런 과정을 통해 우리 삶은 더욱 성숙되고, 알찬 지혜의 열매를 얻을 수 있게 된다.

발심의 자리, 정각의 자리

「초발심공덕품(初發心功德品)」은 '초발심시변정각'이라는 전제 하에 이루어진다. 위에서 수행하는 지위를 갖추었으므로 훌륭한 공덕이 저절로 나타나는 것이니, 십주(十住)의 공덕은 한 계단보다 다음 한 계단이 더 훌륭함을 말하였다. 그중에서 특별히 초발심주의 공덕을 찬탄하였는데, 처음 발심한 공덕은 광대(廣大)하고 끝이 없어 보현보살의 모든 덕을 포섭하였으며, 인행(因行)과 과덕(果德)을 구족한 것으로 그 공덕이 법계와 동등하다고 말하였다.

예를 들면, 첫 번째의 사람은 일념 사이에 동방의 무량한 세계를 통과할 수 있는 신통력을 가지고 있지만, 무한한 시간을 다 허비해도 그는 결코 세계의 끝까지 갈 수 없었다. 두 번째 사람은 더 큰 신통력을 가지고 있으므로 일념 사이에 첫 번째 사람이 통과한 세계보다 더 많은 세계를 갈 수 있지만,

역시 무량한 세계의 끝까지는 갈 수가 없었다. 이와 같이 해서 세 번째, 네 번째 사람으로 갈수록 신통력은 점점 커져서 마지막 백 번째 사람은 최고로 수승한 신통력을 가졌기 때문에 결국 세계의 끝까지 갈 수 있었다. 그렇지만 2백 번째 사람도 초발심보살의 공덕이 얼마나 넓고 심원한가에 대해서는 알 수 없다고 한다. 다시 말하면, 이러한 사람들보다도 처음 발심한 초심자의 공덕이 훨씬 크다는 것이다. 이는 꾸준하게 매일매일 발심하고 공부하는 자세가 가장 귀하다는 의미다. 법혜보살이 초발심보살의 공덕에 대해 설했다.

보리심은 한량없이 크고 넓은 청정한 법계와 같고, 집착도 없고 의지하는 곳도 없으며, 물듦도 없어 마치 허공과 같네. 그는 갖가지 행을 닦아서 적멸하여 아무 곳에도 의지하는 바가 없고, 그 마음은 언제나 편히 머물러 요동하지 않음이 마치 수미산 같네. 항상 씩씩하고 부지런히 정진하여 빨리 보리심을 내어야 하고, 최상의 훌륭한 법을 구하려 하면 빨리 온갖 번뇌를 끊어야 하네. 삼세의 인간 가운데 가장 높으신 어른과, 일체의 모든 공덕의 업과, 위없는 최상의 보리 열매는 초발심에서 생긴 것이네.

천릿길도 한 걸음부터라는 말이 있다. 등산을 할 때도 정상에 오르려면 첫발을 내딛어야 한다. 쉬거나 길이 나빠서 가지 않는다면 결코 정상에 오를 수 없다. 처음 먹은 마음이 중요한 까닭은, 그 마음이 시간이 지나면 지날수록 변질되고 약해지기 때문이다. 그러므로 초발심은 언제나 머무르는 마음이어야 한다. 수동적으로 생기는 것이 아니라 능동적으로 가꾸어야 하는 마음이다. 우리는 상황 속에 잊거나 사라지는 처음 발심의 마음을 견고하게 가꾸어 가면서 끊임없이 정진하고 또 정진하는 가운데 성불의 길로 갈 수 있다.

이러한 정진의 과정 속에서 결정적으로 발심하거나, 선지식을 만나거나, 경을 만나서 마음이 열리면 도중에라도 깨달음을 얻을 수 있다. 즉, 초심성불하는 것이다. 첫 마음이 열려서 성불할 수 있다는 말이다.

실제로 수행하고 결실을 맺는 과정에서 처음 발심한 마음의 에너지가 얼마나 큰 위상을 차지하는지 모른다. 발심한 사람은 청정한 수행을 통해 최초의 발심을 굳건히 하고, 본격적으로 깨달음을 향한 길을 가게 된다.

14. 부처님을 기쁘게 하는 수행
- 「명법품(明法品)」

마음을 지키는 일, 수행의 시작

「명법품」은 보살의 열 가지 바라밀행과 성취법을 설하고 있다.

도리천에서 설해진 6개의 품 중 마지막 품이다. 앞의 품에서 초발심공덕에 대해 말했는데, 이 품에서는 정진혜보살(精進慧菩薩)이 "초발심하여 일체지(一切智)를 갖춘 보살은 불법을 어떻게 수행할 것인가?"라는 질문을 하고, 법혜보살이 게으르지 않은 10가지 바라밀행법과 이 바라밀행으로부터 성취되는 10가지 청정한 법으로 대답을 하고 있다. 즉, 정진혜보살이 법혜보살에게 청정한 수행을 닦는 방법을 묻고, 이에 대해 법혜(法慧)보살이 수행의 방법과 그 성취법에 대해 대답한 것이 바로 「명법품(明法品)」이다.

부처님을 기쁘게 하는 가장 첫 번째 수행은 무엇일까? 무엇보다도 방일(放逸 게으름)하지 않는 것이다. 방일하지 않는 것이란 자신의 마음을 항상 수호하여 대상에 흔들리지 않도록 노력을 게을리하지 않음을 말한다. 그렇다면 방일하지 않기 위해서 먼저 지켜야 하는 것들을 살펴보자.

① 계율을 청정히 지키는 것

② 어리석음을 버리는 것

③ 타인에게 아첨하지 않는 것

④ 불퇴전(물러나지 않는 것)을 얻는 것

⑤ 발심한 바를 항상 생각하는 것

⑥ 범부들과 어울리지 않는 것

⑦ 선한 업을 닦으면서도 과보를 바라지 않는 것

⑧ 보살의 도를 행하는 것

⑨ 끊임없이 선을 행하는 것

⑩ 스스로를 계속해서 관찰하는 것

이제 방일하지 않음이 왜 그렇게 중요한지 그 의미를 살펴보기로 하자.

'계(戒)'는 금지의 의미를 갖지만, 더 근본적으로는 '단속'의 의미를 가진다. 우리에게 계를 일러주신 석가모니 부처님은, 계를 무작정 정하고 제자들에게 따르도록 강제하시는 분이 아니셨다. 부처님은 언제나 우리가 수긍할 수 있는 이유를 제시해 주시고, 모든 계는 계 자체를 위한 것이 아니라 우리의 마음을 잘 다스리기 위한 방편임을 일깨워주신다. 말하자면, 우리의 육안(六根 눈·코·입·귀·몸·뜻)이 마음대로 날뛰지 않도록 단속하는 것이 '계'의 본래 의미이다.

우리의 마음은 대상과 욕망을 따라 끊임없이 변하기 때문에 잠깐이라도 방심하게 되면 계를 어기기 쉽고, 대상에 집착하게 된다. 어떤 외부의 유혹에도 굴하지 않는 '불퇴전을 얻음'이나 '발심한 바를 항상 생각함', 즉 초발심주나 불퇴전주에 머무름도 모두 마음을 모아 견고하게 만들기 위해 필요한 수행들이다. 이런 수행을 지속시켜 나감으로써 방일하지 않음을 얻고 '정(定)', 즉 고요한 마음을 획득할 수 있게 된다.

방일하지 않음을 얻기 위해서는 타인에게 아첨하지 않고, 범부들과 어울리지 말아야 한다. 여기서 범부들과 어울리지 말라는 말은, 무작정 어울리지 말라는 것이 아니라 쓸데없이 어울려 잡담을 일삼지 말라는 뜻이다. 잡담은 우리를 명상의 주제, 사색의 주제에서 멀어지게 만들며 마음을 산란하게 한다.

타인에 대한 아첨도 마찬가지이다. 타인에게 아첨하는 사람은 타인에게 종속된 사람이며, 타인의 태도에 따라 언제든지 거짓말을 할 수 있는 사람이다. 타인의 비위를 맞추려는 사람도 아첨하는 사람이지만, 타인의 관심을 끌기 위해 교묘하게 때로는 냉소적으로 말을 하는 사람도 결국은 타인에게 아첨하는 사람이다. 쓸데없이 어울리지 않으며, 타인의 태도에 집착하지 않음으로써 우리는 모든 산란한 마음을 그치고 (止) 더욱 정진할 수 있게 된다.

어리석지 않으며 스스로를 계속해서 관찰(觀)하는 것은 지혜를 얻기 위한 수행이다. 불교에서 어리석다는 것은 기본적으로 모든 것이 무상하다는 것, 나(我)라는 것이 없다는 것, 모든 것이 고통이라는 것을 모르는 것이다. 끊임없이 변화하는 대상의 움직임을 관찰하고, '나'는 색·수·상·행·식이라는 무더기들의 집합에 불과함을 관찰하고, 기쁨은 일순간에 사라지는 것임을 관찰한다. 언제나 고통이라는 현상에 직면하게 됨을 관찰하는 것이 지혜를 닦는 것이고, 계속해서 관찰해야 하는 명상의 주제이다.

앞의 정(定), 지(止), 관(觀)과 관련되는 것은 자기 자신을 닦는 수행에서 중요한 것이다. 그러나 선한 업을 닦으면서도 과보를 바라지 않을 것, 보살의 도를 행할 것, 끊임없이 선을 행함은 자기를 닦을 뿐만 아니라 이웃, 자신이 속한 사회를 이롭게 하는 수행이다.

악을 행하면 마음에 걸림이 일어나고, 꿈자리가 사나워지며, 두려움에 휩싸이게 된다. 누군가에게 무엇을 준다고 생각하면서 주면, 대가를 바라게 되고 서운함을 느끼게 된다. 『금강경』에서 가르치는 대로, 모든 상(相)을 여읜 보살의 도를 추구함으로써 우리는 어떤 두려움과 불안, 서운하고 낙심한 마음을 버리고 능동적이고 적극적인 마음을 얻을 수 있다. 이렇게 적극적으로 나의 선한 마음, 도를 이루는 씨앗이 되는 마음을 보호함으로써 우리는 수행의 다음 단계를 향한 마음의 에너지를 얻는다.

피안에 이르는 수행

방일하지 않음을 실행할 수 있게 되면, 이어 10가지의 정법(淨法)을 수행해야 한다. 다음은 모든 부처님을 기쁘게 하는

10가지 법의 실행을 설한 것이다.

① 부지런히 행동하여 물러나지 않는다.
② 신명(身命)을 아끼지 않는다.
(이는 성철스님께서 애용하시던 말로, 법을 구하는 자는 몸과 목
숨을 아끼지 말라 하셨다. 바로 『화엄경』에 나오는 말이다.)
③ 이익을 구하지 않는다.
④ 일체의 법이 허공과 같음을 안다.
⑤ 묘한 방편의 지혜로서 모든 법이 법계와 같음을 관찰한다.
⑥ 모든 법을 분별하여 의지하는 마음이 없어야 한다.
⑦ 항상 큰 서원(誓願)을 세운다.
(큰 서원은 자신이 살아갈 인생의 큰 흐름이다. 의식 때마다 외
우는 사홍서원처럼 늘 세우고 다짐해야 한다.)
⑧ 청정한 법인(法忍)에 대한 지혜를 성취한다.
⑨ 손해되고 이익이 되는 모든 법을 잘 안다.
⑩ 행하는 법문을 모두 다 청정하게 한다.

이것이 그 실천이라 하겠다. 여기서도 탐욕이 많은 이에게
는 부정관(不淨觀)을 가르치고, 분노가 많은 이에게는 대자관
(大慈觀)을 가르치고, 어리석음이 많은 이에게는 모든 법을 분
별하도록 가르치고(界分別觀), 삼독(三毒)을 고루 가진 이에
게는 훌륭한 지혜를 갖출 법문을 가르치고, 생사(生死)를 원
하는 이에게는 고고(苦苦)·행고(行苦)·괴고(壞苦)의 세 가지

고통을 가르치고, 모든 존재에 집착하는 이에게는 공(空)의 법문을 가르치고, 게으른 이에게는 정진하도록 가르치고, 아만(我慢)이 많은 이에게는 평등관을 가르치고, 마음이 삐뚤어진 이에게는 마음이 고요하여 아무것도 없음을 가르친다.

이와 같이 일체의 번뇌나 어리석음을 가진 사람들에게 그것을 극복하는 방법을 가르치는 이가 바로 보살인 것이다.

여기서 보살의 실천법인 청정한 십바라밀(十波羅蜜)을 설한다.

'바라밀(波羅蜜)'은 산스크리트어 'Paramita(파라미타)'를 한문으로 음역한 말로 '도피안(到彼岸)', 즉 피안(彼岸)을 의미한다. 여기서 피안이라 함은, 현실이 두려워서 도피하는 장소가 아니라, 산란하고 불안한 마음을 떠난 고요한 세계를 말한다.

현실이 두려워서 도피한 사람은 정작 그 두려움 자체를 피할 수는 없다. 불교에서 제시하는 '바라밀' 수행은 그런 두려움을 원천적으로 제거하는 수행이다. 기본적으로 보살의 수행은 육바라밀이지만 화엄에서는 십바라밀을 말하고 있다.

십바라밀은 또한 보살수행의 십주(十住)와 밀접한 관계가 있으므로 이해가 쉽도록 다음과 같이 정리해 보았다.

십바라밀과 십주는 점차 위로 올라갈수록 수승한 수행이 된다. 십바라밀에 의해서 일체의 중생을 교화하고 갖가지 나쁜 길에서 벗어나게 하며, 정진토록 하여 모든 고통으로부터

십바라밀(十波羅蜜)	내 용	십주(十住)
보시(布施)바라밀	탐착(貪着)의 마음을 버리고 만족을 알도록 함.	초발심주 (初發心住)
지계(持戒)바라밀	영원히 아만(我慢)을 버리게 함.	치지주 (治地住)
인욕(忍辱)바라밀	마음이 고요하여 동요하지 않도록 함.	수행주 (修行住)
정진(精進)바라밀	게으름을 떨치고 일체 지혜의 문을 만족하게 함.	생귀주 (生貴住)
선정(禪定)바라밀	오욕의 대상에 탐착하지 않고 차제정(次第定 사선팔정 수행의 하나)을 성취해 대위신력과 모든 삼매문을 성찰하게 함.	구족방편주 (具足方便住)
반야(般若)바라밀	편견을 버리고 일체지지(一切智知) 법문에 들어가게 함.	정심주 (正心住)
방편(方便)바라밀	중생 교화에 싫증이나 짜증을 내지 않고, 모든 중생을 제도하되 거기에 집착하지 않게 함.	불퇴주 (不退住)
원(願)바라밀	일체중생을 성취케 하고, 세계를 장엄하며 지혜롭게 공양하기 위해 미래겁의 지혜에 머물러 일체 신념(信念)을 알고, 일체지(一切智)에 머물게 함.	동진주 (童眞住)
역(力)바라밀	깊은 심력(心力)과 신력(信力), 대자비력(大慈悲力)을 갖추어 일체 중생을 만족시키고, 믿고 이해하고 받아들이게 함.	법왕자주 (法王子住)
지(智)바라밀	탐진치(貪瞋痴)의 행을 알고, 일체법의 진실을 알고, 여래의 힘을 알아서 널리 법계를 깨닫게 함.	관정주 (灌頂住)

떠나게 하는 것이다. 보살은 모든 바라밀이 원만해질 때 중생이 원하는 대로 교화할 수 있고 완전한 세계에 들어갈 수 있다.

　여기에서 제3회 설법을 마치고, 부처님은 법보리도량(보리수나무)을 떠나지 않으시고 야마천으로 올라가신다.

🗿 야마천(夜摩天)

　야마천은 허공에 구름처럼 집합되어 있는 천국을 말한다. 이 운취(雲聚)와 같은 천국은 바람이 유지(有持)시켜주며, 그 땅의 바탕(地根)을 유지시켜주는 것은 곧 물이라고 한다. 야마천을 다스리는 천왕은 모수루다천왕(牟修樓陀天王)인데, 몸에 광채가 많아 수백 유순 밖에까지 빛나며 신장과 몸무게도 제석천왕보다 수천 배나 더 거대하다고 한다.

　야마천에는 32종의 별지(別地)가 있다. 이들 별지는 세력(勢力)·승처유행(乘處遊行) 등 하늘의 땅으로, 천인들이 오락과 유희를 즐기는 데 모든 시설이 갖추어져 있다. 또한 청정(清淨)·무구(無垢)·대청정(大清淨)·내상(內像) 등 사대산(四大山)이 수려하게 있고, 칠보탑 등이 눈부시게 장엄되어 있다. 이러한 장엄물을 관광하고 자연히 나타나는 하늘의 공양(天食)을 먹으며 한없는 복락을 누리며 생활한다.

　야마천에는 천인들을 통치하고 보살펴주는 모수루다천왕과 더불어 타락하기 쉬운 천인들을 교화하는 대자대비의 공작왕보살(孔雀王菩薩)이 거주한다. 천인들이 복락에만 탐닉하여 수행을 하지 않으면, 과거에 닦아 놓았던 선업이 다하면 다시 하천 또는 인간계, 심지어는 삼악도에까지 떨어질 수 있기 때문이다. 이는 야마천에만 해당되는 것이 아니고 다른 천국에도 해당된다. 그 퇴천(退天)의 상태는 매우 다양하다.

15. 천상에서 마음의 노래 부르다
-「승야마천궁품(昇夜摩天宮品)」
-「야마궁중게찬품(夜摩宮中偈讚品)」

야마천에 오르시는 부처님

　제4회에서 부처님은 야마천궁의 보장엄전에서 그 자리에 모인 대중들과 함께하였는데, 공덕림보살이 부처님의 신통력을 이어받아 보살선사유삼매(菩薩善思惟三昧)에 들어 십행법문(十行法門)을 설하였다. 몸은 보리수 아래 있고 정신은 도리천에 계시면서 다시 야마천으로 옮겨가 그곳 대중을 위해 마음 법문을 설하신다. 이 법회에서는 유심설(唯心說)과 십바라밀행이 중심이 된다.

　「승야마천궁품(昇夜摩天宮品)」은 야마천왕이 부처님 공덕과 야마천궁의 길상(吉祥)함을 노래(偈)로 찬탄한 내용이다. 부처님이 일체의 보리수 아래와 일체의 수미산 꼭대기를 떠나지 않고 야마천궁의 보장엄전으로 향하시는데, 야마천왕은 궁전 안에 보연화장사자좌(寶蓮華藏獅子座)를 만들어 놓았다. 부처님이 야마천궁의 사자좌에 앉으시자 지금까지 울려 퍼지던 음악이 그치고 정적이 찾아왔다. 그러자 야마천왕이 과거 부처님들이 그곳에서 선근을 심었던 것을 회상하면서 게송을 읊었다.

　보연화장사자좌는 과거세 열 분의 부처님이 법을 설하셨던 곳이고, 가장 귀한 선근을 심은 곳이기도 하다. 그러므로 그곳은 가장 길상(吉祥)한 곳이요, 가장 축복받은 곳이요, 가장 아름다운 곳이다. 그 열 분의 부처님과 들어가신 궁전은 다음과 같다.

명칭여래 – 마니보배로 장엄한 궁전
보왕여래 – 감로 가운데 가장 맛이 좋은 궁전
희왕여래 – 온갖 보배로 장엄한 궁전
혜안여래 – 특별히 빼어나고 훌륭한 궁전
요익여래 – 청정한 보배산의 궁전
무사여래 – 미묘한 보배향의 궁전
천인중존여래 – 가볍고도 미묘한 향의 궁전
무거여래 – 밝고 깨끗하며 두루 보는 눈의 궁전
분별여래 – 즐겁고 장엄한 궁전
고행여래 – 평등한 빛이 두루 비치는 궁전

이들 열 분의 여래는 세간의 등불이며, 지혜가 무량하고 세간에서 가장 높으며 위없는 스승으로서 각각 최고로 길상한 궁전에 드신 것이다. 참고로 보장엄전에는 천 개의 천궁(天宮)이 있는데, 그 모든 천궁을 온갖 보배로 장엄하고 크고 작은 깃발을 휘날리며 모든 천상세계(天界)의 대중들이 모여들어 부처님 설법을 기다리고 있다. 오늘날의 올림픽이나 월드컵 대회는 야마천궁의 장엄함에 비하면 아무것도 아닐 정도이다. 이 궁전에서 제4회의 설법이 시작된다.

유심게(唯心偈) – 깨달음의 노래

「야마궁중게찬품(夜摩宮中偈讚品)」은 제4회 십행(十行)의 서론에 해당된다.

야마천궁에서 수많은 대중들이 부처님을 환영하는 행사를 마치자, 부처님께서는 마니보전 보혜당상에 결가부좌를 하고 앉으셨다. 이때 그 보장엄전 전각이 홀연히 넓고 커져서 수백 수천만의 하늘 사람들이 모두 그 안에 머물 수 있었다.

그때 친혜세계(親慧世界), 당혜(幢慧), 보혜(寶慧), 승혜(勝慧), 등혜(燈慧), 금강혜(金剛慧), 안락혜(安樂慧), 일혜(日慧), 정혜(淨慧), 범혜(梵慧) 등 수많은 천상세계에서 공덕림(功德林)보살을 비롯하여 혜림(慧林), 승림(勝林), 무외림(無畏林), 참괴림(慙愧林), 정진림(精進林), 역림(力林), 행림(行林), 각림(覺林), 지림(智林) 등 무수히 많은 보살들이 부처님 계신 곳으로 모여들었다. 그때 부처님의 두 발등에서 백천억 묘색광명(百千億妙色光明)을 놓아 시방세계를 비추셨다.

부처님은 미간·치아·발등·발바닥·가슴 등 여러 곳에서 광명을 발하는데, 여기서는 발등에서 광명을 놓는다. 여기에 모여든 보살들에게 수풀 림(林)자가 돌림자가 된 것은 보살의 공덕행(功德行)이 하나가 아니라 수없이 많음을 말해 주는 것이다.

이 가운데 정진림보살이 부처님의 차별 없는 평등한 대지혜를 말씀하는 내용 중 수(數)를 헤아리는 비유가 나온다. 이는

수십전유(數十錢論)란?

일승법계연기(一乘法界緣起)는 자성(自性)을 가진 독자적 존재가 아니라 연(緣)에 따라 이루어진 연기로 보고, 이 연기다라니법의 작용을 하나와 전체, 즉 일다(一多)의 상즉상입(相卽相入)으로 설명한다. 그리고 중(中)과 즉(卽)의 진리에 대한 관찰은 수십전(數十錢)의 비유를 통해 중도를 깨닫게 하는 데 있다.

수십전(數十錢)이란 동전을 셀 때 1전, 2전 내지 10전이라고 헤아리는 것을 말하는데, 10을 든 것은 '끝없이 무한하다는 것'을 나타내기 위한 것이다. 숫자 10은 『화엄경』에서 원만수(滿數)라고 하며, 원융무량함을 나타낸다.

즉, 수십전(數十錢)은 하나의 동전인 1 속에 무한한 동전인 10이 들어 있고(一中十), 10 속에 1이 들어 있다(十中一)는 원리이다. 그러므로 일중십(一中十)에서 1은 조건(緣)에 의해 이루어진 본수(本數)이다. 1 안에 10이 있다는 것은, 1이라는 조건(緣)에 의해 이루어진 것이므로 만약 1이 없으면 10이 성립할 수 없기 때문이다. 10도 조건에 의해 이루어진 것이므로 10 안에 1이 있다는 것은 10이 없으면 1이 성립할 수 없기 때문이다. 따라서 이러한 원리에 의해 2, 3, 4, 5, 6, 7, 8, 9도 마찬가지로 조건에 의해 이루어진 것에 불과하다는 것을 알아야 한다.

이러한 원리를 깨닫는 것이 중도(中道)요, 일승법계연기(一乘法界緣起)에서 서로서로 하나가 되는 상즉상입(相卽相入)의 원리인 것이다.

화엄교학에서 상즉상입(相卽相入 서로 하나가 되기도 하고 서로 교차되기도 한다)을 설명하는 '수십전유(數十錢喩)'로 체계화되었다.

또한 「야마궁중게찬품」은 불교의 '마음(唯心)' 철학이 설해진 것으로 유명한데, 각림보살이 노래한 '유심게(唯心偈 혹은 如心偈)'가 여기에 있다. 이 '유심게'는 지옥을 없애주는 노래로도 알려져 있으며, 현재 우리나라의 사찰에서 자주 염송하는 유명한 게송의 하나이다.

약인욕요지(若人欲了知) 만일 누구라도
삼세일체불(三世一切佛) 삼세의 모든 부처님을 알고자 한다면
응관법계성(應觀法界性) 응당 법계의 본성을 관찰하라.
일체유심조(一切唯心造) 모두 다 오직 마음이 만든 것이로다.

이는 불교 유심철학의 핵심이다. 선(禪)에서도 '평상심이 도(道)'라고 한다. 평상심이란 무엇인가? 화두를 들듯 생각해 보면 평상심에 대해 알 수 있을 뿐 아니라 직접 경험할 수도 있을 것이다. 또한 즉심시불(卽心是佛 마음이 곧 부처다) 같은 선의 용어들이 『화엄경』에 근거를 두고 있음을 알 수 있다. '모든 것은 마음에서 만들어지는데, 그 마음은 어디로 갑니까?' 라는 화두도 역시 『화엄경』에 근거를 두고 있다.

'유심게'는 예로부터 '지옥을 쳐부수는 게송(破地獄眞言)'

이라 불렸는데, 여기에는 다음과 같은 인연 설화가 있다.

당나라 문명 원년(684년)의 일이다. 수도에 왕씨라는 사람이 살고 있었는데, 착한 일을 하지도 않았고 계율을 지키지도 않았다. 그가 병이 들어 죽자 두 사람의 옥졸이 왕씨를 안내하여 지옥문까지 데리고 왔다. 그때 그곳에 있던 지장보살이 왕씨에게 게송을 주면서 외우라고 했다. 그 게송이 바로 『화엄경』의 '약인욕요지(若人欲了知) 삼세일체불(三世一切佛) 응관법계성(應觀法界性) 일체유심조(一切唯心造)'라는 문구였다.

지장보살은 왕씨에게 이 게송을 준 뒤 "이 게송을 외우면 지옥에 떨어지지 않는다."라고 일러주었다. 왕씨는 지옥에 떨어지는 공포로부터 벗어나고픈 일념으로 이 게송을 열심히 외웠다. 이윽고 염라대왕 앞으로 끌려 나가자 염라대왕은 왕씨에게 "그 게송을 외우면 도대체 무슨 공덕이 있는가?" 하고 물었다. 왕씨가 "저는 단지 이 게송을 일심으로 외우고 있을 뿐입니다."라고 대답하자 염라대왕은 그의 죄를 면하여 지옥에 떨어지지 않게 했다.

왕씨는 3일 후 소생했으며, 이 게송을 확실히 기억하고 있었다. 왕씨는 사찰을 찾아가 스님들에게 이 게송에 대해 물어서 『화엄경』 안의 각림보살이 설한 게송이라는 것을 알게 되었다. 왕씨는 자신이 체험한 이야기를 공관사의 승정(僧定)법사에게 상세히 말했고, 이후 이 게송은 지옥을 깨부수는 진언으로 알려져 지금도 암송하고 있다.

삼계유심(三界唯心)의 의미

현실 속에서 물질과 마음 또는 신체와 정신은 밀접하게 관련되어 있다. 그럼에도 불구하고 머릿속에서는 물질은 물질, 신체는 신체, 정신은 정신이라고 명확하게 구별된다. 본질적으로 다른 것으로 간주하여 공생적(共生的)인 관계성을 무시하고 단지 물질적인 것, 무기적인 것으로 파악한다. 결국 마음은 그 자체가 갖고 있는 독자성과 고유한 의미를 잃고 뇌 또는 신체에 흡수되어, 이 세계는 마치 물질만 존재하고 있다는 느낌이 들 정도이다.

전체를 분석하고 요소로 나누어 기계적으로 설명하는 현대의 사고방식에 오직 마음뿐이라고 말하는 '유심(唯心) · 유식(唯識)'은 받아들이기 어려운 사상으로 들릴 수도 있다. 사실 유식사상은 보통 사람들에게 '모든 것이 마음먹기 나름이고, 안 되는 일도 되게 하는 것이 마음이니 힘내고 열심히 일하자.'는 식으로 이해되고 있다. 물론 유식사상이 사람들의 그러한 일반적 이해를 완전히 떠나 존재하는 것은 아니다. 하지만 그렇게 실용적으로만 생각하게 되면 본래의 심오한 의미를 상실하게 된다.

유식(唯識)은 수행자들의 오랜 경험과 통찰의 산물이며, 많은 수행자들이 유식의 수행으로 해탈에 이르렀다. 또한 인간의 삶이 얼마나 신비로운 것인가를 일깨우고, 우리의 정신이 육체라는 제한된 공간을 떠나 전 우주와 접촉할 수 있는 길을 마련해 준 사상이다.

'삼계유심(三界唯心)'의 의미는 글자 그대로 '세 가지 세계, 즉 욕계(欲界)·색계(色界)·무색계(無色界)는 단지 마음일 뿐이다'라는 말이다. 여기에서 삼계(三界)란 욕망의 세계와 물질의 세계, 물질을 뛰어넘은 세계를 합하여 말하는 것이다.

　　유심(唯心)이란 '단지 마음일 뿐'이라는 의미다. 불교에서는 마음 또는 이 의미에 가까운 개념을 나타내는 말에 'citta(칫타, 心)' 이외에도 몇 종류가 더 있는데, 여기에서 말하는 '마음'은 기본적으로 우리들이 평소에 가지고 있는 마음 또는 정신이라고 이해해도 무방하다.

　　마음(心)의 탐구는 대승불교 가운데 유가행파(瑜伽行派)에서 깊이 고찰하였는데, 여기서 완성된 이론의 하나가 '팔식설(八識說)'이다. 8식(八識) 가운데 중요한 것은 잠재의식인 아뢰야식(阿賴耶識)이다. 마나식(제7식)은 이 아뢰야식에 의존해서 존재하는 것이므로 자아의식(自我意識)에 해당한다. 이 두 가지 식(제8식, 제7식)을 잠재의식의 단계에 두고, 잠재의식적인 것이 우리들의 행동과 생존의 기반이 된다고 한다.

　　'단지 마음일 뿐(唯心)'과 '단지 식일 뿐(唯識)'의 의미에서, 만약 '단지 마음일 뿐(唯識)'이라고 한다면 지각된 것이나 인식된 객관 세계는 전혀 존재하지 않는 것이 된다. 이를 유가행파에서는 '유식무경(唯識無境)'이라고 한다. 그러므로 '마음이 세계를 만든다'고 말하는 것이다. 이를 기초하여 현실세계를 보면, 우리들 한 사람 한 사람이 각각 자기의 의식세계를 만들고, 그 의식세계 속에서 사물을 인식하고 행동함을 단적으로 표현한 것이다.

즉 유심(唯心)·유식(唯識)의 철학적 입장에서 보면 객관 세계는 실체가 없는 환상과도 같은 것이며, 이는 사물에 '실체가 없다(無我, 無自性)'고 하는 대승의 입장이기도 하다.

동아시아 불교에서의 '심(心)'

동아시아 불교에서는 유심(唯心)·유식(唯識)을 형이상학적 진실이라고 보고, 그 현상으로서의 현실을 파악하려고 하는 경향이 있다. 예를 들면, 마조도일(馬祖道一) 선사의 '평상심시도(平常心是道)'라는 화두가 있다. 일반적으로 '평상심(平常心)'은 '안정된 마음'을 의미하며, 어떠한 일에 부딪치더라도 동(動)하지 않는 마음, 곧 '부동심(不動心)'과 비슷한 의미이다.

또한 우리들이 일상생활 속에서 일으키는 갖가지 감정과 생각이 다 '평상심'이기도 하다. 다시 말해서 슬플 때는 울고 기쁠 때는 웃는 마음 상태를 모두 포함해서 '평상심'이라고 말하고, 그러한 마음 하나하나가 다 '도(道)'를 나타낸다고 볼 수도 있다.

그렇다면 '도(道)'란 무엇일까? '도(道)'는 중국 불교 혹은 동아시아 불교를 사상사적인 입장에서 생각해 볼 때 가장 중요한 용어다. 일단은 '진리'라고 번역해도 틀리지는 않지만, 우리는 자주 "도는 무(無)다"라고 말한다. 이때의 '무(無)'는 유무(有無)의 무가 아니며, '아무것도 없다'는 의미도 아니다. 우리들의 눈에는 보이지도 들리지도 않으므로 '무'라고 표현할 수밖에 없으나 확실하게 존재하는 무엇이다.

마조도일 선사도 그러한 근원적인 진리가 나타나 있는 일상적인 하나하나의 마음을 모두 도(道)라고 파악하였다. 즉 '마음'을 일상의 경험에서 실재하는 형태로 파악하고 있음을 알 수 있다.

화엄의 유심(唯心)

『80화엄경』「야마천궁게찬품(夜摩天宮偈讚品)」 각림보살게(覺林菩薩偈)의 내용이다.

심중무채화(心中無彩畵) 마음속에 그림 없고
채화중무심(彩畵中無心) 그림 속에 마음이 없지만
연불리어심(然不離於心) 그러나 마음을 떠나서
유채화가득(有彩畵可得) 그림을 찾을 수도 없나니

피심항부주(彼心恒不住) 저 마음 항상 머물지 않고
무량난사의(無量難思議) 한량없고 헤아릴 수 없어
시현일체색(示現一切色) 온갖 빛깔 나타내지만
각각불상지(各各不相知) 각각 서로 알지 못한다네.

비여공화사(譬如工畵師) 비유하자면 화가가
불능지자심(不能知自心) 자기의 마음은 알지 못하지만
이유심고화(而由心故畵) 마음으로 그림을 그리니
제법성여시(諸法性如是) 모든 법의 성품도 그러하네.

심여공화사(心如工畵師) 마음은 화가와 같아서

능화제세간(能畵諸世間) 능히 모든 세간을 그려내나니

오온실종생(五蘊實從生) 오온도 이 마음 따라 생하니

무법이부조(無法而不造) 만들지 못하는 법이 없다네.

여심불역이(如心佛亦爾) 마음과 같이 부처님도 그러하고

여불중생연(如佛衆生然) 부처님과 같이 중생(衆生)도 그러해

응지불여심(應知佛與心) 마땅히 알라. 부처님과 마음

체성개무진(體性皆無盡) 그 본성이 모두 한량없구나.

이 구절을 『60화엄경』에서는 다음과 같이 설하고 있다.

여심불역이(如心佛亦爾) 마음과 같이 부처님도 그러하고

여불중생연(如佛衆生然) 부처님과 같이 중생(衆生)도 그러해

심불급중생(心佛及衆生) 마음과 부처님 그리고 중생

시삼무차별(是三無差別) 이 셋은 차별이 없다네.

약인지심행(若人知心行) 만약 누구라도 마음이

보조제세간(普造諸世間) 모든 세간을 만드는 줄 안다면

시인즉견불(是人卽見佛) 이 사람은 부처를 보아

요불진실성(了佛眞實性) 부처의 참 성품 알게 되도다.

심부주어신(心不住於身) 마음 몸에 있지 않고

신역부주심(身亦不住心) 몸도 마음에 있지 않으나

이능작불사(而能作佛事) 불사를 능히 지어 자재함이

자재미증유(自在未曾有) 일찍이 없었던 귀한 일이로다.

약인욕요지(若人欲了知) 만일 누구라도

삼세일체불(三世一切佛) 삼세의 모든 부처님을 알고자 한다면

응관법계성(應觀法界性) 응당 법계의 본성을 관찰하라.

일체유심조(一切唯心造) 모두 다 오직 마음이 만든 것이로다.

　　화엄교학을 성립한 법장(法藏)스님은 '유심(唯心)'을 절대
적인 부처님 마음, 절대적인 진실성으로 이해하고 있다. 그는
'십중유식(十重唯識)'설을 주장하여 왜 '유식(唯識)'이나 '유
심(唯心)'이 설해지고 있는지에 대해 낮은 단계에서 높은 단계
까지 구별하고, 사상적인 단계의 차별에 의해서 그것이 설해진
근거가 다르다고 말하고 있다.

　　법장스님은 "제망무애(帝網無碍)하기 때문에 유식(唯識)을
설한다."라는 말로 결론을 짓고 있다. '제망(帝網)'이란 제석
천의 궁전에 걸려 있다고 전해지는 큰 그물을 말한다. 전설에
서는 하나하나의 그물코에 아름다운 보배구슬이 달려 있으
며, 그물코에 달린 각각의 보배구슬은 다른 보배구슬을 비추
기도 하고 그물 전체를 비추기도 한다고 전한다. 무한하게 겹
겹으로 달려 있는 모든 보배구슬이 다른 모든 보배구슬과 모
든 그물을 다 비추고 있는 것이다. 이와 같이 '존재하고 있는

모든 것은 하나(一)가 그대로 전체(一切)이며, 전체(一切)는 하나(一)에 다 들어온다'는 것이다.

이 비유를 사용하여 '존재하는 것은 모두 아무런 장애 없이 자유자재로 관계하고 섞여서 존재한다'고 설명하고, 부처님의 측면에서 연기적인 존재 방식을 나타낸다. 이렇듯 선사들이 말하는 마음의 이론적 바탕은 『화엄경』이다.

화엄의 이론을 통해 보면 그 마음은 일체유심조(一切唯心造)이다. 이것을 철학적으로 연구한 종파가 법상종(法相宗)이요, 이것이 유식학(唯識學)에 잘 나타나 있다.

16. 실천과 실천의 근거
– 「십행품(十行品)」&「십무진장품(十無盡藏品)」

보살 실천의 10가지 방식

「십행품」은 제4회의 본론으로 보살의 열 가지 행(行)을 말한 것이니, 공덕림보살이 선사유삼매(善思惟三昧)에 들어서 여러 부처님이 가피하시는 지혜를 받들고, 삼매(三昧)에서 일어나 보살의 열 가지 행(行)을 말하였다.

「십주품」에서는 보살의 마음의 경지를 나타내었다면, 「십행품」에서는 그 마음이 온전히 드러난 실천에 대해서 말한다. 마음과 실천을 확정적으로 구분하는 태도는 주로 자신의 실천을 정당화하기 위한 때가 많다.

"내 마음은 그렇지 않은데 상황이 여의치 않아 그런 행동을 했어." 우리는 흔히 그렇게 말하지만, 진정 지혜로운 사람은 자신의 마음과 실천을 자연스럽게 연관시키는 방식을 아는 사람이다. 우리의 실천은 육체에 갇힌 것이 아니라 다른 사람을 향해 열려 있기 때문에 언제나 심사숙고하지 않으면 안 된다. 「십행품」은 불자들에게 어떻게 행동해야 하는지 방법을 가르쳐준다.

공덕림보살이 「십행품」을 설하자, 시방의 세계가 여섯 가지로 진동하고 무수한 보살들이 와서 공덕림보살을 찬탄하였다. 이에 보살은 노래로 십행(十行)의 뜻을 말하였다.

여기서 '여섯 가지로 진동한다'는 말은 『법화경』에도 자주 나오는 말로, 『법화경』에서는 '칠종진동'을 말하고 있다. 운허스님은 『화엄경』을 한글로 번역하시면서 이 여섯 가지 진동을 '흔들흔들', '들먹들먹', '울쑥불쑥', '우르르', '와르릉', '와지끈'으로 재치 있게 번역하셨다.

다만 왜 하필 여섯 가지로 하늘이 진동하는지, 그것에는 어떤 의미가 있는지, 그저 은유적일 뿐인지 혹은 『화엄경』이 확립되던 시기의 상황과 연관을 가지는 것인지 등등은 장래의 화엄 연구가와 주석가들이 밝혀주었으면 한다.

십행의 내용

① 기쁨으로 하는 실천 - **환희행**(歡喜行)

불자들이여, 보살마하살이 이 행을 닦을 때에 모든 중생으로 하여금 환희하고 즐겁게 하려 하나니, 어느 지방에나 가난한 곳이 있거든 원력으로써 그곳에 태어나되 호사스럽고 크게 부귀하여 재물이 다함이 없으며, 가령 잠깐잠깐 동안에 한량없고 수없는 중생들이 보살에 와서 말하기를, "어진 이여, 우리는 몹시 가난하여 끼니를 이어갈 수 없으며 굶주리고 곤고하여 목숨을 부지할 수 없사오니, 바라옵건대 불쌍히 여기어 나에게 쌀을 보시하여 먹고 살아나게 하소서." 한다면, 보살은 곧 보시하여주어 그로 하여금 환희하고 만족케 합니다. 이렇게 한량없는 백 천 중생이 와서 구걸하더라도 보살은 조금도 퇴타하거나 겁약한 기색이 없고, 다시 자비한 마음이 증장하나니, 그래서 중생들이 모두 와서 구걸하는 것을 보살이 보고는 더욱 환희하여 이렇게 생각합니다.

"나는 지금 좋은 이익을 얻었도다. 이 중생들은 나의 복밭이며 나의 선지식이니, 구하지도 않고 청하지도 않았지만 일부러 와서 나로 하여금 불법 가운데 들게 하는 것이다. 나는 마땅히 이렇게 배우고 닦아서 모든 중생의 마음을 어기지 아니하리라."

환희행은 보람을 느끼고 즐거워하는 마음을 말한다. 중생을 구제하고자 할 때는 싫증내거나 억지로 해서는 안 된다. 누군가를 도와줄 때는 기쁜 마음, 즐거운 마음으로 해야 한다. 나도 즐겁고 상대도 즐거워야 진정한 보시이다. 그러므로 환희행은 육바라밀 가운데 보시(布施)바라밀에 해당한다.

② 나와 중생을 이롭게 하는 실천 - 요익행(饒益行)

이 보살이 깨끗한 계율을 수호하여 가지며, 빛(色)과 소리(聲)와 냄새(香)와 맛(味)과 촉감(觸)에 대하여 집착하지 아니하고, 중생들을 위하여서도 이렇게 말하여, 권세를 구하지도 않고, 문벌을 구하지도 않고, 부귀를 구하지도 않고, 몸매를 구하지도 않고, 임금의 지위를 구하지도 아니하여, 이러한 온갖 것에는 조금도 집착이 없고, 다만 청정한 계율을 견고하게 가지면서 생각하기를, "내가 청정한 계율을 가지는 것은 반드시 온갖 얽힘(纏)과 속박(縛)과 탐심과 시끄러움과 모든 재난의 핍박과 훼방과 산란함을 버리고 부처님께서 찬탄하시는 평등한 정법을 얻으리라."라고 합니다.

요익행은 계율을 지키고, 일체지(一切智)에서 물러나지 않고, 정각(正覺)을 얻어 중생들의 이익과 안락을 위해 노력해야 하며, 또한 열반에 들게 하기 위해 노력하는 실천이다. 부처님의 전도선언에도 이런 말씀이 있다. "중생들의 이익을 위해 전도를 떠나라." 그러므로 요익행은 지계(持戒)바라밀과 상통한다.

③ 고통을 참고 중생을 향하는 실천 – **무위역행**(無違逆行)

이 보살이 항상 인욕(忍辱)하는 법을 닦아 겸손하고 공경하여 스스로 해하지 않고 남을 해하지 않고 둘 다 해하지 않으며, 스스로 탐하지 않고 남을 탐하게 하지 않고 둘 다 탐하지 아니하며, 스스로 집착하지 않고 남을 집착하게 하지 않고 둘 다 집착하지 아니하며, 또한 명예와 이양(利養)도 구하지 아니하고 이런 생각을 하나니, "내가 마땅히 중생에 법을 말하여 그로 하여금 모든 나쁜 짓을 여의고, 탐욕·성내는 일·어리석음·교만·감추는 일·간탐·질투·아첨·속임을 끊게 하고, 부드럽게 화평하여 참고 견디는 데 항상 머물게 하리라."라고 합니다.

보살은 어떠한 행을 하더라도 중생을 거역하지 않고 어기지 않는 행을 실천해야 한다. 사물의 이치에 수순(隨順)하고 인내하며 중생을 거스르지 않아야 한다. 보살은 원망하는 마음, 미워하는 마음 등을 버리고 어떠한 행도 인내하면서 행해야 한다. 늘 겸허하고 중생을 공경해야 한다. 그러므로 이는

행복한 화엄경

인욕(忍辱)바라밀과 상통한다.

④ 유혹에 굴하지 않는 실천 – 무굴요행(無屈撓行)

성품에 삼독(三毒)이 없고 성품에 교만이 없고 성품에 덮어 숨김이 없고 성품에 간탐과 질투가 없고 성품에 아첨과 속임이 없고 성품이 스스로 부끄러워함이요, 마침내 한 중생이라도 시끄럽지 않게 하기 위하여 정진을 행합니다.

오직 일체 번뇌를 끊기 위하여 정진을 행하고, 일체 의혹의 근본을 뽑기 위하여 정진을 행하고, 일체 습기(習氣)를 제하기 위하여 정진을 행하고, 일체 중생의 세계를 알기 위하여 정진을 행하고, 일체 중생이 여기서 죽어 저기 나는 것을 알기 위하여 정진을 행하고, 일체 중생의 번뇌를 알기 위하여 정진을 행하고, 일체 중생의 마음에 원하는 것을 알기 위하여 정진을 행하고, 일체 중생의 경계를 알기 위하여 정진을 행하고, 일체 중생의 근성이 뛰어나고 열등함을 알기 위하여 정진을 행하고, 오직 일체 중생의 마음으로 행함(心行)을 알기 위하여 정진을 행합니다.

또 일체 법계(法界)를 알기 위하여 정진을 행하고, 일체 불법의 근본 성품을 알기 위하여 정진을 행하고, 일체 불법(佛法)의 평등한 성품을 알기 위하여 정진을 행하고, 삼세(三世)의 평등한 성품을 알기 위하여 정진을 행하고, 일체 불법의 지혜 광명을 얻기 위하여 정진을 행하고, 일체 불법의 지혜를 증득하기 위하여 정진을 행하고, 일체 불법의 한결 같은 실상(一實相)을 알기 위하여 정진을 행하고, 일체 불법의 끝 닿는 데 없음을 알기 위하여 정진을 행하고, 일체 불법의 광대하고 결정하고 공교한 지혜를 얻기 위하여 정진을 행하고, 일체 불법의 구절과 뜻을 분별하여 연설하는 지혜를 얻기 위하여 정진을 행하는 것입니다.

　무굴요행은 끊임없는 행을 말한다. 물러나거나 굽히는 일
없이 나아가는 것이다. 보살은 한 중생이라도 괴롭게 하지 않
으며, 중생을 이롭게 하는 데 퇴굴하거나 굽히지 않는다. 그러
므로 이는 정진(精進)바라밀과 관계가 있다.

　⑤ 지혜와 고요함을 갖춘 실천 - **무치란행**(無癡亂行)
　불자들이여, 어떤 것이 보살마하살이 우치와 산란을 여의는 행(離癡
亂行)인가. 이 보살이 바른 생각을 성취하여 마음이 산란치 않고 견고하
여 동하지 아니하며, 최상이고 청정하고 넓고 크고 한량없어 미혹하지
않는 것입니다.
　생각이 바름으로써 세간의 온갖 말을 잘 알고, 출세간법의 말을 능히
지니나니, 이른바 색법(色法)과 색 아닌 법의 말을 능히 지니며, 색의 성
품을 건립하는 말을 능히 지니고, 내지 수(受)·상(想)·행(行)·식(識)
의 성품을 건립하는 말을 능히 지니어 마음이 우치하고 산란치 않으며,
세간에 있어 여기서 죽고 저기 나는 데 마음이 우치하고 산란치 않으며,
…… 말할 수 없는 겁 동안 보살행을 닦으매 마음이 우치하고 산란치
않습니다.

　치(癡)는 어리석음이고 란(亂)은 산란함을 말한다. 즉, 무치
란행은 마음이 맑아지고 깨끗해지는 행을 말하며, 정혜(定慧)
가 바르고 밝아서 어리석음과 어지러움에서 벗어나는 행을 말

한다. 이는 선정(禪定)바라밀과 상통한다.

⑥ 마음을 비워 진리를 드러내는 실천 – 선현행(善現行)

실제와 같은 마음에 머물러 한량없는 마음의 성품을 알며 온갖 법의 성품을 알지만, 얻은 것도 없고 형상도 없고 매우 깊어 들어가기 어려우며, 바른 자리(正位)인 진여의 법성(法性)에 머물러서 방편을 내지만 업보가 없는 것이어서 나지도 않고 멸하지도 않으며, 열반계에 머물고 고요한 성품에 머물고 진실하여 성품이 없는 성품에 머무르며, 말로 할 수도 없고 세간(世間)을 초월하여 의지한 데가 없습니다. 분별을 여의어 속박이 없는 법에 들어갔으며, 가장 나은 지혜의 진실한 법에 들어갔으며, 세간으로는 알 수 없는 출세간법(出世間法)에 들어갔나니, 이것이 보살의 교묘한 방편으로 나는 모양을 나타내는 것입니다.

불자들이여, 이 보살이 생각하기를, "일체 중생이 성품 없음으로 성품을 삼았고, 일체 법이 함이 없음으로 성품을 삼았고, 일체 국토가 형상 없음으로 모양을 삼았으며, 일체 삼세가 오직 말뿐이니, 모든 말이 여러 법 가운데 의지한 곳이 없고 모든 법이 말 가운데 의지한 곳이 없다."라고 합니다.

선현행은 공(空)의 이치를 바르게 잘 살피는 지혜로운 행을 말하며, 반야 지혜가 뛰어나게 밝아 성숙하지 못한 중생이 먼저 무상보리(無上菩提)를 이루도록 하고자 하는 행을 말한다. 지혜로워야만 중생을 이끌 수 있다. 그러므로 이는 반야(般若)바라밀과 상통한다.

⑦ 집착하여 머무르지 않는 실천 - 무착행(無着行)

잠깐잠깐 동안에 수없는 부처님을 뵙되 부처님에게 집착하는 마음이 없으며, 모든 부처님 세계에도 집착이 없고, 부처님의 잘생긴 몸매에도 집착이 없고, 부처님의 광명을 보고 부처님의 법문을 듣는 데도 집착이 없으며, 시방의 세계와 부처님과 보살과 모인 대중에게도 집착이 없고, 불법을 듣고는 환희한 마음을 내고 뜻과 힘이 광대하여, 모든 보살의 행을 능히 가지고 능히 행하면서도 부처님 법에 집착함이 없습니다.

이 보살이 말할 수 없는 겁(劫)에 말할 수 없는 부처님께서 세상에 나오심을 보고, 낱낱 부처님 계신 데서 섬기고 공양하기를 말할 수 없는 겁이 다하도록 마음에 만족함이 없으며, 부처님을 뵈옵고 법을 듣고 보살과 모인 대중의 장엄을 보더라도 다 집착함이 없으며, 부정한 세계를 보고도 미워하는 생각이 없나니, 무슨 까닭인가.

이 보살이 부처님 법과 같이 관찰하는 연고니, 불법 가운데는 때 묻음도 없고 깨끗함도 없고 어둠도 없고 밝음도 없고 다름도 없고 하나도 없고 진실함도 없고 허망함도 없고 편안함도 없고 험난함도 없고 바른 길도 없고 삿된 길도 없기 때문입니다.

보살이 이렇게 법계에 깊이 들어가 중생을 교화하되 중생에 집착을 내지 않고, 모든 법을 받아 지니되 모든 법에 집착을 내지 않고, 보리심을 내어 부처님 머무시는 데 머물되 부처님 머무시는 데 집착을 내지 않고, 비록 말을 하나 말에도 집착함이 없고, 삼매를 알아서 들어가고 머무르되 삼매에 집착함이 없고, 한량없는 부처님 국토에 나아가 들어가기도 하고 보기도 하고 그 가운데 머물기도 하되 부처님 국토에 집착함이 없고, 버리고 갈 적에도 그리워하지 아니합니다.

무착행은 보살이 집착 없는 마음으로 중생을 성숙하게 하고, 청정한 보살도를 행하게 하는 것을 말하며, 방편(方便)바라밀과 상통한다.『금강경』에서도 '무주상(無住相)'이라고 하여 상에 집착하지 않는 것을 말한다.

⑧ 큰 서원으로 성취하는 실천 – 난득행(難得行)

이 보살이 얻기 어려운 선근(善根)과 굴복하기 어려운 선근과 가장 승한 선근과 깨뜨릴 수 없는 선근과 지나갈 이 없는 선근과 헤아릴 수 없는 선근과 다하지 않는 선근과 힘이 자재한 선근과 큰 위덕 있는 선근과 모든 부처님과 성품이 같은 선근을 성취하였으니, 이 보살이 모든 행을 닦을 적에 불법 중에서 가장 뛰어난 이해를 얻고, 부처님 보리에서 넓고 큰 이해를 얻고, 보살의 서원에 조금도 쉬지 아니하고 일체 겁(劫)이 다하여도 게으른 마음이 없으며, 모든 고통에 싫은 생각을 내지 않고, 모든 마군이 동요하지 못하며, 모든 부처님이 호념하시는 바이며, 모든 보살의 고행(苦行)을 구비하게 행하고, 보살의 행을 닦되 꾸준하여 게으르지 아니하며, 대승에 대한 확신에서 물러나지 아니합니다.
……(중략)……

보살마하살도 그와 같아서 생사에 머물지도 않고 열반에 머물지도 않고 생사 가운데 흐름에 머물지도 아니하면서, 이 언덕 중생을 건네어 저 언덕의 편안하고 두려움이 없고 근심이 없고 시끄러움이 없는 곳에 두지만, 중생의 수효에 집착하지도 아니하며, 한 중생을 버리고 여러 중생에 집착하지도 아니하고, 여러 중생을 버리고 한 중생에 집착하지도 아니하며, 중생계가 더하지도 않고 중생계가 감하지도 않으며, 중생계가 나지도 않고 중생계가 멸하지도 않으며, 중생계가 다하지도 않고 중생계가 자라지도 않으며, 중생계를 분별하지도 않고 중생계를 둘로 하지도 않습니다.

보살이 서원을 세우고 그 힘으로 얻기 어려운 선근(善根)을 성취하여 중생을 위해 보살도를 닦으면서 중생들을 피안(彼岸)에 이르게 하는 것이며, 이는 원(願)바라밀에 해당한다. 사홍서원 가운데 '중생무변서원도(衆生無邊誓願度)'라는 말이 있는데 이와 관련된다. 마지막 한 중생도 남기지 않고 제도하겠다는 강력한 원(願)이다.

⑨ 모든 장애를 극복하는 실천 - 선법행(善法行)

보살은 청정한 광명 다라니를 얻었으므로 법(法)을 말하고 수기(受記)하는 변재(辯才)가 다함이 없으며, 뜻을 구족한 다라니를 얻었으므로 뜻을 말하는 변재가 다함이 없으며, 실상법을 깨닫는 다라니를 얻었으므로 법을 말하는 변재가 다함이 없으며, 훈고하여 해석하는 말 다라니를 얻었으므로 언사(辭)의 변재가 다함이 없으며, 끝이 없는 글 구절과 다함없는 뜻의 걸림 없는 문 다라니를 얻었으므로 걸림 없는 변재가 다함이 없으며, 부처님의 관정(灌頂) 다라니를 얻어 정수리에 물을 부었으므로 환희케 하는 변재가 다함이 없으며, 남을 의지하지 않고 깨닫는 다라니를 얻었으므로 광명 변재가 다함이 없으며, 같은 말 하는 다라니를 얻었으므로 같은 말을 하는 변재가 다함이 없으며, 가지가지 뜻과 구절과 글을 훈고 해석하는 다라니를 얻었으므로 훈고하는 변재가 다함이 없으며, 끝이 없이 돌아가는 다라니를 얻었으므로 끝이 없는 변재가 다함이 없습니다.

선법행은 보살의 자재한 실천을 말한다. 청량한 연못이 중생의 마음을 시원하게 해주듯 설법으로 정법(正法)을 지니게 해서 부처님 종자를 끊어지지 않게 하고자 하는 것이며, 이는 역(力)바라밀에 해당한다. 더울 때 시원한 물을 마시면 청량해지듯이 중생들을 시원하게 해주는 행이다.

⑩ 원만(圓滿)한 실천 - 진실행(眞實行)

이 보살이 중생의 옳은 곳과 그른 곳을 아는 지혜, 근성이 이롭고 둔함을 아는 지혜, 가지가지 경계를 아는 지혜, 가지가지 이해(解)를 아는 지혜, 온갖 곳에 이르러 갈 길을 아는 지혜, 모든 선정 해탈 삼매의 때 물음과 깨끗함이 일어나는 때와 때 아님을 아는 지혜, 온갖 세계에서 지난 세상에 머물던 일을 기억함에 따라 아는 지혜, 천안통(天眼通)의 지혜와 누진통(漏盡通)의 지혜를 성취하고도 일체의 보살행을 버리지 아니하나니, 무슨 까닭인가. 일체 중생을 교화하여 모두 청정케 하려는 연고입니다.

이 보살은 이러한 더 나아가는 마음(增上心)을 다시 냅니다.

"내가 만일 일체 중생으로 하여금 위없는 해탈도에 머물게 하지 못하고 내가 먼저 아뇩다라삼먁삼보리(최상의 진리)를 이룬다면, 이것은 나의 본래의 원(本願)을 어기는 것이니, 마땅하지 못한 일이다. 그러므로 반드시 먼저 일체 중생들로 하여금 위없는 보리와 무여열반(無餘涅槃)을 얻게 한 뒤에 성불할 것이니라. 왜냐하면 중생들이 나에게 청하여서 발심한 것이 아니고, 내가 중생에게 청하지 않은 벗이 되더라도 일체 중생으로 하여금 선근을 만족하여 온갖 지혜를 이루게 하고자 한 것이다. 그러므로 내가 가장 뛰어나니 일체 세간에 집착하지 않는 연고며, 내가 가장 높으니 위없는 지도하는 지위에 있는 연고며, 내가 번뇌를 여의었으니 중생의 끝이 없음을 아는 연고며, 내가 이미 찬란하였으니 본래의 소원을 성취한 연고며, 내가 잘 변화함이니 보살의 공덕으로 장엄한 연고며, 내가 좋은 의지가 되나니 삼세의 부처님들이 거두어 주시는 연고니라."

어떠한 일이 있어도 결코 중생을 버리지 않는 진실한 실천을 말하고 있다. 자신에게 가장 큰 이익인 해탈도 중생보다 중요하지 않으므로 중생들의 무한한 신뢰를 받는 실천이다. 언제나 중생의 소원에 귀를 기울이며, 지옥으로부터 우리를 구원하는 관세음보살과 지장보살은 이런 큰 원력의 전범(典範)이다. 부처님이 십대발원을 한 것도 진실행이다. 보살은 서원의 힘으로 진실한 말을 성취하여 말한 대로 행하고 행한 대로 말하여 중생을 교화한다. 이는 지(智)바라밀에 해당한다.

십행은 보살이 중생을 제도할 때 가져야 하는 마음가짐과 실천법을 말한다. 그러므로 위에서 본 것처럼 십행은 십바라밀과 밀접한 관련이 있다.

새벽예불 축원문 중 '이산혜연선사발원문'에 '견아형자 득

해탈(見我形姿得解脫) 문아명자 면삼도(聞我名字免三途)' 라는 말이 있다. '내 모양을 보는 사람은 해탈을 얻고 내 이름자를 듣는 자는 삼악도를 면하게 하소서' 라는 뜻이다. 보살이 십행을 실천하면 그 이름만 들어도 누구나 다 삼악도에서 벗어날 것이고, 그 모습만 보아도 누구나 해탈할 것이라는 말인데, 여기서의 '보살' 이 바로 화엄에서 말하는 보살이라고 할 수 있겠다.

보살 실천의 10가지 근거

우리가 무엇을 실천하고자 할 때 종종 이렇게도 저렇게도 하기 어려운 상황에 갇히게 되는 경우가 있다. 예를 들어 어떤 사람이 지나가다 물에 빠진 두 사람을 보았는데, 두 사람을 모두 구할 방법이 여의치 않을 경우, 이 사람은 오직 한 사람만을 먼저 구하고, 다시 물에 들어갈 때까지 한 사람을 남겨두어야만 한다. 이처럼 실천은 구체적인 상황 속에서 벌어지는 행동이므로 필연적으로 어떤 한계를 가질 수밖에 없다. 그러므로 실천을 할 때는 어떤 의도와 방향을 가진 한 가지 실천만 가능하다.

그렇다면 우리는 어떻게 10가지 보살의 행을 성취할 수 있을 것인가.

보살의 10가지 실천은, 한 가지를 하면 다른 9가지를 포기하는 실천, 단계적으로 하는 실천이 아니다. 우리가 실천을 할 때는 10가지 모두를 염두에 두고, 자신의 실천이 이 10가지

중 어떤 것에서 벗어났는지 점검해야 한다.

물론 보살의 10가지 행에 단계가 아주 없는 것은 아니다. '진실행' 같은 경우는 다른 것에 비해 얻기 힘든 실천이다. 그러나 우리는 10가지 모두를 성취할 수 있는 실천을 하도록 끊임없이 노력해야 한다. 즉, 보살의 10가지 행이 하나의 구체적인 실천에 통일될 수 있도록 해야 한다. 물론 이를 위해서는 많은 시련과 실패를 겪지 않을 수 없다.

그럴 때 우리는 어떻게 다시 일어날 수 있을까? 「십무진장품(十無盡藏品)」에서 설하고 있는 것은 바로 이 문제에 대한 대답이다. 우리 내면의 심연 속에는 다음과 같은 10개의 창고, 10개의 종자, 10개의 실마리(端)가 있기 때문에 우리는 쉼 없이 정진할 수 있다.

'십무진장(十無盡藏)'에서 무진(無盡)이란 끝이 없다는 뜻이고 장(藏)이란 창고란 말이다. 즉 무진이란 '영원히 고갈되지 않는 것이 마치 샘물이 마르지 않는 것과 같다'는 뜻으로, 끊임없이 정진함을 말한다. 장은 출생(出生)과 함장(含藏)의 뜻이 있으니, 만덕을 포섭하고 묘용을 출생함이 무진함을 나타낸다.

공덕림보살이 이 단계에서 더 훌륭하게 나아가는 덕을 보이는데, 신장(信藏)·계장(戒藏)·참장(懺藏)·괴장(愧藏)·문장(聞藏)·시장(施藏)·혜장(慧藏)·염장(念藏)·지장(持藏)·변장(辯藏) 등 열 가지 끝없는 공덕의 창고(無盡藏)를 설하여 보살들로 하여금 필경에 무상보리를 성취케 하는 것으로 제4

회의 법문을 마친다. 열 가지 무진장의 내용은 다음과 같다.

① **신장**(信藏) 불교에서 말하는 무상(無常)이나 무생(無生)이란 것을 믿고, 마음을 맑고 깨끗하게 하는 것을 믿는 것. 믿음은 모든 도의 으뜸이다.

② **계장**(戒藏) 10가지 청정한 계율을 지키는 것.

③ **참장**(懺藏) 남부끄러워할 행동을 '참(懺)'이라고 한다. 삼독심(三毒心)이나 거짓 등을 뉘우치는 것.

④ **괴장**(愧藏) 자기가 부끄러워함, 자기만족을 하지 못함과 재물 · 처자 등을 탐하는 마음을 뉘우치는 것.

⑤ **문장**(聞藏) 부처님 교법을 많이 듣는 것, 늘 교법이 행해지는 곳을 찾아 가르침을 들음으로써 법을 익히고 이해하는 것.

⑥ **시장**(施藏) 베푸는 것, 보시하는 것을 말한다. 평등한 보시, 안으로 보시하는 것, 밖으로 보시하는 것, 과거 · 현재 · 미래에 보시하는 것, 끝까지 보시하는 것, 최후까지 보시하는 것, 안팎으로 보시하는 것, 일체를 보시하는 것 등 열 가지 보시 중에서 최후의 보시란 자기 목숨까지도 보시하는 것이다. 설산동자가 법을 구하기 위해 자기 목숨을 던지는 행위 같은 것이다. 밖으로 보시란 재물 등을 주는 것, 안으로 보시란 자신의 장기 등을 남에게 주는 것을 말한다.

⑦ **혜장**(慧藏) 사물의 진실한 모습을 바로 보는 지혜를 내게 하는 것.

⑧ **염장**(念藏) 모든 부처님의 법 창고를 생각하면서 바르게 지

니도록 하는 것.

⑨ **지장**(持藏) 모든 부처님의 가르침을 올바르게 생각하고 올바로 수지하는 것.

⑩ **변장**(辯藏) 중생을 위해서 바르게 가르침을 펴는 것, 말을 잘하는 것, 법을 바르게 이해할 수 있도록 올바르고 재미있게 표현해 중생이 잘 받아들여 환희심을 낼 수 있도록 하는 것. 『금강경』에서는 '사구게 한 구절만 잘 설해도 그 공덕이 무엇보다 크다'는 것을 누누이 밝히고 있다.

이와 같이 끊임없는 정진으로 10개의 창고에서 영원한 진실을 꺼낼 수 있다. 이 십무진장행을 통하여 앞에서 말한 10행의 법을 이루게 하고, 다음에 올 십회향(十回向)의 법을 이루어 나아가게 한다.

도솔천(兜率天)에 계시는 미륵(彌勒) 부처님

미륵불이 있는 도솔천은 수미산의 꼭대기 위에 있는데, 도솔은 '만족시킨다'는 뜻으로 한자로는 '지족천(知足天)'으로 번역하기도 한다. 이곳에 사는 사람(天人)들은 사람이 가지고 있는 다섯 가지 욕심(재물욕, 명예욕, 식욕, 수면욕, 색욕)을 마음껏 누리며 만족(知足)한 삶을 누리고 있다고 한다. 도솔천은 칠보(七寶)로 장식되어 아름다운 빛이 넘치며, 그 속에서 천녀(天女)들이 갖가지 악기를 뜯으면서 노래 부르고 춤추며 날아다닌다고 한다. 천녀들은 감로수를 먹고 살기 때문에 4천 살까지 사는데, 도솔천의 하루는 인간세상의 400년에 해당한다.

도솔천은 외원궁(外院宮)과 내원궁(內院宮) 두 곳으로 나누어져 있는데, 외원궁은 천인(天人)들이 즐거움을 누리며 살아가는 곳이고, 내원궁은 미륵보살이 중생을 교화하기 위해 지상에 내려올 때를 기다리며 깊이 생각에 잠겨 있는 곳이다. 도솔천은 미륵보살뿐 아니라 사바세계로 내려오는 모든 부처와 보살이 머물면서 성불하는 곳이다. 신라시대의 '도솔가(兜率歌)'가 바로 이 도솔천을 노래한 것이다.

> 오늘 이에 산화가(散花歌)를 불러 뿌린 꽃이여
> 너는 곧은 마음의 명받아 미륵좌주(彌勒座主)를 모셔라

이 이야기가 현대로 넘어오면 춘향이가 죽어서 가는 곳이

기도 하다. 바로 서정주가 쓴 '춘향유문(春香遺文)' 이다.

　도련님 안녕히 계세요. 지난 5월 단오, 처음 만나던 날 우리 둘이서, 그늘 밑에 서 있던 그 무성하고 푸르던 나무같이 늘 안녕히 계세요. 저승이 어딘지는 똑똑히 모르지만, 춘향의 사랑보다 오히려 더 먼 딴 나라는 아마 아닐 거여요. 천 길 땅 밑을 검은 물로 흐르거나 도솔천의 하늘을 구름으로 날더라도 그건 결국 도련님 곁 아니어요? 더구나 그 구름이 소나무 되어 필 때 춘향은 틀림없이 거기 있을 거여요.

　이렇게 춘향이 죽음 앞에서도 초연할 수 있었던 것은 저승이 자신의 사랑보다 먼 딴 나라가 아니라고 생각했기 때문이다. 춘향의 사랑은 죽음의 세계조차도 품고 있다. 춘향의 이 도령에 대한 사랑이 이렇게 생사와 시공(時空)을 초월하여 나타나 있는데도 우리가 조금도 어색하게 느끼지 않는 것은 그만큼 우리의 사고와 맞아떨어진다는 말이겠다. 춘향은 죽어서 지옥(地獄) 혹은 극락세계인 도솔천(兜率天)에 올라가더라도 언젠가는 이승으로 되돌아올 것이라고 했다.
　흔히 우리가 얘기하는 윤회(輪回)사상이다. 인간이 살아가는 이곳과 저승이 다른 것이 아니라 서로 깊이 연결되어 있다고 했는데도 자연스럽게 받아들여진다. 겉으로는 이러한 저승관과 내세관(來世觀)을 부정하면서도 마음 깊은 곳에서는 믿고 있기 때문인지도 모르겠다.

17. 도솔천에 오르시는 부처님
- 「승도솔천궁품(昇兜率天宮品)」
- 「도솔궁중게찬품(兜率宮中偈讚品)」

도솔천 일체보장엄전(一切寶莊嚴殿)에서

제5회는 육욕천의 네 번째 하늘 도솔천에서 설한 내용이다. 도솔천은 미륵보살님이 계시는 하늘로, 『미륵경』에서는 도솔천이 바로 극락세계이다. 『아미타경』에서는 서방정토가 극락세계이며, 『화엄경』에서는 연화장세계가 극락이고, 『약사경』에서는 동방에 있는 약사유리광세계가 극락이다. 이처럼 경전에 따라서 극락에 대한 표현이 다르다.

부처님은 도솔천궁의 '일체보장엄전'에서 그 자리에 모인 대중들과 함께하였는데, 금강당보살이 부처님의 위신력으로 보살지광삼매(菩薩智光三昧)에 들어가 십회향(十廻向)을 설하였다. 도솔천궁에서는 3개의 품이 설해진다.

부처님이 보리수 아래와 수미산과 야마천궁을 떠나지 않고 도솔천궁으로 올라가시어 보배로 장엄한 궁전으로 나아가시자, 도솔천왕은 궁전에 마니장사자좌(摩尼藏獅子座)를 베풀고 부처님을 영접하였다. 이 자리는 과거 모든 부처님께서 수행하시고 선근을 쌓으신 자리다. 광지 부처님, 보한여래 부처님, 삼호 부처님, 노사나 부처님, 일조여래 부처님, 무변광 부처님, 법당 부처님, 법지등 부처님, 공덕광 부처님 등 열 분의 부처님이 이 자리에서 법문을 설하셨다.

도솔천궁은 모든 하늘에서 백만억의 묘한 보석으로 장식하였는데, 이곳에 백만억의 천신·용왕·야차왕·아수라왕·금시조왕·화락천왕을 위시하여 모든 천(天)과 모든 왕들이 모여들어 부처님을 공경 예배하였다. 그들은 모두 부처님을 찬탄하며 꽃과 향으로써 부처님을 공양하였다. 만장·꽃·향·보석들로 장엄하고, 수많은 이들이 노래를 올렸다. 이때 찬탄한 노래는 다음과 같다.

여래출세 난가치우(如來出世 難可値遇)
부처님께서 세상에 오시는 것 만나기 어려운데
아금득견 구일체지(我今得見 具一切智)
제가 지금 일체지를 갖추신 분 친견했네
어법무애 정등각자(於法無碍 正等覺者)
진리에 걸림 없고 평등한 정각을 이루신 분
여시사유 여시관찰(如是思惟 如是觀察)
이와 같이 사유하고 이와 같이 관찰하네
여제중회 실공동시(與諸衆會 悉共同時) 모든 회중에 모인 대중들이 동시에
봉영여래(奉迎如來) 부처님을 받들어 영접하옵니다.

또 도솔천왕도 부처님을 찬탄하였다.

석유여래무애월(昔有如來無碍月) 옛적 걸림이 없는 달과 같은 부처님 계셔
제길상중최수승(諸吉祥中最殊勝) 모든 길상(吉祥) 가운데 가장 수승하셨네

피증입차장엄전(彼曾入此莊嚴殿) 그 부처님 일찍이 보장엄전에 드시었으니
시고차처최길상(是故此處最吉祥) 그러므로 이곳이 가장 길상하여라

　　과거 열 부처님 등 수많은 부처님이 오셨던 이 자리에 과거
세의 부처님이 오셨으니 얼마나 아름답고 길상하고 성스런 곳
인가를 찬탄하고 있다. 이어서 금강당보살을 위시한 10명의
보살이 각 세계의 보살들을 거느리고 부처님을 참배하여 공양
예배하고 노래로 찬탄한다.

원융의 길, 회통의 길

　　금강당보살 등 열 보살이 부처님을 찬탄하면서 '십회향(十
回向)' 법문이 시작된다. 「도솔궁중게찬품」에서는 시방에서
각각 큰 보살이 티끌 수 보살들과 함께 와서 부처님께 예배하
고, 그 가운데 금강당보살을 상수로 '당(幢)' 자가 돌림자인 견
고당 · 용맹당 · 광명당 · 지당 · 보당 · 정진당 · 이구당 · 성수
당 · 법당 등 10보살들이 부처님 계신 곳에 이르러 부처님을
찬탄한다.

　　여기에서 금강(金剛)은 지혜, 즉 다이아몬드 같은 단단한
지혜를 말하고, 당(幢)은 자비(慈悲)의 깃발을 상징한다. 당
(幢)은 사찰의 규모와 법력을 나타내기도 하는데, 우리나라에
지정된 보물 가운데도 당간을 세우기 위한 기둥인 당간지주가
있다. 갑사에도 철 당간과 철 당간지주가 남아 있다.

금강당보살의 노래(偈頌) 가운데 『금강경』에 나오는 사구
게와 유사한 내용이 보인다.

색신비시불(色身非是佛) 몸이 부처님이 아니며
음성역부연(音聲亦復然) 음성 또한 그러하네
역불리색성(亦不離色聲) 그렇지만 몸과 음성을 떠나
견불신통력(見佛神通力) 부처님 신통력을 볼 수 없다네

　참고로 『금강경』의 사구게는 다음과 같다.

약이색견아(若以色見我) 만약 모양으로 나를 보거나
이음성구아(以音聲求我) 음성으로 나를 구하면
시인행사도(是人行邪道) 이 사람은 삿된 도를 행하는 이요
불능견여래(不能見如來) 진실로 부처님을 볼 수 없다

　『화엄경』과 『금강경』에서는 공통적으로 색신과 음성을 떠
나 부처님을 볼 수 없다고 말한다. 『금강경』이 부정의 논리라
면 『화엄경』은 변증법적 논리를 편다. 부처님을 보려면 색(色
물질)과 음성을 떠나야 하지만, 색과 음성을 통하지 않고서는
어떤 실천도, 어떤 진리의 전파도 불가능하다. 그러니 색 속에
도 부처님이 계시다고 해야 하고, 음성 속에도 부처님이 계시
다고 해야 한다.
　색과 음성 속에 부처님이 계시니, 어떤 경계나 말도 부처님

을 가리키지 않는 것이 없다. 온 세상은 이미 부처님의 세상, 불국토이다. 그러하니 부지런히 정진하여 사견을 버리고 세상을 보라.

화엄은 이렇게 부정을 통해 긍정하고 다시 대긍정에 이르고 있다. 『화엄경』은 통합하고 회통시키는 원리를 적용한다. 이것이 화엄의 원융의 원리이기도 하다.

이 화엄의 원융과 회통의 원리가 잘 나타난 용어가 바로 돌이켜 향한다는 뜻의 '회향(回向)'이다. 회향은 소승과 대승을 통합하여 일승(一乘)을 향하게 하고, 자리(自利)와 이타(利他)를 통합하여 모든 중생을 구제하도록 이끈다.

여기에 인과와 윤회가 있다. 각자가 지은 업(業)대로 과보를 받는 인과와 윤회만이 존재한다면, 돌이켜야 할 것도 없고 다른 대상을 향할 필요도 없다. 각자가 열심히 정진하여 해탈에 이르면 그것으로 끝나는 것이다. 이것은 성문과 연각, 즉 이승(二乘)의 생각이다.

그러나 스스로 짓는 업(業)도 있지만, 다른 사람의 업에 따르는 업도 있다. 아무리 홀로 정진한다 하더라도 인간인 까닭에 짓는 업 혹은 타인의 업 때문에 짓게 되는 업을 피할 수는 없다. 인간인 이상 다른 생명체를 섭취하는 일을 피할 수 없고, 다른 사람의 노동력에 의지하고 있는 이상 그들이 파괴한 것에 대한 책임이 없다 말할 수도 없다. 성문과 연각은 열반에 이를 수 있지만, 남김 없는 완전한 열반(無餘槃)에 이르지 못한다.

한편 대승(大乘)은 끊임없이 중생 구제를 목표로 실천하도록 독려한다. 그래서 대승의 실천자는 끊임없이 중생을 구제하지만, 정작 자신을 구제하지는 못한다. 구제해야 할 중생과 중생의 업이 무한히 존재하기 때문이다.

이런 이승과 대승은 회향(回向)을 통해서 통합된다. 회향은 자신이 지은 공덕을 돌이켜 다른 사람을 향하게 하는 실천이다. 이승의 입장에서는, 회향을 통해 각자 지은 업만이 아니라, 내가 수행을 통해 좋은 업을 쌓고 그것이 다른 사람에게 영향을 미치는 인과와 윤회를 인정하는 것으로도 완전한 열반에 이를 수 있다. 또 대승의 입장에서는, 회향을 통해 모든 중생들이 서로가 서로에게 끊임없이 회향함으로써 궁극적인 자리(自利)를 획득할 수 있다. 중생을 구제하는 사람과 구제받아야 할 중생이 따로 존재하는 것이 아니며, 내가 중생을 향해 회향한 만큼 중생도 나를 향해 회향하기 때문이다.

이제 회향의 의미와 방법을 다양하게 제시한 「십회향품」을 통해 구체적으로 회향이란 어떤 것인가를 살펴보도록 하자.

18. 공덕으로 진리를 향하는 10가지 길
-「십회향품(十回向品)」

회향, 그 아름다움과 깊이

10회향의 이름은 다음과 같다.

① 구호일체중생 이중생상회향(救護一切衆生 離衆生相廻向)

② 불괴회향(不壞廻向)

③ 등일체제불회향(等一切諸佛廻向)

④ 지일체처회향(至一切處廻向)

⑤ 무진공덕장회향(無盡功德藏廻向)

⑥ 수순견고 일체선근회향(隨順堅固 一切善根廻向)

⑦ 등수순 일체중생회향(等隨順 一切衆生廻向)

⑧ 진여상회향(眞如相廻向)

⑨ 무박 무착 해탈회향(無縛 無著 解脫廻向)

⑩ 등법계 무량회향(等法界 無量廻向)

금강당보살이 지광삼매(智光三昧)에 들어 부처님의 한량없는 지혜를 얻고, 그 삼매에서 일어나 열 가지 회향을 말하였다.

회향삼처실원만(回向三處悉圓滿), 즉 각각 세 곳으로 회향하였으니, 대비심을 중생에게 베풀어 교화하기 위해서는 모든 '중생(衆生)'에게 회향하고, 보리를 구하기 위해서는 '깨달음(菩提)'에 회향하고, 회향하는 사람이나 이치가 모두 고요하므로 '진여(眞如)의 본체(實際)'에 회향하여 그지없는 수행의 바다로 보현공덕을 성취하는 일을 말하였다.

회향삼처실원만이란 이 세 곳에 회향해서 그 회향이 진실로 원만히 이루어지리라는 뜻이다. 첫째 중생에게 회향하고, 둘째 보리에 회향하고, 셋째 고요한 진여의 본체, 곧 진여실상에 회향하는 것이다.

이 모임에서 더 훌륭하게 나아가는 행(行)을 말하는 것이 십회향이다. 이 회향(廻向)은 앞서 말한 십주(十住)와 십행(十行)을 포함하여 위로 십지(十地)에 올라가는 방편이기 때문이다. 즉, 십회향 전체가 위로 향해 가는 덕(德)이 되는 까닭이다.

1) 일체 중생을 구호하면서도 중생이라는 생각을 떠난 회향 (救護一切衆生 離衆生相廻向)

– 회자향타(回自向他)

구호일체중생 이중생상회향은 자신의 마음을 돌려서 타인에게로 향하게 한다는 회자향타(回自向他)로 요약된다. 보살에게 선근이 있을지라도 만일 일체 중생을 이익 되게 하고자 하지 않으면 회향이라 할 수 없다. 여기서 보살이 선근을 닦을 때, "이 선근으로 일체 중생을 두루 이롭게 하여 모두 청정케 해서 마침내는 영원히 고통을 떠나게 하여지이다. 그리고 이 공덕을 모두 중생에 회향하겠습니다."라고 회향한다. 십바라밀과 대비한다면 보시바라밀과 닿는다.

여기서 중요한 것은, 중생을 구제하면서도 중생이라는 상을 떠나는 것이다. 모든 성품이 공한 줄 알기 때문에 모든 상을 떠나는 것이고, 모든 중생의 고통을 대신해 받는다는 대수고(代受苦)의 정신도 담고 있다. 온갖 악의 세계에서 먼 미래까지 대신하여 고통을 받는 것이다. 이 보살 회향의 근본정신으로 열 가지가 있다.

① 작사(作舍) - 집을 지어 보시함.
② 작호(作護) - 중생을 보호함.
③ 작귀(作歸) - 모든 공포에서 벗어나 돌아가게 함.
④ 작취(作趣) - 일체 지혜의 세계로 나아가게 함.
⑤ 작안(作安) - 고통에서 벗어나 항상 안락하고 편안하게 함.
⑥ 작명(作明) - 지혜광명을 얻게 함.
⑦ 작거(作炬) - 무명을 타파하여 횃불을 얻게 함.
⑧ 작등(作燈) - 항상 깨끗한 곳에 이르도록 등불이 되어줌.
⑨ 도사(導師) - 진실한 법의 세계에 이르도록 이끌어줌.
⑩ 대도사(大導師) - 도사 가운데 위대한 도사, 무애한 대지혜를 가지고 모든 중생을 인도하는 대도사가 됨.

이와 같이 중생에 회향하면서도 중생을 구한다는 생각까지도 버리는 것이 보살의 마음가짐이며, 일체 중생을 위해서 집이 되어주고 보호하고 광명이 되어주고 깨달음의 세계로 나아가게 하는 행을 실천하는 것이다.

2) 깨뜨릴 수 없는 회향(不壞廻向)

- 회소향대(回小向大)

불괴회향은 깨뜨릴 수 없는 굳건한 믿음을 얻어 그에 편안히 머물러 그 선근을 중생에게 광대하게 회향하는 것이다. 이는 작은 것을 버려서 큰 것을 얻게 한다는 의미다. 비록 선근이 적으나 널리 중생을 포섭하여 환희심으로써 회향한다. 보살은 부처님이 계신 곳에서 깨뜨릴 수 없는 믿음을 얻어 부처님을 받들어 섬기기 때문이다.

보살은 이 깨뜨릴 수 없는 믿음에 안주하면서 보리심을 더욱더 자라게 하며, 부처님들이 지으신 일을 따라 배운다. 보살이 얻는 깨뜨릴 수 없는(不壞) 신심에는 열 가지가 있다.

① 모든 부처님 계신 곳에서 깨뜨릴 수 없는 굳건한 믿음을 얻는다.

② 모든 보살에게서 굳건한 믿음을 얻는다.

③ 일체 보살 선근을 수행하면서 굳건한 믿음을 얻는다.

④ 깊은 뜻을 발하면서 굳건한 믿음을 얻는다.

⑤ 중생을 수호하면서 굳건한 믿음을 얻는다.

⑥ 자비로운 눈으로 관찰하면서 굳건한 믿음을 얻는다.

⑦ 널리 무변광대한 선근을 지으면서 굳건한 믿음을 얻는다.

⑧ 일체 보살인 법사의 선교방편에 대해서 굳건한 믿음을 얻는다.

⑨ 부처님을 만족시키려 깨뜨릴 수 없는 굳건한 믿음을 얻는다.

⑩ 부처님의 탑이나 절을 장엄하고 공양하기 위해, 일체 모든 불법을 보호하고 주지하기 위해서 굳건한 믿음을 얻는다.

우리는 스님이나 법을 설하는 법사님들께 절대 믿음을 가져야 한다. 그들은 중생들에게 깨끗한 믿음을 갖게 하기 위해, 보살이 모든 중생의 선근을 포섭하기 위해, 모든 고통을 떠나게 하기 위해, 방대하게 알게 하려고, 크게 장엄하기 위해, 구경에는 깨달음을 얻게 하려고, 부처님을 만나는 것이 어렵다는 것을 알게 하려고, 그럼으로써 부처님 법을 만나 듣는 것이 얼마나 환희심 나는 것인지 알게 하기 위해 애쓰시는 분들이기 때문이다.

또한 우리는 대개 부처님 덕을 보려고 공부하고 불사에 참여하지만, 보살은 오히려 부처님을 만족시키려고, 부처님을 기쁘게 해드리기 위해 신심을 낸다. 즉, 내 덕을 부처님이 보게 하려는 것이다.

3) 모든 부처님과 동등한 회향(等一切諸佛廻向)
- 회자기인행 향타인행(回自己因行 向他因行)

인행(因行)은 부처님께서 과거생에 부처가 되기 위해 행해온 일체의 행을 말한다. 이 회향은 모든 부처님께서 회향하시는 길을 따라 배워 중생을 이롭게 하는 회향이다. 보살은 모든 선근으로써 부처님께 회향해 마치고, 다시 이 선근으로써 일체 보살과 중생에게 회향한다. 왜냐하면 보살은 모든 색성

향미촉법의 육진경계가 아름답거나 추함을 보더라도 좋아하는 마음이나 싫어하는 마음을 내지 않아 마음이 자재하고, 허물이 없어 청정하며, 기쁘고 즐거워서 근심 걱정이 없으며, 마음이 부드러워 여러 감각기관이 상쾌하기 때문이다.

보살이 이와 같은 안락을 얻었을 때 또다시 발심하여 부처님들께 회향하고, 보살에게 회향하고, 다시 일체 중생에게 회향한다.

여기서 보살의 원이 모두 성취되기를 바라는 것이 보살 회향이다. 일체 중생이 선근을 얻고 불법에 의지하여 이고득락하기를 바라는 것이 중생회향이요, 부처님처럼 안락을 얻게 되고 부처님들이 이 공덕을 이루게 되기를 기원하고 회향하는 것이 부처님께 회향하는 것이다.

집에 있더라도 대자비로서 처자를 따르지만 보살도에 있어서는 아무런 장애가 없는 것이다. 그러면서 보살의 청정한 도를 따르는 것으로 재가의 보살도를 말한다.

4) 일체의 모든 곳에 이르는 회향(至一切處廻向)
- 회인향과(回因向果)

원인을 돌이켜서 결과로 돌아가게 한다. 선근 공덕의 힘으로 모든 곳에 이르게 하는 회향이다. 보살이 선근을 닦을 때에는 "선근 공덕의 힘으로 모든 곳에 이르러지이다."라고 한다. 또 "이 선근으로 삼세의 모든 부처님께 공양하고 또한 온갖 공양거리로 공양하여 한량없고 끝이 없는 세계에 충만하여지이다."라고 한다.

보살이 회향할 때 가져야 하는 열 가지 마음은 다음과 같다.

① 어지럽지 않은 불란(不亂)회향
② 한결같은 마음의 일심(一心)회향
③ 자기 의지에 의한 자의(自意)회향
④ 존중하고 공경하는 존경(尊敬)회향
⑤ 흔들림 없는 부동(不動)회향
⑥ 머무름이 없는 무주(無住)회향
⑦ 의지하는 바 없는 무의(無依)회향
⑧ 중생이란 마음 없이 하는 무중생심(無衆生心)회향
⑨ 조급한 마음, 경쟁심이 없는 무조경심(無躁競心)회향
⑩ 고요하고 평화로운 적정심(寂靜心)회향

5) 무진장한 공덕 창고의 회향(無盡功德藏廻向)
- 회열향승(回劣向勝)

보살이 모든 선근(善根)을 회향하여 불국토를 아름답게 꾸미는 회향이다. 보살은 범부와 성문·연각 등 이승(二乘)의 복을 따라 기뻐하며 무상보리에 회향한다. 또한 보살은 모든 업장을 참회하고 일으킨 선근, 삼세 모든 부처님께 예경하고 일으킨 선근, 모든 부처님께 설법해 주시기를 청하여 일으킨 선근, 부처님의 설법을 듣고 부지런히 수행하여 광대한 경계를

깨닫고 일으킨 선근, 모든 부처님과 중생의 선근을 모두 따라 기뻐하여 일으킨 선근 등을 아낌없이 회향한다.

보살은 이와 같은 선근을 남김없이 회향하여 모든 부처님의 국토를 장엄한다. 선근이란 우리가 살아가면서 행한 좋은 일들이다. 보살은 그 모든 선근의 공덕을 다른 존재들에게 아낌없이 회향한다는 말이다.

회열향승(回劣向勝)은 아직 수승하지 못한 것까지 돌려서 수승하게 하겠다는 뜻이다. 보살이 닦은 선근이 모든 불국토와 모든 보살들에게 충만해짐으로써 모든 국토에 모든 부처님이 출현하게 된다. 이때 보살은 모든 분별심을 버리고 회향하는데, 그것이 또다시 선근이 되어 무진장한 공덕이 되는 것이다. 열 가지 무진장은 다음과 같다.

① 부처님을 친견하는 득견불(得見佛)무진장
② 진리에 들어가는 득입법(得入法)무진장
③ 낱낱이 기억하는 득억지(得憶持)무진장
④ 사물을 제대로 판별하는 지혜의 득결정혜(得決定慧)무진장
⑤ 경전의 내용을 다 아는 지혜의 득혜의취(得解義趣)무진장
⑥ 지혜가 무진장 많은 득무변오혜(得無邊悟解)무진장
⑦ 복덕 받음이 무진장 많은 득복덕(得福德)무진장
⑧ 용맹한 지혜 얻음이 무진장 많은 득용맹지각(得勇猛智覺)무진장
⑨ 변재 얻음이 무진장 많은 득결정변재(得決定辯才)무진장

⑩ 10가지 두려움이 없는 득십력무외(得十力無畏)무진장

이렇게 회향함으로써 허망한 아견(我見)으로부터 완전히 벗어날 수 있다.

6) 일체의 견고한 선근을 따르는 회향
(隨順堅固 一切善根廻向)
- 회비향증(回比向證)

비유를 돌이켜서 깨달음의 세계에 향하게 한다. 즉, 온갖 보시 등을 통하여 견고한 일체 선근에 수순하는 회향이다. 보살의 견고한 일체 선근을 따르는 회향이란, 보살의 위덕이 널리 퍼지어 중생을 구제함을 말한다. 곧 저 언덕, 열반의 세계, 부처님의 세계로 건너가게 하는 것을 말한다.

온갖 보시를 구족하게 행하며, 부처님의 정법을 보호 유지하기 위해서는 어떤 고초라도 달게 받으며, 법을 구할 때 한 글자를 위해서라도 모든 소유를 다 버리며, 항상 바른 법으로 중생들을 교화하여 선행을 닦고 악행을 버리게 하며, 중생들이 남을 해롭게 하는 것을 보면 자비심으로 구원하여 죄업을 버리게 한다.

여기서 중요한 것은 모든 소유를 보시한다는 점이다. 중생에게 이익이 되는 일이라면 모든 것을 보시해서 중생을 만족하게 한다는 것이다. 이것이 '무차대회(無遮大會)'의 의미다. 신라나 고려 때에는 귀족불교였으나, 이러한 무차대회를 통해 모든 백성들에게 열린 법회를 열었다. 당나라 측천무후도 수

많은 대중을 모아 무차대회를 베풀었는데, 이 무차대회가 바로 화엄에 근거한 것이다. 보시의 기쁨을 축제로 나누는 것, 그것이 우리 조상들의 지혜였다.

7) 평등한 마음으로 일체 중생을 따르는 회향
(等隨順 一切衆生廻向)
– 회사향리(回事向理)

일반적인 일상사를 밝힘으로써 진리의 세계로 돌린다. 즉, 보시 등의 선근을 쌓아 모아서 평등하게 일체 중생을 따르는 회향이다. 보살은 가는 데마다 모든 선근을 쌓아 모은다. 크고 작은 선근을 비롯하여, 모든 보시 · 지계 · 인욕 · 정진 · 선정 · 지혜 등을 모아 기르는 선근이다. 보살마하살은 "이러한 보살이 지은 모든 선근으로 일체 중생이 험난한 곳을 떠나 일체지를 얻어지이다."라고 회향한다.

보살은 이 회향으로 만든 모든 공덕이 청정하고 부처님과 같은 평등을 얻게 되도록 한다.

① 행동에 집착하지 않는 불착업(不着業)
② 과업에 집착하지 않는 불착보(不着報)
③ 몸에 집착하지 않는 불착신(不着身)
④ 사물에 집착하지 않는 불착물(不着物)
⑤ 이익에 집착하지 않는 불착리(不着利)
⑥ 방향에 집착하지 않는 불착방(不着方)

⑦ 중생에 집착하지 않는 불착중생(不着衆生)

⑧ 일체의 진리에 집착하지 않는 불착일체법(不着一切法)

⑨ 일체의 장소에 집착하지 않는 불착무일체처(不着無一切處)

회향은 참으로 어렵다. 그러나 자신이 닦은 선근으로 중생이 모든 고난에서 벗어나 부처님의 세계로 가기를 회향하는 정신이야말로 숭고하고 아름다운 일이 아닐 수 없다.

8) 진여 모양의 회향(眞如相廻向)

- 회차별행사 향원융행(回差別行事 向圓融行)

차별하는 일을 돌이켜서 원융행으로 향하게 한다. 즉, 보살이 진리의 본 모습(眞如相)과 같이 항상 선한 마음으로 선근을 회향하는 것이다. "선근으로 항상 원만하고 걸림 없는 신(身)·구(口)·의(意) 삼업을 성취하여 대승에 안주하고 보살행을 맑게 닦아지이다."라고 원한다.

이때 보살은 정념이 명료해지고, 마음이 견고해지며, 수행에 전념하게 되고, 궁극적인 지혜를 성취하여 대승을 구하는 마음에서 물러나지 않고, 모든 공덕의 근본을 삼아 항상 삼보를 생각하게 되고, 보살도를 행하게 되고, 지혜방편으로 회향하게 된다. 이것이 진여상회향이다. 이렇게 해서 무량청정법문을 증득하게 되고, 이러한 보살은 사자후를 하게 되며 수없이 많은 중생을 제도하게 된다.

9) 속박도 집착도 없는 해탈의 회향(無縛 無著 解脫廻向)

– 회세 향출세(回世向出世)

세상사를 돌이켜서 출세간으로 향하게 한다. 즉, 집착도 속박도 없는 해탈한 마음으로 회향하는 것이다. 보살은 모든 선근을 존중한다. 부처님께 예경하고, 합장 공양하고, 탑에 정례하고, 부처님의 설법을 청하는 데 마음으로 존중하며, 여러 선근을 모두 존중하고 따른다.

보살은 여러 선근으로 집착과 속박이 없는 해탈한 마음을 얻고, 다시 그 해탈의 마음으로 보현보살의 광대한 원을 세워서 정진할 마음을 일으킨다. 이때 보살은 세간과 세간법을 분별하지 않으며, 중생을 조복하거나 조복하지 않음을 분별하지 않으며, 자신과 타인을 분별하지 않는다. 분별심을 모두 버리고 모든 중생을 존중한다.

불교에는 다양한 수행법이 있다. 보살은 절하거나 공양을 올리거나 「자비도량참법」을 읽거나 사경하거나 다라니를 외우는 등 모든 것을 다 존중하고 인정하면서 더 발심하게 하고, 분별심을 두지 않으면서 칭찬한다. 그 모든 수행법들이 다 남의 일이 아니고 자기 일이므로, 속박도 집착도 없이 해탈의 세계로 이끌어주는 것이다. 시방세계에서 보살행을 행하면 지혜가 성취되고, 마음에 미혹이 없어지고, 보현행원이 점점 늘어나서 마침내 구족하여 성취하게 되는 것이다.

10) 법계와 평등한 무량한 회향(等法界 無量廻向)

- 회순리사 향소성사(回順理事 向所成事)

이치와 현실에 따른 것을 돌이켜서 원만한 현실을 이루는 데 회향하게 한다. 즉, 보살이 법보시를 비롯하여 모든 청정한 법으로 법계에 한량없는 회향을 하는 것을 말한다.

보살마하살은 법사의 자리에 있으면서도 법보시를 널리 행한다. 큰 자비심을 일으켜 중생들을 보리심에 편히 있게 하며, 중생들을 위해 깨뜨릴 수 없는 견고한 선지식이 되어 선근이 자라서 성취하게 한다.

보통 법보시라 하면 경전의 내용을 알려주거나 경전을 보시한다는 것인데, 『금강경』과 『법화경』에도 이 내용이 나온다. 사구게만이라도 말해 주면 무엇보다 큰 공덕이 된다는 내용이다.

부처님의 말씀은 정신세계를 일깨워준다. 한 철학자가 체계를 정립한 철학사상이 수백 년 동안 많은 사람들에게 영감을 주듯이, 부처님의 말씀 한 구절을 통해 한 사람이라도 영감을 얻어 발명을 한다든지 고난에서 벗어난다면 그것은 큰 공덕이 된다.

법사(法師)에게는 열 가지 이름이 있다.
① 보살(菩薩)법사
② 최상의 무상(無上)법사

③ 굴하지 않는 무굴(無屈)법사

④ 무애(無碍)법사

⑤ 걸림 없는 지혜의 지장(智藏)법사

⑥ 자재(自在)법사

⑦ 눈이 열리게 하는 여안(如眼)법사

⑧ 일체의 불법을 기억하는 억지일체불법(憶持一切佛法)법사

⑨ 가장 높은 도를 수행하는 수행무상도(修行無上道)법사

⑩ 위대한 능력이 있는 작대신(作大身)법사

⑪ 일체 법신을 갖춘 일체법신(一切法身)법사

이외에도 수많은 이름이 있다. 이 단계에 머무르게 되면 법계와 동등한 무량한 부처님을 볼 수 있고 무량한 불국토를 장엄할 수 있다.

이상과 같이 십회향은 십바라밀의 체(體)가 된다. 보살들은 중생을 자기 몸으로 삼아서 자비행을 한다. 동체대비(同體大悲)이다. 이를 '천지는 동근(同根)이요, 만물은 한 가지(萬物齊同)'라고 한다. 즉, 모든 존재들이 함께 살고 있으며 나와 한 존재라는 의미다. 그러므로 한 중생이라도 부처님 법을 모른다면 자각할 수 있도록 보살행을 행하는 것이다. 이것을 청정한 행, 범행이라 하고, 이는 일체 중생을 안주하게 하기 위해서이다.

법보시를 행하는 것은 이러한 다함없는 법문을 해서 모두가 성불하여 안락을 성취토록 하는 데 있다. 바로 중생들을 부처님으로 보기 때문이다. 회향에는 자기가 수행한 공덕을 돌이켜서 세 곳에 회향하는 삼처회향(三處廻向)이 있다.

① 모든 공덕을 중생에게 회향하는 중생회향(衆生回向)
② 선근으로 깨달음의 세계에 곧바로 들어가는 보리회향(菩提回向)
③ 형상·모양을 버리고 이치에 들어가는 진여실제회향(眞如實際回向)

회향은 나눔, 베풂이다.

🏛 타화자재천(他化自在天)

　타화자재천의 궁전도 풍륜에 떠받치어 허공중에 있으며, 왕 이름은 자재(自在)이다. 남이 변화한 바를 도리어 모아서 자신의 쾌락으로 삼는다. '애신천(愛身天)'이라고도 하며, 욕계 안에서는 홀로 자재(自在)를 얻는다. 키는 16유순이며, 옷은 길이 32유순, 너비 16유순, 옷의 무게는 반 수이다. 수명은 하늘의 1만6천 살이로되, 그보다 더 사는 이는 적고 덜 사는 이가 많다. 음식은 아래 하늘과 같으며 혼인도 있는데, 잠깐 보기만 하면 음행이 이루어진다.

　부처님이 마라(mara 죽음의 신)를 구체적으로 지칭하실 때는 타화자재천의 천신으로 말씀하셨다. 타화자재천의 천신으로 수행자들이 욕계를 벗어나지 못하게 방해하는 천신을 '마라'라고 한다. 해탈로 향하지 못하게 붙잡는다고 해서 '나무치(namucci)'라고도 한다. 『숫타니파타』 3장 2번째 경인 「정근경」을 보면 부처님이 마라를 나무치라고 부르는 것을 볼 수 있다. 또한 '사악한 자'라고 해서 빠삐만(papiman) 또는 빠삐야스(papiyas 파순)라고도 한다.

　불교에서는 지옥의 무리들과 아귀·축생·아수라·인간 등 중생이 선업(善業)을 쌓아 고통이 없는 하늘나라에 나기를 갈구하는데, 그 천상의 세계도 모든 하늘나라 사람들에게 한결같지 아니하여 각기 쌓은 '업인'에 따라 태어날 수 있는 하늘이 다르다고 한다.

19. 불교 수행의 보물창고

-「십지품(十地品)」

깨지지 않는 수행의 보물창고, 십지

제6회는 부처님이 보리수 아래를 떠나지 않은 채 타화자재 천궁의 마니보전에서 그 자리에 모인 대중들과 함께하신 천상 세계의 마지막 모임이다.

마음의 경계수위를 천계에 비유한 세계인 타화자재천궁에서 금강장보살이 부처님의 신통력을 받아서 대지혜광명삼매(大智慧光明三昧)에 들어가 십지(十地) 법문을 설하였다. 이때의 보살들은 모두 아뇩다라삼먁삼보리를 성취한 이들로, 중생을 교화하는 데 때를 놓치지 않은 보살들이다. "나이가 들면 수행을 못하고 고장 난 수레는 가지 못한다."는 원효스님의 말씀처럼 우리도 때를 놓치지 말아야 한다.

십지사상(十地思想)은 대본 『화엄경』이 성립되기 이전에 이미 인도에서 하나의 독립된 경전인 『십지경(十地經)』으로 유행하였으며, 『화엄경』의 내용 가운데 중심축을 이루고 있는 매우 중요한 부분이다.

「십지품」에 해당하는 독립된 경전으로는 현재 3종이 남아 있다. 축법호가 번역한 『점비일체지덕경(漸備一切智德經)』 5권, 구마라집이 번역한 『십주경(十住經)』 4권, 시라달마가 번역한 『불설십지경(佛說十地經)』이다.

독립된 『십지경(十地經)』의 주석서도 있는데, 용수의 『십주비바사론(十住毘婆沙論)』, 세친의 『십지경론(十地經論)』 등이 그것이다. 이 주석서에 의해 중국에서는 '지론종'이라는 학파가 생기기도 하였다.

인도에서는 대승불교가 흥기하는 시기에 맞추어 「십지경」이 생겨났다. 당시 인도에서는 본생담 가운데 『대사(大事 마하바스타)』라는 책이 있었는데, 여기에 이미 십지의 내용이 설해진다. 즉, 난등지, 결만지, 백화장엄지, 명휘지, 광신지, 묘상구족지, 난승지, 탄생인연지, 왕자지, 관정지 등이다. 『화엄경』 「십지품」의 이름과 비슷한 것이 많다.

『대사』의 십지가 발전해서 『반야경』의 십지로 나아가 「팔천송반야」나 「이만오천송반야」에 십지가 설해지고 있다. 이것으로 대승불교의 실천사상이 구체화되는 모습을 볼 수 있다.

『반야경』의 십지사상이 대승불교 초기 경전인 『보살본업경(菩薩本業經)』으로 발전하는데, 이 경에 나오는 십지의 명칭이 『화엄경』 「십주품」에 나오는 명칭과 똑같다. 즉, 십바라밀과 연관된 대승보살 실천 덕목의 근간이 되고 있다. 이후 『화엄경』이 결집되면서 일부는 「십주품」으로, 일부는 「십지품」으로 편성되었다. 화엄의 「십지품」은 대승 중기에 완성된 중론(中論)이나 유식(唯識)의 십지의 연원이 되고, 곧 유가행유식학파 십지로 발전한다.

정리해 보면 첫째 『대사』의 십지, 둘째 『반야경』의 십지, 셋

행복한 화엄경

째 『보살본업경』의 십지, 넷째 『화엄경』의 십지에서 유가행유
식학파의 십지로 발전한다.

　십지 법문을 설한 타화자재천궁은 욕계 6천 가운데 제일
높은 곳에 위치한 천계이다. 욕계의 다른 다섯 천계와는 달리
마왕(魔王)이 살고 있는 곳으로, 남이 만들어내는 즐거운 일
들을 자기 마음대로 자기의 즐거움으로 삼는 곳이다. 또한 이
곳의 수명은 1만6천 세인데, 인간세계의 1,600년을 하루로 삼
는다고 한다. 이는 인간의 욕망을 실현시켜주는 이상향 세계
로 볼 수 있지만, 결국 이 욕망의 세계도 자기가 중심에 놓여
욕망의 끝없는 세계를 보여주며, 더불어 번뇌가 치성한 윤회
의 세계임을 나타내고 있다.

　이러한 일들을 시사하는 말이 곧 '마왕(魔王)'이다. 우리는
타인이 만들어낸 수많은 물건들과 서비스의 혜택을 누리고 있
다. 물론 이때 돈이라는 대가를 지불하고 있지만, 그 자체가
나의 욕망조차 정당화되는 것은 아니다. 그런 의미에서 타화
자재천궁은 현대 자본주의 세계와 많이 닮아 있다.

　마(魔)는 '장애'라고도 한다. 온갖 즐거움을 자기 마음대
로 누릴 수 있는 가운데 그 즐거움이 번뇌가 되어 자기도 모
르게 장애를 일으키는 것이 곧 '마(魔)'이다. 이러한 장애들은
욕계의 천계에 꽉 차 있는데, 그 가운데 장애의 왕인 마왕이
거주하는 곳이 바로 타화자재천인 것이다.

　삼천대천세계를 설명할 때 공간적 측면에서 수미산을 중심

으로 설명하고 있지만, 이를 내면의 선정(禪定) 수행과 관련해서는 마음이 이르는 수준을 천계(天界)에 비유하여 나타내기도 한다. 이러한 천계에서 설주가 된 금강장보살은 십지법을 설하는데, 많은 대중 보살 가운데 금강장보살이 주인공이 된 점도 타화자재천계의 의미와 관련돼 있음을 시사하고 있다.

『화엄경』에 나오는 보살들이나 신들이나 왕들의 이름은 모두 나름대로의 의미를 지니고 있다. 따라서 나오는 이름만 가지고도 대부분의 주제는 물론 불교의 세계관과 그것을 표현하는 아름다움에 대해서도 충분히 이야기할 수 있다. 이름을 통해 인식의 지평을 나타내기도 하고, 수행의 성과와 경지를 나타내기도 하며, 자연의 대상을 나타내기도 하고, 특성을 나타내거나 경 전체의 모습과 성격을 개괄적으로 알려주기도 한다.

「십지품」에서는 금강장보살이 10지를 설한다. 설주(說主)인 금강장보살 이름에서 '금강(金剛)'이라는 뜻과 의미를 통해 설처(說處)에 대한 세계와 설주(說主)의 진의를 알 수 있다. 금강(金剛)은 매우 귀하고 강한 보석인 반면에 모든 것을 능히 부실 수 있는 성질을 갖고 있다. 또한 금강의 가치가 높이 평가되는 것은 고유의 변하지 않는 성품에 의한 것이므로, 이러한 특성을 중생의 내면에 비유하여 불성(佛性)으로 나타내기도 한다.

금강장보살의 이름에서 '장(藏)'은 태장(胎藏)이라는 뜻도 있는데, '감싸고 있다', '담고 있다', '저장하다' 라는 뜻을 동시에 갖고 있다. 또한 여래장(如來藏)의 의미도 있어 금강과 마찬가지로 불성(佛性)을 나타내고 있다. 이처럼 설주의 이름을 통해서 「십지품」은 십지보살행을 보여주고 있다. 즉, 금강 같은 불성을 발휘하여 금강 같은 보살 수행을 하고, 금강과 같은 굳건한 믿음으로 보살행을 실천하면, 마침내 불과(佛果)에 오를 수 있음을 시사하고 있는 것이다.

이러한 십지의 과정은 10가지 수행의 단계를 설명하고 있으며, 단계 성취에 오르는 것을 지(地)로 하여 각각의 지위를 나타낸다.

지(地)는 몇 가지 의미로 해석할 수 있다.

첫째, 지(地)는 땅의 의미를 보여주는데, 땅은 온갖 곡식이 성장할 수 있도록 양분을 제공한다.

둘째, 지(地)는 대지처럼 무한히 넓고 만물을 생성시키며 무진장한 금은보화를 함유한다.

셋째, 지(地)는 단계를 의미하기도 하는데, 여기서의 단계는 보살이 수행해 올라가는 단계, 장(場)을 말한다. 즉 보살이 각각의 수행계위에서 선근을 확고히 하고 완성시켜 나아가는 과정을 지(地)라고 했음을 알 수 있다.

「십지경」에서는 "삼세 부처님께서 말씀하신 것이고, 보살마하살이 보리(菩提)로 향하는 가장 좋은 길이며, 청정한 법 광명의 문이다."라고 십지를 설명하고 있다. 즉, 보살을 존재하게 하는 근거가 되고, 종교적으로 승화시키는 근거가 된다는 말이다.

금강장보살, 10지를 설하다

10지는 환희지(歡喜地), 이구지(離垢地), 발광지(發光地), 염혜지(焰慧地), 난승지(難勝地), 현전지(現前地), 원행지(遠行地), 부동지(不動地), 선혜지(善慧地), 법운지(法雲地) 이다.

「십지품」은 금강장보살이 십지행(十地行)을 통하여 '일승보살도(一乘菩薩道)'를 나타내 보인다. 제5회의 설법을 마친 부처님은 타화자재천궁의 마니보장전에서 큰 보살 대중과 함께 계셨다. 그 모든 보살들은 타방세계로부터 왔으며 아뇩다라삼먁삼보리에서 물러나지 않는 이들이었다. 그때 금강장보살이 부처님의 위신력을 받들어 대지혜광명삼매(大智慧光明三昧)에 들어갔을 때 시방으로 각각 십억 세계 밖에 있는 십억 세계의 티끌 수처럼 많은 금강장보살들이 앞에 나타나 말하였다.

보살 십지의 처음과 나중을 얻게 하고, 보살 십지의 차별한 모양을 사실대로 말하게 하고, 무루(無漏)법을 각각 분별케 하고, 결정한 지혜의 문에 잘 들어가게 하고, 머무는 곳에 따라 두려움 없음을 차례로 나타내어 말하게 하고, 큰 변재의 지위에 머물러 잘 결정하게 하고, 모든 곳에 두루 이르러 마침내 깨우치게 하려는 까닭이니라.

그때 시방 부처님께서 각각 오른손을 펴서 금강장보살의 정수리를 만지시었다. 이것을 '마정수기', '몽불수기'라 한다.

'수기(授記)'란 언젠가는 기어이 해탈할 것이라고 인가하는 것을 말한다. 부처님께서 정수리를 만지시자 금강장보살이 삼매에서 일어나 일체 보살 대중에게 삼세 부처님의 지혜인 지(地)를 말씀하였다. 이때 금강장보살은 이름만 말하고 침묵에 들어간다. 그러자 해탈월보살이 그 이유를 묻고 금강장보살이 다시 침묵의 이유를 설한다.

이 「십지품」의 내용은 아주 오묘해서 마음으로도 그릴 수 없다고 한다. 그 가르침은 금강과 같이 고귀한 것이라 한 치의 의심도 없는 마음에 실천의 근거를 둔 십지의 보살만이 자격이 있기 때문이다.

십지는 바로 부처님을 낳는 근본이요, 부처님 지혜의 근본이 된다. 앞서 말한 제3회의 십주(十住)·십행(十行)·십회향(十回向)의 수행을 삼현(三賢)이라 하고, 이 십지의 수행을 십성(十聖)이라 한다. 십지의 수행에 들어가야 비로소 친히 불과(佛果)를 증득하게 되기 때문이다.

십지행도 십바라밀 수행의 관점에서 살펴볼 수 있다. 본래 한 지위가 모든 지위를 포함하였고, 한 가지 행(行)에 온갖 행이 갖추어진 보현보살의 원만 융통한 수행이므로, 10바라밀의 차례에 배대하여 앞으로 나아가는 모습을 보였지만, 실제로는 각 지(地)마다 열 가지 바라밀행이 모두 구족되어 있어 서로서로 원융한다.

중국에서는 "「십지경」을 강의할 때 동물들도 모두 모여 법을 들었다."는 영험담이 많다. 보살의 수행종지인 이「십지품」
은 『화엄경』에서 가장 중요한 부분의 하나이다.

1) 환희지(歡喜地)

10원(願)을 성취하고 보시섭(布施攝)과 보시바라밀로 기쁨
에 넘치는 지위이다. 부처님과 보살의 마음과 그 가르침과 행
을 염함으로써 생기는 환희심이다.

보살이 선근을 깊이 심고 모든 행을 잘 닦고 광대한 지혜
를 내면, 자비가 앞에 나타나서 범부의 지위를 뛰어넘어 보살
의 지위에 들어가서 여래의 집에 태어난다. 이때 환희지에 머
문다. '여래의 집에 태어난다(生如來家)'라는 말은 초발심주
에서도 나오지만, 이곳에서는 '비심(悲心)'이 점점 중대됨을
나타내고 있다. 남에게 무언가를 줌으로써 얻는 기쁨으로 환
희지의 맛을 느낄 수 있다.

보살이 환희지에 머물면 모든 두려움이 다 사라지며 10가
지 큰 원을 성취한다. 보살의 열 가지 큰 서원(十大願)은 다음
과 같다.

① 모든 부처님께 공양하는 원
② 불법을 수호하는 원
③ 법륜 굴리기를 청하는 원
④ 모든 바라밀을 수행하는 원
⑤ 중생을 교화하는 원

⑥ 세계를 잘 분별하는 원

⑦ 불토를 청정히 하는 원

⑧ 항상 보살행을 떠나지 않는 원

⑨ 보살도를 행하여 이익을 주는 원

⑩ 아뇩다라삼먁삼보리를 이루는 원

　　보살이 환희지(歡喜地)에 머물러 이렇게 큰 서원을 내니, 만일 중생계가 끝나면 이 원도 끝나려니와 중생계가 다할 수 없으니 이 원의 선근도 다함이 없다고 한다.

　　모든 바라밀을 수행하는 데 있어서 육상원융(六相圓融), 즉 총상(總相)·별상(別相)·동상(同相)·이상(異相)·성상(成相)·괴상(壞相)으로 닦기를 원하는 이 원은 후에 화엄교학의 골격인 육상원융설(六相圓融說)로 체계화되었다. 보살이 6상(相)으로 모든 바라밀행을 설해서 중생으로 하여금 닦아 마음이 증장하게 하는 원을 일으킨다.

　　환희지는 또 보시섭과 보시바라밀로 기쁨에 넘치는 지위라 한다. 여기서는 단지 보시바라밀을 중심으로 하여 '모든 바라밀을 동상(同相) 내지 괴상(壞相)으로 닦아지이다' 라고 발원한 것을 육상원융의 입장에서 간단히 살펴보겠다.

　　화엄보살도는 총상(總相)이며, 보시바라밀에서부터 지바라밀까지의 각각은 별상(別相)이다. 십바라밀의 모든 연이 서로 위배되지 않아 보살도의 전체 모습이 되는 것이 동상(同相)이며, 보시바라밀 등 각 바라밀이 각기 다른 양상을 띠고 있음은 이상(異相)이다. 성상(成相)은 모든 바라밀에 의해 보살도의 공용(功用)이 이루어진다는 것이며, 괴상(壞相)은 보시바라밀은 보시바라밀의 공덕(功德)이 있고, 나아가 지바라밀은 지바라밀의 공덕이 있다는 것이다.

그러므로 육상원융의 입장에서 볼 때, 보시바라밀이 곧 화엄에서 말하는 보살도의 근본이다. 보시바라밀이 없으면 온전한 보살도가 이루어지지 않기 때문이다. 물론 주(住)·행(行)·회향(回向)·지(地) 각위에 보시바라밀부터 차제로 닦아가도록 시설되어 있지만, 반드시 보시바라밀을 다 닦아 마친 후에 지계바라밀을 닦고, 보시와 지계를 다 닦아 마친 후에 인욕바라밀을 닦고…… 마지막의 지바라밀을 닦아야 보살도가 완성되는 것은 아니다. 십바라밀이 각각 차별하여 하나가 아니면서도 걸림 없이 하나로 통합된다. 보시바라밀이 자기 자리를 움직이지 않고 모든 바라밀을 포섭하여 보살도가 이루어진다.

이러한 원융(圓融) 수행법이 이루어지기에 초발심 때에 정각을 이룰 수 있는 것이다. 처음 발심을 하는 자리인 초발심주에서는 보시바라밀을 특별히 닦도록 가르치고 있다. 보시바라밀이 주(主)가 되고 여타 바라밀은 반(伴)이 되는 것이다. 그 초발심주에서 또한 아뇩다라삼먁삼보리를 얻는다.

『화엄경』「범행품」에서는 '초발심시변정각(初發心時便正覺)'이라고 하였는데, 이는 보시바라밀로 정각을 이루고 일체중생으로 하여금 부처님이 되는 종자(佛種性)를 이어가게 한다고 볼 수 있다. 이후 전개되는 모든 보살 계위에서의 모든 바라밀행은 화엄보살도가 그러하듯이 부처님 세계의 갖가지 장엄이 된다 하겠다.

2) 이구지(離垢地)

십선업도(十善業道)를 행하고, 애어섭(愛語攝)과 지계바라밀, 특히 대승의 계율인 삼취정계(三聚淨戒)로서 모든 번뇌의 때를 없애는 지위이다. 이 삼취정계 중 섭율의계(攝律儀戒)는 살생을 하지 않는 등 오계를 지키도록 하는 것이고, 섭선법계(攝善法戒)는 적극적으로 선법을 행하도록 하는 것, 섭중생계(攝衆生戒)는 널리 중생을 보호하고 살펴주는 것이다.

삼취정계(三聚淨戒)란?

대승불교 보살(菩薩)의 계법(戒法)에 대한 총칭으로, 삼취청정계 또는 삼취계라고도 한다. 취(聚)는 집적(集積)의 뜻이며, 청정하기 때문에 정계(淨戒)라고 하는 것이다.

삼취정계는 섭률의계(攝律儀戒)·섭선법계(攝善法戒)·섭중생계(攝衆生戒)로 나뉘는데, 섭률의계는 소승불교에서도 설하나 섭선법계와 섭중생계는 대승불교 특유의 것이다.

① 섭률의계(攝律儀戒)

석가가 제정한 계율을 지켜 그릇됨을 막고 일체의 악을 끊어버리는 것(防非止惡)으로 생명을 살해하는 것(不殺戒), 도둑질(不盜

戒), 음욕(不淫戒), 거짓말(不妄語戒), 술의 매매(不酤酒戒), 다른 사람의 죄와 허물을 말하는 것(不說過罪戒), 자신을 칭찬하고 남을 비방하는 것(不自讚毀他戒), 재산과 가르침을 베푸는 것을 아깝게 여기는 것(不慳戒), 화를 잘내는 것(不瞋戒), 불·법·승 3보를 비방하는 것(不謗三寶戒) 등 10가지 무거운 계율(十重戒)과 48가지의 가벼운 계율(輕戒)을 지켜, 일체의 허물과 악을 버리는 것을 말한다.

② **섭선법계**(攝善法戒)

선량한 마음을 기준으로 하는 윤리 원칙으로, 적극적으로 일체의 선을 실행하는 것을 말한다.

③ **섭중생계**(攝衆生戒)

일체의 중생을 모두 섭수(攝受)하여 구제·이익되도록 하는 것, 즉 자비심을 갖고 중생을 위해 진력하는 일체의 이타행위(利他行爲)를 말한다.

원효는 섭률의계와 섭선법계만 있고 섭중생계가 없다면 오로지 자리행(自利行)만 있는 것이 되어 이승(二乘)에 머물 뿐이며, 섭중생계만 있으면 이타행(利他行)만 있고 자리행이 없어 보리(菩提)의 싹을 돋아나게 할 수 없다고 하였다. 또한 삼취정계 가운데 섭률의계는 단(斷)의 덕목(德目)이고, 섭선법계는 지(智)의 덕목이며, 섭중생계는 은(恩)의 덕목이기 때문에, 이 삼덕의 과(果)를 얻으면 그것이 곧 정각(正覺)을 이루는 길이라고 하였다.

보살은 10가지 깊은 마음을 일으켜 제2지인 이구지(離垢地)에 들어간다. 즉, 정직한 마음(正直心) · 부드러운 마음(柔軟心) · 참을성 있는 마음(堪能心) · 조복한 마음(調伏心) · 고요한 마음(寂靜心) · 순일하게 선한 마음(純善心) · 잡되지 않는 마음(不雜心) · 그리움 없는 마음(無顧心) · 넓은 마음(廣心) · 큰마음(大心)이다.

이구지보살은 성품이 일체 악업을 멀리 여읜다. 이를 성취한 보살은 다음과 같은 구체적인 실천이 가능하게 된다.

① 성품이 저절로 일체 살생을 멀리한다.

칼 등의 살생도구를 두지 않고, 원한을 품지 않고, 일체 중생을 항상 이롭게 하고 사랑하는 마음을 낸다. 보살은 중생이라는 생각을 내면서 거친 마음으로 살해하는 일이 없다.

② 성품이 훔치지 않는다.

보살은 자기의 재산에 만족함을 알고 다른 이에게는 인자하고, 다른 이에게 소속한 물건에는 남의 것이라는 생각을 내어 훔치려는 마음이 없고, 풀잎 하나라도 주지 않는 것은 가지지 않는다.

③ 성품이 사음(邪淫)하지 않는다.

보살은 자기 아내에 만족함을 알고 다른 처를 구하지 않는다. 다른 이의 처첩이나 다른 이가 보호하는 여자에게 탐하는 마음도 내지 않는다.

④ 성품이 거짓말하지 않는다.

보살은 항상 진실한 말과 참된 말과 시기적절한 말을 하고, 꿈에서라도 거짓말하려는 마음이 없다.

⑤ 성품이 이간하는 말을 하지 않는다.

보살은 이간하는 마음이 없고 해치려는 마음도 없다. 이간하는 말은 실제든 아니든 말하지 않는다.

⑥ 성품이 나쁜 말을 하지 않는다.

이른바 해롭게 하는 말, 거친 말, 남을 괴롭히는 말, 남을 성내게 하는 말 등은 모두 버린다. 항상 윤택한 말, 부드러운 말, 뜻에 맞는 말, 여러 사람이 기뻐하는 말, 몸과 마음이 희열한 말을 한다.

⑦ 성품이 번지르르한 말을 하지 않는다.

보살은 언제나 잘 생각하고 하는 말, 시기적절한 말, 진실한 말, 의로운 말, 법에 맞는 말을 좋아한다. 보살은 농담을 할 때조차도 항상 생각하고 말한다.

⑧ 성품이 탐욕을 부리지 않는다.

보살은 남의 재물이나 다른 이의 생활용품에 탐심을 내지 않고, 원하지 않고, 구하지 않는다.

⑨ 성품이 성내지 않는다.

보살은 일체 중생에게 항상 자비한 마음을 낸다.

⑩ 성품에 삿된 소견이 없다.

보살은 바른 길에 머물러서 불·법·승 삼보에 신심을 낸다.

보살은 이와 같이 선한 법(十善法) 중에서는 사랑스러운 말(愛語)을 즐겨 하고, 십바라밀 중에서는 지계바라밀이 치우

행복한 화엄경

처, 다른 것을 행하지 않는 것은 아니지만 능력을 따르고 분수를 따를 뿐이다.

계(戒)에는 소승계와 대승보살계, 사계(事戒 계의 형식)와 이계(理戒 계의 원리)가 있는데, 각각 내용의 차이가 있다.

소승계(小乘戒)인 사계는 표업(表業 겉으로 드러나는 업)만 계를 범하는 것(犯戒)이 되나, 대승보살계(大乘菩薩戒)는 무표업(無表業 드러나지 않으나 마음속에 품고 있는 업) 또한 계를 범하는 것이 된다.

예를 들면 소승계는 직접 살생을 하지 않으면 죄가 성립되지 않는다. 그러나 보살계는 마음으로 생각만 해도 파계(破戒)가 된다. 그것은 보살의 성품 자체가 살생과는 거리가 멀기 때문이다. 또 보살은 일체 중생이 살생을 하지 않도록 해야 살생계를 지키는 것이 된다.

지계바라밀로 모든 번뇌의 때를 여의는 지위가 이구지이다.

3) 발광지(發光地)

삼법인(三法印)을 관찰하고 이행섭(利行攝)과 인욕바라밀로 지혜의 광명이 나타나는 지위이다. 보살이 제3지에 머물면서 열 가지 깊은 마음을 낸다. 청정심(淸淨心)·안주심(安住心)·염사심(厭捨心)·이탐심(離貪心)·불퇴심(不退心)·견고심(堅固心)·명성심(明盛心)·용맹심(勇猛心)·광심(廣心)·대심(大心)을 내서 모든 유위법(有爲法)의 실상을 관찰한다.

즉, 현상세계는 무상하고, 괴롭고, 부정하고, 안온하지 못하고, 망가지고, 오래 머물지 못하고, 찰나에 나타났다 없어지고, 과거에 생한 것도 아니고, 미래로 가는 것도 아니고, 현재에 있는 것도 아니라고 관찰한다. 이 법을 관찰하면 모든 현상 세계에 대하여 싫어함이 배나 더하여 부처님 지혜로 나아간다.

보살이 발광지에 머물면 4선(禪)과 4무색정(無色定)에 머물고 한량없는 신통력을 얻는다. 사섭법 중에는 이행섭(利行攝)이 뛰어나고, 십바라밀 중에는 인욕바라밀이 뛰어난데, 다른 것을 닦지 않는 것은 아니지만 힘을 따르고 분수를 따를 뿐이다.

보살이 이 발광지에 머물면 원력이 있어 수많은 부처님을 친견하게 된다. 탐(貪)·진(瞋)·치(癡)의 삼독심(三毒心)에 머물지 않으므로 또한 이 자리에 이른다. 정치를 하거나 상행위를 하면서 자기의 이익을 얻으려 하지 않는다. 삿된 마음, 욕심을 가지면 자신이 가진 것이 오래가지 못한다.

사선팔정(四禪八定)이란?
사선(四禪)과 사정(四定)을 아울러 가리키는 말이다.
사선(四禪)은 초선, 제2선, 제3선, 제4선을 가리키는 말로 사색계선(四色界禪)이고, 사정(四定)은 공무변처정(空無邊處定), 식무변처정(識無邊處定), 무소유처정(無所有處定), 비상비비상처정(非想非非想處定)이다. 사정은 삼계 가운데 무색계에서 터득하는 선정이기 때문에 사무색정(四無色定) 또는 사공정(四空定)이라고도 한다.
이에 사선과 사정을 합하여 사선팔정이라 한다.

4) 염혜지(焰慧地)

37조도품(助道品)을 닦고 동사섭(同事攝)과 정진바라밀로 지혜가 매우 커지는 지위이다. 여기서 불교의 기본 수행법인 37조도 수행법이 나온다. 이 지위는 지혜를 가지고 번뇌를 태운다는 의미가 있다. 보살이 염혜지에 머물면 그 지혜로써 여래의 가문에 태어난다. 이 지위에서 열 가지 법을 밝히는 수행을 해야 하는데, 그러기 위해서 37법을 수행한다. 그리고 중생계(衆生界), 법계(法界), 세계(世界), 허공계(虛空界), 식계(識界), 욕계(欲界), 색계(色界), 무색계(無色界), 광심신해계(廣心信解界), 대심신해계(大心信解界) 등을 관찰한다.

37조도품(助道品)이란 깨달음을 성취하기 위한 서른일곱 가지의 중요한 수단을 말하며, '37보리분법'이라고도 한다. 37조도품의 도를 이루는 데 직접 도움이 되는 37가지 수행법은 다음과 같다.

① **사념처**(四念處)란 네 가지 마음 챙김의 확립을 말한다. 몸(身)·느낌(受)·마음(心)·법(法)에서 그들의 더러움을 무상·무아라고 파악하면서 깨끗함, 행복, 영원함, 자아의 인식 역할을 성취하면서 일어난다.

몸을 수관하는 마음 챙김의 확립, 느낌을 수관하는 마음 챙김의 확립, 마음을 수관하는 마음 챙김의 확립, 법을 수관하는 마음 챙김의 확립.

② **사정근**(四正勤)이란 네 가지 바른 노력을 말한다.

이미 일어난 나쁜 것을 버리려는 노력, 아직 일어나지 않은 나쁜 것을 일어나지 않게 하는 노력, 아직 일어나지 않은 유익한 것을 일으키려는 노력, 이미 일어난 유익한 것을 증장시키려는 노력.

③ **사여의족**(四神足·四如意足)이란 네 가지 성취 수단을 말한다. 성취는 부처님의 가르침을 실천하려는 노력으로 얻어지는 고귀하거나 출세간적인 상태를 의미한다.

열의(欲求)의 성취수단, 정진(精進)의 성취수단, 마음(心)의 성취수단, 사유(思惟)의 성취수단.

④ **오근**(五根)이란 다섯 가지 기능을 말하며, 기능이란 그 각각의 영역에서 지배하는 요소이다.

믿음(信)의 기능, 정진(精進)의 기능, 잊지 않고 기억함(憶念)의 기능, 삼매(禪定)의 기능, 통찰지(慧)의 기능.

⑤ **오력**(五力)이란 다섯 가지 힘을 말하며, 힘이란 반대되는 것들에 의해 흔들리지 않고 이들과 함께하는 법들을 강하게 만드는 요소이다.

믿음(信)의 힘, 정진(精進)의 힘, 잊지 않고 기억함(憶念)의 힘, 삼매(禪定)의 힘, 통찰지(慧)의 힘.

⑥ **칠각지**(七覺支)란 일곱 가지 깨달음의 각지를 말한다.

마음 챙김의 깨달음의 각지(念覺支), 법을 간택하는 깨달음의 각지(擇法覺支), 정진의 깨달음의 각지(精進覺支), 희열의 깨달음의 각지(喜覺支), 경안의 깨달음의 각지(輕安覺支), 삼매의 깨달음의 각지(定覺支), 평온의 깨달음의 각지(捨覺支).

⑦ 팔정도(八正道)란 여덟 가지 성스러운 도를 말한다.
바른 견해(定見), 바른 생각(定思惟), 바른 말(正語), 바른 행위(定業), 바른 생활(正命), 바른 정진(定精進), 바른 마음 챙김(正念), 바른 삼매(正定).

보살은 한 중생도 버리지 않기 위해, 본원(本願)을 지니기 위해, 대자비를 느끼고 행하기 위해, 큰 자기를 성취하기 위해, 일체 지혜를 얻기 위해, 불토를 장엄하기 위해, 여래의 두려움이 없는 방편(如來無所畏方便)을 성취하기 위해, 가장 뛰어난 도(上上殊勝道)를 구하기 위해, 들은 바 불해탈을 따르기 위해, 큰 지혜로 좋은 방편(大智善巧方便)을 삼기 위해 37조도품을 수행한다.

5) 난승지(難勝地)

진제(眞諦)와 속제(俗諦)를 조화하여 그 어떤 것도 이기기 어려운 견고한 지위이다. 끊기 어려운 번뇌를 끊을 수 있는 지위이기 때문이다. 이 보살은 서원을 크게 세운다. 중생을 구제하기 위한 주인공이 되며, 일체 중생이 의지하는 의지처가 되기를 서원한다.

보살은 이 지위에 이르기 위해 열 가지 청정한 평등심을 갖춰야 한다. 즉 과거불법(過去佛法), 미래불법(未來佛法), 현재불법(現在佛法), 계(戒), 심(心), 의심을 제거하기 위해(除見疑懷), 진리인지 아닌지 아는 지혜(道非道智), 수행으로 터득한 지견(修行智見), 일체 보리분법을 잘 관찰하는 마음(一切菩提分法上上觀察), 일체 중생을 교화하는 마음(敎化一切衆生) 등 청정한 평등심(平等心)을 갖추어야 한다.

고집멸도(苦集滅道)의 사성제(四聖諦)와 선정(禪定)바라밀을 주로 닦으며, 중생을 위하여 세간의 기예를 모두 익힌다. 중생에게 이익이 되는 일이라면, 문자(文字)·산수(算數)·약방문·글씨·시·노래·춤·풍악·연예·웃음거리·재담 등을 다 배우며, 나무·꽃·약초들을 심고 가꾸는 이치와 금·은·마니·진주·유리·보배·옥·보석·산호 등이 있는 곳을 다 알며, 산수(山水)가 좋고 나쁜 것을 잘 관찰하여 조금도 틀리지 않는다. 이는 보살이 중생들에게 이러한 일을 모두 열어 보여서 점점 위없는 불법에 머물게 하기 위함이다.

또한 이 보살은 한 생각 가운데 천억 중생을 구제하고, 한 생각 가운데 천억 부처님을 친견한다. 천억 부처님의 신통력을 알게 된다. 천억 부처님의 세계를 움직이고, 천억 보살을 거느리게 된다. 한 생각 가운데 수많은 부처님의 삼매와 신력을 경험하게 된다.

6) 현전지(現前地)

세간(世間)이나 출세간(出世間)의 일체 지혜가 다 앞에 나타나는 지위이다. 십이연기(十二緣起), 즉 무명(無明)·행(行)·식(識)·명색(名色)·육입(六入)·촉(觸)·수(受)·애(愛)·취(取)·유(有)·생(生)·노사(老死)를 관찰하고, 반야바라밀을 성취한다는 내용이 있다.

유명한 '유심게(唯心偈)'가 설해진 곳으로, 마음의 철학이 잘 나타나 있다. 삼계에 존재하는 것은 마음뿐이라는 유심의 도리가 설해진다. 여러 마음이 있으나 여기서는 물든 마음, 삼계의 마음을 말한다.

현전지(現前地)에 들어가면 보살들이 부처님을 찬탄하고, 음악을 연주하는 천녀(天女)들도 부처님의 공덕을 찬양한다. 그 노래 가운데 다음과 같은 내용이 있다.

약능통달제법성(若能通達諸法性) 만약 모든 진리를 통달한다면
어유어무심부동(於有於無心不動) 유거나 무거나 마음에 동요 없네
위욕구세근수행(爲欲救世勤修行) 중생구제 위해 부지런히 수행하니
차불구생진불자(此佛口生眞佛子) 이 부처님 입에서 진실한 불자 태어나네

불취중상이행시(不取衆相而行施) 뭇 형상 가리지 않고 보시 행하고
본절제악견지계(本絶諸惡堅持戒) 모든 악 끊고 계율 견고히 지키네.

해탈월보살이 금강장보살에게 제6지의 경지를 설명해 달라고 요청하자, 금강장보살은 제6지에 들어가기 위해서는 10가지의 평등한 마음에 도달해야 함을 말한다. 즉, 일체법은 성품이 없고(無性)·모양이 없고(無相)·생겨나는 일이 없고(無生)·멸함이 없고(無滅)·본래 청정하고·쓸데없는 말이 없고(無戱論)·취하지도 버리지도 않으며(無取捨)·떠나고·꿈과

같고 · 있고 없음이 둘이 아님을 깨닫는 지위에 머물러야 한다고 설한다.

현전지에 머무는 보살은 십이연기를 관찰함과 동시에 '삼계(三界)는 허망하여 다만 이 마음이 지은 것이요, 12인연도 다 마음을 의지하는 것이다' 라는 유심게를 관찰한다.

삼계는 망념으로 이루어진 것이며, 12인연도 마음에 의해 성립된 것이라고 설한다.

삼계소유 유시일심(三界所有唯是一心)

　　　　삼계에 존재하는 것은 단지 마음뿐이라고

여래어차 분별연설(如來於此分別演說) 여래가 이것을 분별하여 연설하시네

십이유지 개의일심(十二有支皆依一心)

　　　　십이연기도 모두 다 마음을 의지하여

여시이립(如是而立) 이렇게 세운 것일 뿐이라네.

이렇게 관찰하면 보살은 점점 자비심이 증장하고 삼매에 들어가게 되며, 지금 이 순간 여기에 나타나는 것들을 면밀히 관찰하고 그것의 허망함을 알기에 현전지라고 한다.

7) 원행지(遠行地)

제7지에 들어간 보살은 성문 · 연각인 이승(二乘)의 경지를 멀리 떠나 광대한 지혜를 내기 때문에 원행지(遠行地)라고 한다. 제6지에서 제7지에 들어가기 위해서는 십바라밀을 구족하

고, 그중에서도 방편(方便)바라밀을 주로 닦는다.

이 지위는 보살이 중생 속으로 들어가 하나가 되는 자리이므로, 중생과의 변화무쌍한 만남에 있어 바른 법을 펼 수 있는 다양한 방법의 지혜가 필요하다.

이 지위에서는 생각마다 능히 십바라밀을 구족하고, 생각마다 대비(大悲)를 으뜸으로 삼아 진리를 수행한다. 특히 "삼계(三界)를 멀리 떠났으면서도 삼계를 장엄한다."라고 설하여 실천을 강조한다. 보살은 먼저 삼계를 떠나야만 한다. 그러나 삼계를 버리는 것만으로 보살이 되는 것이 아니라, 삼계 속으로 다시 돌아와서 중생과 함께하고 중생을 구제해야 한다. 진흙탕 속의 연꽃과 같다. 그 실천은 물론 십바라밀 수행이며, 경에서는 다음과 같이 설명하고 있다.

보시(布施) 모든 선근을 중생에게 베푸는 것

지계(持戒) 일체 번뇌의 뜨거운 열(熱惱)을 없애는 것

인욕(忍辱) 자비를 으뜸으로 삼아 중생을 해롭게 하지 않는 것

정진(精進) 수승한 법을 구하여 만족해 싫어함이 없는 것

선정(禪定) 온갖 지혜의 길이 앞에 나타나 산란하지 않는 것

반야(般若) 모든 법에 생멸(生滅) 없음을 능히 인정하는 것

방편(方便) 한량없는 지혜를 능히 내는 것

원(願) 상상품(上上品)의 수승한 지혜를 구하는 것

역(力) 마군들이 절대 무너뜨릴 수 없는 힘을 얻는 것

지(智) 모든 법을 통달하는 것

보살의 실천은 갖가지 도를 행하며 지나기가 어렵지만, 큰 서원(誓願)의 힘과 큰 지혜(智慧)의 힘과 큰 방편(方便)의 힘을 쓰기 때문에 능히 지나갈 수 있다고 하였다.

8) 부동지(不動地)

무생법인(無生法忍)을 얻어 동요하지 않는 지위이다. 원(願) 바라밀 수행을 강조한다. 수행이 완성되어 더 이상 흔들림 없이 저절로 보살행을 행하는 경지를 부동지(不動地)라고 한다. 부동지에 들어간 보살을 '심행(深行)' 보살이라고 부르는데, 이 보살은 일체 세간의 모습이나 탐욕과 집착을 벗어났으며, 성문·연각과 같은 수행자가 절대로 무너뜨릴 수 없는 확고 부동의 경지에 머무를 수 있다. 경에서는 다음과 같이 설하고 있다.

불자들이여, 보살이 머무는 이 지(地)는 깨뜨릴 수 없기 때문에 그 이름을 부동지라 하고, 그 지혜를 굴릴 수 없기 때문에 그 이름을 부전지(不轉地)라 한다.

이외에도 제8지를 위덕지(威德地)·동진지(童眞地 천진한 자리)·자재지(自在地)·성지(成地)·구경지(究竟地) 등 여러 이름으로 부르고 있지만, 그 근본은 움직이지 않는 '부동'이라는 점에 있다.

이 부동지보살은 무공용각혜(無功用覺慧 힘을 쏟지 않고 깨닿는 지혜)를 가지고 일체지(一切智)의 경계를 관찰하며, 중생들의 원하는 바에 따라서 갖가지 몸을 나타내어 중생을 교화한다.

『법화경』에서 32가지 모습으로 변화하여 중생에게 보이는 것과 대비할 수 있다. 이는 응병여약(應病與藥)이라 할 수 있으며 오늘날의 맞춤식 교육법이다. 「십우도」에 '입전수수(入廛垂手)'란 말이 나오는데, 보살이 시장 속으로 들어가 중생과 하나가 되어 중생을 교화한다는 뜻과 통한다.

9) 선혜지(善慧地)

중생을 구제하기 위해 온갖 지혜를 얻어 대법사가 되어 설법하는 지위로서 역(力)바라밀이 뛰어나다. 특히 네 가지 걸림이 없는 지혜, 즉 법무애지(法無碍智), 의무애지(義無碍智), 사무애지(辭無碍智), 요설무애지(樂說無碍智) 경전에 대한 깊은 이해가 있어야 한다. 보살이 이 지(地)에 머물면, 모든 중생들의 마음과 모든 근기와 모든 욕망과 갖가지 이치를 모두 잘 안다. 이 보살은 법사로서 큰 법을 설하는 이다. 그는 백수의 왕인 사자왕이나 우왕, 보배산의 왕과 같이 어떠한 두려움도 없이 큰 소리로 용기 있게 법을 설한다.

선혜지에 머무르는 보살은 사무애변으로 대법사가 되어 중생의 모든 욕망과 근기를 알아 자재한 설법을 한다. 또한 자기가 공부한 경전의 내용을 전혀 잊지 않는다.

① 법무애변(法無碍辯) 진리에 막히는 일이 없다.

② 의무애변(義無碍辯) 가르침의 내용에 막히는 일이 없다.

③ 사무애변(辭無碍辯) 다양한 언어를 자유자재로 구사한다.

④ 요설무애변(樂說無碍辯) 설법을 기가 막히게 잘한다. 진리를 즐기고 타인에게 설법하는 데 걸림이 없다.

이 지위의 보살은 10가지 삼매인 보살이구(菩薩離垢), 입법계차별(入法界差別), 장엄도량(莊嚴道場), 일체종화광(一切種華光), 해장(海藏), 해인(海印), 허공계광대관일체법자성(虛空界廣大觀一切法自性), 지일체중생심행(知一切衆生心行), 일체불개현전(一切佛皆現前) 등 수많은 삼매에 들어간다. 삼매에서 일어나 신체의 모든 부분에서 광명을 발하면서 중생들에게 이익이 되도록 법을 설한다.

10) 법운지(法雲地)

대법우(大法雨)를 내리는 지위이다. 지혜(智慧)바라밀이 가장 수승하다. 지혜의 구름이 널리 감로의 비를 내리는 경지이므로 법운지라 하고, 그 설법이 진리의 비를 내리게 하는 구름과 같기 때문에 법운지라 한다.

법운지에 머물면 일체에 대해서 잘 아는 지혜를 갖추게 되고, 수많은 해탈문으로 들어가 여래의 지혜를 통달함으로써 대법우(大法雨)를 내리게 된다. 한 부처님이 내리는 큰 법의 광명의 비를 잘 맞으며, 두 부처님이나 세 부처님이나 말할 수 없는 부처님이 일으키는 큰 법의 구름비도 다 견디면서 맞는다. 그러므로 이 지를 법운지라 하는 것이다.

보살이 법운지에 머물면 무수한 부처님들로부터 법의 비를 맞을 수 있다. 또한 제10지의 보살은 자재한 신통력을 갖춘다. 보살이 법운지에 머물면 지혜로써 최상의 자재한 힘을 얻어, 좁은 국토를 넓히기도 하고 넓은 국토를 좁히기도 하며, 더러운 국토를 깨끗하게 하기도 하고 깨끗한 국토를 더럽게 하기도 하는 등 모든 세계에서 신통력을 부린다. 이처럼 법운지 보살의 신(身)·구(口)·의(義)의 업은 헤아릴 수도 없고 측량할 수도 없다. 삼매도 자재하고 해탈문도 자재하고 지혜 경계도 자재하여, 그 모든 것이 부처님과 다르지 않으며 광명(光明) 또한 그러하다.

「십지품」의 마지막에는 십지의 내용을 정리하여 초지(初地)에서 제10지에 이르는 단계가 간략하게 설명되어 있다. 초지에서는 넓고 큰 서원을 발하고, 제2지에서 계율을 지키며, 제3지에서 선(禪)을 닦고, 제4지에서 오롯이 도행을 닦는다. 제5지에서 방편의 지혜를 연마하고, 제6지에서 깊고 깊은 인연을 알며, 제7지에서 넓고 큰 마음을 닦고, 제8지에서 세간을 장엄하고 신통력을 발하며, 제9지에서 지혜의 빛으로 일체를 비추고, 제10지에서 모든 부처님의 큰 법의 비를 받는다.

이에 관련한 일화도 전해 온다.

중국 북위(386~534년) 때 『십지경』과 계율의 거장이었던 혜광스님은 워낙 지혜가 총명하여 학덕이 널리 퍼져 있었다. 어느 해 가뭄이 들자 사람들이 혜광스님에게 와서 비를 구하였는데, 스님이 『십지경』을 설하자 비가 내렸다고 한다. 이와 같은 보살도는 『화엄경』에서 일승보살도(一乘菩薩道)를 나타내 보이고 있는 것이다. 십지보살행은 회삼귀일(會三歸一)에 근거한 일승보살도로서 보살도의 정수로 간주되기 때문이다.

십지의 각 단계와 보살의 수행을 간단히 정리해 보고, 보다 쉬운 이해를 위해 바다의 열 가지 이익과 비교하여 표로 정리해 보았다.

초지(初地) 환희지는 원(願)을 세우는 자리로, 대승보살은 원이 없으면 보살이 될 수 없기 때문에 원을 세우는 것은 기본적인 보살의 모습이라 할 수 있다.

제2지 이구지에서의 십선업도(十善業道)는, 근본교설에서는 십선업(十善業)으로서 재가불자의 윤리 도덕에 해당하는 항목으로 여겨졌던 것이 대승불교도들이 지키는 십선계(十善戒)로서 대승적 의미가 부여되었고, 다시 『화엄경』에서는 제2지 보살이 닦는 수행 덕목으로 설해지고 있다.

제3지 발광지는 삼법인(三法印)에 해당하며 일체 법을 관찰한다.

제4지 염혜지에서 닦는 37조도품은 초기 불교에 종합된 수행 덕목이다. 대승은 소승을 비판하고 일어났던 것임을 볼 때 『화엄경』의 일승(一乘)의 설법 중 이 37조도품 역시 보살의 수행 방편으로 다시 해석되어 수용된 것이라 하겠다.

제5지 난승지에서 닦는 사성제는 성문(聲聞)이 주로 닦아 가는 수행법이며, 이를 통해서 아라한과를 증득하게 되는 수행법이다. 여기서는 대승불교의 수행법으로 수용되고 있다.

제6지 현전지의 십이연기를 관하는 것은 소승에서 연각(緣覺)이 닦아가는 수행법으로서 역시 아라한과까지 도달할 수 있다는 실천 수행법이다. 성문·연각은 아라한의 깨달음까지만 성취할 수 있고, 보살은 육바라밀행을 닦아서 부처가 될 수 있는 이로 보았다. 그때 성문과 연각이 닦는 대표적인 수행법이 사성제와 십이연기이다. 『화엄경』에서는 이 두 수행법이 제5지와 제6지 계위의 보살이 닦는 수행법으로 인정되고 있다.

제7지 원행지에서는 보살이 닦는 대표적인 수행법으로 십바라밀이 교설되고 있다. 이런 점에서 『화엄경』 십지보살도는 회삼귀일에 근거한 일승보살도로, 보살도의 정화로 간주되어 왔다.

제8지 부동지에서 보살이 닦는 무생법인(無生法忍), 제9지 선혜지에서 보살이 닦는 사무애변(四無碍辯), 제10지 법운지에서 보살이 행하는 대법우(大法雨) 또한 일승보살도의 정화(精華)이다.

바다의 열 가지 이익(海十種益)과 십지보살행의 비교

바다에서 배우는 10가지 이익	십지보살행의 성격(수행법)
차례로 점점 깊어진다.	환희지는 큰 서원을 내어 점점 깊어지는 까닭이다.(십대원)
송장을 받아두지 않는다.	이구지는 모든 파계한 송장을 받지 않는 까닭이다.(십선업)
다른 물이 그 가운데 들어가면 모두 본래의 이름을 잃는다.	발광지는 세간에서 붙인 이름을 여의는 까닭이다.(삼법인)
모두 다 한 맛이다.	염혜지는 부처님의 공덕과 맛이 같은 까닭이다.(삼십칠조도법)
한량없는 보물이 있다.	난승지는 한량없는 방편과 신통과 세간의 보배들을 내는 까닭이다.(사성제)
바닥까지 이를 수 없다.	현전지는 인연으로 생기는 깊은 이치를 관찰하는 까닭이다.(십이연기)
넓고 커서 한량이 없다.	원행지는 넓고 큰 깨달음에 이르는 지혜를 잘 관찰하는 까닭이다.(십바라밀)
큰 짐승들이 사는 곳이다.	부동지는 광대하게 장엄하는 일을 나타내는 까닭이다.(무생법인)
조수가 기한을 넘기지 않는다.	선혜지는 깊은 해탈을 얻고 세간을 다니면서 사실대로 알아서 기한을 어기지 않는 까닭이다.(사무애변)
큰비를 모두 받아도 넘치지 않는다.	법운지는 모든 부처님 여래의 큰 법의 비를 받으면서도 가득 참이 없는 까닭이다.(대법우)

20. 선정, 신통 그리고 지혜를 내다
– 「십정품(十定品)」&「십통품(十通品)」&「십인품(十忍品)」

등각(等覺)과 묘각(妙覺)

제7회 11품에서는 십지보살행을 지나 깨달음의 경계를 펼쳐 보이고 있다. 지상의 제3막에 해당한다. 『화엄경』에 보이는 깨달음은 등각(等覺)과 묘각(妙覺)을 시설해 놓은 것으로 파악된다. 등각(等覺)은 보살의 인행(因行)을 거친 결과의 과위를 말하고, 묘각(妙覺)은 인행에 상대한 과위가 아니라 부처님 본래의 깨달음의 세계를 말한다.

여기서 우리는 고민하게 된다. 십신(十信)에서 십지(十地)에 이르는 보살 수행의 결과인 등각과 부처님 깨달음의 본래 세계인 묘각 사이에는 건널 수 없는 어떤 '질'적인 차이가 있는 것일까? 수행의 각 단계는 '정도'의 차이만 있기 때문에 묘각 역시 열심히 노력하기만 한다면 얻을 수 있는 경지일까?

이는 불교의 중요한 쟁점 중 하나인 수행과 깨달음의 차이에 대한 문제를 제기하기도 한다.

「십정품」에서 부처님은 다시 보광명전(普光明殿)에 모인 대중들과 함께하셨다. 그때 보현보살이 부처님의 위신력을 받아서 찰나제제불삼매(刹那際諸佛三昧)에 들어가 십정(十定) 등 수생인과(修生因果)와 본유인과(本有因果)의 법문을 설하시고 (430쪽 참고), 10가지 삼매 중 마지막 삼매인 '걸림 없는 바퀴 큰 삼매(無碍輪大三昧)'를 설명하면서 다음과 같이 말한다.

법이 생겨남이 없음을 알지마는 항상 법 바퀴를 굴리며,

법에 차별 없음을 알지마는 모든 차별한 문을 말하며,

모든 법에 생멸(生滅)이 없음을 알지마는 모든 생멸하는 모양을 말하며,

모든 법에 크고 작음이 없음을 알지마는 법의 크고 작은 모양을 말하며,

법에 상·중·하가 없음을 알지마는 가장 으뜸인 법을 말하며,

모든 법에 말할 수 없음을 알지마는 청정한 말을 연설하며,

모든 법에 안팎이 없음을 알지마는 안의 법과 밖의 법을 말하며,

모든 법을 알 수 없음을 알지마는 가지가지 지혜로 관찰함을 말하느니라. …… (중략) ……

법에 평등(平等)할 이가 없음을 알지마는 평등하고 평등하지 않은 길을 말하며,

법은 말이 없음을 알지마는 결정코 삼세의 법을 말하며,

법에 의지할 데 없음을 알지마는 선한 법을 의지하여 뛰어남(出離)을 얻음을 말하며, 법에 몸이 없음을 알지마는 자세히 법신을 말하며,

삼세 부처님들이 그지없음을 알지마는 한 부처님만이라고 말하며,

법에 빛깔이 없음을 알지마는 수많은 빛깔을 나타내며,

법에는 소견이 없음을 알지마는 여러 소견을 자세히 말하며,

법에 모양이 없음을 알지마는 가지가지 모양을 말하며,

법에 경계가 없음을 알지마는 지혜의 경계를 자세히 말하며,

법에 차별이 없음을 알지마는 수행한 결과가 가지가지로 차별함을 말하며,

법에 벗어날 것이 없음을 알지마는 청정하게 벗어나는 행을 말하며,

법이 본래 항상 머무는 줄을 알지마는 모든 흘러 다니는 법을 말하며,

법에 비칠 것이 없음을 알지마는 비치는 법을 항상 말하느니라.

보현보살의 말은 동일한 구조를 가지고 있다. '~않음(없음)을 알지만 ~한다'의 구조를 통해 보현보살은 법계의 구조를 표현하고 있다. 여기서 '~하지 않음을 앎'이 등각이라고 한다면, '~함'은 묘각이라고 할 수 있다. 등각이 깨달음의 적적(寂寂)함, 공(空)의 세계를 말한다면, 묘각은 그 깨달음이 작용하는 지혜의 성성(惺惺)한 방식, 현묘(玄妙)한 방식을 말한다.

이때 『화엄경』의 원융과 회통은 다시 한 번 그 힘을 발휘한다. 우리의 수행은 구체적으로 '~을 하는' 과정이지만, 그 과정 속에는 '~하지 않음을 앎'이라는 본유의 청정함이 언제나 작용하고 있다. 그것은 '모든 상(相)을 버려라'라는 『금강경』의 가르침과도 통한다.

수행과 깨달음이 함께하기 때문에, 우리는 수행 과정 속에서 바른 수행을 할 수 있다. 『화엄경』에서 발심(發心)과 발심의 공덕을 강조하는 이유도 마찬가지이다. 아직 구체적으로 알 수는 없지만, 수행의 최초 시작인 발심의 단계 속에 깨달음이 있기 때문이다. 수행은 그 깨달음의 본연의 모습을 찾아가는 여정이고, 깨달음은 우리를 인도한다.

수행자여, 그대는 수행 과정 속에서 방황하고 있는가? 그대의 방황은 올바른 것이 아니다. 스스로를 점검하고 차별과 장애를 없애라. 깨달음이 작용하는 고요함과 부드러움과 따뜻함을 따라가라. 언제나 어떤 상황 속에서도 헤쳐 나갈 수 있는 방법이 있음을 잊지 말라.

10가지 선정과 10가지 신통

「십정품」에서 보현보살은 지혜의 근본인 열 가지 선정(禪定)을 설한다. 천상에서의 설법을 마치고 다시 지상으로 내려와 법을 설하는 장면이다. 이는 제7회에 행해진 11품의 서론에 해당한다.

부처님이 마가다국의 고요한 법보리도량 근처에 있는 보광명전에서 찰나제삼매(刹那際三昧)에 들어 여래의 모습을 나타내고 형상이 없는 데 머물렀다. 그때 금강혜보살과 여러 보살들이 모여 왔는데, 보안보살이 보살들의 불가사의하고 광대한 삼매에 대해 부처님께 물었다. 여기에 대해 부처님은 보현보살에게 설명하기를 청하고 또 보살에게는 열 가지 삼매가 있는데 이 삼매를 닦아 성취하면 여래가 된다고 하셨다. 이에 보현보살은 부처님의 명을 받아 열 가지 삼매를 말하였으니, 이 삼매를 과거 현재 미래에 설하셨고, 설하고 있으며 다 체험하고 다 닦으신 분이 부처님이다.

그 삼매의 이름은 넓은 광명 삼매(普光明三昧), 묘(妙)한 광명의 큰 삼매(妙光大三昧), 여러 부처님 나라에 차례로 가는 삼매(次弟 往諸佛國土三昧), 청정하고 깊은 마음의 행 삼매(淸淨 深心行三昧), 과거에 장엄한 갈무리를 아는 큰 삼매(妙光知 過去莊嚴藏 大三昧), 지혜광명의 갈무리 삼매(智光明藏三昧), 모든 세계 부처님의 장엄을 아는 삼매(了知一切世界 佛莊嚴三昧), 일체 중생의 각기 다른 몸 삼매(衆生差別身三昧), 법계에 자재한 삼매(法界自在三昧), 걸림 없는 바퀴 큰 삼매(無碍輪大三昧) 등이다.

삼매의 이름은 은유적으로 표현되어 있기 때문에 이름만 가지고서는 구체적인 삼매 현상을 정확히 구분할 수 없다. 각 각의 삼매 현상에 대해 이해하기 위해서는 삼매 현상에 의지해 서 일어나는 보살의 신통에 대해서도 함께 알아두어야 한다. 이를 정리하면 다음의 표와 같다.

삼매의 이름	삼매의 특징	신통의 이름	신통의 특징
보광명삼매 (普光明三昧)	모든 세간과 법의 몸을 봄	타심지통 (他心智通)	다른 이의 마음을 아는 신통(타심통)
묘광대삼매 (妙光大三昧)	여러 세계의 갖가지 차별을 봄	무애청정 천안지통 (無碍淸淨 天眼智通)	걸림 없는 하늘 눈 신통(천안통)
차제 왕제불국토삼매 (次弟 往諸佛國土三昧)	모든 세계에서 시간에 구애받지 않고 삼매에 들어감	주무체성 무동작 왕일체불찰지신통 住無體性 無動作 往一切佛刹智神通(住無體性神通)	성품도 없고 동작도 없는데 머물면서도 제불 세계에 가는 신통(신족통)
청정심심행삼매 (淸淨深心行三昧)	삼매에서 부처님 법을 듣고, 삼매에서 나와서도 잊지 않음	성취무애청정 천이지통 (成就無碍淸淨 天耳智通)	걸림 없이 청정한 하늘 귀 신통(천이통)
묘광지 과거장엄장대삼매(妙光知 過去莊嚴藏大三昧)	과거 부처님과 중생과 법 등을 알게 됨	숙주수념지통 (宿住隨念智通)	전생 일을 아는 신통(숙명통)
지광명장삼매 (智光明藏三昧)	미래세계 도래할 부처님과 중생 등을 알게 됨	지진미래제겁지통 (知盡未來際劫智通)	내세의 일을 아는 신통(미래통)
요지일체세계 불장엄삼매(了知一切世界 佛莊嚴三昧)	부처님께서 모든 세계에 충만하심을 봄	선분별일체중생 언음지통(善分別一切衆生 言音智通)	모든 말을 잘 분별하는 언어의 신통(언음통)
중생차별신삼매 (衆生差別身三昧)	모든 중생의 상황과 세계의 부분들을 봄	무수색신지신통 (無數色身智神通)	수없이 몸을 나투는 신통(색신통)
법계자재삼매 (法界自在三昧)	모든 법계에서 삼매에 들고, 머무르고, 남이 자유롭고, 갖가지 방편의 지혜를 알게 됨	일체법지통 (一切法智通)	모든 법, 진리를 아는 신통(법지통)
무애륜대삼매 (無碍輪大三昧)	부처님 지혜와 해탈과 청정함을 성취함	일체법 멸진삼매지통 (一切法 滅盡三昧智通)	모든 법이 다 없어지는 삼매에 들어가는 신통(누진통)

「십통품(十通品)」의 신통(神通)은 삼매에 의지해서 일어난다는 것이 불교의 일반적인 견해이다. 선정에 들면 우리가 익숙하게 보아오던 세계가 아니라 마음 깊은 곳에 존재하는 심연을 보게 된다. 선정이 깊어지게 되면 흔히 말하는 '무의식'의 세계뿐 아니라, 무의식의 토대가 되는 인류 전체의 근본적인 의식을 만나게 된다. 이 식(識)이 '아뢰야식'이다. 이 근본식은 시간의 생성과 소멸을 포함하지 않으므로, 모든 있었던 것이나 있는 것이나 있을 것에 차별이 없다. 또 이 근본식은 공간의 생성과 소멸을 포함하지 않으므로 우리가 육체를 가지기에 존재하게 되는 모든 공간적 한계로부터도 자유롭다. 선정의 이런 성격이 신통과 밀접한 관계를 갖도록 만들었을 것이다.

신통은 분명 신기한 능력이지만, 이는 선정의 결과에 불과할 뿐 적극적으로 추구해야 할 어떤 것이 아니다. 부처님의 제자인 우리는 신기한 능력이 아니라 부처님 법을 추구해야만 한다. 어떤 신통도 넘어서서 지혜와 해탈을 향해야만 한다. 그래서 마지막 '걸림 없는 바퀴 큰 삼매'를 통해 얻게 되는 것은 지혜와 해탈이다.

앞서 말했듯이 지혜와 선정은 불교 수행의 가장 큰 틀인만큼 이 둘의 관계에 대해서도 많은 논의가 있다. 그 의견들 중에는 지관(止觀)을 '동시에' 추구한다는 것이 실제로 불가능하다는 견해도 있는데, 분명 일리가 있는 의견이다.

지(止)는 모든 분별을 멈춘 상태에 들어가는 것이고, 관(觀)

은 모든 변화를 관찰하는 것이기 때문이다. 그러므로 한꺼번에 둘을 모두 추구하려고 하지 말고, 선정을 통해 지혜를 추구할 힘을 얻고, 지혜를 통해 한 삼매에만 머물지 않고 더 높은 경지의 삼매에 들어가도록 노력해야 한다. 삼매 현상에 너무 집착하는 태도는 수행을 전진시켜 나가는 데 도움이 되지 않는다. 이는 「십인품」에서 보살이 성취해야 할 지혜의 모습을 살펴보면 더 잘 알 수 있다.

「십지품」과 「십정품」에 등장하는 모든 보살들은 10종류의 삼매차별지(三昧差別智)에 들어가서 자유자재로 삼매에 들어가고 삼매에서 나오고 한다.

예를 들면, 동쪽에서 선정에 들었다가 서쪽으로 나오기도 하고(東方入定西方起), 서쪽에서 선정에 들었다가 동쪽으로 나오기도 하고(西方入定東方起), 남쪽에서 선정에 들었다가 북쪽으로 나오기도 하고(南方入定北方起), 북쪽에서 선정에 들었다가 남쪽으로 나오기도 하고(北方入定南方起), 동북쪽에서 선정에 들었다가 서남쪽으로 나오기도 하고(東北方入定西南方起), 서남쪽에서 선정에 들었다가 동북쪽으로 나오기도 하고(西南方入定東北方起), 서북쪽에서 선정에 들었다가 동남쪽으로 나오기도 하고(西北方入定東南方起), 동남쪽에서 선정에 들었다가 서북쪽으로 나오기도 하고(東南方入定西北方起), 아래에서 선정에 들었다가 위로 나오기도 하고(下方入定上方起), 위에서 선정에 들었다가 아래로 나오기도 하는(上方入定

下方起) 등 선정에 자유자재로 다닌다.

이는 동서남북상하 각 방향에서 자유로이 삼매에 들고 나는 신통력을 표현하고 있다. 또한 '일체 중생의 각기 다른 몸 삼매'에 들어서는 10종류의 집착함이 없는 경지(無所著)를 얻어 삼매에 들어가고 나오고 한다. 몸 외부와 내부, 서로 같고 다른 몸에 상관없이 삼매에 들고 나온다.

즉, 몸 안쪽에서 선정에 들었다가 몸 바깥쪽으로 나오기도 하고(內身入外身起), 몸 바깥쪽에서 선정에 들었다가 몸 안쪽으로 나오기도 하고(外身入內身起), 같은 몸에서 선정에 들었다가 다른 몸으로 나오기도 하고(同身入異身起), 다른 몸에서 선정에 들었다가 같은 몸으로 나오기도 하고(異身入同身起), 사람의 몸으로 선정에 들었다가 야차의 몸으로 나오기도 하는(人身入夜叉身起) 등이다.

이는 삼매가 외부의 영향을 완전히 떠나서 내가 나의 마음을 자유자재로 움직일 수 있는 경지임을 나타낸다. 보통 마음은 대상에 따라 나타나고 대상에 따라 사라진다. 따라서 대상에 상관없이 삼매에 들고 남에 자유로울 수 있다는 것은, 우리의 자성인 진여(眞如)를 체득하지 않으면 불가능한 일이다. 수행은 이렇게 우리 자신을 발견하는 과정이고, 우리 자신을 스스로 통제할 수 있는 능력을 기르는 과정이다.

자유자재한 삼매의 힘은 화엄교학의 '상즉상입(相卽相入)'의 전형적인 모습이 되기도 한다.

세상을 보는 10가지 지혜

「십인품(十忍品)」에서 인(忍)은 지혜, 앎(認)의 의미이다. 참는 과정이 지혜를 터득하게 되는 과정이기 때문일까? 『화엄경』의 번역에 문헌학적 연구나 음운론적인 연구가 필요한 부분이다. 마치 『금강경』의 한역(漢譯)에 구라마집 스님의 '상(相)'의 번역이 제기하는 여러 문제처럼 말이다.

「십인품」에서는 보현보살이 10종 신통의 의지가 되는 10가지 지혜의 경계(忍)에 대해 설한다. 무생법인(無生法忍)을 비롯하여 10가지 지혜의 경계인 10가지 인(忍)이다. 이 무생법인은 앞에서 제8 부동지보살이 증득한 경계이기도 하다. 제8지에 오르면 부처님의 경지(佛果)와 같은 경계로 본다.

그렇다면 무엇이 무생법인(無生法忍)의 경지인가?

「십인품」에서는 보살이 조그만 법의 일어남도 보지 않고 사라짐도 보지 않는다. 나지 않으면 사라짐이 없고, 사라짐이 없으면 다함이 없고, 다함이 없으면 때를 여의고, 때를 여의면 차별이 없고, 차별이 없으면 처소가 없고, 처소가 없으면 적정하고, 적정하면 탐욕을 여의고, 탐욕을 여의면 지을 것이 없고, 지을 것이 없으면 원함이 없고, 원함이 없으면 머무를 것이 없고, 머무를 것이 없으면 가고 옴이 없기 때문이다. 이렇게 남이 없는 법(無生法忍)은 불생불멸의 깨달음의 지혜 경계이다.

10가지 지혜(忍)의 내용은 다음과 같다.

① 음성인(音聲忍) 부처님 법의 음성을 듣고 따르는 인(지혜)
② 순인(順忍) 법에 순응하는 인(지혜), 신뢰하는 깨달음
③ 무생법인(無生法忍) 생멸하는 법이 없다는 인(지혜), 즉 불
생불멸의 깨달음
④ 여환인(如幻忍) 환영(幻影)과 같다는 인(지혜)
⑤ 여염인(如焰忍) 아지랑이 같다는 인(지혜)
⑥ 여몽인(如夢忍) 꿈과 같다는 인(지혜)
⑦ 여향인(如響忍) 메아리 같다는 인(지혜)
⑧ 여영인(如影忍) 그림자 같다는 인(지혜)
⑨ 여화인(如化忍) 허깨비 같다는 인(지혜)
⑩ 여공인(如空忍) 허공과 같다는 인(지혜)

이는 『금강경』 「응화비진품」에 나오는 게송과 상통한다.

일체유위법(一切有爲法) 일체 유위의 세계는
여몽환포영(如夢幻泡影) 꿈과 같고 환상, 물거품, 그림자 같으며
여로역여전(如露亦如電) 이슬 또는 번개와 같으니
응작여시관(應作如是觀) 응당 이와 같이 관할지니라.

『대품반야경』 「서품」에도 이러한 내용이 아홉 가지로 나
오는데, 이는 보살의 기본적인 태도를 말한다. 보살은 우리가

살아가는 이 세계를 열 가지 지혜로 바라보면서 중생을 제도 한다.

부처님의 지혜는 우리가 실제적으로 존재한다고 여겨온 것, 실체가 있다고 확신해 온 것들이 모두 사라질 환영(幻影)과 같은 것이라고 가르친다. 환영의 기본적인 속성은 실체가 없이 다른 것에 의존해 있다는 데 있다. 실체가 없는 환영을 실재한 다고 생각할 때 우리의 집착과 번뇌가 시작된다.

환각을 실제라고 착각하는 우리의 습성을 유식학(唯識學)에서는 '변계소집성(遍計所執性)'이라고 한다. 실제로는 없는 것을 헤아려 있다고 생각하고 그것에 집착하는 태도를 말한 다. 새끼줄을 뱀으로 착각하여 두려움을 느끼게 된다는 비유 는 유명하다.

이러한 부처님의 가르침에도 불구하도 우리는 환상에 집착 한다. TV에서 보여주는 이미지들과 상품의 명목상 가치에 집 착하며, 다른 사람에게 보이는 모습에 지나치게 신경을 쓴다. 우리의 욕망을 이미지와 상품에 투영하여 우리의 정체성을 구 체화하려고 하고, 다른 사람들과의 차별을 나타내는 수단으 로 사용한다. 사교적일 수밖에 없는 세속적 삶에서는 어쩔 수 없는 일이겠으나, 이는 아지랑이와 같고 메아리와 같음을 분 명히 인식해야 할 것이다.

10가지의 지혜(忍)를 설한 보현보살은 다시 한 번 십인(十 忍)의 뜻을 밝히기 위해 다음 게송을 읊었다.

제업종심생(諸業從心生) 모든 것은 마음에서 만들어지며

고설심여환(故說心如幻) 그러므로 마음은 요술쟁이라 하네

약리차분별(若離此分別) 만약 이러한 분별심을 제거하면

보멸제유취(普滅諸有趣) 모든 중생 모습 사라지네

비여공환사(譬如工幻師) 비유하건대 요술쟁이가

보현제색상(普現諸色像) 거리에서 온갖 묘기를 보일 때

도령중탐락(徒令衆貪樂) 보는 이로 하여금 즐겁게 하지만

필경무소득(畢竟無所得) 결국에는 아무것도 얻는 게 없다네

세간역여시(世間亦如是) 세상도 또한 그러해

일체개여환(一切皆如幻) 모두 다 요술쟁이 같아

무성역무생(無性亦無生) 자성도 없고 남도 없지만

시현유종종(示現有種種) 온갖 것을 나타내 보이네

　「십인품」은 대승불교의 핵심인 연기와 공의 실천에 중점을
두고 있는데, 이는 대승불교의 핵심이 공사상에 있음을 인식
하게 한다. 『화엄경』도 대승불교의 핵심인 공사상에 기반하고
있음을 알 수 있는 부분이다.

21. 깨달음과 진리의 무한성
–「아승지품(阿僧祗品)」&「여래수량품(如來壽量品)」

수와 무한성

'수'의 가장 기본적인 의미는 셀 수 있는 개념적 단위라는 것이다. 수는 '세기' 위해서 필요하고, 부분이 전체를 이루기 때문에 '단위'이며, 전체를 공통된 부분으로 나누고서 그것을 고정시켜 생각하기 때문에 '개념적'이다.

예를 들어, 우리가 "저기 책상 하나가 있다."라고 말할 때, 우리는 '책상'이라는 이름을 가진 하나의 통일된 대상을 가리키고 있으며, 그것이 두 개가 될 때 "책상 두 개가 있다."라고 말한다. 만약 우리가 책상에 달린 네 개의 다리와 책상 위에 있는 하나의 판자를 책상이라는 대상에 통일시켜 생각할 수 없다면 '한 개의 책상'이라고 말할 수 없다.

따라서 우리가 수를 말하기 위해서는 인위적인 노력, 즉 개념적인 노력이 필요하다. 다만 우리가 너무 익숙해져 있기 때문에 그 과정이 자연스럽게 느껴지게 된다.

그러나 이 '하나의 책상'은 단지 하나의 책상이 아니다. 책상을 땔감으로 쓰기 위해 모두 쪼개서 한 곳에 쌓아두었다고 생각해 보자. 우리는 더 이상 그곳에 '하나'의 책상이 있다고 말할 수 없다. 책상이 그 모습을 잃어갈수록 이전에는 통일적이라고 생각했던 우리의 개념도 동시에 허물어진다.

책상이 통일적인 모습을 이룰 때조차도 사실은 책상은 통일적인 대상이 아니다. 책상을 이루는 목재와 철재들은 수많은 원소와 분자들의 집합이다. 우리가 우리의 유용성에 따라 '책상'이라고 명명하기는 했지만, 많은 수의 입자들이 책상을 구성하고 있는 것이다. '하나'라는 말 속에는 상황에 따라 언제나 하나가 아닐 수 있는 가능성을 가지고 있는 셈이다.

우리의 개념은 인연과 필요성에 따라서 생긴 것이기 때문에 언제나 흔들리고, 무너지고, 새로 생겨난다.

불교에서 상(想)이라고 일컫는 '개념'은 필연적으로 한계를 가진다. 우리의 개념은 추상적이어서 언제나 구체성을 상실한 채 나타난다. 우리의 머리카락을 한번 상상해 보자. 한 올 한 올 세어본다고 할 때 얼마 가지 않아서 우리는 지쳐버리고 머리카락은 뒤엉켜서 "에이, 그냥 머리카락들이 있다."라고 말하고 만다. 하지만 우리가 머리카락을 그린다고 생각해 보자. 우리는 우리의 힘이 닿는 데까지 계속해서 머리카락을 그릴 수 있다.

개념적으로 생각하는 것과 구체적으로 실천하는 것의 차이가 얼마나 큰지는 이런 간단한 실험을 통해서도 알 수 있다. 하여 우리는 부처님의 깨달음의 세계가 결코 '개념적'이 아님을 알 수 있다. 「아승지품」과 「여래수량품」에서 설하는 수의 무한성은, 부처님 깨달음의 무한성뿐만 아니라 무한의 체득에 있어 실천이 얼마나 중요한지를 일깨워준다.

수와 시간의 무한함

「아승지품」에서는 부처님께서 직접 깨친 자의 경지에 나타난 진리의 무한성을 설하신다.

"아승지(阿僧祇 10^{51}), 불가량(不可量), 무분재(無分齊), 무주변(無周遍), 불가수(不可數), 불가칭량(不可稱量), 불가사의(不可思議 10^{53}), 불가설불가설(不可說不可說)은 무슨 뜻입니까?"라는 심왕보살(心王菩薩)의 물음에 부처님께서 답하신 것으로,「아승지품」과「여래수호광명공덕품」은 부처님께서 직접 설하신 경이다.

교설의 중심이 숫자에 있는 것도 특징의 하나이다. '아승지'라는 말은 '무량하다'는 뜻으로, 헤아릴 수도 없고 숫자로도 셀 수 없음을 말한다. 아승지를 굳이 숫자로 설명한다면 코티(Koti 10^7)에 백억을 곱한 수인데, 1코티는 100×1000^2을 말한다.『화엄경』에서 이처럼 큰 숫자를 들어 보이는 것은 중생을 위해서, 중생들이 좋아하기 때문에, 또 부처님의 깨달음의 경지가 깊음을 보이기 위해서이다.

이 품은 특히 부처님의 여량지과(如量智果 혹은 差別智果)의 경지에 도달한 자만이 알 수 있는 경지를 나타낸다. 진리는 '언어도단 심행처멸(言語道斷 心行處滅)', 즉 말과 생각이 끊어진 경지에서만 그 얼굴을 나타낸다. 깨친 자의 경지에서 나타난 진리의 세계는 무한·무수·무량·무변이다. 깨달음의 세계에서 나타난 법은 불생불멸(不生不滅)·불구부정(不垢不淨)·부증불감(不增不減)이기 때문이다. 이러한 내용을 설한 것이 「아승지품」이다.

　참고로 『천수경』 「준제찬(准提讚)」 즉, 과거 모든 부처님의 어머니이신 준제보살님의 공덕을 찬탄하는 내용 중 다음과 같은 것이 있다.

준제공덕취 적정심상송 (准提功德聚 寂靜心常誦)
준제진언 큰 공덕덩어리를 고요한 마음으로 늘 외우면
일체제대난 무능침시인 (一切諸大難 無能侵是人)
그 어떠한 어려움도 침노하지 못하리니
천상급인간 수복여불등 (天上及人間 受福如佛等)
하늘이나 사람이나 부처님과 똑같은 복 받으며
우차여의주 정획무등등 (遇此如意珠 定獲無等等)
이 여의주 준제진언 얻은 이는 가장 큰 법 이루리라
나무칠구지 불모대준제보살 (南無七俱胝 佛母大准提菩薩)
칠구지 겁 동안 모든 부처님의 어머니이신 대준제 보살님께 귀의합니다.

　여기에서 준제(准提 cundi)는 준제보살로 관세음보살의 다른 이름이고, 칠구지(七俱胝 saptānāṃ은 일곱, koṭīnāṃ은 천만)는 숫자이므로, 과거 7천만 부처님의 어머니(佛母)인 준제보살께서 부르신 다라니를 독송하면서 모든 부처님께 귀의한다는 뜻이다.

　즉, 준제진언(准提眞言)의 내용을 보면 다음과 같다.

나무　　사다남　　삼먁　　삼못다　　구치남
namaḥ saptānāṃ samyak-saṃbuddha – koṭīnāṃ

바른 깨달음을 이룬 칠구지겁의 불모이신 준제관세음께 귀의합니다.

다냐타　　옴　자례주례　준제 사바하　부림
tad-yathā oṃ calā-cala cundi svāhā bhūrim

이와 같이 오! 어디에서나 준제관음 부르는 이여! 큰 길상 있으시라.

　「**여래수량품**(如來壽量品)」은 시간의 무한함을 나타내고 있는데, 『화엄경』 중에서 가장 짧은 품으로 『반야심경』 정도의 분량이다. 「여래수량품」에서는 부처님의 수명은 세계의 근기에 따라 다르나 상즉(相卽)의 경계임을 설한다. 본래 인간의 수명은 만 년이었으나 점점 공덕이 떨어져 백 년에 이르게 되었다고 한다.

　모든 부처님의 수명에 대해 심왕보살이 말한 것으로, 사바세계인 석가모니불 세계의 1겁은 극락세계 아미타불 세계의 일일일야(一日一夜)이고, 극락세계의 1겁은 가사당세계 금강견불 세계의 일일일야(一日一夜)라 한다. 이렇게 차례차례로 아승지세계를 지나서 최후의 세계는 승련화세계의 일일일야(一日一夜)인데, 보현보살과 함께 수행하는 큰 보살들이 모두 그 가운데 가득하다고 설하고 있다.

> ### 겁(劫, Kalpa) 이란?
>
> 겁(劫)이란 무량한 수를 말하는데, 이를 설명하는 데는 '반석겁' 과 '겨자겁'이라는 두 가지 방법이 있다.
>
> **반석겁**(盤石劫)은, 1천 년에 한 번씩 선녀가 지상에 내려와 집채만 한 바위를 옷깃으로 한 번 쓸고 다시 천상으로 올라갔다 1천 년 뒤에 내려와 다시 쓸고 가기를 반복하여 그 큰 바위가 모래알만 해지는 시간을 1겁이라 한다.
>
> **겨자겁**(芥子劫)은, 사방과 상하로 유순(由旬 약7㎞)의 쇠로 된 성 (鐵城) 안에 겨자씨를 가득 채우고 100년마다 겨자씨 한 알씩을 꺼내어 그 안에 있는 겨자씨 전부를 다 꺼내어도 끝나지 않는 시 간을 1겁이라 한다.

겁(劫)의 시간에 비해 인간의 생이란 얼마나 짧은가! 우리 가 더 긴 시간의 조망 아래서 생각할수록 삶의 시간은 떠 짧아 보이게 될 것이다. 그럼에도 대부분의 사람들은 삶의 시간을 영원하다고 잘못 생각하여, 주어진 짧은 시간조차도 의미 있게 활용하지 못하곤 한다.

『중아함경』권44의 「앵무경」에는 남녀 수명의 길고 짧음에 대하여 설하고 있다. 남녀가 살아 있는 동물을 살생해서 그 피를 마시고, 나쁜 마음을 품고 악한 일을 행하며, 인간을 비롯하여 곤충에 이르기까지 일체의 살아 있는 것에 자비심을 가지지 않고, 악업을 거듭 쌓아가면 그 수명은 반드시 짧아진 다. 이에 반해 살생하지 않고, 칼과 몽둥이를 버리고, 불쌍히

행복한 화엄경

여기는 마음과 자비로운 마음으로 일체 중생을 가까이 하면, 수명이 긴 천계(天界)에 태어날 수 있다. 즉 선근(善根)을 쌓으면 수명이 길어지고 악업을 지으면 수명이 짧아지게 된다.

　장수(長壽)에 대한 인간의 열망은 오랜 것이다. 장수하고 싶어 하는 것은 인간이 수를 셀 수 있기 때문이고, 미래를 생각할 줄 알기 때문이다. 그런 면에서 인간은 그때그때 생존에 부딪치는 시간만을 아는 동물과 다르다. 장수를 위해서는 어떤 기간이나 순간만이 아니라 지속적으로 자신의 건강을 관리해야 한다. 한번 균형을 잃은 몸은 아무리 많은 시간을 들이고 공들인다고 해도 원래의 건강한 상태로 돌아갈 수 없기 때문이다. 그러므로 바로 '지금' 기존에 좋지 않았던 습관(악업)을 버리고, 좀 더 좋은 습관을 기르기 위해 노력해야 한다. 우리의 마음공부도 마찬가지이다. 육체의 건강이 업에 달린 것이라면, 업의 생산과 소산은 마음에 달렸으므로 마음공부는 훨씬 더 중요하다.

　건강 문제가 그렇듯 미래의 시간을 바라보며 생긴 목적, 소망은 구체적인 '지금'의 시간으로 밀려들어온다. 시간을 세는 단위는 여러 부처님이 계시는 곳에 따라 다를지라도, 흘러가는 시간은 어떤 부처님 세계에서도 마찬가지이다.

　깨달음의 시간은 순간이지만, 이 순간은 지속하는 수행의 시간 속에 언제나 살아 있는 시간이다. 마찬가지로 한 순간의 깨달음은 수겁의 수행을 포함한다. 화엄 속에서는 순간과 영원이 공존한다. 이것이 바로 '상즉(相卽)'의 의미이다.

22. 오대산과 문수신앙
– 「제보살주처품(諸菩薩住處品)」

모든 곳에 계신 보살

「제보살주처품」은 비교적 짧은 내용으로, 심왕보살이 보살들의 거주처가 끝이 없음을 모든 대중에게 설한다. 각 방향의 각 산에 수많은 보살들이 거주하고 계심을 설한다.

동방 선인산(仙人山)에 금강승보살이 3백 대중과 함께 법을 설하고 계시고, 남방 승봉산(勝峰山)에 법혜보살이 5백 대중과 함께 법을 설하고 계시며, 서방 금강염산(金剛焰山)에 정진무외행보살이 3백 대중과 함께 법을 설하고 계시고, 북방 향적산(香積山)에 향상보살이 3천 대중과 함께 법을 설하고 계시며, 동북방 청량산(清凉山)에 문수사리보살이 2만 대중과 함께 법을 설하고 계시고, 해중(海中) 금강산에 법기(法起)보살이 1만 2천 대중과 함께 법을 설하고 계시며, 동남방 지제산(支提山)에 천관(天冠)보살이 1천 대중과 함께 법을 설하고 계시고, 서남방 광명산(光明山)에 현승(賢勝)보살이 3천 대중과 함께 법을 설하고 계시며, 서북방 향풍산(香風山)에 향광(香光)보살이 5천 대중과 함께 법을 설하고 계신다.

이외에도 큰 바다 가운데 장엄불이 있는데, 거기서도 수많은 보살들이 법을 설하고 계시다. 치사리 남쪽에 선주근이라는 이름의 절이 있고, 마도라성에 만족불이 있다. 구진나성에 법자라는 곳이 있고, 청정피안산에 목진린타불이 있다. 마란타국에 무애용왕건립이 있고, 감포착국에 출생자라는 곳이 있다. 진단국에 명나라연불이 있고, 소록국에 우두산이 있고, 가섭나라국에 차제라는 곳이 있으며 증장수미산에도 존자불이 있다. 암부리마국에 견법장광명이란 곳이 있으며, 건타라라국에도 명천바라국이란 곳이 있다.

이중 '진단국에 명나라 연불이 있고, 소륵국에 우두산이 있다'는 것에 주목할 필요가 있다. 진단이란 중국을 말하며, 소륵국은 중앙아시아 카시미르 지방을 말하는 것으로, 『화엄경』을 편찬하신 분들이 중앙아시아 지역을 시야에 넣고 중국까지 포괄하고 있음을 알 수 있다.

이처럼 각 방향에 보살들이 머물고 계시면서 수많은 권속들과 함께 법문을 설하고 있는 것이 「제보살주처품」의 내용이다.

불교에서 그 연원을 찾아볼 수 있는 다양한 산 이름이 있는데, 해인사의 가야산도 부다가야에서 온 이름이다. 관음보살이 머무는 곳은 보타락가산인데, 양양 낙산사가 거기서 연원한 이름이다. 우리나라의 오대산도 중국 산서성(山西省)에 소재한 오대산(五台山)처럼 서울을 중심으로 동북방에 있다.

중국의 전설에 의하면, 본래 오대산이 있는 지방은 굉장히 무더운 곳이었는데, 문수보살이 동해 용왕을 찾아가 청을 했다고 한다. 용궁에는 용왕의 아들들이 쉬는 청량석이 있는데 문수보살이 청량석을 가지고 나와 청량산에 옮겨 놓은 뒤로 시원해졌다는 것이다. 그리하여 '청량산'이라고 불리게 되었다고 한다. 지금도 중국에 가면 그 바위가 있다.

해금강이나 내금강도 『화엄경』에 근거해 지어진 이름이다. '일만이천봉'이라는 것 역시 『화엄경』에 나오는 법기보살과 그 대중들의 수에 근거하고 있다. 금강산의 최고봉인 비로봉 또한 『화엄경』의 주불인 비로자나불에서 연원한 이름임을 알 수 있다.

중국 오대산 문수신앙

오대산과 인연이 깊은 문수보살을 모시고 있는 곳은 대문수사(大文殊寺)이다. 이 안에는 진흙으로 만든 7개의 크고 작은 문수보살상이 나란히 안치되어 있다. 중대의 대지(大智)문수를 중심으로 서대의 사자(獅子)문수, 남대의 지혜(智慧)문수, 중대의 유동(儒童)문수, 북대의 무구(無垢)문수, 동대의 총명(聰明)문수가 있으며, 중대의 대지(大智)문수 뒤쪽에는 감로(甘露)문수가 있다.

중국에서 오대산은 지정학적으로 대단히 중요한 위치에 있어서 "오대산을 제압하면 중국 천하를 제압한다"고 말할 정도이다. 남북조시대 북위 등이 이 오대산에서 발원하여 중원을 차지함으로써 오대산이 정치·군사의 요충지가 되었다.

북위시대의 효문제는 오대산을 참배하며 기도한 왕으로, 불심으로 운강석굴을 몇 십 년에 걸쳐서 조성하여 국력을 과시하였다. 이 성공을 기반으로 낙양에 진출해 중국을 통일한 후 다시 용문석굴을 조성하였다. 이처럼 오대산은 왕들이 참배하고 불심을 키운 산이다. 불교가 들어오기 전의 오대산은 신선사상의 중심지로, 중국인들에게는 동경의 산이었고 영험이 있는 산이었다.

그럼 언제부터 오대산에 불교가 유입되어 불교의 성지가 되었을까? 북위시대에는 왕들이 기도하고 불심으로 나라를 통치했던 것으로 기록되어 있으며, 『화엄경』과 관련하여서는 『화엄경』을 체계적으로 설명한 영변(靈辯)스님이 계셨던 곳이기도 하다. 영변스님은 『60화엄경』에 대한 주석서 『화엄경론(華嚴經論)』100권을 저술하신 분으로, 지금은 『화엄경론』의 일부만 남아 있는데 송광사에 있던 것이 최근 서울대 규장각으로 옮겨졌다. 분량 면에서도 압권인 『화엄경론』은 사람들에게 상당한 감동을 주고 있다.

중국인들은 오대산의 신선사상과 불교사상을 접목시켰는데, 이에 관해 전해오는 일화가 있다.

효문제가 산 정상에 올랐는데 한 동자가 나타나 "당신이 불심이 있다면 나에게 방석 하나 깔 정도의 땅을 주십시오."라고 했다. 효문제가 그렇게 하라 하여 동자가 방석을 허공에 던졌더니, 방석이 펼쳐지면서 오봉(오대산의 가장 높은 5개 봉우리)을 다 덮어버렸다. 동서남북으로 100리, 500리를 덮은 모습에 효문제가 놀라자, 동자는 "그저 방석 하나지 않습니까?"라고 했다. 이에 효문제가 오봉에 냄새나는 부추를 쫙 깔아버렸다. 그러자 동자가 선복향 또는 영릉향이라는 향을 심었다. 그러자 부추에서 냄새가 나지 않아 스님들이 수행하기 좋았다고 한다. 이 동자가 바로 문수동자이다. 이렇게 오대산에는 문수동자가 상주한다고 전해진다.

또 오대산 입구에는 존승사라는 절이 있는데, 이곳은 대불정존승다라니를 모신 곳이다.

인도의 붓다파리라는 스님이 동북방 오대산에 문수보살이 계시다는 말을 듣고 7년에 걸쳐 참배하러 왔다. 그가 존승사에 도착하자, 한 노인이 존승다라니를 가져왔느냐고 물었다. 이에 가지고 오지 않았다고 하니, 그것을 가져와야 이곳의 죄 많은 중생들이 죄 업장에서 벗어나 행복할 수 있다고 했다. 붓다파리 스님은 다시 7년에 걸쳐 인도에 가서 다라니를 모시고 와 돌기둥에 존승다라니를 새겼다고 한다.

중국 오대산에 전해오는 이야기

오대산이 학문적으로 성지가 된 것은 영변스님이 『화엄경론』을 써서 배포한 데서 비롯된다. 또 해탈(解脫)스님은 수나라에서 당나라에 걸쳐 활동한 스님으로, 오대산 불광사(佛光寺)에서 50년간 산문을 나가지 않고, 오로지 『화엄경』을 독송하고 『화엄경』에 나오는 불광관(佛光觀) 수행을 꾸준히 하신 공적이 크다. 해탈스님이 『화엄경』을 설법할 때마다 3천 명이 모여들었다고 하는데, 지금처럼 교통수단이 발달하지 않았던 시대이므로 3천 명이 모였다는 것은 대단한 일이 아닐 수 없다. 해탈스님이 『화엄경』을 설하면 광명이 비쳤기에 절 이름을

'불광사'라 했다고 전해진다.

당의 측천무후 시대에는 이통현(李通玄) 장자가 『80화엄경』을 중심으로 설명하고 주를 달아 『신화엄경론(新華嚴經論)』을 썼는데, 이를 저술한 곳도 바로 오대산이다. 이 『신화엄경론』은 후대 고려시대 지눌스님에게 영향을 미쳐 현 조계종의 근간이 되고 있다. 월정사에 계시다가 입적하신 탄허스님께서는 『신화엄경론』을 번역하셨다.

오대산은 신앙적으로도 대단히 중요한 곳이다. 오대산에 가장 먼저 세워진 절은 대부 영취사이다. 이는 전설로 전해지는 이야기로, 한나라 때 불교가 들어오면서 축법등, 가섭마등 등이 세웠다고 한다. 그 후 당나라 때 대부 영취사가 대화엄사로 이름이 바뀐다. 이 대화엄사에서 화엄종 4조인 청량국사 징관(澄觀)스님은 『화엄경』을 강의하고 『화엄경소(華嚴經疏)』를 저술하였으며, 『화엄경소』에 대한 『수소연의초(隨疏演義鈔)』를 썼다. 현재 대화엄사는 현통사로 바뀌었다. 현통사 대웅전 뒤에 무량전(無量殿)이 있는데, 그 건물이 징관스님이 주석하면서 『화엄경소』와 『수소연의초』를 저술한 곳이라 한다. 무량전의 편액에는 7처 9회의 내용이 실려 있다.

오대산에는 수많은 절이 있는데, 그 가운데 수상사(殊相寺)라는 절에는 문수보살이 주불로 모셔져 있다. 전해오는 이야기에 의하면, 수상사에 문수보살을 모셔 조성하려 했는데 아무도 문수보살을 본 사람이 없기에 불상을 제작할 수 없었다

한다. 어느 날 그 절의 공양주가 만들어놓은 메밀 반죽에서 어떤 형상이 홀연히 떠올랐다. 그 형상을 보고 문수보살상을 만들 수 있었다 한다.

선(禪)의 무착문희선사와 문수보살 이야기도 수상사와 관련하여 전해 내려온다. 선가에 전삼삼 후삼삼(前三三後三三)이란 화두가 있는데, 그 화두의 발원지가 바로 오대산 수상사이다. 오대산에 1만 보살이 상주한다는 말이 '전삼삼 후삼삼'에 들어 있다. 삼삼은 구, 구구구구는 구천구백구십구이다.

무착문희선사가 문수보살을 만나러 오대산에 이르니 한 할아버지가 논을 갈고 있었다. 그 할아버지가 어디서 왔냐고 묻고는 그곳 대중이 어떤지 물었다. 무착문희선사가 대답한 후 노인에게 이곳 대중에 대해 물으니 "이곳은 용과 뱀이 섞여 사는 곳이다."라고 답하였다. 선사가 다시 "이곳 대중은 얼마나 됩니까?"라고 물으니, 바로 "전삼삼 후삼삼, 구천구백구십구."라 답하였다. 그런데 오대산에는 1만 보살이 살고 있는 곳이니 한 사람이 빠진다. 그 한 사람이 누군가, 하는 것이 화두이다. 그래서 깨닫고 보니 그 한 사람이란 바로 무착선사 자신이었다는 이야기가 있다.

또한 오대산에는 앞서 이야기했던 청량사가 있고, 백탑사라는 절도 있는데 이곳은 밀교 계통의 절이다. 원나라 때 오대산에 티베트 밀교를 전파했고, 청나라 만주족이 지배하면서 성지인 오대산에 밀교를 유포한 것이다. 지금은 밀교의 절도 많고, 밀교수행을 하는 스님도 많은데, 백탑사도 그중 하

행복한 화엄경

나이다. 밀교 계통의 절로 금각사도 있는데, 최근 연구에 의하면 신라시대 『왕오천축국전』을 쓴 혜초스님이 말년에 밀교수행을 하면서 입적한 절로 추정되고 있다.

그 외에도 오대산에는 대라정(黛螺頂)이 있는데 '대' 자는 검은 눈썹을 뜻하는 글자로 검은색을 말하며, '라' 자는 고동을 말한다. 이는 오대산 산등성이의 모습이 조개를 펼친 모습과 같다 해서 붙여진 이름이다. 청나라 세조인 순치황제가 출가한 곳이 바로 대라정이다. 특히 청나라 왕들은 모두 이 오대산에 와서 기도를 올렸는데, 나중에는 오봉의 문수를 이 대라정에 한꺼번에 모셔놓고 기도를 올렸다 한다.

앞에서 설명했듯이 자장율사 또한 오대산과 인연이 깊다. 자장율사가 문수보살을 친견하기 위해 열심히 기도하자 꿈속에서 문수보살이 나타나 게송을 들려준 것이 '요지일체법 자성무소유 여시해법성 즉견노사나' 로 「수미산정계찬품」에 나오는 내용이다. 또 사리와 가사를 주어서 우리나라에 가져왔는데, 그때 가져온 사리 일부와 가사는 통도사에 모셔져 있고, 나머지 사리는 오대보궁에 나누어 모셔져 있다.

청나라 강희황제도 오대산에 자주 가서 기도를 했는데, 지금도 그의 필적이 남아 있다. 옹정황제도 매년 참배했고, 청나라를 가장 흥성하게 했던 건륭황제 역시 참배했다.

화엄종 대성자 현수대사 법장의 『화엄경탐현기』 권15에서는 "동북방에 청량산이 있고 그곳에서 문수보살이 머무르며 2만 권속에게 설법하고 있다."는 내용을 다음과 같이 기술하고 있다.

청량산이란 곧 이 대주(代州) 오대산(五臺山)을 말하며 산 속에는 현재에도 옛 청량사가 있다. 겨울은 물론 여름에도 눈이 쌓이기 때문에 청량(淸凉)이라 이름한다. 이 산과 문수보살은 신비한 감응이 많다.

법장스님은 『화엄경전기』 권4에서 오대산에서 문수보살을 만난 해탈(解脫)스님과 명요(明曜)스님의 전기를 기록하고 있다.

오대현 출신인 해탈은 산서성(山西省) 개산(介山) 포복암(抱腹菴)의 혜초(慧超)에게 사사 받아 최상의 선정을 체험한 후 오대산으로 돌아가 오대산 서남쪽 기슭에 불광사(佛光寺)를 세웠다. 『화엄경』에 의거하여 불광관(佛光觀)을 닦은 해탈은 중대에서 동남쪽으로 펼쳐진 꽃동산의 북쪽에 있는 대부 영취사(지금의 현통사)로 가서 두세 차례에 걸쳐 문수보살을 만나 뵐 수 있었다.

오대산은 이렇듯 문수보살 성지로 유명하고, 곳곳에 특히 진용현처(眞容現處), 즉 문수보살이 나타났다는 이야기가 많다.

23. 언제나 부처님을 생각하며
- 「불부사의법품(佛不思議法品)」
- 「여래십신상해품(如來十身相海品)」
- 「여래수호광명공덕품(如來隨好光明功德品)」

부처님의 법을 생각함

수행은 스스로의 마음을 반추하며 전진해 가는 과정이지만, 과정을 나아가다 보면 부처님의 도움을 필요로 할 때가 있다. 부처님을 항상 생각하는 일은 실제로 수행 과정 속에 포함되기도 하지만, 부처님을 생각하는 것이 수행의 과정 속에서 찾아오는 어려움, 곧 마장(魔障)을 극복하는 데 도움을 주기 때문이다.

『화엄경』에서는 부처님을 생각함에 있어 세 가지 방식을 제시하고 있다. 부처님의 법을 생각하는 것, 부처님의 몸을 생각하는 것, 부처님의 공덕을 생각하는 것이다. 무작정 생각하는 것이 아니라 부처님의 어떤 것을 구체적으로 생각해야 한다는 『화엄경』의 세심한 가르침을 엿볼 수 있다. 석가모니 부처님께서 "법을 보는 자, 나를 본다."고 하신 말씀을 따라, 부처님을 항상 생각하면서 궁극적으로는 부처님의 법에 들어가려고 노력해야 한다.

「불부사의법품(佛不思議法品)」은 부처님의 법(가르침)의 특징에 대해 이야기하고 있다. 여기서는 청련화(靑蓮華)보살이 수행하여 생기는 부처님의 과덕(果德)의 불가사의함을 설한다. 이 품은 집회에 모인 보살들이 모든 부처님의 국토·청정한 서원·종성(種姓)·세상에 나오심·법신·음성·지혜·신통력의 자재·걸림 없는 머무름이라는 열 가지가 모두 불가사의하다고 생각한 것에서 시작된다.

부처님은 많은 보살들의 생각을 알고, 청련화보살에게 부처님의 신통력과 지혜와 훌륭한 말솜씨를 주었다. 부처님의 신통력을 받은 청련화보살은 연화장보살에게 부처님의 열 가지 과덕에 대하여 100문(門)에 걸쳐 상세히 설명하고 있다.

열 가지 광대한 불사, 열 가지 무위행자재법, 열 가지 머무르는 법, 열 가지 광대한 힘, 열 가지 최상의 힘, 열 가지 결정하는 법, 열 가지 빠른 법, 열 가지 항상 응하여 기억하는 청정한 법, 열 가지 무량 불가사의한 삼매, 열 가지 무위해탈법, 열 가지 일체 지혜 등이다. 예를 들어 모든 부처님의 열 가지 머무름으로 향하는 법이란 다음과 같다.

① 모든 부처님은 깨달음의 일체 법계에 머무른다.
② 모든 부처님은 큰 자비에 머무른다.
③ 모든 부처님은 본래 서원에 머무른다.
④ 모든 부처님은 중생들을 버리지 않고 교화하는 일에 머무른다.
⑤ 모든 부처님은 의지함이 없는 법에 머무른다.

⑥ 모든 부처님은 허망함이 없는 법에 머무른다.

⑦ 모든 부처님은 생각에 잘못이 없는 법에 머무른다.

⑧ 모든 부처님은 걸림 없는 마음에 머무른다.

⑨ 모든 부처님은 편안한 마음으로 머물러 아직 산란한 적이 없다.

⑩ 모든 부처님은 법이 평등하고 무너지지 않는 진여실제(眞如實際)에 머무른다.

과연 우리들은 어디에 머무르고 있는가, 각자 한 번쯤 살펴보아야 할 것이다.

부처님의 몸을 생각함

「여래십신상해품(如來十身相海品)」에서는 부처님의 몸에 나타나는 신체적인 특징을 말하고 있다. 이 품에서는 보현보살이 여래만이 지닌 여러 가지 복덕(福德)의 모습을 설하는데, 부처님의 모습을 구름에 비유하고 있다. 여기서 구름은 길상과 상서로움을 구체적으로 나타내는 상징물이다.

구체적으로 지시할 수 없지만, 우리는 사람마다 어떤 분위기가 풍겨짐을 느낄 때가 있다. 어떤 사람에게는 인자한 기운이, 어떤 사람에게는 고요한 기운이, 어떤 사람에게는 우울한 기운이, 어떤 사람에게는 살기가 느껴지기도 한다.

이는 구체적인 상황과는 독립된 것이다. 예를 들어 어떤 사람은 바쁘게 움직이면서도 그 움직임 속에 고요함이 묻어나기도 한다. 이렇게 한 사람의 분위기는 그 사람이 그 시간까지 살아왔던 삶의 방식을 품고 있다.

불교가 내적인 수행을 중요시하고 드러나지 않는 업, 무표색(無表色)까지도 중요시하는 이유가 여기에 있다. 어떤 업 자체가 나타나지는 않더라도, 그 업을 반복할수록 그에 대한 행위가 축적되어 일반적인 모습으로 드러나게 된다. 이는 어린 시절의 상흔이 어른이 되어도 다양한 형태의 반복으로 나타나는 것에서도 찾을 수 있는데, 현대 정신분석학의 영역에서 활발히 연구되어 활용되고 있다.

보현보살이 부처님 몸에 갖춰진 96가지의 훌륭한 모습(大人相)을 하나하나 설명하며 부처님의 뛰어난 공덕을 설명한다. 보현보살은 "마땅히 당신들을 위하여 부처님의 모습을 말하리라."라는 이야기로 시작하면서, 먼저 부처님 정수리(頂上肉髻相)에도 32가지 모습이 있음을 밝히고 있다.

첫째는 부처님 정수리에 대인(大人)의 모습이 있어 명정(明淨)이라 한다. 둘째는 그 모습이 32가지 보배로 장엄하고 있다. 셋째로 빛의 작용은 한량없는 대광명의 그물을 놓는다. 넷째로는 빛의 효과로서 일체 세계를 두루 비춘다.

이와 같은 방식으로 부처님 정수리의 32가지 모습을 설한다. 정수리의 모양을 설명한 후에 다시 눈썹 모양·눈 모양·

코 모양·혀 모양에 대해 밝히고 있다.

혀 모양(廣長舌)의 설명 가운데는 다음과 같은 것이 있다.

부처님에게 대인의 모습이 있으니 이름은 순법계운이라 한다. 혀끝의 묘한 모양은 금빛의 깨끗한 보배로 장식되어 있고, 한량없는 금빛 광명을 내어 모든 부처님 바다를 두루 비추며, 큰 사자후로 묘한 음성을 떨쳐 일체 세계에 두루 도달하므로 일체 중생 가운데 듣지 못하는 사람이 없네.

부처님 상호광명의 공덕을 생각함

「여래수호광명공덕품(如來隨好光明功德品)」은 「아승지품」과 같이 여래께서 직접 설하신 내용이라 전하는 품이다. 부처님께서 직접 부처님 몸에서 나타나는 32상 80종호 가운데 광명을 발하는 빛의 공덕에 관해서 보수보살에게 설하신다. 보수보살은 다시 일체 대중들에게 여래에게 갖추어져 있는 거룩한 모습의 공덕을 설한다.

여래에게는 원만왕(圓滿王)이라는 잘생긴 모습이 있고, 그 가운데 치성(熾盛)이라는 큰 광명이 있는데, 7백만 아승지 광명으로 권속을 삼았느니라. 내가 도솔천 내원궁에 보살로 있을 적에 도솔천궁에서 큰 광명을 놓았으니 이름이 빛이 나는 당기왕이며, 티끌 수 세계의 지옥 중생들이 이 광명을 받으면 모든 고통이 사라지고 열 가지 청정함을 얻는다. 고통이 사라지자 기뻐하면서 목숨을 마치고는 도솔천에 태어났다. 그리고 여래의 발바닥에서 두루 비추는 왕이라는 광명을 놓으니, 아비지옥 중생들이 이 광명을 받고 천상에 태어났다. 그때 하늘 북에서 소리를 내어 이 천자(天子)들이 이구삼매에 들어 다시 광명을 발하니, 광명이 중중무진하게 발해졌다. 이 천자들에게 미묘한 법을 말하니, 천자들이 그 법문을 듣고는 기뻐하면서 비로자나여래께 공양하였다.

「여래수호광명공덕품」에는 성적(性的) 차별이 없는 해탈에 대해 이야기하는 부분이 있다. 다른 종교에 비해 불교만큼 남녀평등을 구현한 종교는 없다. 『법화경』에 '변성성불(變性成佛)' 이야기가 나오는데, 이는 바로 『화엄경』 「여래수호품」에서 많은 천녀(天女)가 발심하여 여인의 몸을 버리고 성불하는 이야기와 상통한다. 다만 여인의 몸으로 바로 성불하지 못하고 성(性)을 바꾸어서 성불한다고 하는 이야기는, 당시 여성을 경시한 불평등 사회상의 반영이라 하겠다.

『유마경』에도 천녀가 성불하는 이야기가 나오고, 『승만경』에서는 여인이 직접 경을 설한다. 이처럼 대승불교에서는 여인의 성불을 인정하고 있다. 불자들은 누구든지 성불할 수 있다는 자부심을 가지고 정진해야 할 것이다.

24. 뛰어난 보살의 실천
-「보현행품(普賢行品)」

보현행(普賢行)이란

보현행이란 '진리의 세계인 법계에 들어감', 즉 법계에 들어가는 실천행인 보살도(菩薩道)를 말하며, 보현도의 실천자를 보현보살이라 한다. 보현보살은 범어로는 사만타 브하드라 보디사트바(Samanta-bhadra bodhisattva)인데, 이를 중국에서는 '보현(普賢)'이라 번역하였다. 이는 인도어에 충실한 번역으로 '모든 방면에 길상(吉祥)이 있는', '모든 것에 뛰어난'의 의미를 가지고 있다. 즉 보현보살은 모든 방면에 뛰어난 행을 보인 보살이며, 보살도의 실천자이다. 보현보살이 행하는 보살행을 통하여 진리의 세계인 법계(法界)에 들어갈 수 있다.

실천이란 무작정 하는 것이 아니라 체계적으로 이론을 공부하고 깊이 사색함으로써 나오는 것이다. 보현보살은 이론과 실천을 총괄하는 모든 보살의 모범으로 등장한다.

「보현행품」에서 부처님은 신통을 보이신 뒤 보현보살과 모든 보살에게 다음과 같이 말씀하신다.

훌륭하고 훌륭하다. 불자여, 능히 이 부처님 여래들의 가장 큰 서원으로 수기하는 깊은 법을 말하였도다. 불자여, 우리들은 모두 이름이 보현(普賢)이며, 다 각각 보승(普勝)세계의 보당자재(普幢自在)여래 계신 데로부터 이 국토에 왔으며, 다 같이 부처님의 신통한 힘으로 온갖 곳에서 이런 법을 연설하나니, 이 모임에서 이렇게 말함과 평등하여 더하고 덜함이 없도다. 우리들이 모두 부처님의 위신력을 받잡고 이 도량에 와서 그대들을 위하여 증명하는 것이며, 이 도량에 우리들 열 부처 세계 티끌 수의 보살이 와서 증명하듯이, 시방의 일체 세계에서도 다 이와 같다.

보현은 어느 특정한 보살의 이름이기보다는 우리가 행해야 하는 보살의 모습 그 자체이다. 보살이 가야 할 길, 보살도(菩薩道)가 곧 보현보살의 행(行 실천)과 원(願 서원)이고, 이를 한 단어로 '보현행원(普賢行願)'이라 표현한다. 보현행원은 지혜와 자비의 실천, 자리(自利)와 이타(利他)가 서로 합해진 말로 통한다.

「입법계품」에서는 지혜를 나타내는 문수보살과 자비의 실천을 상징하는 보현보살을 등장시키고, 이 둘 사이에 문수의 지혜를 눈(目)으로 하고, 대승보살행을 발(足)로 하여 실천해 가는 구도자인 선재동자(善財童子)를 설정한다. 선재동자의 구도여행은 최후에 보현의 자비행에 눈을 뜰 때 지혜와 자비, 자리와 이타가 원만해지는 '보현행'을 완성한다는 구조이다.

여기에 등장하는 53명의 선지식(善知識)도 모두 다 '보현행'을 체득하여 보현행을 실천하는 실천자들이다. 「입법계품」은 지혜와 자비, 자리와 이타가 서로 합해진 '비지원만(悲智圓滿)'의 보현행을 완성하는 구조를 가지고 있으며, 이를 실천하고 깨달아 법계에 들어가는 것을 목적으로 하고 있다.

모든 장애를 일으키는 성내는 마음

「보현행품」에서는 보살의 실천행에 대해 설명하고 있다. 여기서는 보현보살이 삼세제불(三世諸佛)과 평등한 인(因)을 설한다. 특히 진심(瞋心 성내는 마음)에 대해 설하는데, 성내면 어떤 장애가 있는가에 관해 말한다.

무엇을 백만의 장애라 하는가. 이른바 보리를 보지 못하는 장애, 바른 법을 듣지 못하는 장애, 부정한 세계에 나는 장애, 악취(惡趣)에 나는 장애, 여러 어려운 곳에 나는 장애, 병이 많은 장애, 비방을 받는 장애, 우둔한 길에 나는 장애, 바른 생각(正念)을 잃는 장애, 지혜가 모자라는 장애, 눈 장애, 귀 장애, 코 장애, 혀 장애, 몸 장애, 뜻 장애, 악지식 장애, 나쁜 동무(惡伴黨) 장애, 소승법 익히기를 좋아하는 장애, 용렬한 이를 친근하는 장애, 큰 위력 있는 이를 믿지 않는 장애, 바른 소견 없는 사람과 함께 있기를 좋아하는 장애 …(중략)… 상호(相好)를 갖추지 못한 탓으로 코가 망그러진 장애, 중생의 말을 잘 알지 못하는 탓으로 혀(舌根)를 성취하는 장애, 중생을 업신여긴 탓으로 몸(身根)을 성취하는 장애, 마음에 어지러움이 많은 탓으로 뜻(意根)을 성취하는 장애, 세 가지 계율을 지니지 못한 탓으로 몸의 업을 성취하는 장애, 네 가지 허물을 항상 일으킨 탓으로 말의 업을 성취하는 장애, 탐욕 · 성냄 · 삿된 소견을 많이 낸 탓으로 뜻의 업을 성취하는 장애입니다. …(중략)…

불자들이여, 만일 보살이 모든 보살에게 한 번 성내는 마음을 일으키면 이러한 백만 가지 장애 되는 문을 이루게 되나니 무슨 연고인가. 불자들이여, 나는 어떤 법의 허물이라도 보살이 다른 보살에 성내는 마음을 일으키는 것보다 더 큰 것을 보지 못하였습니다.

　　성내는 마음은 마치 공덕의 창고를 불태워버리는 것과 같다. 성내는 말보다 부드러운 말, 화합하는 말 등을 해야 한다.
　　보살이 보살행을 빨리 만족하려면 모든 중생을 버리지 않고, 보살을 부처님같이 생각하고, 모든 법을 부정하지 말고, 보살행을 아주 좋아하고, 열 가지 법을 닦아야 하고, 열 가지 청정함을 실천해야 하고, 열 가지 광대한 법을 갖추고, 열 가지 두루 들어가는 데 들어가고, 열 가지 승묘심을 갖고, 열 가지 부처님 법의 교묘한 지혜를 얻으면 바른 깨달음을 얻어서 삼세제불과 평등해진다고 설하고 있다.
　　여기서 모든 행의 근본이 되는 10가지 법이란 구체적으로 다음과 같다.

① 마음에 일체 중생을 버리지 않는 것
② 여러 보살에게 여래라는 생각을 내는 것
③ 일체 불법을 영원히 비방하지 않는 것
④ 모든 국토가 다하지 않음을 아는 것
⑤ 보살의 행에 믿고 좋아함을 내는 것
⑥ 평등한 허공 법계 같은 보리심을 버리지 않는 것
⑦ 보리를 관찰하여 여래의 힘에 들어가는 것
⑧ 걸림 없는 변재를 부지런히 익히는 것
⑨ 중생 교화에 고달픔이 없는 것

⑩ 일체 세계에 머무르되 마음에 집착이 없는 것

　　우리는 「보현행품」에서 보현행의 구체적인 모습을 볼 수도 있지만, 성내는 마음(瞋心)이 얼마나 끊기 어려운 것인가도 알 수 있게 된다. 부지런히 보현행을 닦지 않으면 화를 내게 되고, 한 번 화를 내게 되면 작은 불씨가 짚단을 송두리째 태우듯 닦은 공덕이 무너져 내릴 위기에 처하게 된다. 어쩌면 우리는 한 번 화내는 것을 참기 위해 그토록 많은 수행을 해야 하는 것인지도 모른다.

　　보살행의 열 가지 근본행을 닦고 청정함과 두루 들어감을 얻게 되는데, 여기서 두루 들어감이란 "일체 세계가 한 모공에 들어가고, 한 모공이 일체 세계에 들어간다. 일체 중생의 몸이 한 몸에 들어가고 한 몸이 일체 몸에 들어간다."는 것으로, '일입일체(一入一切)', '일체입일(一切入一)'의 '상입(相入)'의 세계가 잘 설해져 있다.

　　보살행이란 나만 즐겁거나 나를 위해서 행하는 것이 아니다. 내 행위의 대상이, 내 선한 행위의 대상이 즐거워야 하고, 같이 보살의 길을 갈 수 있도록 독려하는 방식으로 행해져야 한다. 그러므로 우리는 상대방과 깊이 공감하지 않으면 안 된다.

　　보살행의 들고 남이란 이런 행위의 대상이 되는 사람들과의 강한 공감을 바탕으로 하며, 이런 강한 공감은 삼매의 능력, 지혜의 능력으로부터 나온다. 삼매와 깊은 숙고(熟考)의 능력으로 다른 사람의 마음을 아는 능력을 기르며, 지혜의 능력으로 그런 행위가 공(空)한 것임을 알아야 한다. 물론 여기서 공하다는 것은 의미가 없다는 것이 아니라, 생각에 머무르지 않는다는 것(無念)을 의미한다.

만약 「입법계품」을 『화엄경』의 테마가 펼쳐지는 장(場)이라고 한다면, 「보현행품」은 『화엄경』의 주된 테마를 설명하는 부분이라 할 수 있다. 여기까지 설명된 『화엄경』의 씨앗들을 「이세간품」에서 총체적으로 다시 점검하며, 본격적으로 구도의 여정으로 펼쳐놓은 「입법계품」에서 열매를 맺게 된다.

『화엄경』은 방대한 양과 세심한 분류, 탄탄한 구조, 아름답고 심오한 비유로 가득 차 있는 경이로운 경전이다.

25. 무량한 법으로 나타나신 부처님
-「여래출현품(如來出現品)」-

부처님 출현의 의미

『화엄경』의 중심 사상으로는 '여래출현(如來出現)', 즉 '여래성기(如來性起)'를 들 수 있다. 『화엄경』은 부처님께서 깨달으신 내용을 펼치고 있기에 『화엄경』을 정각의 '개현경(開顯經)'이라고도 하며, 부처님 세계를 설한 경이라 하여 '불화엄경(佛華嚴經)'이라고도 한다. 이는 부처님의 깨달음의 세계를 교설한 것임을 상징한 것으로 볼 수 있다.

『화엄경』의 이름 '대방광불(大方廣佛)'은 온 우주 법계에 충만한 변만불(遍滿佛)로, 모든 존재가 비로자나부처님의 화현 아님이 없음을 말한다. 개개 존재가 고유한 제 가치를 평등하게 다 갖고 있으니, 여래의 지혜인 여래 성품이 그대로 드러난 존재인 것이다. 이를 여래성기 또는 여래출현이라고 한다.

화엄가들은 화엄교주를 융삼세간(融三世間)·십신구족(十身具足)·삼불원융(三佛圓融)의 청정법신 비로자나불(清淨法身毘盧遮那佛)이라고 부른다. 화엄세계는 법신(法性身)·보신(報身 혹은 受用身)·화신(化身)이라 불리는 비로자나불·노사나불·석가모니불의 세 부처님이 원융(圓融)한 비로자나불의 세계이다.

『화엄경』에는 처음에 마가다국 붓다가야에서 정각(깨달음)을 이루신 석가모니 부처님이 출현하신다. 그런데 이 석가모니 부처님이 바로 비로자나부처님이시며, 비로자나는 노사나로도 번역되고 있다. 이 부처님을 삼불원융(三佛圓融)의 '청정법신비로자나불(淸淨法身毘盧疵那佛)'이라 한 것이다.

또한 화엄의 비로자나부처님은 세간에 두루 계시는 변만불(遍滿佛)이다. 화엄 학자들은 일체 존재를 편의상 불보살과 같은 깨달은 존재인 '지정각세간(智正覺世間)', 아직 깨닫지 못한 존재인 '중생세간(衆生世間)', 그들 정보가 의지해 있는 '기세간(器世間)'의 세 종류로 나누고 있다. 그러나 이 삼세간(三世間) 역시 각기 다른 존재가 아니어서 '융삼세간(融三世間)'이라 일컫는다.

『화엄경』에서는 부처와 보살, 보살과 중생, 중생과 부처가 다르지 않음을 잘 보여주고 있다(心佛及衆生 是三無差別別). 뿐만 아니라 일체 존재가 비로자나 아님이 없으니, 기세간 역시 여래출현(如來出現)의 모습인 것이다. 이를 '융삼세간불(融三世間佛)'이라 한다.

『화엄경』에서는 일체를 열(十)이라는 숫자로 보이고 있는데 열은 '완전하다', '꽉 차다'라는 의미로 원만수(圓滿數)라 한다. 그래서 부처님도 십불(十佛)로 말씀되고 있고, 이러한 십불이 구족하여 무장무애(無障無碍)한 세계가 대방광불의 세계인 것이다. 「법성게」에서도 화엄세계를 '십불보현대인경(十佛普賢大人境)'이라 노래하고 있으며, 십불의 모습도 자세히 설명하고 있다. 이처럼 화엄세계에서는 모든 존재가 비로자나불의 화현 아닌 것이 없다.

『화엄경』은 우리 범부 중생이 그대로 부처임을 깨우쳐 주고 있다. 의상스님은 이를 법성성기(法性性起)라고 하여 예로부터 부처(舊來佛)라 하였다. 『화엄경』은 불세계를 교설한 것이니, 부처님 세계는 예부터 본래 부처인 중생의 원력에 의해 이 땅에 구현되었음을 밝혀준 것이다.

마음이 일어나 여래를 보라

「여래출현품」에서는 성기묘덕(性起妙德)보살이 부처님을 향해 찬탄 노래를 부른다. 부처님께서는 무애광명을 발하여 시방세계를 비추고 다시 보현보살 입으로 들어갔다. 이때 여래성기보살이 질문하자 보현보살이 여래출현의 서상임을 말한다.

부처님의 정등각을 묻자 부처님은 여래출현의 인연에 대해 말씀하시는데, 여래는 한 가지가 아니라 열 가지 인연으로 출현한다고 설명한다. 여래출현의 법(出現之法), 신업(身相), 어업(言音), 의업(心意), 경계(境界), 행위(所行之行), 깨달음(成道), 전법륜(轉法輪), 열반(般涅槃), 견문친근(見聞親近), 선근(所生善根) 등 여래출현에 대한 사실을 다양하게 설하고 있다.

① 여래출현의 법(法)

여래출현품은 헤아릴 수 없으니, 한 가지 인연이 아니라 무량한 법으로 출현하기 때문이다. 여래출현의 법(法)에서 보현보살이 무량한 법으로 출현하는 부처님을 맞이하는 마음가짐에 대해 설한다.

약유욕지 불경계(若有欲知佛境界) 부처님 경계를 알고자 한다면
당정기의 여허공(當淨其意如虛空) 생각을 허공과 같이 맑게 하라.
원리망상 급제취(遠離妄想及諸取) 모든 망상과 집착 다 버리고
영심소향 개무애(令心所向皆無碍) 마음 비워 걸림이 없도록 하라.

법문을 듣는다는 의미는 들음으로써 자기의 사견을 버리는 것이다. 자기가 알고 있는 것으로 맞추려 하면 새로운 것을 받아들일 수 없다. 마음을 허공같이 맑게 하고 비워두어야만 한다.

마음을 비워두고 망상과 집착을 다 버리면 부처님의 경계를 알게 된다. 이러한 마음가짐이 아니면 부처님이 출현하셔도 보지 못한다. 부처님이 출현하실 때 금빛 찬란한 모습으로 오시지는 않을 것이다. 지극히 평범하거나 보통보다 못한 모습으로 나타나실 수도 있다. 이런 부처님을 알아보는 마음은 지극히 낮은 마음가짐이 아니고는 안 된다.

우리가 습관에 물들어 있음은, 자기 눈 속의 티끌을 허공의 꽃으로 착각하는 것과 같다. 그것이 허상이라는 사실을, 그저 의미 없는 몸짓과 말짓에 불과하다는 사실을 깨닫지 못한다면 부처님을 접견할 수 없다.

행복한 화엄경

② 여래의 신업(身業)

10가지 비유 중 여래법신의 2대 특징으로 허공(虛空)과 광명(光明)의 비유가 있다. 허공은 여래의 존재 양상을 보이고, 광명은 법신의 작용과 덕상(德相)을 보인 것이다.

또 색맹(色盲)의 비유는, 여래의 지혜해(智慧海)는 날 때부터 신심의 눈이 없는 색맹(色盲)까지도 이롭게 하여 선근을 길러 성취케 하니, 지혜 햇빛을 보지는 못하더라도 그 이익은 누구나 얻는다는 의미이다.

③ 여래의 어업(語業 음성)

중생들의 좋아하는 마음을 따라 환희케 한다.

④ 여래의 의업(意業 마음)

여래 성기심(性起心)으로 10종의 마음이 있다. 여래의 마음을 볼 수는 없으나 다만 지혜가 한량없음을 알아야 한다고 한다. 그 가운데 여래의 지혜는 '의지(依支)가 없다'는 것과 '여래의 지혜는 이르지 못하는 데가 없다'는 무처부지(無處不至)의 여래심이다. 다만 허망한 생각과 뒤바뀐 집착으로 증득하지 못하니, 이 생각을 여의면 온갖 지혜가 곧 앞에 나타나게 된다.

이에 대한 비유로 미진경권유(微塵經卷喩) 또는 진함경권유(塵含經卷喩)가 있으며, 여래장사상의 전거가 되었다. 여래장(如來藏) 사상을 바탕으로 한 법계연기(法界緣起) 사상의 근거

도 된다. 특히 지혜 있는 선지식이 미진먼지를 깨뜨리고 경권
(經卷)을 꺼내어 중생들에게 이익을 준다는 측면에서 이는 여
래성기의 출처가 되었다.

미진경권유(微塵經卷喩)

큰 경책이 있어 분량이 삼천대천세계(三千大千世界)와 같은데 삼
천 대천세계에 있는 일을 전부 기술되어 있다. …… (중략) ……
이 큰 경책의 분량이 비록 방대하지만 전체가 한 작은 티끌 속에
있으며, 한 작은 티끌 속과 같이 모든 작은 티끌들도 역시 그러
하니라(雖復量等大千世界, 而全住在一微塵中. 如一微塵, 一切微
塵, 皆亦如是).

이때 어떤 지혜가 밝은 사람 선지식이 청정한 천안(天眼)을 갖추
고 이 경책이 작은 티끌 속에 있으면서도 중생들에게 이익을 주
지 못함을 보고는 "내가 정진의 힘으로 저 티끌을 깨뜨리고(破彼
微塵) 이 경책을 내어서 모든 중생을 이익되게 하리라."라고 생각
하고 즉시 방편을 내어서 작은 티끌을 깨뜨리고 이 경책을 꺼내어
모든 중생으로 하여금 모든 이익을 얻게 하였으며, 한 티끌과 같
이 모든 티끌을 다 그렇게 하였느니라.

여래장(如來藏)사상이란?

여래장(如來藏)이란 타타가타 가르바(Tathāgata-garbha)를 번
역한 것으로, 인간이 본래부터 가지고 태어나는, 부처가 될 수 있
는 가능성을 일컫는다. 본질적으로 불성(佛性)·진여(眞如)와 동

일한 개념이다.

여래장사상에서는, 깨치지 못한 사람(凡夫)의 마음은 비록 현실적으로는 미혹(迷惑)과 더러움에 뒤덮여 있지만 그 본성은 청정하며(自性淸淨心), 수행에 의해 그 청정한 본성이 전부 나타내게 된 상태를 '여래' 라고 말한다. 『여래장경』에서 '일체중생실유여래장(一切衆生悉有如來藏)' 이라고 천명한 뒤부터 확립되기 시작한 여래장사상은, 어려운 반야의 지혜보다는 종교적 실천으로서 자비의 측면이 부각시켰으며, 나아가 모든 중생에게 성불(成佛)의 가능성이 있다고 말한다.

인도에서는 유식설(唯識設)보다 여래장사상이 먼저 성립되어 대승불교의 2대 조류인 중관파(中觀派)와 유식파(唯識派)의 사상과는 다른 계통을 이루었으며, 『능가경(楞伽經)』 · 『밀엄경(密嚴經)』 · 『대승기신론(大乘起信論)』에서 대성되었다.

⑤ **여래출현의 경계**(境界)

여래의 지혜가 활동하는 경계는 중생계이다. 그래서 중생들이 살고 있는 이 세간이 여래의 경계 아닌 곳이 없다고 설한다.

⑥ **여래출현의 행**(行)

여래의 지혜가 중생에게 응하는 것은 실천행에 의하여 가능하게 되며 보살의 공덕행으로 나타난다. 여래의 행은 걸림 없는 무애(無碍)의 행이며, 진여(眞如)의 행이다. 그러나 여래의 행은 불생(不生) · 부동(不動) · 불기(不起)이다.

여래의 행은 시간의 범주를 초월하므로 현재에 활발하게 작용하면서도 아무런 작용도 없는 기이불기(起而不起)인 것이다. 이것을 여래의 성기(性起)라고 한다.

⑦ 여래출현의 정각(正覺)

여래의 지혜와 행의 근거는 부처님의 깨달음인 보리(菩提)에 있으며, 바다와 같아서 모든 중생의 마음·근성·욕망을 두루 나타내면서도 아무것도 나타내는 것이 없다. 오직 방편으로 보리를 열어 보이신다. 보살과 중생은 생각마다 부처님의 보리가 있다는 것을 바르게 깨달아야 한다.

⑧ 여래출현의 전법륜(轉法輪)

여래는 마음의 자유자재한 힘으로써 일어남도 없고 굴림도 없이 법륜을 굴리니, 모든 법이 항상 일어남이 없음을 아는 까닭이다. 글자와 온갖 말로써 법륜을 굴리니, 여래의 음성은 이르지 않는 곳이 없는 까닭이다. 일체 중생의 갖가지 말이 다 여래의 법륜이기 때문이다.

⑨ 여래출현의 열반(涅槃)

보살이 여래의 열반을 알고자 하면 마땅히 근본 성품을 알아야 한다. 진여의 열반처럼 여래의 열반도 그러하여, 열반은 생겨나는 일도 없고 벗어나는 일도 없기 때문이다. 중생의 마음을 따라서 열반함을 나타내시기 때문이다.

비유하면 해가 떠서 세간에 두루 비치되, 깨끗한 물이 있는 그릇에는 그림자가 나타나서 여러 곳에 두루 하지만 오거나 가는 일이 없으며, 그릇이 깨지면 그림자가 나타나지 않는 것과 같다.

⑩ **여래출현의 선근**(善根=見 · 聞 · 親近)

경에서는 보살이 여래의 정등각(正等覺)을 보고, 듣고, 친근하여 심은 선근이 모두 헛되지 않은 줄을 알아야 함을 강조하고 있다. 그것은 깨달음의 지혜를 내는 까닭이며, 온갖 훌륭한 행을 이루는 까닭이라고 한다. 그러면서 여러 좋은 비유로 부처님을 뵙고 말씀을 듣고 가까이 모신 선근공덕이 다함이 없음을 보이고 있다.

금강(金剛)의 비유가 있다. 장부(丈夫)가 금강(金剛)을 조금만 삼켜도 소화가 되지 않고 몸을 뚫고서 밖으로 나온다. 금강은 육신에 섞여서 함께 있지 않는 까닭이다.

이처럼 조그마한 선근만 심어도, 모든 유위행(有爲行)과 번뇌의 몸을 뚫고 지나가서 무위(無爲)의 가장 높은 지혜에 이르니, 이 선근은 유위행과 번뇌와 함께 머물지 않는 까닭이다. 그러므로 보살은 마땅히 부처님이나 가르침을 보고(見), 듣고(聞), 가까이서 모셔야(親近) 한다. 이러한 선근으로 모든 나쁜 법을 떠나 착한 법을 갖추기를 발원하고, 부지런히 선근을 쌓도록 강조하고 있다.

여래께서 낱낱의 대상과 그 대상의 작용에 출현하시더라도 우리가 마음을 닦아 그것에 호응하지 못하면 우리는 여래의 출현을 알지 못한다. 「여래출현품」에서 부처님의 출현을 묻는 '성기묘덕보살' 이라는 이름에서 '성기(性起)'는 그렇게 우리의 마음과 마음의 '일어남'을 의미한다.

「여래출현품」에서 실상 성기묘덕보살은 여래께서 출현하시는 법뿐만 아니라 우리가 여래의 출현을 알기 위한 법에 대해 묻고 있다. 성기묘덕보살이 질문한 '여래·응공·정등각께서 출현하는 법'에 대한 보현보살의 답변 중 하나를 들어보자.

과거에 부처님 계신 데서 큰 법의 구름과 비를 듣고 받아 지니었으므로, 능히 여래의 네 가지 큰 지혜 바람 둘레(大智風輪)를 일으키나니 무엇이 넷인가. 하나는 기억하고 잊지 않은 총지(陀羅尼)의 큰 지혜 바람 둘레니, 모든 큰 여래의 법 구름과 비를 능히 지니는 연고요, 둘은 그치고(止) 관찰함(觀)을 내는 큰 지혜 바람 둘레니, 일체 번뇌를 능히 소멸하는 연고요, 셋은 교묘하게 회향하는 큰 지혜바람 둘레니, 모든 선근을 능히 성취하는 연고요, 넷은 더러움(垢)을 떠난 차별한 장엄을 내는 큰 지혜 바람 둘레니, 과거에 교화한 일체 중생으로 하여금 선근이 청정하여 여래의 새지 않는(無漏) 선근의 힘을 성취케 하는 연고입니다. 여래께서 이와 같이 하여 다 옳게 깨달음(等正覺)을 성취하거니와, 법의 성품이 으레 그런 것이고 내는 이도 없고 짓는 이도 없지마는 성취되는 것입니다.

여기서 여래가 출현하시는 법은 네 가지로 나타나는데, 이 것은 우리 마음을 닦고 수행하는 가장 포괄적인 틀이 된다.

① 처음의 기억하고 잊지 않음은 '**염**(念)'을 말한다.

염(念)은 사념처(四念處 몸 · 느낌 · 마음 · 법)를 대상으로 하여 언제나 자신의 마음을 챙기는 수행을 말한다. 마음을 챙기는 것을 잊거나 놓치지 않고 지속시켜 나가는 것이 '염'을 통한 수행이다.

② 그치고 관찰하는 것은 '**지관**(止觀)' 수행이다.

마음을 가라앉혀 고요한 삼매를 얻고, 번뇌망상이 일어날 때 그것을 그치고, 그것이 일어나는 인연을 면밀하게 살펴 알아 차리는 수행이다. 우리가 욕구하는 것에 집착하고 동일한 집 착을 반복하는 것은 삼매에 들지 못했기 때문이며, 삼매에 들 고 남이 자재하지 못하기 때문이고, 그 집착의 원인과 조건을 알지 못하기 때문이다. '지관' 수행은 우리 불교의 가장 전통 적인 수행으로, 많은 큰스님들을 고도의 경지로 이끌었던 수 행 방법이다.

③ '**회향**(回向)'은 '돌이켜 향한다'는 뜻으로, 대승불교에서 가장 중요한 가치를 부여하는 수행이다.

보살이 이승(二乘), 즉 부처님의 법문을 들어서 아는 성문과 12연기를 홀로 관(觀)하여 깨달음을 얻고자 하는 연각과 다른 것은, 깨달음이 향하는 바가 스스로의 해탈에 있는 것이 아니 라 모든 중생의 해탈에 있기 때문이다. 모든 중생으로의 회향이 성취되어야 하기 때문에 계속되는 생사와 윤회 속에서도 닦은 선근(善根)만큼 쉼 없이 정진할 수 있다.

④ 불교에서 지혜는 여러 가지 뜻이 많지만, 기본적으로는 '간택(揀擇)', 즉 잘 분간하여 선택한다는 의미이다.

지혜는 성성(惺惺)한 것, 또렷또렷한 것이어서 있는 것과 없는 것, 해야 할 것과 하지 말아야 할 것, 좋은 것과 나쁜 것, 선한 것과 악한 것을 명확히 구분한다. 지혜는 없는 것, 하지 말아야 하는 것, 나쁜 것, 악한 것을 멀리 여의고 실재하는 것, 해야 하는 것, 좋은 것, 선한 것을 추구하게 한다.

부처님은 멀리 계시지 않는다. 우리가 우리의 선근을 닦고 본연의 청정한 마음을 드러내려고 하는 모든 노력 속에서 출현하신다. 우리가 흔들리는 것은 그런 여래의 출현에 눈을 감기 때문이고, 마장(魔障)으로 인해 좋지 못한 방향으로 가고 있기 때문이다. 그때마다 언제나 광명의 부처님을 생각하며 마음을 돌려 청정한 마음을 드러내도록 노력해야 한다.

여래의 마음을 일으킴, 곧 성기(性起)는 우리 마음 본연의 청정함을 전제하고 있다. 부처님의 마음이 없다면 어떻게 중생이 여래의 출현을 알 수 있을까? 여래의 마음, 그것은 언제나 동일하게 있어왔기 때문에 의상스님은 「법성게」에서 "본래부터 변함없는 그 이름이 부처라네(舊來不動名爲佛)."라고 말하고 있다.

「여래출현품」에 담긴 이야기들

중국의 장안에 숭복사(崇福寺)라는 절이 있다. 이는 당의 측천무후가 자기 어머니를 위해 지은 절로, 본래는 태원사(太原寺)라고 불렀던 것을 697년경에는 위국사라 불렀고, 후에 숭복사라 고쳐 불렀다. 이 절은 디바카라, 즉 삼장법사 일조(日照 Divākara)가 측천무후의 요청으로 인도에서 『80화엄경』의 원본이 되는 범본 『화엄경』을 가지고 왔는데, 이것을 현수법장스님 등 많은 스님이 참여해서 번역했던 번역장이기도 했다. 이 번역장의 총책임자는 실차난타 스님이었다. 현수법장스님은 일조삼장(日照三藏)에게서 인도불교학계의 정세에 관해 이야기를 들었다고 한다. 당시 숭복사 주지였던 법장스님은 율종의 승려 수십 명과 함께 기주의 법문사에서 부처님 사리를 모셔와 숭복사에 안치했다. 기주의 법문사는 최근 부처님 손가락 사리를 우리나라에 모셔왔던 절이다.

숭복사는 당 말엽 세종 때인 845년 회창(會昌)의 법란(法難)으로 파괴되어 지금은 자취가 사라졌다. 법장스님과 함께 공부하던 혜소스님은 이 숭복사에서 지엄스님으로부터 『화엄경』을 배웠다. 의상스님과도 잘 아는 사이였을 것으로 보인다. 혜소스님은 『60화엄경』 가운데 특히 「성기품」을 좋아해 앞뒤로 이 품을 암송했다고 한다. 『80화엄경』에서는 「여래출현품」이다.

혜소스님은 숭복사에 거처하기 전에는 도선스님이 건립한

율종 사찰인 종남산 지상사에 거처했다. 종남산은 도심 근교의 산으로 모든 교학이 융성할 수 있는 산이었다. 여기서 그는 매일 목욕재계하고「여래출현품」을 독송했다고 한다.

어느 날 열 명의 보살이 나타났다가 사라지는 모습을 보았는데, 하루는 그 보살들이 연화대를 만들어서 스님을 그 위에 앉혔다. 그러자 일대에 광명이 환하게 비쳤는데, 혜소스님이『화엄경』을 외우자 보살들이 합장하고 독경을 들었다고 한다. 후에 혜소스님은 법장스님에게 이 이야기를 했고, 법장스님은 제자인 혜량, 혜운, 현관 등의 스님들에게 전해주었다.

보살의 출현을 눈으로 본 혜소스님은「성기품」을 굳건하게 믿었다. 화엄종의 3조인 법장스님이나 4조 징관스님 등도『화엄경』「여래출현품」을 중요시했다. 부처님의 출현에는 추호도 의심하지 말고 잘못된 생각에서 벗어나서 일심으로 읽고 받아 지녀야 한다.

『화엄경』「여래출현품(如來出現品 – 性起品)」에 보면 "부처님의 가르침을 믿고 배우며 이를 받아 지니면 진실한 부처님 제자가 된다."는 말이 있다. 혜소스님은 그런 경계에 들어갔던 것이다. 이러한 인연으로 공덕을 쌓게 되면 모든 하늘이 언제나 찬탄하고 보호해 준다.

당나라 때는 장안(長安) 근교의 종남산 지상사를 중심으로『화엄경』연구가 활발해지고, 이로 인해 화엄종이 생겨난다.

26. 세상 속의 깨달음, 깨달음 속의 세상
- 「이세간품(離世間品)」

세간을 떠난다는 의미

제8회는 부처님이 보광명전에서 그 자리에 모인 대중들과 함께하였는데, 보현보살이 부처님의 신통력을 이어 불화장엄삼매(佛華莊嚴三昧)에 들어가 보혜(普慧)보살의 이백 구(二百句)에 달하는 질문에 보현보살이 이천 구(二千句)로 답하여 육위(六位 10주·10행·10회향·10지·등각·묘각)의 행덕법문(行德法門)을 설한다. 「이세간품(離世間品)」은 제8회의 서론과 본론이다. 모든 지위(地位)를 포섭한 실제적인 보살의 수행이며, 보살의 실천행을 통괄하는 품이다. 이 품도 별행본으로 대본 『화엄경』의 성립 이전에 이미 「도세경(度世經)」이라는 경으로 유행되었다.

'이세간(離世間)'이란 '세간을 떠난다', '세간을 여의다'라는 뜻이다. 여기서는 우선 세간(世間)이 무엇이며, 여읜다는 것은 어떠한 경계인가 하는 것을 짚어보게 한다. 화엄 학자들은 이를 여러 가지로 해석하고 있는데 종합해서 한마디로 말하면, 이세간이란 '처염상정(處染常淨)'을 말하니 중생계에 있으나 물들지 않은 경계이다.

즉, 오염된 곳에 처해 있으면서도 오염되거나 물들지 않고 항상 청정함을 유지한다는 뜻이다. 오염된 곳은 세속의 세계요, 중생의 세계요, 깨닫지 못한 세계를 말한다. 더러운 진흙탕 물속에 뿌리를 두고 있지만, 연꽃의 잎이나 꽃은 더러움에 물들지 않고 항상 청정함을 유지한다는 데서 연꽃에 비유해서 표현한다. 보살행으로 말하면 동사섭(同事攝)으로, 보살이 중생 속에 들어가서 함께 생활하면서도 중생계에 물들지 않고 오히려 그 중생을 제도함을 말한다.

염불할 때 '세간에 머물되 허공처럼 하라, 연꽃이 물에 젖지 않는 것처럼(處世間如虛空 如蓮花不着水)'이라고 한 연꽃 경계로 해석할 수 있겠다. 그러므로 이 「이세간품」에 들어간다고 함도 세간을 떠나 다시 들어갈 법계가 따로 있는 것이 아님을 짐작하게 한다. 그럼에도 이세간은 여전히 중생과 세간을 떠난다는 의미를 간직하고 있음을 명심해야 한다. 보현보살은 「이세간품」을 마무리하면서 다음과 같이 말한다.

이것은 모든 보살의 공덕의 행을 내는 곳이며, 결정한 뜻의 꽃이며, 모든 법에 두루 들어가며, 온갖 지혜를 널리 내며, 모든 세간을 초월하여 이승(二乘)의 도를 여의며, 모든 중생과 함께하지 않으며, 모든 법문을 비추어 알며, 중생의 출세간하는 선근을 늘어나게 하며, 세간을 여의는 법문품이니, 마땅히 존중하며, 마땅히 들으며, 마땅히 외우며, 마땅히 생각하며, 마땅히 좋아하며, 마땅히 수행할지니라. 만일 이렇게 하면 이 사람은 빨리 아뇩다라삼먁삼보리를 얻게 되느니라.

이세간은 세간에 머무는 방식으로 세상과 함께하는 것이 아니라, 세상을 떠나는 방식으로 세상과 함께한다. 수행자들은 떠나온 출발점으로 중생들을 보며, 회향해야 할 대상으로 중생들을 본다. 중생은 언제나 수행자와 거리가 있는 것이다. 모든 중생들이 수행자를 복전(福田)으로 인식하고, 수행의 과정을 실행하지 않는 이상 이 거리는 좁혀질 수 없는 것이며, 좁혀져서도 안 된다.

연꽃과 물의 경계가 허물어지면, 연꽃은 가라앉고 물은 그 연꽃의 아름다움을 비추지 못하게 될 것이다.

원융과 회통을 강조하는 『화엄경』의 해탈관은 우리 민족에게 깊은 영향을 주었다. 원효스님은 말할 것도 없고, 한국 불교의 암흑기였던 조선시대의 서산대사와 사명대사 같은 선사들을 통해서도 세간과 출세간을 나누어 생각하지 않는 한국 불교의 고유한 특성을 잘 알 수 있다.

세상 속에서의 삶과 깨달음의 세계를 동시에 산다는 것은 수행자들에게 깊은 고민과 고통을 안겨주기도 하지만, 불교는 이런 수행자들의 고통과 실천을 통해 우리 삶에 깊이 뿌리내리게 되었다. 우리 민족에게는 대립을 넘어서려는 의지가 있으며, 다양성 속에서도 근본적인 동감(同感)을 찾아가려는 강한 열망이 있다. 그것이 통일 시대를 열어가야 하고, 정보화 시대를 지속적으로 주도해 나가야 하는 우리들에게 『화엄경』이 필요한 현실적인 이유다.

「이세간품」의 내용

부처님께서 마가다국의 고요한 법보리도량 근처에 있는 보광명전에 계시었는데, 보현보살이 불화장엄삼매에 들었다가 일어나자 보혜보살이 보현보살께 여쭈었다.

어떤 것이 보살의 의지며, 기특한 생각이며, 행이며, 선지식이며, 부지런한 정진이며, 마음의 편안함을 얻음이며, 중생을 성취함이며, 계율이며, 스스로 수기(授記)받을 줄을 앎이며, 보살이 안온에 들어감이며, 여래에 들어감이며, 중생의 마음에 들어감이며, …… 여래의 완전한 열반(般涅槃)을 보이심입니까?

이렇게 2백 구의 질문을 하였다. 여기에 대하여 보현보살은 한 가지 물음에 열 가지씩 대답하여 모두 2천 구의 대답을 한다.

처음 200구는 십신행(十信行)을 말하고, 둘째 200구는 십주행(十住行)을 말하고, 셋째 300구는 십행행(十行行)을 말하고, 넷째 290구는 십회향행(十回向行)을 말하고, 다섯째 500구는 십지행(十地行)을 말하고, 여섯째 510구는 인(因)이 원만하고 과(果)가 만족함을 말한 것이니, 이것은 곧 등각(等覺)의 지위를 말하고 있다.

또한 십보현심(十普賢心) 가운데 "대자심을 발함은 구호일체중생고(救護一切衆生故)이요, 대비심을 발함은 대일체중생수고고(代一切衆生受苦故)."라고 하였다.

먼저 청정한 자(慈)의 마음이다.

① 등심청정자(等心淸淨慈)

마음이 평등하여 차별하지 않는 깨끗한 자심

② **요익청정자**(饒益淸淨慈)

중생을 이롭게 하겠다는 깨끗한 자심

③ **섭물동기청정자**(攝物同己淸淨慈)

중생제도를 자기 몸같이 하겠다는 깨끗한 자심

④ **불사세간청정자**(不捨世間淸淨慈)

세상의 중생을 버리지 않겠다는 깨끗한 자심

⑤ **능지해탈청정자**(能至解脫淸淨慈)

반드시 해탈하겠다는 깨끗한 자심

⑥ **출생보리청정자**(出生菩提淸淨慈)

보리를 내겠다는 깨끗한 자심

⑦ **세간무애청정자**(世間無碍淸淨慈)

세상을 비추어 장애가 없어지게 하겠다는 깨끗한 자심

⑧ **충만허공청정자**(充滿虛空淸淨慈)

허공처럼 온 세계에 충만한 깨끗한 자심

⑨ **법연청정자**(法緣淸淨慈) 진리에 인연한 깨끗한 자심

⑩ **무연청정자**(無緣淸淨慈)

중생 구제에 조건이 없는 깨끗한 자심

　　보살이 이러한 경지에 머무른다면 부처님의 광대하고 맑디
맑은 청정한 자(慈)의 마음을 터득한 것이 된다.

　　이어서 청정한 비(悲)의 마음이다.

① **무주반청정비**(無儔伴淸淨悲)

짝할 것이 없는(독보적인) 깨끗한 비심

② **무피염청정비**(無疲厭淸淨悲)

중생의 고통을 대신 받고도 싫어함이 없는 깨끗한 비심

③ **난처수생청정비**(難處受生淸淨悲)

중생제도를 위해서라면 성불할 수 없다는 8난처에 태어나는

것도 감수하겠다는 깨끗한 비심

④ **선취수생청정비**(善趣受生淸淨悲)

중생에게 천당 등 좋은 곳에 태어남을 보여주는 깨끗한 비심

⑤ **위사정중생청정비**(爲邪定衆生淸淨悲)

삿된 곳에 태어난 중생까지도 구제하는 깨끗한 비심

⑥ **불착기락청정비**(不著己樂淸淨悲)

자신의 즐거움에 안주하지 않는 깨끗한 비심

⑦ **불구은보청정비**(不求恩報淸淨悲)

과보나 은덕을 바라지 않는 깨끗한 비심

⑧ **능제전도청정비**(能除顚倒淸淨悲)

반드시 잘못된 망상을 제거하는 깨끗한 비심

중생을 자신의 몸처럼 아끼고 사랑하는 마음이 아니면 이
러한 자비심은 절대로 우러나오지 않는 것이다.

이외에도 열 가지 의지가 되는 것, 열 가지 계율, 법연심,
말, 열 가지 퇴실불법(불법을 위해 멀리해야 할 것)을 버려야 보
살의 마음이 강화되어 모든 보살행을 행하게 된다고 설한다.

열 가지 퇴실불법은 선지식을 가벼이 여기는 것, 생사고를 두려워하는 것, 보살행을 싫어하는 것, 삼매를 탐착하는 것, 선근을 취착하는 것, 정법을 비방하는 것, 보살행을 얻는 것, 이승도를 좋아하는 것, 모든 보살을 혐오하고 싫어하는 것, 세간에 머무는 것을 좋아하지 않는 것을 말한다.

이렇게 해서 보살의 자비심은 중생을 구호할 뿐만 아니라 중생의 고통을 대신하여 받아주는 경지에까지 이른다. 참으로 깊은 자비심의 발로요, 감동적인 장면이라 하겠다.

「이세간품」에서는 불교의 계율 사상, 즉 보살행의 근본정신이 드러난다. 특히 어떤 것이 보살이 지켜야 할 열 가지 계(戒)인지 말하고 있다.

① **불사보리심계**(不捨菩提心戒) 보리심을 버리지 않겠다는 계
② **원리이승지계**(遠離二乘地戒)
성문 · 연각 등 이승의 지위를 벗어나겠다는 계
③ **관찰이익일체중생계**(觀察利益一切衆生戒)
중생에게 이익되는 것만 관찰하겠다는 계
④ **영일체중생주불법계**(令一切衆生住佛法戒)
중생을 부처님의 가르침에 머무르게 하겠다는 계
⑤ **수일체보살소학계**(修一切菩薩所學戒)
보살행을 따라 배우겠다는 계
⑥ **어일체법무소득계**(於一切法無所得戒)

얻을 것도 얻을 대상도 없음을 따라 배우겠다는 계

⑦ **이일체선근회향보리계**(以一切善根廻向菩提戒)

선근을 보리에 회향하겠다는 계

⑧ **불착일체여래신계**(不着一切如來身戒)

부처의 몸에도 집착하지 않겠다는 계

⑨ **사유일체법리취착계**(思惟一切法離取着戒)

모든 대상의 집착에서 벗어나겠다는 계

⑩ **제근율의계**(諸根律儀戒)

선근의 근본인 율의(律儀)에 근거하여 살겠다는 계

　　초기경전의 계율처럼 구체적이진 않지만, 금지나 부정보다
는 보살이 적극적으로 추구해야 할 계라는 점에 주목할 필요
가 있다. 여기서는 '계'가 수행의 예비단계라기보다는 수행
그 자체의 방향을 설정하는 능동적인 역할을 하고 있다.

　　「이세간품」에서는 열 가지 마(魔)에 대한 교설도 있다.

① 색·수·상·행·식의 **오음마**(五陰魔)

② **번뇌마**(煩惱魔)

③ **업마**(業魔)

④ 망심의 **심마**(心魔)

⑤ 죽음의 **사마**(死魔)

⑥ 천당이나 하늘세계의 **천마**(天魔)

⑦ 선근을 잃은 **실선근마**(失善根魔)

⑧ 삼매에 집착하여 즐기는 **삼매마**(三昧魔)

⑨ 스승의 그늘에 가려서 극복하지 못하는 **선지식마**(善智識魔)

⑩ 보리정법을 알지 못하는 **부지보리정법마**(不知菩提正法魔)

　마(魔)는 귀신의 우연적인 장난이 아니라, 우리의 환경과 우리 자신이 만들어내는 모든 장애와 저항이다. 우리가 더 힘차게 정진할수록 마(魔)는 우리의 발목을 잡을 것이므로 저항 이상의 힘을 축적해 놓아야 한다.

　정진의 힘은 선업(善業)으로부터 나오고, 선근(善根)으로부터 나온다. 마장의 유혹에 넘어가지 않으려면, 우리는 언제나 자신이 하는 수행이 정말 올바른 수행인지, 정말로 깨달음으로 이끌어주는 수행인지 확인하고 살펴야 한다.

　그리고 보살의 **열 가지 행**에 대해서도 설하고 있다. 일체중생으로 하여금 바른 정법을 구하게 하는 것이야말로 보살행이다. 선근을 완전히 성숙하게 하는 행, 일체 계율을 잘 배우는 행, 일체선근을 기르는 행, 산란하지 않은 일심으로 삼매를 닦는 행, 일체지혜를 분별하는 행, 일체 닦을 바를 닦아서 익히는 행, 일체 세계를 장엄하는 행, 선지식을 공양하고 공경하는 행, 모든 부처님을 공양하고 공경하는 행. 이 열 가지 행을 실천하면 부처님이 닦은 행과 같은 수행을 완성할 수 있다.

　더불어 보현보살은 보살이 중생을 구제하기 위해서는 **열 가지 세계**에 들어간다고 말했다. 부정한 세계, 청정한 세계, 소(작은)세계, 중간세계, 미진세계, 내려다보는 세계, 올려다보는 세계, 부처님이 계시는 세계, 부처님이 계시지 않는 세계 등 보살은 열 가지 세계에 들어가서 중생을 구제한다.

「이세간품」에서는 **열 가지 자재**에 대해서도 설한다. 수명(壽命)자재, 심(心)자재, 장엄(莊嚴)자재, 업(業)자재, 태를 받는데 골라서 태어난다는 수생(受生)자재, 해탈(解脫)자재, 원(願)자재, 신력(神力)자재, 법(法)자재, 한 생각에 십력과 사무소외를 깨닫는 지(知)자재에 대해 설명하고 있다.

이와 같이 「이세간품」에서는 보살의 실천, 보살의 삶에 대해 여러 가지로 설명하고 있다.

보현보살은 마지막에 인(因)이 원만하고 과(果)가 만족한 등각(等覺)의 지위에 대해서 말하는데, 이는 화엄교학의 십현연기에 잘 나타나 있다.

십력(十力)이란?

십력이란 부처님이 갖추고 계신 열 가지 능력을 말한다.

① 옳고 그른 도리(道理)를 판별하는 지혜의 능력

② 선업(善業)과 악업(惡業), 그 과보(果報)를 명확히 아는 지혜의 능력

③ 선정해탈을 명확히 아는 지혜의 능력

④ 각각의 중생들의 근기(根機 가르침을 받는 자의 선천적인 능력)를 명백히 아는 지혜의 능력

⑤ 각각의 중생들의 의욕과 성향을 명백히 아는 지혜의 능력

행복한 화엄경

⑥ 중생의 과(果)와 그 과(果)의 성품을 명확히 아는 지혜의 능력

⑦ 수행 방법과 함께 도(道)에 나아감을 명백히 아는 지혜의 능력

⑧ 중생의 과거의 일을 명백히 아는 지혜의 능력

⑨ 미래의 일을 정확히 아는 지혜의 능력

⑩ 일체 번뇌가 다한 것을 명확히 아는 지혜의 능력

사무소외(四無所畏)란?

사무소외란 부처와 보살이 지니는 정신적인 덕성의 하나로, 부처와 보살은 중생들을 교화할 때 네 가지 두려움 없는 자신감으로 설법을 한다.

부처의 사무소외

① '나는 일체법(一切法)을 깨달았다'는 두려움 없는 자신

② '나는 일체의 번뇌를 모두 끊었다'는 두려움 없는 자신

③ '나는 깨달음에 장애가 되는 것을 모두 말했다'는 두려움 없는 자신

④ '나는 괴로움의 세계에서 벗어나 해탈(解脫)에 이르는 길을 모두 말했다'는 두려움 없는 자신

보살의 사무소외

① 교법(敎法)을 잊지 않고 잘 기억하여 설법함에 두려움 없는 자신

② 모든 중생의 근기(根機)를 잘 알아 그에 대한 적절한 설법을 하는 데 두려움 없는 자신

③ 중생의 의문을 해결해 주는 데 두려움 없는 자신

④ 모든 물음에 대해 자유자재로 대답할 수 있는 두려움 없는 자신

Ⅲ부는 80화엄경의 마지막 품인 「입법계품」에 대한 내용으로 구성되어 있다. 이 품은 부처님께서 서다림(기원정사)에서 스스로 사자빈신삼매에 들어 그 자리에 모인 대중들에게 설한 내용으로, 진리의 본성을 바로 보고 깨닫게 한다. 이러한 진리의 본질이나 진리 그 자체를 '법계'라 하며, 『화엄경』에서 법계의 의미는 일반적으로 '세계' 혹은 '우주'의 뜻을 나타낸다.

「입법계품」에서는 불도(佛道)의 세계로 들어가는 전 과정이 이야기 형식으로 재미있게 펼쳐지는데, 문수보살과 사리불, 목건련 등 수많은 등장인물들이 부처님과 신비한 조화를 보이며 불도 수양의 세계로 들어가는 것이 소개된다. 이어서 선재동자가 깨달음을 구하기 위해 문수보살의 지시에 따라 선지식을 찾아 구도여행을 시작하는 과정이 그려진다.

선재동자가 구법여행을 하는 중에 다양하고 많은 선지식이 등장하는 데, 바로 이 53선지식과의 만남을 통해 가르침을 체득하는 과정이 묘사된다. 선재동자가 구법여행 중에 어떻게 부처님을 생각하며 선근을 심고, 보살행을 배우고, 궁극적인 진리의 세계를 깨닫고, '참 나'를 발견하는지 이야기하고 있다.

III

진리의
세계

1. 법계란 무엇인가
- 「 입법계품(入法界品)」1

법계의 의미

화엄교학의 꽃이라 할 수 있는 법계(法界)란 '진리의 본성' 내지는 '진리의 영역'을 의미한다. 법계는 다른 경전에도 많이 나오는 말이다. 법계란 산스크리트로는 'Dharma-dhātu'이며, 빨리어로는 'Dhamma-dhātu'이다. 법계는 '법(法)'과 '계(界)'의 합성어이다. 이 두 단어 각각의 어원과 의미를 살펴보도록 하자.

설명이 어렵고 무익하게 느껴질 수 있으나 이 정도는 상식으로 알아두는 것이 좋다. 만약 그래도 부담이 된다면 건너뛰고서 자신에게 필요한 부분을 찾아 읽어도 무방하다.

법(法)은 산스크리트로는 'Dharma(다르마)', 빨리어로는 'Dhamma(담마)'이다. 이를 중국에서는 음역(音譯)하여 달마(達摩), 타마(駄摩), 타마(陀摩), 담마(曇摩), 담모(曇謨), 담무(曇無)라 하였으며, 어떤 경우에는 담(曇)이라고도 하였다. 법(Dharma)은 원래 '유지하다(護持)'라는 의미를 지닌 어근 'Dhṛ'에서 나온 말로 질서·관례·풍습·습관·법칙·규칙 등을 의미한다.

불교에서의 의미는 초기의 논서인 『구사론』 권1에서 "능히 자체의 모습을 지니므로(持自相) '법'이라 한다."라고 설명하

고 있는데, 『불지경론』에서도 같은 의미로 쓰이고 있다. 대승
불교의 논서인 『성유식론』 권1에서는 "법이란 궤지(軌持)이다.
법에는 여러 가지의 모습이 있는데 구체적으로는 '실덕업(實
德業)'과 '온처계(蘊處界)' 등이 있다."라고 설명한다.

여기에서 궤지(軌持)란 '법에 자체의 모습을 가지고 있다
(軌範持自相)'라는 의미로, 쉽게 말하면 '존재'를 나타낸다.
또한 『분별공덕론』 권2에서는 "법은 무루법(無漏法)·무욕법
(無欲法)·도법(道法)·무위법(無爲法) 등이 있다. 욕심이 없는
상태(無欲)에 이르기 때문이다."라고 기록되어 있다.

다만 불교가 중국에 전래되면서 존재의 의미를 지닌 '지
자상(持自相)', '궤지(軌持)'의 의미가 보다 확대·심화되어,
법·정법(正法)·교법(教法)·선법(善法)·실법(實法)·묘법(妙
法)·여법(如法)·법문(法門) 등 진리의 현상뿐만 아니라 진리
의 본질 혹은 본성을 나타내거나 진리 그 자체를 나타내는 의
미로도 쓰이게 되었다.

계(界)란 산스크리트와 빨리어로 'dhātu(다투)'이다. 'dhā
tu'의 원형도 'Dhṛ'로, 성분·요소·신체의 근본요소·시
간·층(層)·근본을 의미한다.

초기 논서인 『대비바사론』 권71에서는 '종족(種族)·단
(段)·분(分)·편(片)·이상(異相)·불상사(不相似)·분제(分
齊)·종종인(種種因)·치류(馳流)·임지(任持)·장양(長養)'
등의 의미가 있다고 하였다. 『잡집론』 권2에서는 '일체법종자
(一切法種子)·인(因)·능지자상(能持自相)·능지인과성(能持

因果性)·섭지일체법차별(攝持一切法差別)' 등의 의미를 가지고 있다고 하였다. 이 가운데 '능지인과성'은 18계(界)를 뜻하고, '섭지일체법차별'은 모든 경에서 설하고 있는 지(地)·계(界) 등 18계에 포함한다는 의미로 보고 있다. 『구사론』 권1에서는 "지수화풍의 사대(四大)가 능히 자상(自相)과 만들어야 할 색(色)을 지니고 있으므로 '계(界)'라 하며, 사계(四界 혹은 四大)를 대종(大種)이라고도 한다."라고 정의하고 있다. 이처럼 계의 의미도 매우 다양하며, 중국 불교에서는 계(界)·신계(身界)·세계(世界)·근성(根性)·종(種) 등 다양한 의미로 쓰이고 있다.

법계는 각각의 의미를 가진 두 단어인 'Dharma'와 'dhātu'가 합해진 말이기 때문에 그 해석이나 설명이 단순하지 않다. 법계의 의미는 진리의 외적인 모습과 내적인 본질을 모두 다 포함하고 있기 때문에 경(經)이나 논소(論疏)에 따라 다른 의미로 쓰이기도 하고, 시대와 장소 혹은 학파나 종파에 따라서 전혀 다른 의미를 취하기도 하였다. 법계의 의미가 다양해지고 복잡해진 것은 이에 연유한 것이다.

『화엄경』에 나타난 법계의 의미는 일반적으로는 '세계' 내지는 '우주'의 의미를 나타낸다. 『60화엄경』 「세간정안품」에서는 "끝없이 평등하고 오묘한 법계는 모두 여래의 몸으로 충만해 있다. 여래의 법신은 법계와 동등하여 널리 중생에 응하여 모두 나타낸다."라고 설하고, 「십주품」에서는 "보살의 종성이 매우 넓고 커서 법계·허공계와 동등하다."라고 설하며, 「십행품」에서는 "진실한 법계는 파괴할 수 없다."라고 설한다.

삼매(三昧)와 관련된 의미로 나타낸 경우도 있다. 「십회향품」에서는 "보살의 법계삼매지혜는 미세하다."라고 설하며, 「십지품」에서는 "청정한 법계삼매"라고 설하며, 「입법계품」에서는 "한 생각 가운데 한 몸이 충만한 법계삼매"라고 설한다. 법계의 외적인 현상보다는 본질적인 면을 중시하는 의미로 "법계성(法界性)"이라고 설한 경우도 있다.

『80화엄경』「야마궁중게찬품」각림보살게에서는 "만약 사람이 삼세의 모든 부처님에 대해 알고자 한다면 마땅히 법계의 체성(法界性)을 관찰하라. 일체는 오직 마음이 만든 것이니라."라고 설한다. 여기에서 말하는 법계의 체성이란 삼세의 모든 부처님께서 깨달은 진리를 의미한다. 즉, 삼세의 부처님께서 깨달은 내용은 법계성이며, 이는 '각자의' 마음에서 만들어지는 것에 지나지 않는다는 뜻으로 이해할 수 있다.

화엄종에서는 법계를 『화엄경』의 '세계관·진리관'을 나타내는 핵심 용어라고 파악하였다. 특히 청량국사 징관스님은 유심론(唯心論)의 입장에서 법계연기설(法界緣起說)과 법성원통문(法性融通門)을 대입하여 '사법계(四法界)'라는 화엄법계관을 완성하였다. 『화엄경』 전체에 녹아들어 있는 '유심(唯心)' 혹은 '공관(空觀)'과의 관련성을 포함하여 '법계'의 개념은 결국 '일심(一心)'과 다르지 않다는 것이다.

사법계(四法界)의 내용

법계는 한마디로 말하자면, 모든 것이 그것으로부터 나오며, 모든 것이 그것으로 들어가는 곳이다. 법계로부터 낱낱의 것이 출현하며, 그것은 다시 법계로 흡수된다. 이런 법계의 모습을 가장 명확하게 드러내고 있는 것이 화엄교학의 사법계이다. 이 사법계는 유교의 이기론(理氣), 서양철학의 실제와 현상에 관한 논의들을 유심(唯心) 아래 총괄하고 있으며, 궁극적으로 '모든 개체들의 구제'라는 대승불교 고유의 실천적 목적을 드러내고 있다. 사법계의 내용을 알아두면, 다양한 현상과 사상을 대할 때 큰 도움이 되므로, 생각하고 익혀서 두루 사용할 수 있었으면 한다.

① **사법계**(事法界)

사법계는 현실의 세계, 곧 천차만별의 세계인데, 철학용어로는 현상세계 또는 객관세계라고도 한다. 이 현상 세계로부터 우주의 진리를 관찰하는 것이다.

삼라만상은 하나도 같은 것이 없다. 사람은 사람대로 모양이 모두 다르고, 짐승은 짐승대로, 산은 산대로, 강은 강대로, 나무는 나무대로, 꽃은 꽃대로, 바위는 바위대로, 돌은 돌대로 각각 고유한 모양과 성질을 가지고 있다.

바다는 깊고 얼음은 차고 불은 뜨겁고 새는 날고 뱀은 긴다. 우리가 살아가면서 경험하는 현상세계는 그대로 진리 아닌 것이 없다. 그래서 사법계란 삼라만상을 있는 그대로 보고 생각하며 이해하고 인식하는 것을 말한다.

② **이법계**(理法界)

이법계는 진리의 세계, 공(空)의 세계, 근본(本體)의 세계라
는 뜻으로서, 교리적으로 말하자면 중관(中觀) 또는 반야공관
(般若空觀)을 수행하는 불교를 말한다. 즉 『반야심경』에서 말
하는 '색즉시공(色卽是空) 공즉시색(空卽是色)'이다.

현상세계인 사법계에 존재하는 존재들의 근원을 살펴보면,
그 내면에는 공성(空性)이 있다. 다시 말하면, 현상세계의 차별
성을 떠나 그 이면에는 이치의 세계 또는 아직 경험하지 못한
초경험적 세계가 존재하고 있다는 뜻이다. 예를 들면, 소나무
와 감나무는 비록 다르지만 다 같이 식물과에 속한다. 또 사
람이나 개는 같지 않지만 다 같이 동물에 해당한다. 이를 생
물학의 관점에서 보면 다 같은 생물이라고도 할 수 있다. 그
러므로 우주만유가 평등하다는 입장에서 본다면 하늘이나 땅
이 한 뿌리(天地同根)요, 만물이 한 덩어리(萬物齊同)이다.

이와 같이 '이(理)'의 입장, 즉 본성에서 보면 평등하지 않
은 것이 없다. 이렇게 관찰하는 것이 이법계이다.

③ **이사무애법계**(理事無碍法界)

이사무애법계는 현상세계(事法界)와 본체(理法界)가 따로
구분되어 있는 것이 아니라, 서로서로 원융무애하여 서로서로
연관성을 가지고 있다고 본다. 그러므로 현상세계가 곧 진리

세계이고, 진리세계가 곧바로 현상세계라고 보는 것이다. 다시 말하면 평등이 곧 차별이고, 차별이 곧 평등이라는 말이다. 비유를 들어 설명해 보자면, 물이 곧 파도이고 파도가 곧 물(水不離波波不離水)인 것과 같아서 서로 둘인 것 같으면서도 둘이 아닌 것을 말한다.

이와 같이 걸림 없는 진리를 관찰하면 현상세계가 곧 진리세계이고 진리세계가 곧 현상계이다.

『대승기신론』에서는 "진여(眞如)에는 변하지 않는 진리인 '불변(不變)'과 조건에 따라 다르게 나타나는 진리인 '수연(隨緣)'이 있다."고 하는데, 이는 이치와 현상이 서로 관련성을 가지고 있다는 뜻이다. 예를 들면, 수(水, 不變)는 물이지만 무엇과 배합되느냐에 따라서 모양이나 색깔을 달리한다(隨緣). 그러므로 '색즉공(色卽空)'이요 '공즉색(空卽色)'이라고 관찰하는 것을 이사무애라고 한다.

④ **사사무애법계**(事事無碍法界)

사사무애법계란 현상세계와 현상세계, 현상세계와 본체가 원융하고 묘하여 걸림이 없다는 뜻이다. 현상계의 우주만유는 형형색색의 천차만별이 있으면서도 서로서로 걸림 없는 관계를 맺고 있다. 그러므로 본체(理)와 현상(事)이 걸림이 없다는 것이다. 비유하면 물과 파도는 걸림이 없듯이 파도와 파도끼리도 아무런 걸림이 없다는 것이다. 이와 같이 현상계의 걸림 없는 이치가 사사무애법계이다. 이 사사무애의 이치에 의하여 일심법계(一心法界)의 교설을 세운 것이 『화엄경』의 특징이다.

다시 말하자면, 사사무애법계는 이사무애법계를 통하여 이해할 수 있으나, 사법계(事法界)는 이사무애법계를 거치지 않고도 보이는 상식의 세계이다. 즉 현실적 대상은 같으나 사법계와 전혀 다르게 나타나는 세계가 곧 사사무애법계(事事無碍法界)다.

사법계(事法界)에서는 산과 물이 따로따로 분리되어, 거기에 사람이 끼더라도 산·물·사람이 같은 모습(同相)의 연결고리를 찾지 못한다. 그러나 사사무애법계(事事無碍法界)는 사람이 산도 되고, 산이 사람도 되고, 산이 물도 되고, 물이 산도 되고, 사람이 물도 되고, 물이 사람도 된다. 이렇게 서로 통하여 맺어진다.

이런 세계를 깨닫기 위하여 이사무애법계(理事無碍法界)를 먼저 이해하고 다음에 사사무애법계(事事無碍法界)로 들어간다. 사람의 마음과 사물이 오로지 하나가 되는 세계다. 그 세계는 모든 분별이 없는 절대의 세계인 것이다. 이렇게 이루어진 '무분별지(無分別智)'의 세계는 사람은 사람이요, 산은 산이요, 물은 물이요, 불은 불이요, 고기는 고기요, 동물은 동물인 세계이다. 그러면서도 서로 간에 아무런 장애가 없이 둥글게 화합하면서 조화를 이루고 살아가는 세계가 바로 사사무애법계인 것이다. 사사무애법계를 가장 잘 설명한 내용이 십현문(十玄門)이다.

십현문 - 사사무애의 궁극적인 모습

「십현문」은 처음에 지엄(智儼)스님이 「일승십현문(一乘十玄門)」에서 설명하고, 그 제자인 법장스님이 체계적으로 정리한 것이다. 화엄사상의 극치라고 일컬어지는 「십현문」에는 깊은 종교적 체험도 깔려 있다. 즉, 무진연기(無盡緣起)는 해인삼매의 수행에 의해서 본질을 이해할 수 있다고 설명한다. 다음은 화엄종 제4조인 징관(澄觀)스님의 십현문 해설이다.

① 동시구족 상응문(同時具足 相應門)

십현문의 총설에 해당한다. 우주의 만유(萬有)는 시간과 공간을 통하여 상즉상입(相卽相入)해서 연기하는 것으로, 과거·현재·미래가 반드시 동시에 서로 응한다는 뜻이다. 과거에 현재와 미래가 들어 있고, 현재와 미래 속에도 과거·현재·미래가 다 들어 있어서 앞과 뒤, 시작과 끝의 분별이 없이 서로 응하여 일체가 되어 나타난다. 이는 동시성이다.

화엄종 제3조 법장(法藏)스님은 당나라 여황 측천무후 앞에서 법계의 상응문에 대해 설하면서 용상(龍床) 아래 금사자(金獅子)를 비유로 들었다.

"금으로 만든 사자가 있다면 금과 사자가 동시에 성립하여 금사자가 원만구족하다. 즉 바닷물 한 방울에도 백천의 강물 맛이 갖추어져 있는 것과 같다."

② **광협자재 무애문**(廣狹自在 無碍門)

현상을 설하고 있다. 인연으로 일어나고(緣起) 있는 모든 법은 순수한 것(狹 농도가 진한것)과 잡박한 것(廣 농도가 옅은 것)이 섞여 있으나, 순수한 것은 순수한 대로 섞인 것은 섞인 대로 동시에 나타난다. 즉 금은 금대로 은은 은대로 나름의 가치를 지니며 제자리(本位)를 지키고, 동시에 '광협'이 자재롭게 나타남을 의미한다.

③ **일다상용 부동문**(一多相容 不同門)

현상세계의 일체 사물의 작용에서 무진연기(無盡緣起)를 설한다. 우주의 모든 존재를 역학관계로 보면 하나(개체) 속에 전체가 들어가고(一入多), 전체가 개체에 들어 있지만(多入一) 서로 걸림 없이 자유자재로우면서도 각각 나름대로의 개성을 잃지 않고 본래의 모습(本來面目)을 유지하고 있다. 즉 금은 금빛을 유지하고 있고 은은 은빛을 보유하고 있으면서도, 각기 본분을 유지하고 있는 것과 같다. 마치 한 방에 1천 개의 불빛이 서로서로 용납하여 아무런 장애도 없이 비추는 것과 같이 상입무애(相入無碍)하다는 의미이다.

④ **제법상즉 자재문**(諸法相卽 自在門)

연기(緣起)는 공(空)과 유(有)에 바탕하여 상즉(相卽)함을 열게 된다. 일즉일체(一卽一切)는 하나가 일체법을 통섭하고 일체법이 하나에 통섭되어 두루 걸림이 없는 것이다. 마치 금으로 만든 사자의 팔이나 다리나 털 한 개라도 다 사자의 전체인 것과 같다. 이는 각 영토가 대한민국에 통섭되고 대한민국이 곧 각 영토를 통섭하는, 다시 말하면 한 명의 대통령이 많은 국민을 통섭하고 많은 국민들이 한 명의 대통령에게 통섭되는 것과 같아서 자재원융하다는 법문이다.

⑤ **은밀현료 구성문(隱密顯了 俱成門)**

지엄스님의 「고십현(古十玄)」에서 "비밀은현구성문(秘隱密顯俱成門)으로 연기하는 모든 것은 각각 드러나지 않는 것(隱)과 드러나는 것(顯)으로 이루어져 있다."고 했다. 즉 하나(一)가 드러나면 많은(多) 것은 숨고, 많은(多) 것이 드러나면 하나(一)는 감추어지는 것이다. 또 서로 합해(相卽)지기도 하고 서로서로 교류하기도(相入) 한다. 마치 금으로 만든 사자를 바라보는 것과 같아서 사자로만 보면 사자만 보이고 금은 나타나지 않으며, 금으로만 보면 금만 남고 사자는 숨어버리는 것과 같다. 사물이든 인간의 삶이든 드러난 것과 드러나지 않는 것의 양면성이 있다고 하겠다.

⑥ **미세상용 안립문(微細相容 安立門)**

연기하는 모든 것은 크고 작은 것을 해치지 않고 하나의 진리(一法門) 안에 동시에 갖추어져 있음을 설하고 있다. 개체(一)가 능히 전체(多)를 포함하고, 전체가 능히 개체를 거둔다는 것이다. 마치 겨자씨 한 알 속에 수미산(須彌山)을 용납하고, 한 티끌 속(一微塵)에 삼천대천세계를 다 수용하면서도 본래의 모습을 조금도 파괴하지 않듯 각각 그 분수를 지켜 서로 수용하고 서로 안정적으로 세운다(安立)는 뜻이다. 마치 금사자의 각 부위가 금사자를 더욱 돋보이게 하면서도 각기 제 위치를 유지하는 것과 같다.

⑦ **인다라망 경계문**(因陀羅網 境界門)

한 가닥의 갈기 끝에 이르기까지 사자의 눈·귀·수족 등 각각의 금사자가 있다. 모든 사자는 일체의 털끝에 의해 포용되며, 동시에 즉각적으로 한 가닥 털 속으로 들어간다. 따라서 일체의 털 속에 무한히 많은 사자들이 들어 있다. 즉 우주의 모든 존재가 겹겹으로 끝없이(重重無盡) 서로 얽히고설키어 있는 상즉상입의 관계를 나타낸 것이다. 마치 제석천 그물인 '인다라망'의 보배구슬 하나하나가 모두 다 광채를 내면서도 그 무수한 보배구슬의 빛이 서로를 비추어서 더욱 찬란하게 광채를 발하는 것과 같다. 우주의 모든 사물도 서로 융합융통(融合融通)하면서 끝없는 광명을 발하지만 서로 아무런 장애가 없다는 뜻이다.

⑧ **탁사현법 생해문**(託事顯法 生解門)

탁사현법이란 '본질은 언제나 현상(事法)에 의탁하여 드러난다'는 것이다. 즉 사자는 인간의 무지를 가리키기 위해 설한 것이며, 금은 참 성품을 드러내기 위해 설한 것이다. 그러므로 사실에 의탁하여 바른 법을 나타낸다는 의미가 된다.

⑨ 십세격법 이성문(十世隔法 異成門)

시간적으로 서로 장애가 없음을 나타낸다. 과거·현재·미래의 삼세에 다시 과거·현재·미래를 곱하면 구세가 된다. 여기에 이 구세(九世)를 통합하는 절대적 현재를 추가해서 십세가 된다. 이 십세가 동시에 나타나 '연기'를 이룬다는 것이 화엄에서 보는 시간에 대한 이해이다. 이는 경전에서 '과거겁(劫)이 미래겁으로 들어간다'는 구절과 '한 점 티끌에 삼세의 모든 부처님세계를 나툰다'는 내용에 대한 파악이다. 즉 상즉원융(相即圓融)의 사상이다. 현재의 한 사건에 과거·현재·미래의 전부가 나타난다.

⑩ 주반원명 구덕문(主伴圓明 具德門)

지엄스님이 세운 「고십현」에 나오는 유심회전 선성문(唯心廻轉 善成門)을 없애고 그 자리에 대신 세운 내용이다.

우주의 존재는 그 어느 것도 홀로 일어나지 않는다. 마치 영화나 드라마에 주연이 있으면 그 주위에 수많은 조연이 필요한 것과 같다. 그물코 한 개만 들면 그물 전체가 따라오는 것과 같이, 주인(본질)과 손님(현상)이 분명하여 만 가지 공덕을 갖추고 있다는 말이다. 어떤 쪽을 강조하고 어떤 쪽을 나타내는가에 따라 달리 보일 수 있지만, 사자의 모습은 그것이 합해져 하나로 보인다. 그러므로 법계연기에서는 주인 아닌 것이 없다.

육상문(六相門) – 세계의 모습

육상문은 무진연기의 실상을 보여주는 것으로, 십현연기와 함께 화엄교학의 중요한 가르침이다. 육상은 『화엄경』 속에 있는 명칭으로서 세친(世親)보살은 「십지경론(十地經論)」에서 이를 철학적으로 정리하고 있다. 지론종(地論宗) 남도파(南道派)에 속하는 정영사 혜원(慧遠)스님은 세친보살의 「십지경론」을 받아들여 육상설(六相說)을 성립시키는 데 큰 역할을 하였다. 뒤에 화엄종 제2조 지엄스님과 제3조 법장스님에 이르러서 육상설은 체계화되었다.

육상은 총(總)·별(別), 동(同)·이(異), 성(成)·괴(壞)의 서로 대립되는 세 쌍을 말한다. 이들이 서로서로 원융하여 걸림 없는 관계에 놓여 있어 하나에 다른 다섯이 포함되면서도 여섯의 모습이 제 모습을 손상하지 않고 법계연기가 성립된다고 하여 '육상원융문(六相圓融門)'이라고도 한다.

① 총상(總相)과 별상(別相)

총상(總相)은 전체를 말하고, 별상(別相)은 부분을 말한다. 법장의 『화엄오교장(華嚴五敎章)』에서는 이것을 '집(舍)'에 비유하여 설명하고 있다.

예를 들면, 총상(總相)은 전체로 '집' 또는 '나라'에 해당하며, 별상은 집의 각 부분인 기둥, 서까래, 주춧돌, 창문 등이다. 나라로 말하면 입법부, 사법부, 행정부에 각 부 장관, 국장, 과장, 실장, 청장 등이 여기에 해당한다. 별상(別相) 그대로가 집이요, 나라인 것이다.

총상은 전체가 만덕을 다 갖추고 있다는 의미이고, 별상은 그 속에 각각의 개체가 제 기능을 발휘하고 있다는 뜻이다. 이것이 진실한 세계의 원융한 모습이다.

② **동상**(同相)**과 이상**(異相)

동상(同相)은 같은 성질의 것이요, 이상(異相)은 각양각색의 모습을 하고 있다. 집으로 비유하면 기둥, 서까래, 주춧돌, 창문 등 집을 구성하는 각 부위가 전체로서 집을 이룬다. 따라서 각 부위가 집을 구성하고 있기에 서로 어긋나거나 틀리지 않아 집이라는 동일성을 유지한다. 즉 벽돌이 쌓이고 기둥이 서면 문과 창문이 달리고 미장과 도배가 되면 이것이 완성된 집이다.

다시 말해, 서로 차이가 나는 사물이 각각 다르다 하더라도 모두 전체를 이루고 있기 때문에 '동일한 모습(同相)'이라고 한다. 여기에서 기둥은 기둥, 서까래는 서까래, 기와는 기와, 주춧돌은 주춧돌, 창문은 창문이듯 서로 '다른 모습(異相)'으로 다양하게 존재하고 있는 것을 말한다. 다양한 요소들에 의해 하나의 완성된 모습을 이루기 때문이다.

③ **성상**(成相)**과 괴상**(壞相)

성상(成相)은 여러 기능이 조합되어 이루는 하나의 완성태를 말하고, 괴상(壞相)은 그들이 각각 독자적 위치에서 하는 역할을 말한다. 집으로 비유하면 성상이란 완성되어 유지되고 있는 온전한 집이다. 괴상이란 이미 지어진 집이라도 각각 제 역할이 있기 때문에 유지될 수 있다는 것이다. 만약에 각 부위가 고집을 피워 분쟁을 일으킨다면 그 집은 무너질 수밖에 없다. 낡아서 무너지는 경우도 여기에 해당한다.

이 육상 가운데 총상·동상·성상은 '평등(平等)'의 관점에서 바라본 것이며, 별상·이상·괴상은 '차별(差別)'의 관점에서 바라본 것이다. 이는 서로 상반되거나 대립되는 개념을 원융사상을 통하여 대립을 극복하고 조화를 이루어 하나의 통일된 입장을 갖도록 하는 화합의 원리로, 육상원융의 근본 취지이다.

여기에는 사상·이념·지역·문화·종교·성별의 차별과 반목 대립을 극복하고 모두가 '하나'라는 생각, 즉 불성(佛性)을 지닌 존귀한 존재라는 인식의 전환이 요구된다. 따라서 『화엄경』에서는 '초발심시변정각', '일행일체행(一行一切行)', '일단일체단(一斷一切斷)'이라는 수행론을 설하고 있다. 즉, 관념이나 이론이 아닌 실천을 요구하고 있는 것이다.

이 육상 가운데 평등한 것을 '원융문(圓融門)'이라 하고, 차별의 세계를 '항포문(行布門)'이라고 한다. 그러나 원융문 속에 항포문이 들어 있고 항포문 속에 원융문이 포함되어 있어 '상즉상입'과 사사무애(事事無碍)한 법계를 나타내고 있는 것이다.

현실적 인식의 틀로서의 육상(六相)

『화엄경』의 다채로운 세계상을 체계적으로 정리한 화엄교학의 육상설은 어떤 사물이나 사태에 대한 우리의 인식을 넓고 균형 있게 만들어준다. 우리가 서로 반목하고 싸우는 이유는, 상대방의 관점을 자신의 관점에 놓을 수 있는 능력과 자신의 관점을 상대방의 관점에 위치시킬 능력을 상실한 채, 상대방의 관점을 배제해 버리기 때문이다. 다룰 수 있는 정보와 의견의 양이 많아지고 자기의 이익만을 우선적으로 고려하는 것이 합리적인 것처럼 취급되는 현대사회 속에서, 육상설은 우리가 어느 한쪽에 치우치지 않으면서도 실제적인 문제 해결에 도움이 될 수 있는 길을 제시해 준다.

한 신입사원을 예로 들어 생각해 보자. 가령 소비자들에게 호응을 받을 수 있는 신상품 개발이라는 과제가 신입사원에게 주어졌다고 생각해 보자. 우선 이 신입사원은 입사한 회사와 관련된 상품의 소비시장을 파악해야 한다. 이른바 소비시장의 총상(總相)을 수립하여야 한다. 소비시장의 총상은 시장조사를 통해서, 상사들의 가르침이나 지침을 통해서, 각종 통계자료나 관련 도서를 통해 대략적인 윤곽을 파악할 수 있다. 총상의 윤곽이 잡혔으면, 그 총상 속에서 본인의 회사가 가지는 특이성, 곧 별상(別相)을 파악해야 한다. 회사가 내세우는 비전이나 전년도의 실적, 그 회사가 다른 회사에 비해 집중적으로 투자하고 있는 분야 등을 고려하여 그 회사만이 가질 수 있는 특성을 파악한다.

그것만으로는 충분하지 않다. 경쟁력이 있는 신상품을 내놓기 위해서는 동종업체들의 움직임을 파악해야 하고, 소비자들의 심리를 파악해야 한다. 즉, 역동적인 소비시장의 성상(成相)과 괴상(壞相)을 파악하여 앞으로의 움직임을 예측해야 한다. 어떤 원인과 조건에 의해서 동종업체들이 움직이고 소비자들의 욕구가 생성되는지, 어떤 원인과 조건 하에서 변화되는지를 파악하여야만 적실(的實)한 신상품이 나올 수 있다.

하나의 상품이 나오기 위해서는 계획하고 있는 신상품과 현재 나와 있는 상품의 어떤 점이 동일하며 어떤 점에서 다른지를 구체적으로 제시해야 한다. 그것이 바로 기존 상품들과의 동상(同相)과 이상(異相)을 파악하는 일이다. 어떤 부분을 같이하여 기존 소비자들의 욕구에 편승하는 동시에 어떤 부분을 달리하여 소비시장을 확대하거나 새로운 소비시장을 개척할 수 있는지 파악해야 할 것이다.

여기서 제시한 육상설(六相說)의 현실적 응용은 너무나 일반적인 것으로 보일 수 있다. 물론 복잡하고 다원화된 현대사회 속에서 이런 일반적인 인식의 틀만으로는 부족할 때가 많다. 하지만 그렇다고 이런 일반적인 틀을 무용한 것으로 취급하면 안 된다. 현대사회의 복잡성은 사물의 상품화와 새로운 기술의 투입에 기인한 바가 크다. 새로운 상품과 기술에 적응하고 새로운 방향을 주도적으로 모색해 나가려면 무엇보다도

행복한 화엄경

먼저 기본적인 것들을 이해해야 한다.

어떤 것을 이해하기 위해서는 정보를 받아들이는 포괄적인 틀이 필요하고, 포괄적인 인식의 틀을 만들기 위해서는 그것을 만들고자 했던 성인들과 사상가들의 노력을 살펴야 한다. 육상설 속에서 우리는 『화엄경』이라는 방대한 정보의 핵심을 찾으려 했던 화엄 교학자들의 뛰어난 통찰을 엿볼 수 있다.

🗿 선지식(善知識)이란?

선지식(善智識)·선친우(善親友)·지식(知識)·선우(善友)·친우(親友)·승우(勝友)라고도 하며, 산스크리트어 kalyāṇa-mitra, 팔리어 kalyāṇa-mitta를 번역한 것으로 '좋은 친구' 라는 뜻이다.

선지식은 인생을 살아가는 올바른 도리와 이치를 가르쳐 주는 분으로, 인생의 '스승' 또는 '의지자'를 말한다. 특히 불교에서는 '진리를 깨우쳐주는 분', '불도를 이루도록 인도해 주는 스승'을 선지식이라고 한다.

인생에서 선지식(스승)이라고 부를 수 있는 사람을 만나는 것은 지극히 어려운 일이다. 오직 한 사람이라도 진정한 선지식을 만날 수만 있다면 그 선지식에 의해 운명을 바꿀 수도 있다고 말한다. 선지식을 만나는 것이 얼마나 중요한가를 알 수 있다.

부처님을 선지식으로 모시고 있는 우리 불자들에게 부처님은 고통의 바다를 건너는 훌륭한 배이며, 스님은 안전하게 행복의 세계로 안내하는 뱃사공인 것이다.

2. 선재동자 발심하다
- 「입법계품(入法界品)」2

근본법회(根本法會)

「입법계품」은 제9회의 서론과 본론이다. 부처님께서 사위
국(室羅筏國) 서다림 급고독원(기원정사) 대장엄중각강당에서
그 자리에 모인 대중들과 함께하였는데, 부처님께서 스스로
사자빈신삼매(獅子頻伸三昧)에 들어 설하셨다. 사자빈신삼매
란 사자가 소리를 내면서 막 먹이를 잡으려 뛰쳐나가려는 모
습으로, 가장 위엄 있는 사자의 모습을 일컫는다.

「입법계품」은 발심에서 묘각에 이르는 『화엄경』 내용의 구
체적인 반복이다. 앞서 이루어졌던 설명이 깨달음의 세계를 풀
어서 설명한 부분이었다면, 선재동자의 구도의 글은 구체적이
기에 생동감이 넘친다. 하지만 각 깨달음의 경지를 스스로의
체험을 통해 명확하게 인식하는 일은 여전히 독자들의 몫이다.

「입법계품」에서는 발심하여 법계에 들어가게 된 우리가 도
대체 무엇을 보고 무엇을 들어야 하는지, 어떤 태도를 가지고
선지식을 대하며, 어떤 것을 익히고 닦아 나가야 하는지를 배
울 수 있다. 배움을 따라가는 여정은 참으로 매력적인 길이다.
선재동자는 53명의 선지식을 만났지만, 우리는 선재동자를
54번째 선지식으로 삼고 오롯이 살아 있는 진리 속으로 들어
가려고 노력해야 한다.

진리의 여정 속에서는 말하는 주체가 누구인지보다 어떤 말인지, 그 말이 부처님의 이치에 맞는지가 훨씬 중요하다.

「입법계품」은 모든 차별을 버리고, 법(法)이 인도하는 길로 나아가며, 스스로를 등불로 삼아 깨달음으로 나가는 희망의 여정이다. 아마도 이런 성격 때문에 「입법계품」은 숱한 난관 속에서도 언제나 긍정적인 인식을 가지고 살아왔던 우리 민족에게 많은 사랑을 받아온 것 같다.

「입법계품」의 서두는 법회의 장엄함으로부터 시작한다. 부처님께서 대장엄중각강당에서 보현보살과 문수보살을 상수(上首)로 한 5백 보살과 5백 성문과 함께 계실 때 사자빈신삼매에 드셨다. 그때 시방에서 각각 수많은 보살들이 모여 와서 부처님을 찬탄하였고, 보현보살은 사자빈신삼매(獅子頻迅三昧)에 들어 여래의 경계에 대해 10가지 법의 글귀로 설명했다.

무엇이 열인가. 이른바 법계와 같은 모든 부처 세계의 티끌 속에서 부처님이 나시는 차례와 세계가 이루어지고 무너지는 차례를 나타내는 법의 글귀를 연설하며, 허공계와 같은 모든 부처 세계에서 오는 세월이 끝나도록 여래의 공덕을 찬탄하는 음성을 나타내는 법의 글귀를 연설하며, 허공계와 같은 모든 부처 세계에서 여래가 나시어서 한량없고 그지없는 바른 깨달음을 이루는 문을 나타내는 법의 글귀를 연설하며, 허공계와 같은 모든 부처 세계에서 부처님은 도량에 보살들이 모인 가운데 앉으셨음을 나타내는 법의 글귀를 연설하며, 모든 털구멍에 잠깐

잠깐마다 삼세 부처님의 변화한 몸을 나타내어 법계에 가득한 법의 글귀를 연설하며, 한 몸이 시방의 모든 세계 바다에 가득하게 평등히 나타내게 하는 법의 글귀를 연설하며, 모든 경계 가운데 삼세 부처님들의 신통 변화를 나타내게 하는 법의 글귀를 연설하며, 모든 부처 세계의 티끌 속에 삼세 모든 부처세계의 티끌 수와 같은 부처님의 가지가지 신통 변화를 나타내어 한량없는 겁을 지나게 하는 법의 글귀를 연설하며, 모든 털구멍에서 삼세 모든 부처님의 큰 서원 바다에 음성을 내어 오는 세월(未來劫)이 끝나도록 모든 보살을 열어 교화하고 인도하는 법의 글귀를 연설하며, 부처님 사자좌의 크기가 법계와 같으며 보살들의 모임과 도량의 장엄이 평등하고 차별이 없는데, 오는 세월이 끝나도록 가지가지 미묘한 법륜을 굴리는 법의 글귀를 연설함이니라.

법문(法門)을 잘 듣는다는 것은, 표현된 말의 세계 이면에 살아 있는 법의 세계로 들어가는 것을 말한다. 말은 방편이고, 의미가 더 중요하기 때문이다. 요즘같이 서로 드러내기를 좋아하거나 드러내야 한다는 강박에 시달리는 시대에, 근본 의미에 대한 열정과 지향이 시들해지는 것 같아 걱정스럽다. 법은 한 가지가 아니라 10가지 방향에서 알아들어야 하며, 그 정도로 스스로의 깊이와 폭이 깊고 넓어야 한다.

부처님께서 모든 보살들을 이 삼매에 머물게 하기 위하여 눈썹 사이에서 하얀 광명을 놓아(眉間白毫) 온 세계를 두루 비추시니, 모든 보살은 온갖 세계의 장엄을 보고 여래의 공덕 바다에 깊이 들어가게 된다. 이것을 제타숲의 '근본법회(根本

法會)'라 부른다. 성문들은 이 법문을 들을 수 없어 귀가 먹어
버렸다고 한다.

여기서 한마디 부언한다면, 성문(聲聞)이란 자기 해탈을 목
표로 하는 이들이므로 아마도 중생구제를 목적으로 하는 법
문이 귀에 들어오지 않았다고 해석해 볼 수도 있겠다.

지말법회(枝末法會)

문수사리 보살이 서다림(제타숲)을 떠나 사리불·목건련
등 여러 사람을 데리고 남쪽으로 가다가 복성(福城 80권본에
는 복성, 60권본에는 각성)의 동쪽에 이르러 과거 모든 부처님
이 고행을 하신 장엄당(莊嚴幢) 사라림(娑羅林)의 큰 탑이 있
는 곳(大塔廟處)에 계실 때 큰 바다의 용왕이 만 명이나 되는
권속을 거느리고 와서 법문을 들었으며, 천 명의 우바새·우
바이, 오백 명의 동자·동녀들도 함께 모였다. 문수보살은 그
중에서 바른 법을 받아 지닐 만한 선재동자(善財童子)를 발견
하고 말한다. 선재동자라는 이름은 그가 태어난 집에 5백 가
지 보배그릇에 갖가지 보물이 창고에 가득 차 있었다는 데서
연원한다. 즉, 상당히 부자 집안의 동자이다.

그대는 이미 보리심을 내었으니 온갖 지혜를 성취하려거든 선지식을
찾아서 그들의 가르침을 순종해야 하느니라. 여기서부터 남방으로 가
면서 여러 선지식을 방문하고 보살행을 닦으라.

이때 선재동자는 문수보살에게 이렇게 발원하였다.

생사는 성곽이요, 높은 아만은 장벽이요, 모든 윤회 중생은 오히려 적이요, 애착에 물듦은 깊은 못입니다. 원만은 위없는 자비요, 청정한 지혜로 태양처럼 번뇌의 바다를 소멸하고자 합니다. 원하옵나니 해탈문을 열어 모든 전도망상을 떨쳐버리게 하소서.

선재동자의 발심에는 깊은 고민(苦悶)과 서원(誓願)이 있다. 깊은 고민과 서원은 도(道)를 담는 그릇이다. 생과 사, 끝이 없는 자기 고집, 반복하는 윤회에서 오는 갑갑함, 애착에서 헤어 나오지 못하는 마음이 선재동자의 고민이고, 둘러싸인 현실에 대한 파악이다. 이렇게 깊은 고민에 둘러싸인 선재동자는 그 절실함으로 해탈을 서원한다.

서원(誓願) 자체가 해답을 주는 것은 아니다. 하지만 목적을 저 멀리 던져 놓아야 우리는 현실의 다양한 문제들을 더 잘 볼 수 있으며, 그 모든 저항들 속에서 길을 잃지 않을 수 있다.

이에 문수보살은 어떤 가르침을 주었는가.

훌륭한 선지식(스승)을 구하고 다가가서 공경하고 일심으로 공양해서 어떻게 보살의 길을 닦고, 어떻게 보살의 실천을 완성하고, 실천을 청정하게 하고, 실천을 추구하고, 실천을 닦고, 바르게 이어가고, 보살의 경제기반을 충실히 발전시키고, 실천을 몸에 익히는가 하는 것을 물어야 한다.

문수보살이 서다림을 나와 남쪽으로 향하자 이를 발견한 사리불이 6천 비구를 인솔하고 문수의 뒤를 따라와 문수를 찬탄한다. 그때 6천 비구는 공경심이 깊어지고 문수는 보리심을 일으켜 원(願)을 세우게 된다.

선재동자의 발심은 석가모니 부처님의 출가의 모습과 상당히 비슷하다. 둘 다 유복했지만, 그것은 그들에게 아무것도 아니었다. 간혹 "그렇게 유복했으니까 출가를 했다"고 말하는 이가 있는데, 그것은 현실을 모르거나 인간의 심성에 대해 깊이 관찰해 보지 않은 사람들의 말이다. 우리는 물질과 권력과 향락이 얼마나 중독적인 것인지 알고 있다.

근본적으로 마음을 돌이키지 않으면, 갈애(渴愛)의 그물을 피할 수 없다. 바른 현실인식과 큰 서원을 가짐으로써 세간의 길, 생사윤회의 길, 고통의 길을 끊는 법을 담을 수 있다.

이렇게 발원한 선재동자는 문수보살의 지시대로 남쪽으로 110개의 성(城)을 지나가면서 53명의 선지식을 찾아서 각각 묘한 법문을 얻어 마침내 부처님의 지위인 성불(成佛)에 이르게 된다.

선재동자의 구법행 – 53선지식

선재동자는 미혹에 빠져 있는 스스로에 대한 탄식과 문수보살을 향한 원을 절절이 노래로 요청하고 있다. 이 경전이 설하는 대로 선재동자는 이미 과거세로부터 마음을 깨끗이 하고 보살의 길을 닦고 있었기에 알아차리고 원(願)할 수 있었다. 선재동자의 출발점에 이렇듯 자신의 현실을 주시한 고백과 서원이 있음을 결코 잊어서는 안 된다.

선재동자는 깨달음을 구하기 위해 문수보살의 지시로 수많은 스승을 찾아 여행을 하게 된다. 문수보살의 인도로 시작해 보현보살에게 성불의 수기를 받는 것으로 끝나는 선재동자의 여행에는 많은 선지식(스승)이 등장한다.

「입법계품」은 선재동자가 이러한 스승들과의 만남을 통해 그들의 가르침을 체득하는 과정으로 묘사되어 있다. 선지식은 모두 54명으로 되어 있으나 문수보살이 맨 처음과 마지막에 또 나오기 때문에 53명이다. 그들의 지위나 성별, 지도법 등은 각양각색으로 보살, 비구, 장자, 신선, 바라문, 여인, 소년과 소녀, 국왕, 상인, 어부, 금세공사들도 있으며, 그들 가운데는 분노나 애욕을 그대로 드러내는 사람도 있다.

구체적으로는 다음과 같다. 먼저 5명의 보살들이 등장한다. 문수보살, 보현보살, 관세음보살, 정취보살, 미륵보살이다. 다음으로 덕운, 해운, 선주, 해당, 선견 등 5명의 비구를 만난다. 그리고 비구니 1명, 우바이 4명, 장자 9명, 거사 2명, 천신 1명, 여신 10명, 천녀1명, 다른 종교의 성직자인 바라문 2명, 선인 1명, 왕 2명, 선생 1명, 동자 3명, 동녀 2명 등이 등장한다. 또한 당시 낮은 계급인 뱃사공도 스승으로 나오고, 이단시되는 외도(外道), 싯다르타 태자비와 마야부인도 스승으로 등장한다.

이처럼 빈부귀천 남녀노소 구별 없이 다양한 분들이 스승으로 등장하고 있는데, 여기서 평등을 강조하는 대승불교의 한 측면을 엿볼 수 있다. 이중 유복한 사업가인 장자(長子)가 수적으로 많은 것이 특징인데, 그들은 또한 선재동자의 수행의 진전 과정에 비추어 비교적 중요한 위치에 있다.

이를 통해 원본 산스크리트어로 된 『간다뷰하(입법계품)』를 낳은 사상운동의 모태가 인간의 진실을 깊이 통찰하고 인간 평등의 이념을 높이 내걸고 있는 대승불교운동의 핵심 지지자들이었음을 알 수 있고, 그 주된 지지기반이 경제적으로 유복했음을 알 수 있다.

이런 53선지식과의 만남은 계율(戒律)과도 관계가 있다. 또한 42단계, 53단계의 수행단계와도 관련이 있다. 「약찬게」에서도 보이듯 『화엄경』에는 주야신(主夜神)이 많이 나타나는데, 낮 동안의 뜨거운 시간보다는 서늘한 밤에 활동하는 더운 인도의 자연 지리적 여건과 관련지어 생각해 볼 수 있다.

「입법계품」의 내용뿐만 아니라 당시의 상황과 각 인물들의 배경과 역할, 캐릭터 등을 고려하면서 읽어간다면, 『화엄경』이 대승불교의 백미(白眉)라는 것을 가슴 벅차게 느낄 수 있을 것이다.

3. 마음을 내게 하는 가르침
-「입법계품(入法界品)」3

부처님을 생각하고 선근을 심어라

첫 번째, 가락국의 덕운비구
- 가지가지의 염불문을 말하다

선재동자가 계속해서 선지식을 만나면서 묻는 가르침의 핵심은 보살행의 실천에 관한 것들이다. 먼저, 가락국의 덕운비구는 문수보살에 이어 만난 첫 번째 스승으로서 해탈의 힘과 청정한 혜안을 얻는 길은 오직 염불삼매(念佛三昧)라고 한다. 삼매에 드는 것이 단 하나의 길이라는 염불삼매의 이론을 제시하고, 선재동자는 발심하는 초발심주(初發心住)를 배운다.

착하다. 착한 남자여, 그대가 이미 위없는 보리심을 발했고 또 보살행을 물으니 이것은 어려운 일 중에도 어려운 일이다. 이른바 보살행을 구하며, 보살의 경계를 구하며, 보살의 벗어나는 도를 구하며, 보살의 청정한 도를 구하며, 보살의 청정하고 광대한 마음을 구하며, 보살의 신통을 성취하기를 구한다. 보살의 해탈문이 보이기를 구하며, 보살이 중생의 마음에 따라줌을 구하며, 보살의 생사와 열반문을 구하며, 보살의 유위와 무위를 관찰하되 마음에 집착이 없음을 구함이다.

일반적으로 우리가 하는 염불은 칭명염불(稱名念佛)인데,

경에서는 글자 그대로 부처님을 생각한다는 것이다. 염불에는 칭명염불, 관상(觀象)염불, 관상(觀想)염불, 실상(實相)염불의 네 가지가 있다. 칭명염불은 부처님이나 관세음보살 등 이름을 부르는 염불이고, 관상(觀像)염불은 어떤 형상과 심볼을 관찰하는 것, 부처님의 상호나 광명을 관하는 염불이다. 또한 관상(觀想)염불은 부처님의 가르침, 경전의 내용과 의미 등을 생각하는 것이다. 실상(實相)염불은 마치 참선하듯이 진리 본래의 모습을 관하는 것이다. 여기서는 부처님의 공덕을 염하는 것이므로 염불삼매이다.

두 번째, 해문국의 해운비구
– 보리심을 내는 데 필요한 자세를 밝히다
해운비구는 보안법문을 말씀하시어 선재동자는 두루 넓게 보는 눈을 갖추어 모든 여래의 경계를 열어 보이는 치지주(治地住)를 배운다.

착한 남자여, 중생들이 선근을 심지 않으면 위없는 보리심을 낼 수 없으니 보문(普門 관세음보살의 교화 방편)의 선근 광명을 얻어야 한다. 보리심을 발한다는 것은 대비심을 발하는 것이니, 모든 중생을 널리 구제하기 때문이다. 크게 인자한 마음을 내어 모든 세간을 다 같이 복되게 해야 하며, 안락한 마음을 내어 모든 중생들의 괴로움을 없애주어야 하며, 이롭게 마음을 내어 모든 중생들이 나쁜 업에서 떠나게 해야 하며, 애민심을 내어 두려워하는 이들을 다 수호해야 한다.

세 번째, 해안국의 선주비구
- 자신보다 수승한 보살의 법을 찬탄하다

선주(善住)란 인간생활을 순리로 살아간다는 뜻이다. 선재동자는 깨끗한 마음에 머물러, 해탈문(解脫門)을 성취하는 수행주(修行住)를 배운다. 선주 비구가 말하는 깨끗한 삶이란 계(戒)를 지키는 삶이다.

착한 남자여, 나는 다만 빨리 부처님께 공양하고 중생들을 성취시키는 데 걸림 없는 해탈문만을 알 뿐이다. 저 보살들은 대비계(戒)와 바라밀계(戒)와 대승계(戒), 보살이 중생을 도와 서로 응하는 계(戒), 장애가 없는 계(戒), 물러남이 없는 계(戒), 보리심을 버리지 않는 계(戒)를 지니고 있다. 또 항상 불법으로써 상대할 이를 위한 계(戒), 일체지에 뜻을 두는 계(戒), 허공과 같은 계(戒), 모든 세간에 의지함이 없는 계(戒), 허물없는 계(戒), 손해 없는 계(戒), 모자람이 없는 계(戒), 섞임이 없는 계(戒), 흐름이 없는 계(戒), 뉘우침이 없는 계(戒), 티끌을 벗은 계(戒), 때를 벗은 계(戒)를 지닌다.

네 번째, 자재국의 미가장자
- 공경 공양하고 보리심을 찬탄하다

선재동자는 남쪽으로 가 자재국 주약성에 이르러 미가장자를 만난다. 미가장자는 천민 출신으로 다음과 같은 묘음다라니광명법문을 설하며, 여기서 선재동자는 생귀주(生貴住)를 배운다. 선재동자가 남쪽으로 가는 이유는 남쪽이 진리의 세계라는 의미가 있기 때문이다.

　착하다. 착한 남자여, 그대가 위없는 보리심을 발했구나. 위없는 보리심을 발한 사람은 모든 부처의 씨앗을 끊어지지 않게 하며, 모든 부처님의 세계를 깨끗이 한다. 또 모든 중생을 성숙하게 하며, 모든 법의 성품을 통달하게 되고, 모든 업의 종자를 깨닫게 되고, 모든 행이 원만하게 되며, 모든 큰 원을 끊이지 않게 되고, 탐욕을 떨쳐버린 성품을 사실대로 이해하고, 삼세의 차별을 분명히 보고, 믿는 지혜가 영원하여 허물어짐이 없다. 보살은 또 밝은 해와 같으니 지혜의 광명이 널리 비추기 때문이며, 수미산과 같으니 선근이 높이 솟아나기 때문이며, 밝은 달과 같으니 지혜의 빛이 나타나기 때문이다. 용맹스런 장수와 같으니 마군을 굴복시키기 때문이며, 임금과 같으니 불법의 성중에서 자유자재하기 때문이며, 맹렬한 불과 같으니 중생들의 애착심을 태우기 때문이다.

　또 큰 구름과 같으니 한량없이 오묘한 법리를 내리기 때문이며, 때에 맞추어 내리는 비와 같으니 모든 믿음의 싹을 자라게 하기 때문이며, 뱃사공과 같으니 법 바다의 나루를 건네주기 때문이며, 다리와 같으니 생사의 흐름을 건너게 하기 때문이다.

다섯 번째, 주림국의 해탈장자
　- 해탈문에 들어서 시방의 부처님 세계를 봄을 설하다
　지혜의 광명으로 자기 마음을 비추어 보며 부처님과 같은 넓고도 큰 자재로운 마음으로 여래의 걸림 없는 장엄해탈문

을 설하신다. 여기에서 선재동자는 구족방편주(具足方便住)를
배운다.

　이 삼매에 들어가서는 청정한 몸을 얻었다. 그 몸에서는 시방으로
각각 열 세계의 티끌 수 부처님과 부처님의 국토와 여럿이 모인 도량과
가지가지 광명으로 장엄한 것을 나타내고, 또 저 부처님들이 옛적에 행
하시던 신통변화와 모든 서원과 도를 돕는 법과 벗어나는 행과 청정한
장엄을 나타내며, 또 부처님들이 등정각을 이루고 묘한 법륜을 굴리어
중생을 교화함을 보겠으며, 이런 일들이 그 몸 가운데 다 나타나지마
는 조금도 장애되지 아니하였다.
　가지가지 형상과 가지가지 차례로 본래와 같이 머물면서도 섞이
거나 혼란하지 아니하니, 이른바 갖가지 국토 · 갖가지 모인 대중 ·
갖가지 도량 · 갖가지 장엄들이며, 그 가운데 계시는 부처님이 갖가지
신통한 힘을 나타내고, 갖가지 법의 길을 세우고, 갖가지 서원의 문을
보이었다.

여섯 번째, 염부제의 해당비구
　- 삼매에 든 해당비구의 전신(全身)을 밝히다
　염부제의 남쪽 끝 해당비구의 신체에서 일어나는 신비한
현상을 밝히고 있다. 발바닥, 허리, 두 무릎, 가슴의 만(卍)자,
등, 두 어깨, 배, 얼굴, 두 눈, 눈썹 사이에 난 흰 털(眉間白毫),
이마, 정수리 등 신체의 모든 부분에서 나오는 신비한 능력을
밝히고 있다.

선재동자는 여기서 여래의 미묘한 법의 재물을 얻는 청정 삼매 등 백만아승지삼매를 통해 정심주(正心住)를 배운다.

일곱 번째, 보장엄 숲의 휴사청신녀
- 시방의 모든 부처님이 나에게 법을 설한다

보장엄 숲에 있는 휴사신녀는 일체를 근본으로 하여 큰 서원을 세워야만 비로소 참된 보리심을 일으킨다고 말하며, 근심을 떠난 편안한 당(離憂安穩堂) 해탈문을 설했다. 여기에서 선재동자는 불퇴주(不退住)의 지위를 배운다.

착한 남자여, 나는 오로지 보살의 한 해탈문을 얻었으니, 나를 보거나 듣거나 생각하고 나와 함께 있거나 공양하는 이는 모두 헛되지 않을 것이다. 만약 중생들이 선근을 심지 않으면 선지식의 거두어줌을 받지 못하고 부처님의 보호를 받지 못할 것이니, 이런 사람은 끝내 나를 볼 수 없을 것이다. 중생이 나를 보게 되면 모두 위없는 보리에서 물러나지 않을 것이다.

서원(誓願)을 세우고 내 안의 선한 것, 내 마음을 편하게 하는 것, 걸림이나 장애를 만들지 않는 방식으로 행동함으로써 보리에서 물러나지 않음을 얻게 된다. 선하게 마음을 쓰니 마음이 편하고, 마음에 장애가 없으므로 물러남도 없다. 불퇴주는 벼랑에 몰린 사람처럼 맞서 싸우는 것이 아니라, 바다 한가운데 있는 사람이 바다에서 물러날 수 없듯이 진리 안에 머물기 때문에 진리 이외의 것으로 물러남이 없음을 말한다.

삼매와 지혜의 광명 속에서

여덟 번째, 해조국의 비목다라선인
- 무승당(無勝幢)해탈의 경계를 보이다

선재동자는 해조국의 비목다라선인 곁에서 지혜광명을 받고, 비로자나장삼매의 광명을 얻으며 동진주(童眞住)를 배운다. 여기서 선재동자는 보살의 무너지지 않는 지혜의 법문을 깨달았다.

착한 남자여, 만일 어떤 이가 아뇩다라삼먁삼보리심을 내면 반드시 온갖 지혜의 도를 성취하리라. 그러므로 이 착한 남자는 이미 아뇩다라삼먁삼보리심을 내었으므로 마땅히 모든 부처의 공덕 바탕을 깨끗이 하리라.

착한 남자여, 나는 보살의 이길 이 없는 당기 해탈(無勝幢解脫)을 얻었노라.

…… (중략) ……

이때 비목선인이 선재의 손을 놓으니, 선재동자는 자기의 몸이 도로 본 고장에 있음을 보았다.

아홉 번째, 진구국의 승열바라문
- 칼산에 올라 몸을 불구덩이에 던지라

선재동자는 진구국 승열바라문을 만나 선주삼매를 얻고,

보살의 고요하고 즐거운 신통삼매와 무진륜해탈을 얻으며 법왕자주(法王子住)를 배운다.

착한 남자여, 그대가 만일 이 칼산 위에 올라가서 몸을 불구덩이에 던지면 모든 보살의 행이 모두 청정하여지리라.
…… (중략) ……
그때 선재동자는 즉시 칼산에 올라가서 몸을 불구덩이에 던졌다. 내려가는 중간에서 보살의 잘 머무는 삼매를 얻었고, 몸이 불꽃에 닿자 또 보살의 고요하고 즐거운 신통삼매를 얻었다.
그리고 선재동자가 여쭈었다.
"매우 신기하옵니다. 거룩하신 이여, 이런 칼산과 불무더기에 몸이 닿을 적에 편안하고 쾌락하였나이다."

또 선재동자는 이렇게 생각하였다.
"사람의 몸을 얻기 어렵고 모든 고난을 떠나기 어려우며, 아무런 고난도 없기 어렵고 깨끗한 법을 얻기도 어려우며, 부처님 세상을 만나기 어렵고 모든 근을 갖추기 어려우며, 부처님의 법을 듣기 어렵고 선지식을 만나기 어려우며, 선지식과 함께 살기 어렵고 바른 가르침을 듣기 어려우며, 바른 생활을 하기 어렵고 바른 법을 따라가기 어렵다."

인간으로서 이 세상에 태어나는 것, 부처님의 법을 듣는 것, 선지식을 만나는 것, 바른 가르침을 듣는 것이 얼마나 어려운 일인가를 설명한 것이다.

열 번째, 사자분신성의 자행동녀

- 반야바라밀로 인하여 아승지 다라니문이 앞에 나타나다

선재동자는 사자분신성 자행동녀를 만나 반야바라밀을 두루 장엄하는 반야바라밀보장엄을 얻고, 십주(十住)의 마지막 관정주(灌頂住)를 배운다.

착한 남자여, 이것은 반야바라밀의 두루 장엄하는 문(普莊嚴門)이니 나는 항하사 부처님의 처소에서 이 법을 얻었다. 저 여래들께서 각각 다른 문으로써 나로 하여금 이 반야바라밀로 두루 장엄하는 문에 들게 하였으며, 한 부처님이 말씀하신 것은 다른 부처님이 거듭 말씀하지 않으셨다.

선재동자는 하나의 가르침을 얻고 다른 가르침으로 가는 과정 속에서 이전의 가르침을 언제나 마음에 새기고, 그를 통해 스스로를 관찰한다. 예를 들어 아홉 번째 승열바라문의 가르침을 받고 자행동녀를 찾아가는 길에서 선재동자는 다음과 같이 관찰하고 생각한다.

그때 선재동자는 선지식에게 가장 존중하는 마음을 내며, 광대하고 청정한 이해를 내어, 항상 대승을 생각하고 부처 지혜를 일심으로 구하며, 부처님 뵈옵기를 원하고 법의 경계를 관찰하며, 걸림 없는 지혜가 항상 앞에 나타나서 모든 법의 참된 실제(實際), 항상 머물러 있는 실제, 모든 삼세(三世)와 찰나의 실제, 허공과 같은 실제, 둘이 없는 실제, 모든 법의 분별이 없는 실제, 모든 이치의 걸림이 없는 실제, 모든 겁의 무너지지 않는 실제, 모든 여래의 실제가 없는 실제를 결정하게 알며, 모든 부처에게 분별하는 마음이 없고, 모든 생각의 그물을 깨뜨려 집착이 없으며, 부처님들의 대중이 모인 도량도 취하지 않고, 부처님의 청정한 국토도 취하지 않으며, 중생들은 모두 나(我)가 없음을 알고, 모든 소리는 다 메아리와 같음을 알고, 모든 빛은 다 그림자와 같은 줄 알았다.

우리가 법에 머문다는 것은 선재동자처럼 생각하는 것을 의미한다. 그런데 우리는 선재동자가 생각하는 저 많은 주제들을 생각하며 살고 있는 것일까?

우리가 관찰하고 생각한다고 할 때 우리는 현재 벌어지고 있는 일에 관심을 가지고, 그것에 사로잡히게 마련이다. 그러나 법의 바다에 들어간 이는 그것들 이면에 있는 진실을 생각한다. 돈, 권력, 다른 사람의 시선, 새로 나온 상품, 새로운 정보에 관심을 쏟는 것이 아니라, 중생의 마음과 행동은 얼마나 깊은지, 현상은 얼마나 덧없는 것인지, 부처님의 나라는 얼마나 풍요로운지를 생각한다.

보이는 세상이 아닌 그 이면 세계와 그 깊이를 보았을 때 우리는 법계에 들어갔다고 말한다.

4. 보살의 실천, 보살의 회향
– 「입법계품(入法界品)」 4

보살의 실천을 배우는 선재동자

열한 번째, 구도국의 선견비구
– 여러 부처님 처소에서 범행(梵行)을 닦았노라
선재동자는 구도국의 선견비구를 만나 보살이 수순하는
등해탈문을 얻고, 십행(十行) 중 환희행(歡喜行)을 배운다.

착한 남자여, 나는 어리고 출가한 지도 오래되지 않지만, 이승에서
삼십팔 항하사 부처님의 처소에서 범행(梵行)을 깨끗이 닦았다. 어떤
부처님 처소에서는 하루 낮 하루 밤에 범행을 닦았고, 어떤 부처님 처
소에서는 칠일 칠야 동안 범행을 닦았으며, 또 다른 부처님 처소에서는
반 달, 한 달 혹은 일 년, 십 년을 지내기도 했었다. 이러는 동안 미묘
한 법문을 듣고 그 가르침을 받들어 행하며, 모든 서원을 장엄하고 증
득할 곳에 들어가 온갖 행을 닦아 육바라밀을 가득 채웠다. 또 그 부
처님들의 성도와 설법이 각각 다르지만 어지럽지 않고, 남기신 가르침
을 지니고 열반에 드시는 것을 보았다. 또 그 부처님들의 본래 세운 서
원과 삼매의 원력으로 모든 불국토를 깨끗이 장엄하며, 일체행 삼매에
들어간 힘으로 모든 보살행을 청정하게 닦고, 보현(普賢)의 법인 벗어
나는 힘으로써 여러 부처님의 바라밀을 청정히 하심을 알았다.

환희라는 것은 '벗어나는 힘'이다. 집착에서 벗어남이고, 애욕에서 벗어남이고, 지금 자기 자신에게서 벗어남이다. 이렇게 벗어남으로써 자기 자신을 바로 볼 수 있게 되고, '나'에 사로잡힌 '나'가 아니라 법에 따르는 나, 법 속에 있는 나로서 행동할 수 있게 된다. 세속의 환희는 순간적이고 먼지와 같지만, 출세간의 환희는 우리를 한없이 궁극적인 것에 이르도록 한다.

열두 번째, 수나국의 자재주동자
– 나는 경이로운 계산법을 알았노라

선재동자는 수나국 자재주동자로부터 공교한 신통과 지혜의 법문에 들어가는 신변보심을 얻고, 중생을 이익케 하는 요익행(饒益行)을 배운다. 그는 중생과 보살의 모든 것을 알고 있다. 자재주동자의 법문은 해인삼매를 떠오르게 한다. 그의 경이로운 계산법은 모든 중생의 마음을 헤아린다.

착한 남자여, 나는 보살의 계산법을 안다. 보살의 계산법으로 한량없는 유순의 광대한 모랫더미를 계산하여 그 안에 있는 알맹이 수효를 모두 알고, 동서남북 등 시방에 있는 모든 세계의 갖가지 차별과 차례로 머물러 있음을 계산하여 안다. 시방에 있는 모든 세계의 넓고 좁고 크고 작은 것이며, 그 이름과 그 가운데 있는 모든 겁의 이름, 모든 부처님의 이름, 모든 법의 이름, 모든 중생의 이름, 모든 업의 이름, 모든 보살의 이름, 모든 진리의 이름을 다 분명히 안다.

열세 번째, 구족청신사
- 다하지 않는 복덕장 해탈문을 얻었노라

선재동자는 구족청신사로부터 보살의 무진복덕장해탈광명을 얻고 무위역행(無違逆行)을 배운다.

착한 남자여, 나는 보살의 다하지 않는 복덕장(福德藏) 해탈문을 얻었으므로, 이렇게 작은 그릇에서도 중생들의 갖가지 욕망을 따라서 가지가지 맛좋은 음식을 내어 모두 배부르게 하나니, 가령 백 중생·천 중생·백천 중생·억 중생·백억 중생·천억 중생·백천억 나유타 중생과 내지 말할 수 없이 말할 수 없는 중생이거나, 가령 염부제 티끌 수 중생·한 사천하 티끌 수 중생이거나, 소천세계·중천세계·대천세계·말할 수 없이 말할 수 없는 세계의 티끌 수 중생이거나, 가령 시방세계의 모든 중생들이라도 그들의 욕망을 따라 모두 배부르게 하여도, 그 음식은 끝나지도 않고 적어지지도 않느니라.

음식이 그러한 것처럼 갖가지 좋은 맛·갖가지 자리·갖가지 의복·갖가지 이부자리·갖가지 수레·갖가지 꽃·갖가지 화만·갖가지 향·갖가지 바르는 향·갖가지 사르는 향·갖가지 가루 향·갖가지 보배·갖가지 영락·갖가지 당기·갖가지 번기·갖가지 일산·갖가지 매우 좋은 살림살이 기구들도 좋아하는 대로 모두 만족케 하느니라.

열네 번째, 대흥성 명지거사

— 보리심을 낸 사람은 만나기가 어려우니라

선재동자는 다함이 없이 장엄한 복덕장 해탈의 광명을 얻고, 저 복덕의 큰 바다를 생각하고, 복덕의 허공을 관찰하고, 복덕의 마을에 나아가고, 복덕의 산에 오르고, 복덕의 광을 붙들고, 복덕의 못에 들어가고 복덕의 연못에 노닐고, 복덕의 바퀴를 깨끗이 하고, 복덕의 장을 보고, 복덕의 문에 들어가고, 복덕의 길에 다니고, 복덕의 종자를 닦으면서 대흥성 명지거사로부터 무굴요행(無屈撓行)을 배운다.

착하다, 착하다. 착한 남자여, 그대가 능히 아뇩다라삼먁삼보리심을 내었도다.

착한 남자여, 아뇩다라삼먁삼보리심을 내는 것은 그 사람을 만나기 어려우니라. 만일 이 마음을 내면, 그 사람은 능히 보살의 행을 구하리니, 선지식을 만나는 데 싫어함이 없을 것이며, 선지식을 친근하는 데 게으름이 없을 것이며, 선지식을 공양하는 데 고달프지 않을 것이며, 선지식을 시중하는 데 근심을 내지 않을 것이며, 선지식을 찾는 데 물러가지 않을 것이며, 선지식을 생각하여 버리지 않을 것이며, 선지식을 섬기어 쉬지 않을 것이며, 선지식을 앙모하여 그칠 때가 없을 것이며, 선지식의 가르침을 행하여 게으르지 않을 것이며, 선지식의 마음을 받자와 그르침이 없을 것이니라.

열다섯 번째, 사자중각성의 법보계장자
- 뛰어난 과보의 원인을 밝히다

사자중각성의 법보계장자로부터 금빛으로 빛나는 10층의 대저택에서 부처님께서 대원(大願)을 성취하시는 과정을 한눈으로 볼 수 있게 되었으며, 한량없는 복덕보배광해탈문을 얻고 무치란행(無痴亂行)을 배운다.

착한 남자여, 내가 생각하니, 과거 부처 세계의 티끌 수 겁전에 세계가 있었는데, 이름은 원만장엄이요, 부처님 이름은 무변광명법계보장엄왕(無邊光明法界普莊嚴王)여래 '응공' 정등각이라, 열 가지 명호가 원만하였느니라. 그 부처님이 성에 들어오실 적에 내가 음악을 연주하고 한 개의 향을 살라 공양하였으며, 그 공덕으로 세 곳에 회향하여, 모든 빈궁과 곤액을 영원히 여의고, 부처님과 선지식을 항상 뵈오며, 바른 법을 항상 들었으므로 이 과보를 얻었느니라.

착한 남자여, 나는 다만 보살의 한량없는 복덕보배광해탈문을 알거니와, 저 보살마하살들이 부사의한 공덕의 보배광을 얻고, 분별이 없는 여래의 몸 바다에 들어가서 분별없고 가장 높은 법 구름을 받으며, 분별없는 공덕의 도구를 닦고, 분별없는 보현의 수행 그물을 일으키며, 분별없는 삼매의 경계에 들어가서, 분별없는 보살의 착한 뿌리와 평등하고, 분별없는 여래의 머무시는 데 머무르며, 분별없는 세 세상이 평등함을 증득하며, 분별없는 넓은 눈 경계에 머무르며, 모든 겁에 있으면서도 고달픔이 없는 일이야 내가 어떻게 알며 어떻게 그 공덕의 행을 말하겠는가.

열여섯 번째, 실리근국 보문성의 보안장자
– 중생들의 병을 치료하고 법을 설하노라

실리근국 보문성 보안장자는 여러 가지 향을 조제하여 일체 중생의 모든 병을 고쳐 괴로움에서 벗어나게 해주며, 선재동자는 그로부터 부처님을 두루 뵙고 기뻐하는 법문을 듣고 선현행(善現行)을 배운다.

착하다, 착한 남자여. 그대가 위없는 보리심을 발했구나. 나는 모든 중생의 여러 가지 병을 안다. 나는 풍병, 황달, 해소, 열병, 귀신과 독충, 수재, 화재로 인해 생기는 온갖 병을 모두 방편으로 치료한다. 누구든지 병이 있는 이가 내게 오면 다 치료하여 낫게 하며, 향탕으로 목욕시키고 향과 꽃과 영락과 좋은 옷으로 갈아입히고, 음식과 재물을 보시하여 아쉬움이 없게 한다.

그런 뒤에 그들에게 각각 알맞게 법을 말하노니, 탐욕이 많은 이는 부정하게 관함을 가르치고, 미워하고 성내는 일이 많은 이는 자비하게 관함을 가르치고, 어리석음이 많은 이는 가지가지 법의 모양을 분별하도록 가르치고, 세 가지가 평등한 이는 썩 나은 법문을 가르치노라.

예전에 향은 아주 귀하고 기능이 많았다. 우리나라에 처음 불교가 들어올 때, 전진의 왕 부견이 순도와 아도스님을 보내면서 불상과 경전과 향을 보냈다는 기록이 남아 있을 정도이다. 또 예불을 올릴 때 계향, 정향, 해탈향…… 이라고 하듯이 향을 비유해서 예를 올린다. 향은 오염된 공기, 나쁜 냄새를 제거하고 향기롭게 해준다. 좋은 향은 병을 극복하게 하여 건강을 지켜주고 심지어 마귀와 귀신까지 물러나게 하는 힘이 있다고 한다.

열일곱 번째, 만당성의 무염족왕
-나는 방편으로 역행(逆行)을 하노라

만당성의 무염족왕은 잔인무도한 왕이지만, 이는 방편으로 보인 모습이다. 즉, 악행을 통해서 보살행을 보인 반면교사(反面敎師)에 해당한다. 여기서 선재동자는 보살의 여환해탈장(如幻解脫藏)을 얻고 무착행(無着行)을 배운다.

착한 남자여, 나는 보살의 여환해탈을 얻었노라. 내 국토에 있는 중생들이 살생과 도둑질 내지는 그릇된 소견을 가진 이가 많아서, 다른 방편으로는 그들의 나쁜 업을 버리게 할 수가 없다. 나는 그들을 조복하기 위해 악인으로 변신하여 온갖 죄악을 지어 갖가지 고통을 받는 장면들을 보여주었다. 중생들이 이를 보고 무섭고 두려워하며 싫어하고 겁을 내어, 나쁜 업을 끊고 위없는 보리심을 발하게 하려는 것이다. 나는 이와 같이 교묘한 방편으로써 중생들이 열 가지 나쁜 업을 버리고 열 가지 착한 길에 머물러 항상 즐겁고 편안하게 하여 마침내 일체지의 자리에 머물게 하려는 것이다.

착한 남자여, 나는 몸과 말과 뜻으로 짓는 일로써 아직까지 한 중생도 해친 적이 없다. 내가 차라리 무간지옥에 들어가 고통을 받을지언

정 한 순간이라도 모기 한 마리, 개미 한 마리일지라도 괴롭게 하려는 생각이 없는데 하물며 사람이겠는가. 사람은 복밭이다. 이는 모든 선한 법을 내기 때문이다.

여기서 우리는 『화엄경』의 목표가 우리가 흔히 생각하는 선악의 개념을 떠나 있음을 본다. 중생을 악하다 여기면, 중생의 구제는 해변에서 모래성을 쌓는 일과 같다. 중생으로부터 악과 집착을 보고, 그 악에 대한 한없는 연민인 비(悲)심을 느끼고 자(慈)심을 발해야 진정한 중생의 구제가 가능하다.

이는 무염족왕의 자비로운 두려움과 공포를 통해 중생들이 악을 멀리하게 하는 것으로 표현된다. 또한 목적과 수단이라는 문제, 진리와 방편의 문제를 제기한다. 깊이 생각해 보아야 할 화두와 같은 문제이다.

열여덟 번째, 선광성의 대광왕
- 크게 인자한 깃발의 행(幢旗幢行)을 닦았노라
선재동자는 계속해서 선광성 대광왕으로부터 대자당행문을 얻고, 난득행(難得行)을 배운다.

착한 남자여, 나는 보살의 크게 인자한 당기의 행을 닦으며, 보살의 크게 인자한 당기의 행을 만족하였느니라. 착한 남자여, 나는 한량없는 백천만억으로 내지 말할 수 없이 말할 수 없는 부처님의 처소에서 이 법을 묻고 생각하고 관찰하고 닦아서 장엄하였느니라.

착한 남자여, 나는 이 법으로 왕이 되고 이 법으로 가르치고 이 법으로 거두어주고 이 법으로 세상을 따라가고 이 법으로 중생을 인도하고 이 법으로 중생이 수행케 하고 이 법으로 중생이 나아가게 하고 이 법으로 중생에게 방편을 주고 이 법으로 중생이 익히게 하고 이 법으로 중생이 행을 일으키게 하고 이 법으로 중생이 법의 성품에 머물러서 생각케 하며, 이 법으로써 중생들로 하여금 인자한 마음에 머물러서 인자함으로 근본을 삼아 인자한 힘을 갖추게 하며, 이리하여 이익하는 마음 · 안락한 마음 · 불쌍히 여기는 마음 · 거두어주는 마음 · 중생을 수호하여 버리지 않는 마음 · 중생의 괴로움을 뽑기에 쉬는 마음이 없게 하느니라.

나는 이 법으로써 중생들로 하여금 끝까지 쾌락하고 항상 기쁘며, 몸에는 괴로움이 없고 마음은 청량하며, 생사의 애착을 끊고 바른 법의 낙을 즐거워하며, 번뇌의 더러움을 씻고 나쁜 업의 장애를 깨뜨리며, 생사의 흐름을 끊고 진정한 법의 바다에 들어가며 모든 중생의 길을 끊고 온갖 지혜를 구하며, 마음 바다를 깨끗이 하여 무너지지 않는 신심을 내게 하노라. 착한 남자여, 나는 이 크게 인자한 당기의 행에 머물러서 바른 법으로 세간을 교화하느니라.

열아홉 번째, 안주성의 부동청신녀
- 보살의 깨뜨릴 수 없는 지혜장해탈문을 얻었노라

어떤 처지에 있든 무엇에 부딪히든 절대로 무너지지 않는 불괴(不壞)의 가르침을 완성한 안주성의 부동청신녀로부터 선재동자는 보살의 얻기 어려운 지혜장해탈법문을 듣고 선법행

(善法行)을 배운다.

착한 남자여, 그때 여래께서 나의 생각을 아시고 말씀하시기를 "너는 깨뜨릴 수 없는 마음을 내어 모든 번뇌를 없애라. 이길 이 없는 마음을 내어 모든 집착을 깨뜨리라. 물러가지 않는 마음을 내어 깊은 법문에 들어가라. 참고 견디는 마음을 내어 나쁜 중생을 구호하라. 의혹이 없는 마음을 내어 모든 길에 태어나라. 싫어함이 없는 마음을 내어 부처님 뵈오려는 생각을 쉬지 말라. 만족할 줄 모르는 마음을 내어 모든 여래의 법비를 받으라. 옳게 생각하는 마음을 내어 모든 부처님의 광명을 내라. 크게 머물러 지니는 마음을 내어 여러 부처님의 법륜을 굴리라. 널리 유통하려는 마음을 내어 중생의 욕망을 따라 법보를 널리 베풀라." 하시었느니라.

착한 남자여, 나는 그 부처님 계신데서 이러한 법을 듣고, 온갖 지혜를 구하며 부처의 열 가지 힘을 구하며 부처의 변재를 구하며 부처의 광명을 구하며 부처의 육신을 구하며 부처의 잘생긴 모습을 구하며 부처의 모인 대중을 구하며 부처의 국토를 구하며 부처의 우의를 구하며 부처의 수명을 구하였노라. 이런 마음을 내니 그 마음이 견고하기 금강과 같아서 모든 번뇌나 이승(二乘)들로는 깨뜨릴 수 없었느니라.

스무 번째, 무량도살라성의 수순일체중생외도
- 모든 곳에 이르는 보살의 행에 머무노라
다른 종교의 수순일체중생외도(隨順一切衆生外道)로부터

중생에게 보살수행을 가르칠 수 있는 법문을 깨닫고, 모든 세계의 모든 사물을 바로 보아 분별하는 불가사의한 신통력을 성취하고, 보살이 선정(禪定)에 도달하는 수행의 법문을 듣고 진실행(眞實行)을 배운다.

착하다, 착하다, 착한 남자여, 나는 모든 곳에 이르는 보살의 행에 편안히 머물렀고, 세간을 두루 관찰하는 삼매의 문을 성취하였고, 의지한 데 없고 지음이 없는 신통의 힘을 성취하였고, 넓은 문 반야 바라밀다를 성취하였노라.

착한 남자여, 나는 넓은 세간에서 가지가지 방소와 가지가지 형상과 가지가지 행과 이해로 온갖 길에 나고 죽나니, 이른바 하늘 길 · 용의 길 · 야차의 길과, 건달바 · 아수라 · 가루라 · 긴나라 · 마후라가 · 지옥 · 축생의 길이며, 염라왕 세계와 사람과 사람 아닌 이들의 모든 길이니라.

왕과 여자와 사탄 · 이탄으로 배척하는 외도(外道)에 이르기까지 선재동자가 스승을 찾아가는 여정은, 온갖 역경을 극복하고 모든 차별을 떠난, 진리를 향한 여정(旅程)이다.

보살의 회향을 배우는 선재동자

스물한 번째, 광대국의 우발라화향장자
– 가지가지 향에 대하여 모든 것을 다 아노라
선재동자는 광대국의 우발라화향장자로부터 모든 종류의

향의 제조법과 그 효능을 알고, 일체의 모든 향과 구호중생 이중생상회향(救護衆生 離衆生相廻向)법문을 듣는다.

착하다, 착하다. 착한 남자여. 그대가 능히 아뇩다라삼먁삼보리심을 내었도다. 착한 남자여, 나는 모든 향을 잘 분별하여 알며, 모든 향을 조화하여 만드는 법을 아노니, 이른바 모든 향·모든 사르는 향·모든 바르는 향·모든 가루향이며, 이런 향이 나는 곳도 아노라.

또 하늘 향·용의 향·야차의 향과, 건달바·아수라·가루라·긴나라·마후라가·사람·사람 아닌 이들의 향을 잘 알며, 또 병을 다스리는 향·나쁜 짓을 끊는 향·환희한 마음을 내는 향·번뇌를 늘게 하는 향·번뇌를 없애는 향·함이 있는 법에 애착을 내게 하는 향·함이 있는 법에 싫은 생각을 내게 하는 향·모든 교만과 방일을 버리는 향·마음을 내어 염불하는 향·법문을 이해하는 향·성인이 받아쓰는 향·모든 보살의 차별한 향·모든 보살의 지위의 향들이니라.

이런 향의 형상과 생기는 일과 나타나고 성취함과 청정하고 편안함과 방편과 경계와 위덕과 작용과 근본의 모든 것을 내가 다 통달하노라.

스물두 번째, 누각성의 뱃사공 자재해사
– 바다에 있는 모든 보배를 잘고 이익되게 하노라

선재동자는 누각성에서 뱃사공 자재해사를 만나 한량없이 넓고도 큰 지혜의 마음으로 근본 목표를 삼는 청정행을 완성하며, 보살의 대자당행의 법문을 듣고 불괴회향(不壞廻向)을 배운다.

착한 남자여, 나는 안전한 배로 장사 무리들을 태우고 편안한 길을 가게 하며 다시 법을 말하여 기쁘게 하면서, 보배 있는 섬으로 인도하여 여러 가지 보물을 만족케 한 연후에 그들을 거느리고 염부제로 돌아오노라.

착한 남자여, 나는 큰 배를 가지고 이렇게 다니지만 한 번도 실수한 일이 없노라. 어떤 중생이 내 몸을 보거나 내 법을 들은 이는 영원히 나고 죽는 바다를 무서워하지 않고 온갖 지혜의 바다에 들어가서 모든 애욕의 바다를 말리고 지혜의 광명으로 세 세상 바다를 비추며 모든 중생의 고통 바다를 끝나게 하며, 모든 중생의 마음 바다를 깨끗이 하고 모든 세계 바다를 빨리 청정케 하며, 시방의 큰 바다에 두루 가서 모든 중생의 근성 바다를 알고 모든 중생의 수행 바다를 두루 알고 모든 중생들의 바다를 널리 따르노라.

스물세 번째, 가락성의 무상승장자
- 의지함이 없는(無依) 보살의 행을 닦는 법을 설하노라

선재동자는 가락성의 무상승장자로부터 언제 어디서든지 통용되는 보살의 행문과 독립, 독보로 누구의 힘에도 의지함 없고 지음 없는 신통력을 보고 등일체제불회향(等一切諸佛廻向)을 배운다.

착한 남자여, 그대는 아뇩다라삼먁삼보리심을 이미 내었구나. 착한 남자여, 나는 모든 곳에 이르는 보살의 행하는 문과, 의지함이 없고 지음이 없는 신통한 힘을 성취하였노라.

착한 남자여, 어떤 것을 모든 곳에 이르는 보살의 행하는 문이라 하는가. 착한 남자여, 나는 이 삼천대천세계의 욕계에 사는 모든 중생으로 이른바 모든 33천·모든 수야마천·모든 도솔타천·모든 선변화천(善變化天)·모든 타화자재천·모든 마의 하늘과, 그 외에 모든 하늘·용·야차·나찰·구반다·건달바·아수라·가루라·긴나라·마후라가·사람과 사람 아닌 이의 마을과 성중과 도시의 모든 곳에 있는 중생들 가운데서 법을 말하노라.

그래서 그른 법을 버리고 다툼을 쉬고 싸움을 제하고 성냄을 그치고 원수를 풀고 속박을 벗고 옥에서 나와 공포를 없애고 살생을 끊으며, 내지 삿된 소견과 나쁜 짓과 하지 못할 일을 모두 금하게 하며, 모든 착한 법을 순종하여 배우고 모든 기술을 닦아 익히어 모든 세간에서 이익을 짓게 하며, 그들에게 가지가지 언론을 분별하여 환희심을 내고 점점 성숙하게 하며, 외도를 따라서 훌륭한 지혜를 말하며 모든 소견을 끊고 불법에 들어오게 하며, 내지 형상 세계의 모든 범천에서도 그들에게 훌륭한 법을 말하노라.

스물네 번째, 수나국 가릉가림성의 사자빈신 비구니
– 중생을 보아도 중생이란 분별을 내지 않노라

선재동자는 수나국 가릉가림성의 사자빈신 비구니로부터 십반야바라밀 법문, 수백만의 반야바라밀 법문에 통달하고, 일체의 언음(言音)다라니 법문, 법륜다라니 법문을 체득하고, 중생을 이롭게 하는 일체의 지혜 법문을 듣고 지일체처회향(至一切處廻向)을 배운다.

착한 남자여, 나는 모든 중생을 보아도 중생이란 분별을 내지 않았으니, 지혜 눈으로 보는 연고니라. 모든 말을 들어도 말이란 분별을 내지 않으니 마음에 집착이 없는 연고니라. 모든 여래를 뵈어도 여래라는 분별을 내지 않으니 법의 몸을 통달한 연고니라. 모든 법륜을 머물러 가지면서도 법륜이란 분별을 내지 않으니 법의 성품을 깨달은 연고니라. 한 생각에 모든 법을 두루 알면서도 모든 법이란 분별을 내지 않으니 법이 환술과 같음을 아는 연고니라.

분별심이 없으면 해를 당하지 않는다. 진묵대사는 곡차를 좋아했다. 법문 중에 "중생을 보아도 중생이란 분별을 내지 않으니 마음에 집착이 없기 때문이며……"라는 내용이 있는데, 어느 날 두부 만드는 데 넣는 간수를 진묵대사가 다 마셨지만 아무 이상이 없었다는 이야기가 전한다. 이 물이 간수라는 분별이 없었기에 먹어도 몸에 이상이 일어나지 않았던 것이다.

우리는 더러 병을 '만들어서' 아파하는 경우가 있다. 감기에 걸리지 않았는데도 감기를 두려워하다가 기어이 감기에 걸리고 만다. 미리 헤아리고 걱정하여 병을 만들기보다는 그때그때의 증상들을 알아차려 대처해 나가는 것이 더욱 현명한 일일 것이다.

스물다섯 번째, 험난국 보장엄성의 바수밀다 여인
- 나는 탐욕을 떠나 해탈을 얻었노라

험난국 보장엄성 바수밀다 여인은 남의 욕구에 따라 자재롭게 몸을 변화시킬 수 있으며, 선재동자는 욕심을 떠난 실제의 청정한 법문을 듣고 무진공덕장회향(無盡功德藏廻向)을 배운다. 이 바수밀다 여인은 절세미인으로서 그 몸에서는 번뇌의 열을 식혀주는 방광(放光)을 했다고 한다.

일반적으로 미인은 남성들의 욕망의 대상이 되곤 하는데, 「입법계품」에서는 오히려 미인이 번뇌를 식히는 역할을 하고 있다. 이 묘한 역설에서 중생 구제의 구체적이고 현실적인 실천을 엿볼 수 있다.

착한 남자여, 나는 탐욕의 굴레를 벗어난 해탈을 얻었다. 나는 모든 중생의 욕락을 따라 몸을 나타낼 수 있다. 천인이 나를 볼 때에는 나는 천녀가 되어 모양과 광명이 견줄 데 없이 뛰어나며, 이와 같이 인비인(사람과 사람 아닌 존재)이 볼 때에는 나도 인비인의 여인이 되어 그들의 욕락대로 나를 보게 한다. 어떤 중생이 애욕에 얽매여 내게 오면 나는 그에게 법을 말하여 애욕이 사라지고 보살의 집착 없는 경계의 삼매를 얻게 한다.

어떤 중생은 잠깐만 나를 보아도 탐욕이 사라지고 보살의 환희삼매를 얻는다. 어떤 중생은 잠깐만 나와 이야기하여도 탐욕이 사라지고 보살의 걸림 없는 음성삼매를 얻는다. 어떤 중생은 잠깐만 내 손목을 잡아도 탐욕이 사라지며 보살의 모든 부처 세계에 두루 가는 삼매를 얻는다. 어떤 중생은 잠깐만 나를 바라보아도 탐욕이 사라지고 보

살의 고요하게 장엄한 삼매를 얻으며, 어떤 중생은 잠깐만 내가 팔을
펴는 것을 보아도 탐욕이 사라지고 보살이 외도를 굴복시키는 삼매를
얻으며, 어떤 중생은 내 눈이 깜빡이는 것을 보기만 해도 탐욕이 사라
지고 보살이 구하는 부처님의 경계, 광명삼매를 얻는다.

또 어떤 중생은 나를 끌어안으면 탐욕이 사라지고 보살이 모든 중
생을 거두어주면서 떠나지 않는 삼매를 얻으며, 어떤 중생은 내 입술에
한 번만 입맞추어도 탐욕이 사라지고 보살이 모든 중생의 복덕을 늘
게 하는 삼매를 얻는다. 이와 같이 중생들이 나를 가까이 하면 모두
탐욕을 떠나는 틈에 머물러 보살의 온갖 지혜가 앞에 나타나는 걸림
없는 해탈에 들어간다.

스물여섯 번째, 선도성의 비슬지라거사
– 열반에 들지 않는 해탈을 얻었노라

선재동자는 선도성의 비슬지라거사(안주장자)로부터 멸도
에 드는 일이 없는 보살의 법문을 듣고 입일체평등 선근회향
(入一切平等 善根廻向)을 배운다.

착한 남자여, 나는 보살의 해탈을 얻었으니 이름이 열반의 경계에
들지 않음이라. 착한 남자여, 나는 이렇게 여래가 이미 열반에 들었다
거나, 이렇게 여래가 지금 열반에 든다거나, 이렇게 여래가 장차 열반
에 들리라거나 하는 생각을 내지 아니하노라. 나는 시방 모든 세계의
부처님 여래들이 필경에 열반에 드는 이가 없는 줄을 알거니와, 중생을
조복하기 위하여 일부러 보이는 것을 제외할 것이니라.

착한 남자여, 내가 전단좌여래의 탑 문을 열 때에 삼매를 얻었으니 이름이 불종무진(佛種無盡)이라.

착한 남자여, 나는 생각마다 이 삼매에 들고, 생각마다 모든 한량 없이 훌륭한 일을 아느니라.

스물일곱 번째, 보타락가산의 관세음보살
– 대비행(大悲行)을 수행하여 중생들을 구호하노라

관세음보살로부터 선재동자는 넓고도 큰 세계의 모든 중생 앞에 몸을 나타낼 수 있는 대자비법문광명의 행을 닦고 등수 순 일체중생회향(等隨順 一切衆生廻向)을 배운다.

착한 남자여, 나는 이 크게 가없이 여기는 행의 문을 수행하여 모 든 중생을 구호하려 하노니, 모든 중생이 험난한 길에서 공포를 여의 며, 번뇌의 공포를 여의며, 미혹한 공포를 여의며, 속박될 공포를 여의 며, 살해될 공포를 여의며, 빈궁할 공포를 여의며, 생활하지 못할 공포 를 여의며, 나쁜 이름을 얻을 공포를 여의며, 죽을 공포를 여의며, 여러 사람 앞에서 공포를 여의며, 나쁜 길에 태어날 공포를 여의며, 참참한 속에서 공포를 여의며, 옮아 다닐 공포를 여의며, 사랑하는 이와 이별 할 공포를 여의며, 원수를 만나는 공포를 여의며, 몸을 핍박하는 공포 를 여의며, 마음을 핍박하는 공포를 여의며, 근심 걱정의 공포를 여의 어지이다 하노라.

또 원하기를 여러 중생이 나를 생각하거나 나의 이름을 일컫거나 나의 몸을 보거나 하면, 다 모든 공포를 면해지이다 하노라.

착한 남자여, 나는 이런 방편으로써 중생들의 공포를 여의게 하고, 다시 가르쳐서 아뇩다라삼먁삼보리심을 내고 영원히 물러가지 않게 하노라.

우리나라의 관음신앙

중국의 4대 불교성지는 지장보살 성지인 안휘성 구화산, 문수보살 성지인 산서성 오대산, 보현보살 성지인 사천성 아미산, 그리고 관음보살 성지인 절강성(浙江省) 영파(靈波) 보타락가산이다. 우리나라에도 보타락가산에 근거한 지명이 많이 있다. 강화도에도 있고, 강원도의 낙산사도 이것의 줄임말이다. 티베트의 포탈라궁도 보타락가라는 의미이며, 달라이라마도 관세음보살의 화신이라 한다. 이는 『화엄경』에서 연원한 것이다.

우리가 관세음보살 염불을 할 때 "나무보문시현 원력홍심 대자대비 구고구난 관세음보살"이라 한다. 이것은 일심으로 관세음보살을 부르면 보살이 몸을 나투어 구고구난(救苦救難), 즉 중생을 고통과 삼재팔난에서 구해 준다는 의미이다. 관세음보살은 32가지 모습으로 나타나 모든 중생이 어려움에서 벗어나도록 돕는다. 『천수경』에 보면 「신묘장구대다라니」가 있는데 여기서도 보살이 12가지 모습으로 나타나 중생을 돕는다는 이야기가 나온다. 이와 관련하여 낙산사 홍련암에 관한 이야기가 전해 온다.

낙산사(洛山寺)는 신라 문무왕 11년 화엄종 초조인 의상대사가 창건했다. 당에서 돌아온 의상대사가 관세음보살의 진신이 관음굴 안에 상주한다는 말을 듣고 동해에 가서 7일 동안 열심히 기도하고서 방석을 물에 띄웠더니 하늘과 용 등 팔부신중이 관음굴 안으로 스님을 인도했다. 굴 속에서 공중을 향해 예배하자 용왕이 수정염주와 여의주를 내주어 받아 나왔다.

의상대사는 비록 동해 용으로부터 여의주를 받았지만 관세음보살을 친견하지 못했기에 다시 7일 동안 지극한 마음으로 염불정진을 하니 마침내 홍련(紅蓮)이 솟아나고 그 꽃 속에 관세음보살이 나타나 말씀하셨다.

"좌상의 꼭대기에 한 쌍의 대가 솟아날 것이니 그 땅에 불전을 짓는 것이 마땅하리라."

이 말씀을 듣고 밖에 나와 보니 과연 봉우리 하나가 솟아나 있었다. 거기에 낙산사를 짓고 관세음보살을 모시고 수정염주와 여의주를 봉안했다는 이야기가 『삼국유사』에 전한다.

홍련암(紅蓮菴)에 관한 이야기가 많은데, 의상스님이 관세음보살을 친견한 관음굴이 홍련암이다. 홍련암 아래로 바닷물이 들어왔다 나갔다 하는데 이를 '해조음'이라 한다. 이는 바다의 조수가 때를 어기지 않듯이 열심히 기도를 하면 반드시 관세음보살을 뵐 수 있다는 뜻이다.

근대의 고승 경봉스님께서 관음기도를 하는데 13일째 되는 날 참선 중에 바다 위를 걸어오는 관세음보살을 친견했다고 한다. 이런 인연으로 낙산사 편액을 쓰기도 했다.

또 낙산사에는 신라 때 원효스님의 일화도 전해 온다. 원효스님이 관세음보살을 친견하기 위해 낙산사에 왔는데, 도중에 벼를 베고 있는 흰옷을 입은 여인(白衣觀音)을 보고 희롱삼아 여인에게 벼를 좀 달라 했더니 여인은 아직 열매도 맺지 않았다고 했다.

다시 걷다가 다리 밑에서 속곳을 빨고 있는 여인을 보고 먹을 물을 좀 달라 했더니 여인은 핏빛 어린 물을 주었다. 스님은 물을 더럽게 여기고 돌아서서 물을 버렸다. 그러자 소나무 위에 앉아 있던 파랑새(靑鳥)가 "제호스님은 그만 돌아가십시오."라고 했다. 제호란, 우유를 정제하면 소(酥)가 되고 소를 정제하면 낙(酪)이 되고 낙을 정제하면 제호(醍醐)가 되는데, 제호야말로 최상의 유제품이며, 불교에서는 불성에 비유하기도 한다. 여기서는 그대로 최고의 것, 깨끗한 것을 뜻하는 것으로 봐야 할 듯하다.

스님이 보니 파랑새가 앉아 있던 소나무 아래 짚신 한 짝이 떨어져 있었다. 스님이 절에 들어가서 관세음보살 다리 밑에 또 짚신 한 짝이 있는 것을 보고, 그때서야 그 여인이 관세음보살의 현신임을 깨닫고 관음굴에 들어가 기도하려 했는데 풍랑이 심해 들어가지 못했다고 한다. 즉, 원효스님이 분별심을 가지고 있어 보살을 친견하지 못했다는 이야기이다.

스물여덟 번째, 정취보살
- 보문속질행(普門速疾行) 해탈을 얻었노라

선재동자는 정취보살(正趣菩薩)로부터 보살의 보문속질행(普門速疾行)의 법문을 듣고 진여상회향(眞如相廻向)을 배운다.

착한 남자여, 나는 보살의 해탈을 얻었으니 이름이 넓은 문 빠른 행(普門速疾行)이니라.

착한 남자여, 이 일은 알기 어려우니라. 모든 세간의 하늘·사람 · 아수라 · 사문 · 바라문들이 알지 못하느니라. 오직 용맹하게 정진하여 물러가지 않고 겁이 없는 보살들로서, 모든 선지식이 거두어주고 부처님이 생각하시고 착한 뿌리가 구족하고 뜻이 청정하여, 보살의 근기를 얻고 지혜의 눈이 있는 이라야, 능히 듣고 능히 지니고 능히 알고 능히 말하느니라.

정취보살과 낙산사

산스크리트어로 아난야가민(Ananyagamin)인 정취보살(正趣菩薩)은 '다른 곳으로 가지 않고 바른 길로만 간다'는 뜻이다. 이 보살은 보승생부처님으로부터 법문을 배웠다고 한다. 그래서 선재동자에게 자신은 그 부처님 처소에서 보문속질행 법문을 듣고 수많은 부처님 세계를 지나왔는데 그 부처님 처소마다 들어가서 그 부처님께 아름다운 공양을 올렸다고 했다. 빨리 걸어서 이르지 않는 곳이 없다는 경지에는 이르렀으나 다른 보살들은 더 뛰어나다는 말을 한다.

정취보살은 40년 동안 영동지방을 교화하면서 선문을 휘날린 범일(梵日) 국사(810 ~889)와 양양 땅에서 우리와 인연을 맺는다. 바로 『삼국유사』「낙산이대성 관음 정취 조신(洛山二大聖 觀音 正趣 調信)」에 나온다.

범일 국사가 태화(太和) 연간(827~835) 당나라에 건너가 명주 개국사(開國寺)에 이르렀다. 거기 법석에서 왼쪽 귀가 떨어져 나간 한 어린 스님이 말석에 앉아 있다가 그를 보고서는 반가운 마음에 이렇게 말한다. "저는 본시 신라 사람이며, 사는 곳은 명주(溟

州) 익령현(翼嶺縣 지금의 양양군) 덕기방(德耆房)입니다. 스님께서 훗날 본국에 돌아가시거든 바라건데 기거할 집을 지어주십시오.”

범일은 여러 총림(叢林)을 두루 돌아다니다가 마침내 마조 도일(馬祖 道一)의 법제자 염관(鹽官)선사로부터 법기를 인정받고 847년 귀국하게 되었다. 스님은 당시 명주의 호족으로 이름 높던 김공의 초청에 의해 굴산사(堀山寺)를 세우고 선의 가르침을 신라의 변방, 명주(강릉) 지방에 펴게 된다.

그로부터 10년이 지난 858년 2월 보름날 밤 국사는 꿈을 꾸는데, 옛날 개국사에서 보았던 그 스님이 나타난 것이다.

“옛날 명주 개국사에 있을 때, 저와 약속을 나누었죠. 그런데 어째서 이렇게 약속이 늦어지는 것입니까?”

화들짝 놀란 범일은 10여 명을 데리고 익령현으로 가 그가 살던 곳을 수소문한다. 그러던 중 낙산 아래 살던 한 여인을 만나 이름을 물은즉, 덕기(德耆)라고 했다. 뭔가 실마리가 풀리는 순간 여인은 말한다. “저에게는 여덟 살 난 사내아이가 하나 있는데, 항상 마을 남쪽 돌다리에서 놀지요.” 그 말은 들은 범일이 다급해 하면서 바싹 다가서자 여인이 다시 입을 연다. “나와 같이 노는 아이들 중 금빛 나는 아이가 있어요.”라는 아이의 말을 전한 것이다.

범일은 놀라고 기쁜 마음에 그 여인의 아이를 데리고 그가 놀던 다리 밑으로 서둘러 떠난다. 그곳에 당도해 보니 물 가운데 한 돌부처가 앉아 있는데, 꺼내 보니 글쎄 왼쪽 귀가 떨어져 있지 않은가. 순간 중국 땅에서 만난 그 어린 스님의 얼굴이 그 불상과 닮았음을 느끼고는 그것이 바로 정취보살의 모습임을 알아차린다.

이에 댓조각을 만들어 절 지을 곳을 점치니, 낙산 위가 제일 좋다는 점괘가 나와 그곳에 법당을 세우고 거기에 정취보살상을 모셨다. 그후 100여 년 뒤 들불이 나서 이 산까지 번졌으나, 오직 의상스님이 세운 관음보살상과 이 보살상만은 화재를 면했다고 한다.

스물아홉 번째, 타라발저성의 대천신
- 운망(雲網 구름그물) 해탈을 얻었노라

지금부터는 주로 천신, 주야신, 주지신 등 신들이 나온다. 이들은 인간을 해하는 신이 아니라 수행을 도와주는 선신들로서 마치 큰 대지처럼 모든 것을 품어주는 신들이다. 선재동자는 보살 구름그물(雲網)이란 이름으로 중생들에게 무서움을 일깨워주어 옳은 길로 가게 해주는 법문과 무박 무착 해탈회향(無縛 無着 解脫廻向)을 배운다.

착한 남자여, 나는 이미 보살의 해탈을 성취하였으니 이름이 구름그물이니라.

이때 대천은 선재의 앞에서 금더미·은더미·유리더미·파리더미·자거더미·마노더미·큰 불꽃 보배더미·때 여읜 광 보배더미·큰 광명 보배더미·시방에 두루 나타나는 보배더미·보배 관더미·보배 인장더미·보배 영락더미·보배 귀걸이더미·보배 팔찌더미·보배 자물쇠더미·진주그물더미·가지각색 마니 보배더미·모든 장엄거리더미 · 여의주더미들을 산같이 나타내었다.

또 모든 꽃 · 모든 화만 · 모든 향 · 모든 사르는 향 · 모든 바르는 향 · 모든 의복 · 모든 당기 · 번기 · 모든 음악 · 모든 다섯 가지 오락 기구를 산더미같이 나타내며, 또 수없는 백천만억 동녀들을 나타내고, 대천이 선재동자에게 말하였다.

서른 번째, 마가다국 보리도량의 안주지신
- 불가괴(不可壞)지혜장 해탈문을 얻었노라

마가다국 보리도량은 부처님께서 법을 깨달으신 곳이며 경을 펴신 곳이다. 거기에 그 땅을 편안하게 해주는 신이 안주지신이다. 이 신에게서 보살의 깨뜨릴 수 없는 지혜장해탈 법문을 듣고 등법계 무량회향(等法界 無量廻向)을 배운다. 그곳에서 선재동자는 과거에 심은 선근을 다 버린다.

착한 남자여, 나는 보살의 해탈을 얻었으니 이름은 깨뜨릴 수 없는 지혜 광이라. 항상 이 법으로 중생들을 성취하느니라.

착한 남자여, 내가 생각하니, 연등부처님 때로부터 항상 보살을 따라서 공경하고 호위하였으며, 보살들의 마음과 행과 지혜의 경계와 모든 서원과 청정한 행과 모든 삼매와 광대한 신통과 자유자재한 힘과 깨뜨릴 수 없는 법을 살펴보았으며, 모든 부처님의 국토에 두루 가서 부처님들의 수기를 받았으며, 모든 부처님의 법륜을 굴리며, 모든 수다라의 문을 널리 말하며, 큰 법의 광명으로 널리 비추어 모든 중생을 교화하고 조복하며, 모든 부처님의 나타내는 신통변화를 내가 모두 받아 지니고 모두 기억하노라.

여기서 보살의 십회향이 끝난다. 원효스님은 이「십회향품」
의 주석을 쓰고 붓을 꺾은 후 중생과 현실을 향해 뛰어들었
다. 배우고, 알고, 익힌 모든 것을 회향하여야 한다. 회향은 미
덕일 뿐만 아니라, 선근(善根)에 대한 집착조차 버려야 하는
대승보살의 의무이다.

5. 궁극의 깨달음을 얻은 선재동자
-「입법계품(入法界品)」5

보살의 대지, 보살의 경지

서른한 번째, 가비라성의 바산바타야신
- 어둠을 깨뜨리는 양명(陽明) 해탈을 얻었노라
선재동자는 부처님이 태어나신 가비라성에서 밤의 신인 바
산바타야신을 만난다. 이 바산바타야신이 선재동자의 31번째
선지식이다. 선재동자는 이 야신에게서 모든 중생의 어리석음
에서 벗어나는 깨끗한 법문을 성취하여 광명해탈법을 얻고 환
희지(歡喜地)를 배운다. 이 야신은 큰 자비를 닦아 중생들을
구제하려고 하였다.

착한 남자여, 나는 보살의 모든 중생의 어둠을 깨뜨리는 법 광명의 해탈을 얻었노라.

착한 남자여, 나는 나쁜 꾀를 가진 중생에게는 크게 인자한 마음을 일으키고, 착하지 못한 업을 짓는 중생에게는 크게 가엾이 여기는 마음을 일으키고, 착한 업을 짓는 중생에게는 기뻐하는 마음을 일으키고, 착하고 나쁜 두 가지 행을 하는 중생에게는 둘이 아닌 마음을 일으키고, 잡되고 물든 중생에게는 깨끗함을 내게 하는 마음을 일으키고, 삿된 길로 가는 중생에게는 바른 행을 내게 하는 마음을 일으키고, 용렬한 이해를 가진 중생에게는 큰 이해를 내게 하는 마음을 일으키고, 생사를 좋아하는 중생에게는 바퀴 돌기를 버리게 하는 마음을 일으키고, 이승의 길에 머문 중생에게는 온갖 지혜에 머물게 하는 마음을 일으키노라.

착한 남자여, 나는 이 해탈을 얻었으므로 항상 이런 마음과 서로 응하느니라.

야신은 선재동자를 독려한다. 이 야신이 훌륭한 대자비를 갖추게 된 것은 많은 부처님을 모시고 오랫동안 공양한 결과였다고 한다. 여기서는 공양한 공덕을 말하고 있다.

서른두 번째, 보덕정광주야신
- 보살행을 원만하게 하는 열 가지 법
보덕정광주야신은 밤을 다스리는 신이다. 이 신이 보살의 수행이 원만하게 이루어지는 십법문을 설하며, 선재동자는 이 신에게서 적정선정락 대용건해탈문(寂靜禪定樂 大勇健解脫門)

의 법문을 듣고 이구지(離垢地)를 배운다.

착한 남자여, 보살이 열 가지 법을 성취하면, 능히 보살의 행을 원만히 하느니라. 무엇이 열인가.

하나는 청정한 삼매를 얻어 모든 부처님을 항상 봄이요. 둘은 청정한 눈을 얻어 모든 부처님의 잘생긴 모습으로 장엄함을 관찰함이요. 셋은 모든 여래의 한량없고 그지없는 공덕의 큰 바다를 앎이요, 넷은 법계와 평등한 한량없는 부처님의 법의 광명 바다를 앎이요, 다섯은 모든 여래의 털구멍마다 중생의 수효와 같은 큰 광명 바다를 놓아 한량없는 중생을 이익함이요, 여섯은 모든 여래의 털구멍마다 모든 보배빛 광명 불꽃 내는 것을 봄이요, 일곱은 생각마다 모든 부처님의 변화하는 바다를 나타내어 법계에 가득하고 모든 부처의 경계에 끝까지 이르러 중생을 조복함이요, 여덟은 부처님의 음성을 얻고 모든 중생의 말과 같아서 세상 온갖 부처님의 법륜을 굴림이요, 아홉은 모든 부처님의 그지없는 이름 바다를 앎이요, 열은 모든 부처님께서 중생을 조복하는 부사의하고 자재한 힘을 앎이니라.

서른세 번째, 희목관찰중생주야신
- 선지식을 친견하고 선근을 내어 증장하고 성숙되다

희목관찰중생주야신으로부터 선재동자는 마음과 마음이 서로 통하면 경계가 없어진다는 보광희당 법문을 듣고 발광지(發光地)를 배운다.

선재동자는 선지식의 가르침을 공경하고, 선지식의 말을 실행하면서 이렇게 생각하였다.

선지식은 보기 어렵고 만나기 어려우니, 선지식을 보면 마음이 어지럽지 않고 맑아지며, 장애(障碍)의 산을 깨뜨리고, 대자비(大慈悲)의 바다에 들어가 중생을 구호하고, 지혜의 빛을 얻어 법계(法界)를 널리 비추고, 온갖 지혜의 길을 다 수행하고, 우주에 존재하는 수많은 부처님을 두루 보고, 부처님들이 법륜(法輪) 굴리는 것을 보고 기억하여 잊지 아니하리라.

이때 기쁜 눈으로 중생 보는 밤 맡은 신(喜目觀察衆生主夜神)은 선재동자에게 가피(加被)하여 선지식을 친근하면 모든 선근 내어 증장하고 성숙케 함을 알게 하였다.

도(道)를 도와주는 길을 닦음을 알게 하고, 용맹한 마음을 일으킴을 알게 하고, 깨뜨릴 수 없는 업(業)을 지음을 알게 하고, 굴복할 수 없는 힘을 얻음을 알게 하고, 그지없는 방편(方便)에 들어감을 알게 하고, 오래도록 수행함을 알게 하고, 그지없는 업(業)을 마련함을 알게 하고, 한량없는 도(道)를 행함을 알게 하고, 빠른 힘을 얻어 여러 세계의 이름을 알게 하고, 본래 있던 곳을 떠나지 않고도 시방세계의 이름을 모두 다 알게 하였다.

이때 선재동자는 이러한 생각을 내었다.

선지식을 가까이 친견함으로써 온갖 지혜의 길을 용맹하게 닦고, 큰 서원(誓願 맹서, 다짐)을 빨리 내게 되고, 중생을 위해서는 오는 세월이 끝나도록 그지없는 고통을 받을 수 있고, 크게 정진하는 갑옷을 입고, 한 티끌 속에서 법을 말하는 소리가 온 법계에 가득하고, 모든 방향들에 빨리 가게 되며, 한 터럭만한 곳에서도 오는 세월이 다하도록 보살의 행을 닦고, 항상 보살의 행을 행하여 끝까지 온갖 지혜의 지위에 머물게 되고, 삼세(三世) 모든 부처님의 자재한 신통(神通)으로 장엄한 길에 들어가고, 모든 법계(法界)의 문에 항상 들어가게 하고, 항상 법계(法界)와 인연(因緣)하여 조금도 동요하지 아니하고 그러면서도 시방의 온 세계에 가리라.

선재동자는 이렇게 생각하고 기쁜 눈으로 중생을 보는 밤 맡은 신(희목관찰중생주야신)에게 나아가니, 그 신은 여래의 대중이 모인 도량에서 연화장 사자좌에 앉아 '해탈문(大勢力 普喜幢解脫=깨달음)' 에 들어갔다.

걸핏하면 좌절하거나 게으름을 피우기 때문에 자기 혼자 수행하여 도를 구하기는 어렵다. 그러나 선지식을 만나거나 선지식을 보면 용맹심이 솟아나 마음과 기력이 하나가 되어 수행하고자 하는 마음이 생기는 것이다.

선지식을 방문하여 가르침을 구하게 되자 선재동자는 더욱더 많은 선지식을 방문하여 가르침 받을 결의를 새롭게 한다. 수행하다 조그만 장애에 부딪치면 금방 의심하고 회의하

는 이들은 그럴수록 공양하고 공덕을 쌓아 정진해야 그 장애
를 벗어나게 된다.

서른네 번째, 보구중생묘덕주야신
– 중생의 고통과 공포로부터 구호하다
보구중생묘덕주야신에게서 선재동자는 부사의하고 자유자
재하신 부처님의 심심묘덕자재음성으로 보살이 모든 세상에
두루 나타나 중생을 교화하는 해탈을 얻고 염혜지(焰慧地)를
배운다.

지옥의 중생들은 고통에서 벗어나게 하고 축생의 중생들은 서로 잡
아먹지 않게 하고, 아귀의 중생들은 기갈이 없어지게 하고, 용들은 모
든 공포를 여의게 하고, 욕심 세계의 중생들은 욕심 세계의 고통을 여
의게 하고, 사람들에게는 캄캄한 밤중의 공포, 훼방하는 공포, 나쁜
소문나는 공포, 대중의 공포, 살아갈 수 없는 공포, 죽는 공포, 나쁜
길에 태어날 공포, 착한 뿌리 끊어질 공포, 보리심에서 물러날 공포, 나
쁜 동무를 만나게 되는 공포, 선지식을 떠나게 되는 공포, 이승의 지
위에 떨어질 공포, 여러 가지로 생사하는 공포, 다른 종류들과 함께 있
게 되는 공포, 나쁜 시기에 태어나는 공포, 나쁜 종족에 태어나는 공
포, 나쁜 업을 짓게 되는 공포, 업과 번뇌에 장애 되는 공포, 여러 생각
에 고집하여 속박되는 공포들을 모두 여의게 하였다.

선재동자는 이 밤의 신(夜神)에게 가서 보살의 더러움을 떠

난 원만한 삼매를 얻을 수 있었다. 선재는 합장하고 머물러, 잘 관찰하여 만족하지 않음이 없었으며, 한량없는 신력을 보고 그 마음은 크게 환희하였다.

서른다섯 번째, 적정주야신
– 큰 지혜를 구하려는 마음을 내었노라

염부제는 중생들이 살고 있는 곳을 말한다. 이곳의 마가다국 법보리도량에서 선재동자는 보살의 심히 깊고 자재한 환희장엄의 법문을 듣고 난승지(難勝地)를 배운다.

착하다, 착한 남자여, 그대가 선지식을 의지하여 보살행을 구하는구나. 나는 보살의 생각 생각마다 광대한 기쁨을 내는 장엄해탈문을 얻었노라. 선남자여, 나는 청정하고 평등함을 좋아하는 마음을 내었다. 나는 또 모든 세간의 티끌을 떠나 청정하고 견고하게 장엄하여 깨뜨릴 수 없는 좋아하는 마음을 내었으며, 불퇴전의 자리와 관계하여 영원히 퇴전하지 않을 마음을 내었으며, 공덕 보배의 산을 장엄하여 동요되지 않는 마음을 내었다. 나는 머무는 곳이 없는 마음을 내었으며, 모든 중생 앞에 두루 나타나 구호하는 마음을 내었으며, 모든 부처님 바다를 보고도 만족할 줄 모르는 마음을 내었으며, 큰 지혜의 광명 바다에 머무는 마음을 내었다.

나는 열 가지 큰 법장을 수행하여 이 해탈을 얻었노라.
착한 남자여, 보살이 열 가지 큰 법장을 닦아 행하면 이 해탈을 얻느니라. 무엇이 열인가.

첫째는 보시하는 광대한 법장을 닦아서 중생의 마음을 따라서 모두 만족케 하고, 둘째는 계행을 깨끗이 지니는 광대한 법장을 닦아서 모든 부처님의 공덕 바다에 들어가고, 셋째는 참는 광대한 법장을 닦아서 모든 법의 성품을 두루 생각하고, 넷째는 꾸준히 노력하는 광대한 법장을 닦아서 온갖 지혜에 나아가 물러가지 않고, 다섯째는 선정의 광대한 법장을 닦아서 모든 중생의 시끄러움을 없애고, 여섯째는 반야의 광대한 법장을 닦아서 모든 법 바다를 두루 알고, 일곱째는 방편의 광대한 법장을 닦아서 모든 중생들을 성숙케 하고, 여덟째는 서원의 광대한 법장을 닦아서 모든 세계와 모든 중생 바다에 두루하여 오는 세월이 끝나도록 보살의 행을 수행하고, 아홉째는 힘의 광대한 법장을 닦아서 잠깐 동안에 모든 법계 바다에 나타나서 모든 국토에서 등정각을 이루어 쉬지 아니하고, 열째는 지혜의 광대한 법장을 닦아서 여래의 지혜를 얻고, 세 세상의 모든 법을 두루 알아 막힘이 없는 것이다.

착한 남자여, 만일 모든 보살들이 이러한 열 가지 큰 법장에 편안히 머무르면, 곧 이러한 해탈을 얻어 청정하고 증장하고 쌓이고 견고하여 편안히 머물러서 원만하게 되리라.

부처님과 경전이 제안하는 수행의 폭은 꽤 넓다. 일반인들의 경우에는 자신의 근기를 헤아리고, 그 근기에 맞는 수행부터 차곡차곡 쌓아 나가는 것이 필요하다. 경전을 읽고 자신이 잘 할 수 있는 수행을 선택하고, 선지식을 뵙고 수행의 성과를 이야기하고, 더 어려운 수행으로 나아가는 과정을 거치는 것이 좋다.

서른여섯 번째, 수호일체성증장주야신
– 묘한 음성의 해탈을 얻었노라

선재동자는 수호일체성증장주야신으로부터 보살의 깊고 자재한 묘음해탈을 듣고 현전지(現前地)를 배운다.

착한 남자여, 나는 보살의 매우 깊고 자유자재한 묘한 음성의 해탈을 얻었고, 큰 법사가 되어 거리낌 없으니 모든 부처님의 법장을 잘 열어 보이는 연고며, 큰 서원과 큰 자비의 힘을 갖추었으니 모든 중생으로 하여금 보리심에 머물게 하려는 연고며, 중생을 이익케 하는 모든 일을 지으니 착한 뿌리를 쌓아 쉬지 아니하는 연고며, 모든 중생을 지도하는 스승이 되었으니 모든 중생으로 하여금 살바야의 도에 머물게 하는 연고며, 모든 세간의 청정한 법해(法日)가 되나니 세간에 두루 비치어 착한 뿌리를 내게 하는 연고며, 모든 세간에 마음이 평등하니 여러 중생들의 착한 법을 증장케 하는 연고며, 모든 경계에 마음이 청정하니 모든 착하지 못한 업을 없애려는 연고며, 모든 중생을 이익하려고 서원하니 몸이 항상 모든 국토에 나타나는 연고며, 온갖 본사(本事)의 인연을 나타내니 여러 중생들을 착한 행에 머물게 하려는 연고며, 모든 선지식을 섬기니 중생들을 불교에 머물게 하려는 연고니라.

서른일곱 번째, 개부일체수화주야신
– 중생들을 안락케 하는 행을 말하노라

개부일체수화주야신은 모든 나무의 꽃을 피우는 신으로, 선재동자는 이 신에게서 무량한 환희로 만족할 줄 아는 광명의 법문을 듣고 원행지(遠行地)를 배운다.

착한 남자여, 나는 이 사바세계에서 해가 지고 연꽃이 오므리어 사람들이 구경하던 일을 파할 적에, 여러 가지 산이나 물이나 성지나 벌판 등지에 있던 여러 가지 중생들이 모두 그들의 있던 데로 돌아가려는 이들을 보면, 내가 가만히 보호하여 바른 길을 찾게 하며 가려는 곳에 가서 밤을 편안히 지내게 하노라.

서른여덟 번째, 대원정진력 구호일체중생주야신
– 한량없는 육신의 모양을 나타내도다

선재동자는 대원정진력 구호일체중생주야신으로부터 응화(應化)에 따라 중생들을 각성시키고 선근을 기르는 법문을 듣고서 부동지(不動地)를 배운다.

착한 남자여, 이 해탈문의 이름은 중생을 교화하여 착한 뿌리 내게 함이니, 나는 이 해탈을 성취하였으므로 모든 법의 성품이 평등함을 깨달았고, 법의 진실한 성품에 들어가 의지함이 없는 법을 증득하였으며, 세간을 여의었으면서도 모든 법의 모양이 차별함을 알고, 또 푸르고 누르고 붉고 흰 것의 성품이 실답지 아니하여 차별이 없는 것도 분명히 통달하였노라.

그러면서도 한량없는 모양의 육신을 나타내나니 이른바 갖가지 육신, 하나 아닌 육신, 그지없는 육신, 청정한 육신, 모든 것으로 장엄한 육신, 여럿이 보는 육신, 모든 중생과 같은 육신, 여러 중생의 앞에 나타나는 육신, 광명이 널리 비추는 육신, 보기에 싫지 않는 육신, 잘생긴 모습이 청정한 육신, 모든 악을 여의고 빛나는 육신, 큰 용맹을 나타내는 육신, 얻기 어려운 육신, 모든 세간에서 가릴 이 없는 육신이며,

······ (중략) ······

착한 남자여, 이것은 큰 원력을 말미암은 연고며, 온갖 지혜의 힘인 연고며, 보살의 해탈한 힘인 연고며, 크게 가엾이 여기는 힘인 연고며, 크게 인자한 힘인 연고로 이런 일을 짓느니라.

서른아홉 번째, 묘덕원만림천신
– 보살이 태어나는 열 가지 창고(藏)가 있나니라

선재동자는 묘덕원만림천신을 만난다. 묘덕원만림은 룸비니 동산을 상징하는 곳으로 보인다. 이곳에서 선재동자는 모든 곳에 자재하게 태어나는 10가지 자재한 법문을 듣고 선혜지(善慧地)를 배운다. 여기서 천신은 열 가지 태어나는 법을 설명하였는데, 이 법을 닦으면 여래의 집에 태어날 수 있다고 한다.

착한 남자여, 보살이 열 가지의 태어나는 장이 있나니, 만일 보살이 이 법을 성취하면 여래의 가문에 태어나서, 잠깐 잠깐에 보살의 착한

뿌리를 증장하되, 고달프지도 않고 게으르지도 않으며, 싫지도 않고 물러가지도 않으며, 끊어짐도 없고 잃어짐도 없으며, 모든 미혹을 여의어 겁약하거나 뉘우치는 마음을 내지 않고, 온갖 지혜에 나아가 법계의 문에 들어가며, 광대한 마음을 내고 모든 바라밀다를 증장하여 부처님의 위없는 보리를 성취하며, 세상 길을 버리고 여래의 지위에 들어가 훌륭한 신통을 얻으며 부처님의 법이 항상 앞에 나타나서 온갖 지혜의 진실한 이치를 따르게 되느니라.

무엇이 열인가.

하나는 모든 부처님께 항상 공양하기를 원하여 태어나는 창고요,

둘은 보리심을 내어 태어나는 창고요,

셋은 여러 법문을 관찰하고 부지런히 행을 닦아 태어나는 창고요,

넷은 깊고 청정한 마음으로 세 세상을 두루 비추어 태어나는 창고요,

다섯은 평등한 광명으로 태어나는 창고요,

여섯은 여래의 가문에 나게 되는 태어나는 창고요,

일곱은 부처님 힘의 광명으로 태어나는 창고요,

여덟은 넓은 지혜의 문을 관찰하여 태어나는 창고요,

아홉은 장엄을 널리 나투어 태어나는 창고요,

열은 여래의 지위에 들어가 태어나는 창고니라.

마흔 번째, 가비라성의 석가족 구파 여인
- 열 가지 법을 성취하면 보살의 행을 원만하게 하다

가비라성의 석가족 구파 여인은 8만4천의 나물 캐는 처녀(采

女)들과 함께 있는데, 이 여인은 생사의 세계에서 물들지 않고 보살행을 실천해 갈 수 있는 십법을 설하며, 선재동자는 이 여인에게서 모든 보살의 삼매바다를 관찰하는 해탈문을 성취하며 법운지(法雲地)를 배운다. 구파 여인은 다음과 같이 설한다.

좋다, 좋다. 착한 남자여, 그대가 이제 보살마하살의 이와 같이 행하는 법을 묻는구나. 보현의 모든 행과 원을 닦는 이라야 능히 이렇게 묻느니라. 자세히 듣고 잘 생각하라. 내가 부처님의 신통한 힘을 받자와 그대에게 말하리라.

착한 남자여, 만일 보살들이 열 가지 법을 성취하면 제석천의 그물 같은 넓은 지혜 광명인 보살의 행을 능히 원만하리라.

무엇이 열인가. 이른바 선지식을 의지하는 연고며, 광대하고 훌륭한 이해를 얻는 연고며, 청정한 욕망을 얻는 연고며, 온갖 복과 지혜를 모으는 연고며, 여러 부처님에게서 법을 듣는 연고며, 마음에 항상 세 세상 부처님을 버리지 않는 연고며, 모든 보살의 행과 같은 연고며, 모든 여래가 보호하고 염려하는 연고며, 큰 자비와 묘한 서원이 다 청정한 연고며, 지혜의 힘으로 모든 생사를 모두 끊는 연고니, 이것이 열이니라. 만일 보살들이 이 법을 성취하면 제석천의 그물 같은 넓은 지혜의 광명인 보살의 행을 능히 원만하느니라.

마흔한 번째, 가비라성의 마야부인
– 현재 비로자나불(毘盧遮那佛)의 어머니가 되노라
가비라성의 마야부인에게서 선재동자는 대원지환(大願智

幻)의 법문을 터득하여 보살들의 대원과 지혜가 이루어지는 터전이 되는 해탈을 얻고 환지법문의 총설을 듣는다. 마야부인은 석가모니 부처님을 낳은 지 7일 만에 돌아가신 분이지만 『화엄경』에는 선지식으로 등장한다. 선재동자는 이 마야부인에게서 관불경계지(觀佛境界智)를 터득하고 큰 서원과 지혜 환술의 법문을 들었다.

이 가르침을 닦은 마야부인은 노사나부처님의 어머니가 되어 싯다르타 태자를 낳을 수 있었다고 한다. 마야부인은 곧 모든 부처님의 어머니이기도 하다.

불자여, 나는 이미 보살의 큰 원과 지혜가 환술과 같은 해탈문을 성취하였으므로, 항상 여러 보살의 어머니가 되노라.

불자여, 내가 이 염부제 가비라성의 정반왕궁에서 오른 옆구리로 싯다르타 태자를 나아 부사의하고 자재한 신통 변화를 나타내듯이, 내지 이 세계해에 있는 모든 비로자나 여래가 다 나의 몸에 들어왔다가 탄생하면서 자재한 신통 변화를 나타내느니라.

…… (중략) ……

착한 남자여, 이 사천하의 염부제에서 보살이 태어나실 적에 내가 어머니가 되듯이, 삼천대천세계 백억 사천하의 염부제에서도 모두 그러하지마는, 나의 이 몸은 본래부터 둘이 아니며, 한 곳에 있는 것도 아니요 여러 곳에 있는 것도 아니니, 왜냐하면 보살의 큰 원과 지혜가 환술같이 장엄한 해탈문을 닦은 연고니라.

마흔두 번째, 천주광왕녀
– 걸림 없는 생각의 깨끗한 장엄이라는 해탈을 얻었노라

선재동자는 33천 정념천왕의 딸인 천주광왕녀를 만난다.

33천은 다른 말로 도리천이다. 오랜 겁에 걸쳐 한량없는 부처님께 꾸준히 공양드려 삼세의 일을 환히 다 알며 걸림 없는 생각의 청정한 장엄 해탈문과 환지(幻智 환상이라는 지혜)의 염력을 배운다.

여기서는 주로 모든 부처님께 꾸준히 공양하라는 이야기와 부처님을 모시는 방법에 대해 이야기하고 있다.

착한 남자여, 나는 보살의 해탈을 얻었으니, 이름이 걸림 없는 생각의 깨끗한 장엄이니라. 착한 남자여, 나는 이 해탈의 힘으로 지나간 세상을 기억하노라. 과거에 가장 훌륭한 겁이 있었으니 이름이 푸른 연화라. 나는 그 겁에서 항하의 모래처럼 많은 부처님 여래께 공양하였노라. 그 여래들이 처음 출가할 때부터 내가 받들어 수호하고 공양하는 데 절을 짓고 모든 도구를 마련하였노라.

······ (중략) ······

이렇게 지난 겁에 나시었던 여러 여래께서 처음 보살로부터 법이 다 할 때까지 하시던 모든 일을 내가 깨끗한 장엄 해탈의 힘으로 모두 기억하여 분명히 앞에 나타나며, 지니고 따라 행하여 잠깐도 게으르거나 폐하지 아니하였노라.

마흔세 번째, 가비라성의 변우동자
- 다음의 선지식 찾기를 지시하다

선재동자는 가비라성의 변우동자에게서 환지(幻智)의 사범(師範 모범, 표본)을 본다. 가비라성의 동자들과 친한 변우동자는 아무것도 설하지 않고, 모든 예술을 잘 아는 동자들을 소개할 뿐이었다.

한마디도 설법하지 않는 선지식이 바로 진정한 선지식일지도 모른다. 우리 주변에서 좋은 법문처를 소개해 준다거나, 좋은 수행처를 알려주는 이야말로 큰 선지식임을 알 수 있다.

착한 남자여, 여기 한 동자가 있으니, 이름이 선지중예(善知衆藝)라. 보살의 글자 지혜를 배웠으니 그대는 가서 물으라. 그대에게 말하여 주리라.

마흔네 번째, 선지중예동자
- 항상 이 자모(字母)를 부르노라

선지중예동자는 예술에 뛰어난 동자다. 이 동자에게서 42자의 반야바라밀 법문을 듣고 환지(幻智)의 자모(字母)를 안다.

『화엄경』에는 다라니가 있을까? 『법화경』, 『능엄경』, 『반야심경』 등에는 모두 다라니가 있다. 반야심경 다라니를 흔히 '아제아제 바라아제…'로 아는데 이는 맨 끝에 나오는 후렴구이다. '시대신주 시대명주 시무상주 시무등등주'는 크고 신묘한 주문이고, 크고 밝은 주문이고, 그 무엇과도 비교할 수 없는 주문, 즉 반야바라밀이다. 이것을 주문이라 하는 것이다. 가장 위대한 주문이 무엇인가. 바로 마하반야바라밀이다.

『화엄경』에도 다라니가 나온다. 사실 『화엄경』 전체가 다라니이다. 의상대사가 지은 「법성게(法性偈)」에서 '이다라니무진보(以陀羅尼無盡寶)'라고 했다. 여기서 다라니는 『화엄경』 전체를 말한다. 그래서 『화엄경』 수행자들은 『화엄경』을 읽고 쓰고 외우는 것이 수행이고 보살행이라고 한다. 굳이 『화엄경』 내에서 산스크리트어로 된 다라니를 찾으려면 「입법계품」 선지중예동자의 법문 중에 42자 다라니를 들 수 있다. 글자마다 뜻이 다르다.

그 선지중예동자는 선재에게 말하였다.
착한 남자여, 나는 보살의 해탈을 얻었으니, 이름이 모든 예술을 잘 알음이라. 나는 항상 이 자모(字母)를 부르노라.

아(Ā 阿)자를 부르면 보살의 위력이 차별이 없는 경계(菩薩威力 入無差別境界)라는 반야바라밀다문에 들어가게 된다.
라(Ra 羅)자를 부르면 끝없는 차별의 문(無邊差別門)이라는 반야바라밀다문에 들어가게 된다.
파(Pa 波)자를 부르면 법계를 널리 비춤(普照法界)이라는 반야바라밀다문에 들어가게 된다.
차(Ca 者)자를 부르면 넓은 바퀴로 차별을 끊음(普輪斷差別)이라는 반야바라밀다문에 들어가게 된다.

나(Na 那)자를 부르면 의지한 데 없고 위없음을 얻음(得無依無上)이라는 반야바라밀다문에 들어가게 된다.

라(La 邏)자를 부르면 의지함을 여의고 때가 없음(離依止無垢)이라는 반야바라밀다문에 들어가게 된다.

다(Da 拕)자를 부르면 물러나지 않는 방편행(不退轉方便)이라는 반야바라밀다문에 들어가게 된다.

바(Ba 婆)자를 부르면 금강으로 된 마당(金剛場)이라는 반야바라밀다문에 들어가게 된다.

다(Ḍa 茶)자를 부르면 넓은 바퀴(普輪)라는 반야바라밀다문에 들어가게 된다.

샤(Ṣa 沙)자를 부르면 바다를 갈무리함(海藏)이라는 반야바라밀다문에 들어가게 된다.

바(Va 縛)자를 부르면 두루 내어 편안히 머무름(普生安住)이라는 반야바라밀다문에 들어가게 된다.

타(Ta 哆)자를 부르면 원만한 빛(圓滿光)이라는 반야바라밀다문에 들어가게 된다.

야(Ya 也)자를 부르면 차별을 모아 쌓음(差別積聚)이라는 반야바라밀다문에 들어가게 된다.

슈타(Ṣṭha 瑟吒)자를 부르면 넓은 광명으로 번뇌를 쉬게 함(普光明息煩惱)이라는 반야바라밀다문에 들어가게 된다.

카(Ka 迦)자를 부르면 차별 없는 구름(無差別雲)이라는 반야바라밀다문에 들어가게 된다.

사(Sa 娑)자를 부르면 진리의 비를 쏟음(降霑法雨)이라는 반야바라밀다문에 들어가게 된다.

마(Ma 麼)자를 부르면 큰 소용돌이와 수많은 봉우리가 일체히 솟은 것 같음(大流湍激衆峯齊峙)이라는 반야바라밀다문에 들어가게 된다.

가(Ga 伽)자를 부르면 널리 편안하게 함(普安立)이라는 반야바라밀다문에 들어가게 된다.

타(Tha 他)자를 부르면 진여의 평등한 창고(眞如平等藏)라는 반야바라밀다문에 들어가게 된다.

사(Ja 社/惹)자를 부르면 세상에 들어가 깨끗함을 행함(入世間海清淨)이라는 반야바라밀다문에 들어가게 된다.

스바(Sva 鎖)자를 부르면 모든 부처님을 염(念)하고 장엄함(念一切佛莊嚴)이라는 반야바라밀다문에 들어가게 된다.

다(Dha 柂)자를 부르면 모든 법을 관찰하여 가려냄(觀察簡擇 一切法聚)이라는 반야바라밀다문에 들어가게 된다.

샤(Śa 奢)자를 부르면 일체제불의 가르침 바퀴의 광명을 따름(隨順一切佛敎輪光明)이라는 반야바라밀다문에 들어가게 된다.

카(Kha 佉)자를 부르면 인행을 닦는 지혜 창고(修因地智慧藏)라는 반야바라밀다문에 들어가게 된다.

크샤(Kṣa 叉)자를 부르면 모든 업을 쉬는 창고(息諸業海藏)라는 반야바라밀다문에 들어가게 된다.

스타(Sta 娑多)자를 부르면 모든 번뇌를 덜고 깨끗한 광명을 엶(蠲諸惑障開淨光明)이라는 반야바라밀다문에 들어가게 된다.

냐(Ña 壤)자를 부르면 세간을 만드는 지혜문(作世間智慧門)이라는 반야바라밀다문에 들어가게 된다.

루타(Rtha 曷攞多)자를 부르면 생사를 끊는 지혜륜(生死境界智慧輪)이라는 반야바라밀다문에 들어가게 된다.

바(Bha 婆)자를 부르면 일체의 지혜 궁전을 원만히 장엄함(一切智宮殿 圓滿莊嚴)이라는 반야바라밀다문에 들어가게 된다.

차(Cha 車)자를 부르면 수행방편의 창고를 각별히 원만하게 함(修行方便藏各別圓滿)이라는 반야바라밀다문에 들어가게 된다.

스마(Sma 娑麼)자를 부르면 시방세계에 나투시는 부처님들을 따름(隨十方現見諸佛)이라는 반야바라밀다문에 들어가게 된다.

흐바(Hva 訶婆)자를 부르면 일체 인연이 없는 중생까지도 관찰하여 방편으로 섭수하여 생(生)을 벗어나 걸림이 없게 하는 힘(觀察一切無緣衆生 方便攝受令出生無碍力)이라는 반야바라밀다문에 들어가게 된다.

트사(Tsa 縒)자를 부르면 수행하여 일체 공덕바다에 들어감(修行趣入一切功德海)이라는 반야바라밀다문에 들어가게 된다.

가(Gha 伽)자를 부르면 모든 법 구름을 가진 견고한 바다 창고(持一切法雲 堅固海藏)라는 반야바라밀다문에 들어가게 된다.

타(Tha 咤)자를 부르면 원하는 대로 시방의 부처님들을 두루 봄(隨願普見十方諸佛)이라는 반야바라밀다문에 들어가게 된다.

나(Na 拏)자를 부르면 글자 바퀴에 무진(無盡)한 수많은 억(億)이라는 글자가 있음을 관찰함(觀察字輪 有無盡諸億字)이라는 반야바라밀다문에 들어가게 된다.

파(Pha 娑頗)자를 부르면 중생을 교화하는 구경처(化衆生究竟處)라는 반야바라밀다문에 들어가게 된다.

스카(Ska 娑迦)자를 부르면 광대한 창고와 걸림 없는 변재의 광명 바퀴가 두루 비침(廣大藏無碍辯 光明輪徧照)이라는 반야바라밀다문에 들어가게 된다.

이사(Ysa 也娑)자를 부르면 모든 부처님 법의 경계를 설명함(宣說一切佛法境界)이라는 반야바라밀다문에 들어가게 된다.

스차(Sca 室者)자를 부르면 모든 중생세계에 진리의 우레 소리가 널리 진동함(於一切衆生界 法雷徧吼)이라는 반야바라밀다문에 들어가게 된다.

타(Ṭha 佗)자를 부르면 무아법으로 중생을 깨우침(以無我法開曉衆生)이라는 반야바라밀다문에 들어가게 된다.

다(Dha 陀)자를 부르면 모든 법륜의 차별창고(一切法輪差別藏)라는 반야바라밀다문에 들어가게 된다.

착한 남자여, 내가 이런 자모를 부를 때에 이 42자 반야바라밀다문을 머리로 삼아 한량없고 수없는 반야바라밀다문에 들어가느니라.

'다라니'에는 총지(總持), 능지(能持), 능차(能遮)의 의미가 있다. 총지는 일체 모든 법이 들어 있다, 능지는 좋은 선법을 지켜준다, 능차는 악법은 물리쳐 준다는 뜻이다. 여기서 『화엄경』에도 반야 공사상이 근간을 이루고 있음을 알 수 있다.

다라니(陀羅尼)란?

석가의 가르침의 정요(精要)로서, 한량없는 뜻을 지니고 있어 모든 악한·법(法)을 버리고 한량없이 좋은 법을 지니게 한다는 불교 용어이다.

비교적 긴 장구(章句)로 되어 있는 주문으로, 불법(佛法)을 마음 속에 간직하여 잊지 않게 하는 힘이다. 총지(總持), 능지(能持), 능차(能遮)라 번역한다. 총지란 하나를 기억함으로써 다른 것까지 연상하며 다 기억한다는 뜻이고, 능지란 여러 선법(善法)을 능히 지니고 있다는 뜻이며, 능차란 악법을 능히 막아준다는 뜻이다. 다라니는 보통 두 가지 뜻으로 풀이된다.

첫째는 지혜 또는 삼매(三昧)를 뜻한다. 하나의 다라니를 기억함으로써 다른 모든 것을 연상하여 잊지 않게 하며, 선법(善法)을 가지게 되고 악법을 잘 막을 수 있다고 보는 것이다. 보살이 타인을 교화하려면 반드시 다라니를 얻어야 하며, 다라니를 얻으면 무량한 불법(佛法)을 잊지 않고 자유자재로 설교할 수 있다고 한다.

둘째는 진언(眞言)을 뜻한다. 산스크리트를 번역하지 않고 음 그대로를 적어서 외우는 것이다. 이는 원문 전체의 뜻이 한정되는 것을 피하기 위함이다.

또한 밀어(密語), 즉 다른 사람에게 비밀로 하여 그 신비성을 간직하자는 데 뜻이 있다. 특히 밀교(密敎)에서는 주다라니(呪陀羅尼)라 하여 재난을 없애는 힘이 있다고 본다.

마흔다섯 번째, 현승청신녀

- 의지할 곳 없는 도량이라는 해탈을 얻다

선재동자는 현승청신녀로부터 아무것에도 의지하지 않는 무의도량(無依道場)이라는 보살도의 해탈을 얻고, 집착된 생각이 없는 청정장엄 법문을 듣고 환지(幻智)의 의지함이 없음(無依)을 알게 된다.

착한 남자여, 나는 보살의 해탈을 얻었으니, 이름은 의지할 곳 없는 도량이라. 이미 스스로 깨우쳐 알고 또 다른 이에게 말하느니라.

또 다함이 없는 삼매를 얻었으니, 저 삼매의 법이 다함이 있고 다함이 없는 것이 아니라, 능히 온갖 지혜의 성품인 눈을 냄이 다함없는 연고며, 또 능히 온갖 지혜의 성품인 귀를 냄이 다함없는 연고며, 또 능히 온갖 지혜의 성품인 코를 냄이 다함없는 연고며, 또 능히 온갖 지혜의 성품인 혀를 냄이 다함없는 연고며, 또 능히 온갖 지혜의 성품인 몸을 냄이 다함없는 연고며, 또 능히 온갖 지혜의 성품인 뜻을 냄이 다함없는 연고며, 또 능히 온갖 지혜의 성품인 공덕파도(功德波濤)를 냄이 다함없는 연고며, 또 능히 온갖 지혜의 성품인 지혜 광명을 냄이 다함없는 연고며, 또 능히 온갖 지혜의 성품인 빠른 신통을 냄이 다함없는 연고니라.

마흔여섯 번째, 견고해탈장자

- 집착한 생각이 없이 청정한 장엄이라는 해탈을 얻다

옥전성의 견고해탈장자로부터 선재동자는 집착이 없는 청

정한 생각, 곧 무착청정념(無着淸淨念) 법문을 듣고 환지(幻智)의 무착(無着)을 알게 된다.

착한 남자여, 나는 보살의 해탈을 얻었으니, 이름이 집착한 생각이 없이 청정한 장엄이니라. 나는 이 해탈을 얻고부터는 시방의 부처님 계신 데 와서 바른 법을 부지런히 구하여 쉬지 아니하였노라.

착한 남자여, 나는 다만 이 집착한 생각이 없이 청정한 장엄 해탈을 알 뿐이니, 저 보살마하살들이 두려울 것 없음을 얻어 크게 사자후하며, 넓고 큰 복과 지혜의 무더기에 편안히 머무는 일이야 내가 어떻게 알며 그 공덕의 행을 말하겠는가.

마흔일곱 번째, 묘월장자
– 깨끗한 지혜 광명이라는 해탈을 얻다

묘월장자로부터 청정한 지혜의 빛, 곧 정지광명이라는 보살도의 해탈법을 듣고 환지(幻智)의 지혜광명(智光)을 알게 된다.

착한 남자여, 나는 보살의 해탈을 얻었으니, 이름은 깨끗한 지혜 광명이니라.

착한 남자여, 나는 다만 이 지혜 광명 해탈을 알 뿐이니, 저 보살마하살들이 한량없는 해탈의 법문을 증득한 것이야 내가 어떻게 알며 그 공덕의 행을 말하겠는가.

마흔여덟 번째, 무승군장자
– 다함없는 형상이라는 해탈을 얻다

출생성의 무승군장자로부터 이름이 다함없는 모양의 법문을 듣고 환지(幻智)의 무진상(無盡相)을 배운다.

착한 남자여, 나는 보살의 해탈을 얻으니, 이름이 다함없는 형상이니라. 나는 이 보살의 해탈을 증득하였으므로 한량없는 부처님을 뵈옵고 무진장(無盡藏)을 얻었노라.

착한 남자여, 나는 다만 이 다함없는 형상 해탈을 알 뿐이니, 저 보살마하살들이 한정 없는 지혜와 걸림 없는 변재를 얻은 것이야 내가 어떻게 알며 그 공덕의 행을 말하겠는가.

마흔아홉 번째, 최적정바라문
– 진실하게 원하는 말(誠願語)이라는 해탈을 얻었노라

출생성 남쪽의 최적정바라문으로부터 환지(幻智)의 성원어(誠願語), 즉 진실하게 원하는 말을 배우게 된다.

착한 남자여, 나는 보살의 해탈을 얻었으니, 이름이 진실하게 원하는 말이라. 과거·현재·미래 보살들이 이 말을 인하여, 내지 아뇩다라삼먁삼보리에 물러가지 않나니 이미 물러간 이도 없고 지금 물러가는 이도 없고, 장차 물러갈 이도 없느니라.

착한 남자여, 나는 진실하게 원하는 말에 머물렀으므로 뜻대로 짓는 일이 만족하지 않는 일이 없느니라.

쉰 번째, 덕생동자와 유덕동녀
- 환술처럼 머무르는(幻住) 해탈을 얻었노라

선재동자는 묘의화문성의 덕생동자와 유덕동녀로부터 환지(幻智)의 귀환문을 배우게 되는데, 여기서는 제한되고 정해진 모든 것에서 벗어나 무한한 세계에 입문할 것을 권유하고 있다.

착한 남자여, 우리는 보살의 해탈을 증득하였으니 이름이 환술처럼 머무름이니라. 이 해탈을 얻었으므로, 모든 세계가 다 환술처럼 머무는 줄도 보나니, 인연으로 생긴 탓이니라. 모든 중생이 다 환술처럼 머무나니, 업과 번뇌로 일어난 탓이니라. 모든 세간이 다 환술처럼 머무는 것이니, 무명과 존재(有)와 욕망(愛) 따위가 서로 인연이 되어 생기는 탓이니라. 모든 법이 다 환술처럼 머무는 것이니, 내란 소견 따위의 갖가지 환술과 같은 인연으로 생기는 탓이니라. 모든 세 세상이 다 환술처럼 머무는 것이니, 내란 소견 따위의 뒤바뀐 지혜로 생기는 탓이니라. 모든 중생의 생기고 없어지고 나고 늙고 병들고 죽고 근심하고 슬퍼하고 괴로운 것이 다 환술처럼 머무는 것이니, 허망한 분별로 생기는 탓이니라.

······ (중략) ······

착한 남자여, 환술 같은 경계의 성품을 헤아릴 수 없느니라.

덕생동자과 유덕동녀의 가르침을 받은 선재동자는 두 스승 앞에 나아가서 엎드려 절하고 이렇게 말하였다.

저는 이제 참다운 선지식(스승)을 만났습니다. 선지식은 온갖 지혜에 나아가는 문(門)이니 진실한 도(道)에 들게 하며, 온갖 지혜에 나아가는 법(法)이니 여래의 지위에 이르게 하며, 온갖 지혜에 나아가는 배니 지혜 보배의 섬에 이르게 하며, 온갖 지혜에 나아가는 횃불이니 십력(十力)의 빛을 내게 하며, 온갖 지혜에 나아가는 길이니 열반(涅槃)의 성에 들어가게 하며, 온갖 지혜에 나아가는 등불이니 평탄하고 험한 길을 보게 하며, 온갖 지혜에 나아가는 다리이니 험난한 곳을 건너게 하는 연고며, 온갖 지혜에 나아가는 양산(陽傘)이니 크게 인자한 그늘을 내게 하며, 온갖 지혜에 나아가는 눈이니 진리(法)의 성품의 문을 보게 하며, 온갖 지혜에 나아가는 조수(潮水)니 가엾이 여기는 물을 만족케 하네.

선재동자, 깨달음의 궁극에 이르다

쉰한 번째, 미륵보살
– 보살이 행해야 할 열 가지 행

선재동자는 남쪽의 해간국 대장엄장원림 속에 있는 미륵보살을 만나게 된다. 미륵보살이 오른쪽 손가락을 허공에 튀기니 삼세인연(三世因緣)과 삼계법문(三界法門)을 터득하여 등각(等覺)의 문에 들어간다. 성숙한 열매가 조금만 건드려도 툭 터지듯, 알찬 내실을 드러내는 것과 같다.

착한 남자여, 그대는 한 가지 착한 일을 닦고, 한 가지 법을 비추어 알고, 한 가지 행을 행하고, 한 가지 원을 세우고, 한 가지 수기를 얻고, 한 가지 지혜에 머무름으로써 끝까지 이르렀다는 생각을 내지 말 것이며, 한정한 마음으로 여섯 바라밀다를 행하여 십지에 머물러서 부처님의 국토를 깨끗이 하거나 선지식을 섬기지 말아야 하느니라.

– 선지식을 생각하라

착한 남자여, 선지식은 어머니와 같으니, 부처의 종자를 내는 연고라. 아버지와 같으니, 광대하게 이익하는 연고라. 유모(乳母)와 같으니 보호하여 나쁜 짓을 짓지 못하게 하는 연고라. 스승과 같으니, 보살의 배울 것을 보여주는 연고라. 좋은 길잡이와 같으니, 바라밀다의 길을 보여주는 연고라. 좋은 의사와 같으니, 번뇌의 병을 치료하는 연고라. 설산과 같으니, 온갖 지혜의 약을 자라게 하는 연고라. 용맹한 장수와 같으니, 모든 두려움을 제거하는 연고라. 강을 건네주는 사람과 같으니, 생사의 빠른 물에서 나오게 하는 연고라. 뱃사공과 같으니, 지혜의 보배섬에 이르게 하는 연고라.

착한 남자여, 항상 이렇게 바른 생각으로 선지식을 생각해야 하느니라.

– 비로자나장엄장 누각에 들어가 살펴보라

미륵보살은 선재동자에게 비로자나장엄장 누각에 들어가 두루 살펴볼 것을 권한다. 여기서 선재동자는 잊어버리지 않는 기억력을 얻고(不忘念知), 시방을 보는 청정한 눈을 얻고, 잘 관찰하는 걸림 없는 지혜를 얻고, 보살들의 자재한 지혜를 얻고, 보살들이 지혜의 자리에 들어간 광대한 이해를 얻었기 때문에, 여러 누각 속에서 이와 같이 한량없고 불가사의하고 자재한 경계와 여러 가지로 장엄된 일들을 볼 수 있었다. 마치 사람이 꿈을 꾸면서 여러 가지 일들을 보는 것과 같았다. 그때 미륵보살마하살이 신통력을 거두고 누각 안으로 들어와 손가락을 튕겨 소리를 내고 선재동자에게 말하였다.

착한 남자여, 일어나라. 법의 바탕이 이와 같으니, 이는 보살의 모든 법을 아는 지혜의 인연이 나타난 현상이다. 이러한 자성(自性)이 환상과 같고 꿈과 같고 그림자 같고 영상 같아서 다 성취하지 못한다. 선재동자는 이때 손가락 튕기는 소리를 듣고 삼매에서 깨어났다. 미륵보살이 다시 선재에게 말하였다.

착한 남자여, 그대가 보살의 불가사의한 자재해탈에 머물러 삼매의 기쁨을 받았으므로, 보살의 신통력을 지니고 도를 돕는 데서 흘러나오는 원과 지혜로 나타난 여러 가지로 눈부시게 장엄한 궁전을 본 것이다. 보살의 행을 보고, 보살의 법을 듣고, 보살의 덕을 알고, 여래의 원을 이룬 것이다.

선재동자는 이렇게 생각하였다. '나는 이제 반드시 보현보살을 뵙고 선근을 더욱 늘릴 것이며, 모든 부처님을 뵙고 보살의 광대한 경계에 대해 궁극적인 이해를 내어 일체지를 얻을 것이다.'

발심한 선재동자의 큰 서원은 이렇게 끊임없이 더 궁극적인 깨달음을 향하여 나가고, 처음의 출발지였던 문수보살에게 다시 되돌아가게 된다. 그러나 선재동자는 이전의 선재동자가 아니고, 무한한 역량을 가진 모습으로 바뀐다. 즉, 부처님이 된 것이다.

쉰두 번째, 문수보살
– 선재동자, 다시 문수보살을 만나다 = 시본불이(始本不二)
선재동자는 문수보살에게서 등각(等覺)의 완성을 보며 시본불이(始本不二)의 도리를 얻는다. 처음 출발할 때 문수보살을 만나 여러 가지 지시를 받고, 남쪽으로 가서 마지막에 이르러 다시 문수보살을 만난 것이 곧 시본불이(始本不二)이다. 시각(始覺)과 본각(本覺)은 둘이 아니다. 시각은 출발이고 본각은 완성이다. 초발심과 부처님은 둘이 아니라는 뜻으로, '초발심시변성정각'이라는 말을 상징으로 보여준 것이다.

네가 만약 믿음(信根)이 굳건하지 않았다면 작은 공덕에 만족하고 큰 행원(行願)을 일으키지 못하였을 것이며, 선지식의 가르침과 보호함도 받지 못하였을 것이며, 여래의 생각하심도 받지 못하였을 것이며, 내지 두루 깨달음을 증득하지 못하였을 것이다.

문수보살은 인도어로 만주시리(manjuṣri)에서 비롯되었다. 예불문에 나오는 대지문수, 대행보현, 대비관세음, 대원지장보살을 네 분의 큰 보살이라 한다. 이 보살들은 부처님의 각기 다른 모습을 표현하므로 곧 부처님을 의미한다. 선재동자가 부처님의 지혜를 상징하는 문수보살과 하나가 되었다는 것은 바로 부처님의 지혜를 터득했다, 완성했다는 말이다.

착하고 착하다. 착한 남자여, 만일 믿음의 뿌리가 없었던들 마음이 용렬하고 후회하여 공덕 닦는 행이 갖추지 못하고 정근에서 퇴타하여 한 착한 뿌리에도 집착하고 조그만 공덕에도 만족하여 교묘하게 행과 원을 일으키지 못하며, 선지식의 거두어주고 보호함도 받지 못하며, 여래의 생각하심도 되지 못했을 것이며, 이러한 법의 성품 이러한 이치·이러한 법문·이러한 수행·이러한 경계를 알지 못하고, 두루 알음과 가지가지 알음과 근원까지 지극함과 분명하게 이해함과 들어감과 해탈함과 분별함과 증득함과 얻는 것을 모두 할 수 없었으리라.

쉰 세 번째, 보현보살
- 보살행의 깊고 넓음을 말하다

마지막 선지식인 보현보살은 선재동자를 부처님 나라에 인도하여 게송으로 선재동자에게 교시해 주신다. 보현보살(samanta-bhadra)의 인도 말 어원은 '현명한, 아주 지혜가 많은'이라는 의미다. 이 보살은 실천의 보살인데 지혜가 없는 실천이란 성립되지 않기 때문이다. 그러므로 '반야바라밀행(지혜행)'이다.

선재동자는 몸과 마음을 가다듬어 일심으로 보현보살을 보려고 분발하여 정진하며 물러서지 않았다. 넓은 눈으로 시방의 부처님과 보살들을 관찰하면서 보이는 것마다 다 보현보살을 뵙는다고 생각하였다. 지혜의 눈으로 도(道)를 보니, 마음의 광대함이 허공과 같았고, 대비(大悲)의 견고함이 금강과 같았으며, 미래가 다하도록 보현보살을 따라다니면서 순간마다 보현행을 수순하여 닦으려 하였고, 지혜를 성취하고 여래의 경지에 들어 보현의 자리에 머물려고 하였다.

착한 남자여, 나는 과거의 말할 수 없이 말할 수 없는 세계의 티끌 수 겁에 보살의 행을 행하며 온갖 지혜를 구하였노라. 낱낱 겁 동안에 보리심을 청정케 하려고 말할 수 없이 말할 수 없는 세계의 티끌 수 부처님을 받들어 섬겼노라. 낱낱 겁 동안에 온갖 지혜와 복덕거리를 모으려고, 말할 수 없이 말할 수 없는 세계의 티끌 수와 같은 널리 보시하는 모임을 마련하고, 모든 세간이 다 듣고 알게 하였으며, 무릇 구하는 것을 다 만족케 하였노라. 낱낱 겁 동안에 온갖 지혜의 법을 구하려고 말할 수 없이 말할 수 없는 세계의 티끌 수 재물로 보시하였노라.

······ (중략) ······

낱낱 겁 동안에 온갖 지혜를 구하려고 말할 수 없이 말할 수 없는 세계의 티끌 수 여래의 계신 데서 공경하고 존중하고 받들어 섬기고 공양하며, 의복·방석·음식·탕약 등 필요한 것을 모두 보시하였고, 그 법 가운데서 출가하여 도를 배우고 불법을 수행하고 바른 교법을 보호하였노라.

– 선재동자가 열 가지 지혜바라밀을 얻다
순간마다 모든 부처님 세계에 두루 하는 지혜바라밀, 순간마다 모든 부처님 처소에 나아가는 지혜바라밀, 순간마다 모든 여래께 공양하는 지혜바라밀, 순간마다 모든 여래의 처소에서 법을 듣고 받아 지니는 지혜바라밀, 순간마다 모든 여래의 법륜을 생각하는 지혜바라밀, 순간마다 모든 부처님의 불가사의한 큰 신통을 아는 지혜바라밀, 순간마다 한마디 법을 말하시는데 오는 세상이 끝나도록 변재가 다하지 않는 지혜바라밀, 순간마다 깊은 반야로 모든 법을 관찰하는 지혜바라밀, 순간마다 모든 법계와 실상 바다에 들어가는 지혜바라밀, 순간마다 모든 중생의 마음을 아는 지혜바라밀, 순간마다 보현보살의 지혜와 행이 모두 앞에 나타나는 지혜바라밀 등이다.

– 이익을 들어 청정신(淸淨身) 보기를 전하다

착한 남자여, 나는 이러한 세계의 티끌 수 방편문으로써 모든 중생들을 아뇩다라삼먁삼보리에서 물러가지 않게 하노라. 착한 남자여, 만일 중생이 나의 청정한 세계를 보고 들은 이는 반드시 이 청정한 세계에 날 것이요, 만일 중생이 나의 청정한 몸을 보고 들은 이는 반드시 나의 청정한 몸 가운데 날 것이니라. 착한 남자여, 그대는 마땅히 나의 청정한 몸을 보아야 하느니라.

– 부처님의 수승한 공덕을 찬탄하다
① 아는 것이 걸림 없는 공덕
② 진여(眞如)의 가장 청정한 공덕

③ 불사(佛事)를 쉬지 않는 청정한 공덕

④ 부처님과 보살들이 국토를 장엄한 공덕

⑤ 미세하게 서로 수용하는 공덕

⑥ 여러 가지를 다 포섭한 공덕

⑦ 수행하여 장애를 다스린 공덕

⑧ 일체 외도(外道)를 항복 받은 공덕

⑨ 세간에 태어나도 세간에 걸리지 않는 공덕

⑩ 정법(正法)을 세운 공덕

⑪ 수기(授記)의 공덕

⑫ 수용신(受用身)과 변화신(變化身)의 공덕

⑬ 지혜로 일체법을 밝게 통달한 공덕

⑭ 가지가지 행을 행하는 공덕

⑮ 걸림 없는 지혜로 중생 교화하는 공덕

⑯ 한량없는 부처님 지혜의 공덕

⑰ 평등한 법신(法身)의 공덕

⑱ 마음을 따라 불토(佛土)를 나타내는 공덕

⑲ 삼신(三身)의 한없는 공덕

⑳ 진여(眞如), 실제(實際), 열반(涅槃)의 공덕

㉑ 공덕 찬탄함을 맺고 믿기를 권하다

찰진심념가수지(刹塵心念可數知)

　　　　　　티끌 수 같은 세계, 생각들 헤아려 알고

대해중수가음진(大海中水可飮盡)

큰 바다의 물을 다 마셔 고갈시키고

허공가량풍가계(虛空可量風可繫)

허공을 측량하고 바람 잡아맬 수 있으나

무능진설불공덕(無能盡說佛功德)

부처님 크신 공덕 말로 다 표현할 수 없다네

보현십원가 : 보현행을 다짐하는 열 가지 노래
– 「보현행원품 (40화엄경)」

　보현십원가는 향가로, 신라인들은 『화엄경』의 내용을 노래로 불렀다. 이 내용은 고려시대 『균여전』에 온전히 실려 있다. 보현보살이 부처님의 수승한 공덕을 찬탄하고 나서 모든 보살과 선재동자에게 말씀하였다.

　착한 남자여, 여래의 공덕은 가령 시방에 계시는 일체 모든 부처님께서 불가설 불가설 불찰극미진수의 겁(수많은 시간) 동안 계속 말씀하시더라도 다 말씀하지 못하시느니라. 만약 이러한 공덕문을 성취하고자 하거든 마땅히 열 가지 넓고 큰 행원을 닦아야 하느니라.

　열 가지라 함은 무엇인가?
① 예경제불가(禮敬諸佛願)

　　　　모든 부처님께 예배하고 공경하는 원
② 칭찬여래가(稱讚如來願) 부처님을 찬탄하는 원

414

행복한 화엄경

③ 광수공양가(廣修供養願) 널리 공양하는 원

④ 참회업장가(懺悔業障願) 업장을 참회하는 원

⑤ 수희공덕가(隨喜功德願) 남이 짓는 공덕을 기뻐하는 원

⑥ 청전법륜가(請轉法輪願) 설법하여 주시기를 청하는 원

⑦ 청불주세가(請佛住世願)

　　　　　부처님께 이 세상에 오래 계시기를 청하는 원

⑧ 상수불학가(常隨佛學願)

　　　　　항상 부처님을 따라 배우겠다는 원

⑨ 항순중생가(恒順衆生願) 항상 중생을 따르겠다는 원

⑩ 보개회향가(普皆廻向願)

　　　　　지은 바 모든 공덕을 널리 회향하는 원

　어떻게 예배하고 공경하고 회향해야 하는지 묻는 선재에게 이와 같이 말씀하고 있다. 이 「보현행원품」의 총결분은 이 10가지 보현행원이 널리 구족하고 원만하게 하기 위한 말씀으로 되어 있다.

　이 십대원(十大願)은 서원(誓願) 가운데 으뜸이라 하여 '원왕(願王)' 으로 일컬어지며, 만약 선남자 선여인이 이 십대서원을 수지독송하면 일체 장애가 없음이 마치 공중의 달이 구름 밖으로 나온 것 같다고 했다. 뿐만 아니라 일체 중생을 다 제도하여 마침내 생사에서 벗어나 아미타불의 극락세계에 왕생하게 되리라고 한다. 보현보살은 노래로 읊고 있다.

원아임욕명종시(願我臨欲命終時) 원하오니 제가 이 목숨 다하려 할 때
진제일체제장애(盡除一切諸障碍) 모든 업장 모든 장애 다 없어져서
면견피불아미타(面見彼佛阿彌陀) 찰나 가운데 아미타불 친견하옵고
즉득왕생안락찰(卽得往生安樂刹) 그 자리서 극락세계 왕생하여지이다

이 원(願)은 화엄교주가 비로자나부처님이시지만 아미타부
처로 출현하실 수도 있는 사상적 배경이 된다고 하겠다. 우리
나라의 화엄십찰이라고 불리는 사찰에서도 비로자나부처님
대신 아미타부처님을 모셔 놓은 곳이 적지 않은 것도 이런 까
닭이다. 영주 부석사에는 부처님이 정면에 계시지 않고 오른
쪽(서쪽)에 모셔져 있다. 흙으로 빚었으며 아미타부처님이지만
화엄사찰이다.
이 「보현행원품」의 맨 마지막 게송 역시 위의 내용과 맥락
을 같이하여 회향할 때 널리 염송되는 게송이다.

아차보현수승행(我此普賢殊勝行) 내가 지은 뛰어난 보현행
무변승복개회향(無邊勝福皆廻向) 끝없는 최상의 복 모두 회향하오니
보원침익제중생(普願沈溺諸衆生) 바라건대 고해에 빠진 모든 중생이
속왕무량광불찰(速往無量光佛刹) 속히 극락세계에 왕생하여지이다

이와 같이 보살은 자기가 쌓은 모든 공덕을 낱낱이 회향하
는 것이다.

『화엄경』의 맨 마지막 품인 「입법계품」을 정리해 보면, 선재동자가 53명의 다양한 선지식에게 귀중한 법문을 들으면서 결국 궁극적인 깨달음의 세계에 이르고 있음을 알 수 있다. 즉, 첫 번째 가락국 덕운비구, 두 번째 해운비구에게서 보안 법문을 듣고, 세 번째 해안국의 선주비구를 만나 인간 생활의 수행법을 배운다. 네 번째 천민 출신인 자재국 미가장자로부터 생귀주 법문을 듣는다.

　이렇게 첫 번째부터 열 번째까지의 10가지는 53수행단계에서 십주법문에 해당한다. 열한 번째부터 스무 번째까지의 10가지는 십행법문에 해당한다. 스물한 번째부터 서른 번째까지의 10가지는 십회향법문에 해당한다. 서른한 번째부터 마흔 번째까지의 10가지는 십지법문에 해당한다. 마흔한 번째부터 쉰 번째까지의 10가지는 환지법문(幻智法門)에 해당한다. 그리고 등각, 묘각에 올라간다. 52번째 문수보살을 만나 시본불이법문, 53번째 보현보살을 만나 부처님의 실천행을 배운다.

　선재동자의 깨달음과 보현보살의 게송을 끝으로 『화엄경』은 대단원의 막을 내린다.

화엄종은 『화엄경』으로 수행하는 스님들과 불자들의 연구에 의해 맺어진 종파이다. 이 Ⅳ부에서는 화엄종(화엄교학)의 세계를 이끌어 온 역대 조사(祖師)들의 철학적·종교적 사상과 법계 연구와의 관련성을 설명하면서 어떻게 화엄교학의 열매를 빚어내고 있는지를 설명하고 있다.

중국 당나라 때 세친보살이 번역한 『십지경론』을 중심으로 보리유지(菩提流支, bodhiruci)에 의해 지론종(地論宗)이 일어난다. 지론종의 법상(法上 495~580년)과 혜원(慧遠 523~592년)은 '법계'에 대한 철학적 탐구를 시작하고, 후에 『화엄경』의 연구에 선구적인 역할을 하여 화엄종의 성립에 커다란 공헌을 했다. 화엄사상은 화엄의 실천자인 초조 두순에서 시작되어 두순의 제자로 법계연기설에 바탕을 두어 일승의 진의를 깨달은 제2조 지엄에 이어진다. 제3조 법장에 이르러 법계연기를 체계화시켜 『오교장(五敎章)』을 짓고 화엄경이 '일승원교(一乘圓敎)'에 속한다는 교판을 세운다. 교판(敎判)이란 '교상판석(敎相判釋)'의 줄인 말로, 부처님 가르침의 중요한 순서를 정해 놓은 것을 뜻한다. 화엄과 선의 융합자로 알려진 제4조 징관은, 진리의 궁극적인 상태로서 진리 그 자체이며 만물을 생성하는 근원이라는 성기(性起)의 관점 에서 법계를 해석한다. 제5조 종밀은 유교를 연구하다가 출가하여 선의 이치를 깨닫고 선교일치 사상을 가르친다.

화엄종 전통 밖의 연구자로는 화엄사상을 중국 고유 사상과 관련시켜 연구한 이통현을 들 수 있다. 그는 거사불교의 선구자로서 징관과 종밀에게 사상적으로 크게 영향을 미친 인물이기도 하다.

IV

화엄으로
빚어낸 열매

1. 화엄종(華嚴宗)과 법계 연구

화엄종은 『화엄경』이 중국에 보급되면서 『화엄경』을 수행하는 스님들과 화엄경을 읽은 불자들이 화엄사상을 연구함으로써 생긴 종파이다. 『화엄경』을 통하여 화엄사상이 심화되고 사상적으로 윤택하게 된다. 『화엄경』을 읽으면서 『화엄경』의 한 품 또는 모든 품을 대상으로 하여 자기 일생의 의지처로 삼는 수행자 혹은 불자들이 생겨났다. 그 불자들이 모인 그룹, 즉 『화엄경』을 믿고 화엄사상과 내용을 실천하는 실천가들이 등장하게 되는데, 그 그룹 가운데 가장 뛰어난 분들이 화엄종이라는 종파를 만들었다.

다시 말해, 화엄종은 당나라 때 『화엄경』을 기본 혹은 소의경전(所依經典)으로 삼거나 『화엄경』을 매일 읽고 생각하고 『화엄경』에 나와 있는 사상을 실천 수행하는 분들을 중심으로 그룹이 형성되고, 스승에서 제자로 계통이 이어지면서 성립된 종파이다.

중국 당나라 때에는 '심(心)'에 대한 서로 다른 이해로 인해 여러 종파가 형성되었다. 세친보살이 저작한 『십지경론(十地經論)』을 보리유지(菩提流支, bodhiruci)가 번역함으로써 지론종(地論宗)이 성립되었다. 그리고 진제(眞諦)삼장이 번역한 『섭대승론(攝大乘論)』을 연구하는 섭론종(攝論宗)이 일어났다. 이어서 인도에서 유학하고 돌아온 현장(玄奘)법사가 호법

(護法)논사의 저작인 『성유식론(成唯識論)』을 번역하면서 법상종(法相宗)이 형성되었다. 후에 지론종은 '법성생일체법(法性生一切法 법성에서 일체법이 생한다)'의 입장을 취한 혜광(惠光)을 중심으로 한 남도파와 아뢰야식에서 일체법이 생한다는 '뢰야 생일체법(黎耶生一切法)'을 주장한 도총의 북도파로 분리되었다. 그 후에 북도파는 섭론종에 흡수되었고, 섭론종은 다시 법상종에 흡수되었다.

한편 지론종 남도파는 혜광을 중심으로 크게 번성하였는데, 문하에 도빙·담준·법상 등이 배출되었다. 법상 문하에 정영사 혜원(523~592년)이 있다. 혜원은 대승불교 개론서인 『대승의장(大乘義章)』을 편찬하였는데, 이 책은 화엄종 교리체계의 기초가 되었다. 중국 수(隋)·당대(唐代)에 장안 근교에 있는 종남산 지상사(至相寺)에 기거했던 지정(智正 559~639)은 혜광→도빙→영유→정연으로 이어지는 지론종 남도파에 속하며 정연의 제자였다.

지정은 화엄종 제2조 지엄의 사상적 스승이다. 그리고 지엄은 12세 때 화엄종의 창시자 두순의 지도를 받게 된다.

화엄종의 '유심설(唯心說)'은 『화엄경』을 중심으로 하면서도 당시 융성하였던 유심사상의 흐름을 염두에 두고 체계화되었다.

즉, 화엄교학의 대성자 법장은 법상종의 '유식설(唯識說)'에서 자료를 가져와, 이를 지론종 남도파의 '법성(法性)'과

『대승기신론(大乘起信論)』의 '진여수연(眞如隨緣)'에 근거하여 공(空)의 원리로 회통시켰다. 이것이 화엄종의 '법계연기설(法界緣起說)'로 이론화되었다. 스승인 지엄의 지도를 받아 법장은 '법계연기설'을 화엄종의 대표적인 교리체계와 수행체계로 발전시켰다.

2. 법계에 대한 철학적 탐구

중국에서 법계에 대한 탐구는 『화엄경』이 번역된 이후 상당한 시간이 흐른 뒤 시작되었다. 특히 보리유지에 의해 세친보살(世親 또는 天親, Vasubandhu)의 저작으로 알려진 『십지경론』이 번역되자 이 책을 중심으로 지론종(地論宗)이 성립되었다. 지론종은 다시 남북으로 양분되었고, 그중 남도파에 속하는 법상과 그의 제자 정영사(靜影寺) 혜원에 이르러 '법계'에 대한 철학적 탐구가 시작되었다.

(1) 법상(法上)

법상(495~580)은 그의 저작인 『십지론의소(十地論義疏)』에서, "법계는 불성의 다른 이름이며, 승의(勝義)이다."라고 해석하였다. 이어서 그는 법계는 '사(事)법계'와 '진실법계'의 두 종류로 구성되어 있는데, 사법계는 성문이 알 수 있는 것을 말하기 때문에 '대(大)'라고 하지 못하며, 오직 진실법계만

이 '대(大)'이며 '승(勝)'이 된다고 하였다. 그리고 모든 부처님은 법계와 합치하여 완전함(圓用)을 얻지만 보살은 완전하지 못하기(分用) 때문에 법계는 부처님의 근본이 되고 사법계와 진실법계 사이에는 단계가 있다고 하였다.

사(事)법계는 보살의 경계이고 완전하지 못하지만, 진실법계는 부처님의 경계이며 완전한 경지라고 하였다.

(2) 정영사 혜원(慧遠)

법상의 제자 정영사 혜원(523~59)은 그의 주요 저서인 『대승의장(大乘義章)』에서 법계를 '이(理)'와 '사(事)'의 관계로 파악하거나 '사(事)법계'라는 용어를 직접적으로 사용하지 않고, '진체적(眞體寂)'을 설명하면서 "진실법계의 항사불법(恒沙佛法)과는 동일한 체성(體性)이 서로 화합해서 성립되었으므로 별도의 자성(自性)은 없다."라고 하였다. 이러한 혜원의 이해는 스승인 법상의 해석을 잘 이해하고 계승한 것으로 보인다.

또 혜원은 "처음에 설한 생공(生空, 人空)·법공(法空)·제일의 공(第一義空)이 곧 공(空)의 모습이며, 아뢰야식공(阿賴耶識空)이라야 곧 진공(眞空)이다. 아뢰야식 가운데 모든 법계가 다 포함되어 있으므로 법계는 모두 진리가 된다. 그러므로 '대(大)'라 이름 한다."라고 말하였다. 즉, 『십지경』에서 설하고 있는 법계를 아뢰야식과 관련시켜 아뢰야식이 공해야 비로소 진공이라고 할 수 있다며, 아뢰야식 가운데 모든 법계가 포함되어 있다고 하였다.

바로 이러한 법계 해석이 후대에 화엄종 제2조로 추앙받은 지엄에게 영향을 주어 결국 '법계연기사상'의 성립 기반이 되었다.

즉, 지론종은 『화엄경』의 연구에 선구적인 역할을 하였으며 화엄종의 성립에 커다란 공헌을 했다.

(3) 화엄의 실천자 -화엄종 초조 두순(杜順)

법계연기의 탐구

화엄종 초조인 두순(557~640)의 휘(諱)는 법순(法順)이고 시호(諡號)는 제심(帝心)이다. 그는 18세에 출가하였는데 신통력과 수행력이 뛰어났으며, 스승인 승진은 산야에서 생활한 청빈한 수행자로 알려져 있다. 두순도 스승과 함께 전국을 다니며 미타염불을 권유하고 정토를 찬탄하며 오회문(五悔文)을 지어 스승의 전통을 전하였다고 한다.

두순은 『속고승전』의 감통(感通) 편에 소개되어 있는 신승(神僧)으로, 평소에 불가사의한 일을 많이 행하였다고 한다. 입적한 뒤 한 달이 지나도록 살빛이 선명하였으며 3년간이나 유해가 마른 채로 흩어지지 않았고, 주변에 널리 향기가 퍼졌다고 한다. 그의 명성은 궁중에까지 알려져서 당시 왕인 당(唐)의 태종으로부터 '제심(帝心)'이라는 호를 받기도 하였다.

두순은 항상 『화엄경』을 지송하고 경에 의해 선관(禪觀)을 닦아 보현행을 체득한 화엄행자로 여겨진다. 제자인 번현지에게도 항상 『화엄경』을 지송하고 『화엄경』의 말씀에 의지하여 보현행을 닦도록 권하였다고 한다. 84세에 인성사에서 입적하였으며, 제자로는 달법사·번현지·지엄 등이 있다. 두순의 저서에는 『법계관문(法界觀門)』과 『화엄오교지관(華嚴五敎止觀)』이 있다. 또 『화엄일승십현문(華嚴一乘十玄門)』은 스승 두순이 강의한 것을 지엄이 받아 적은 것이라고 한다.

두순은 '공(空)' 사상을 실천하여 일즉다(一卽多)의 이치를 추구한 실천가이다. 이 실천관법은 지엄과 징관으로 계승되었으며 화엄종의 근본이 되었다.

(4) 화엄종 제2조 지엄(智儼)

최고 정점의 법계연기설

화엄종 제2조 지엄(602~668)은 12세 때 57세인 두순을 따라 출가한 뒤 두순의 수제자였던 달법사에게 맡겨 키워졌고 14세 때 수계를 받았다. 두순 문하에서 27세에 일승(一乘)의 진의를 깨달았다.

지엄이 평생 의지처로 삼을 경전을 선택하기 위해 대장경 앞에 서서 절을 한 후 서원을 세우고 잡은 것이 『화엄경』이었다고 한다. 그 후 『화엄경』의 탐구가 그의 생활의 중심이 되었다.

지엄은 지상사(至相寺)에 주석했던 지정(559~639)에게서

『화엄경』강의를 들었으며, 혜광의 「화엄경소」를 접하고는 '별교일승 무진연기(別敎一乘 無盡緣起)'의 화엄세계를 이해하였다. 그 후『화엄경』의 주석서인『수현기』를 지었는데, 그 때 지엄의 나이 27세였다.『수현기』는 최초로『60화엄경』을 중심으로 그 경문에 따라서 해석한 것으로, 이로 인해『화엄경』을 체계적으로 이해할 수 있었다. 지엄의 문하에는 의상·법장·혜효 등 수많은 제자들이 배출되었다.

지엄은 인생의 거의 대부분을 자기 수행과 교육에 바쳤다. 그의 저서는 20여 권이 있는데, 법장은 이를 두고 "뜻은 풍부하면서도 문장이 간결하기 때문에 그 정신을 이해하는 자가 적다."고 말하고 있다.

지엄의 저작은 현재 다음과 같은 것이 전해지고 있다.

『수현기(搜玄記)』5권:『60화엄경』의 경문에 따라 해설한 주석서이다.

『공목장(孔目章)』4권:『60화엄경』에 대해 144개의 문(門)을 시설하여, 소승·삼승·일승의 차별을 설하여 일승화엄의 뜻을 나타내 보인 것이다. 이는 지엄의 62세 이후 만년작으로 지엄 사상의 원숙함을 보여준다.

『오십요문답(五十要問答)』2권: 화엄학의 중요한 이치를 53가지 문답 형식으로 설명하였다. 소승·삼승과 일승화엄의 교설을 비교하고 화엄이 구경대승임을 설한 것이다.

『일승십현문(一乘十玄門)』1권: 십현연기문을 설한 것인데,

『화엄경』의 내용을 교리적으로 조직하고 있다. 이 일승십현문은 두순이 설한 것을 지엄이 받아 적은 것이라고 한다.

　　화엄종 제2조 지엄은 그의 저작이며 화엄경 해설서인『수현기』에서『입법계품』의 '입법계(入法界)'와 관련하여 '법(法)'의 의미를 '의소지법(意所知法)·자성(自性)·궤칙(軌則)'의 세 가지로 들고, '계(界)'의 의미에도 '일체법통성(一切法通性)·인(因)·분재(分齊)' 등 세 가지를 들고 있다. 그리고 "법계를 일심의 입장에서 해석한다면 이 염부제가 바로 일심법계와 다르지 않다."라고 했다. 즉, 적극적인 의미로 이곳 염부제가 바로 근본적으로 진실의 세계이자 결국은 진심(眞心)으로 만들어진 세계라고 보고 있다.

　　또 다른 저작인『공목장』에서는 "선법진여(善法眞如)가 법계"라고 하면서 그 이유는 "일체의 성문과 연각과 모든 부처의 묘한 법의 의지가 되는 모습을 하고 있기 때문이다."라고 설명하고 있다. 즉, 진실한 법의 의지처가 된다는 측면에서 '법계즉진여(法界卽眞如)'의 의미로 파악한 듯하다.

　　넓은 의미에서는 팔무위(八無爲)와 고(苦)의 오종색(五種色), 그리고 수(受)·상(想)·행(行)·온(蘊) 등을 통틀어서 모두 다 법계라고 하였다. 법계의 영역이 초기의 논서들보다 더 포괄적인 의미를 지닌 것을 알 수 있다.

　　지엄은 이러한 법계의 개념을 보다 실천적으로 이해함으로써 대승불교의 핵심 교리인 '연기사상'과 결합시켜 '법계연기

행복한 화엄경

(法界緣起)'의 의미를 지론종의 정영사 혜원 등의 영향을 받아 체계적으로 정리하였다.

지엄이 체계화한 '법계연기'는, 근본적으로는 진실 내지는 진리 그 자체에 의지하여 성립된 연기의 존재 방식이라 할 수 있다. 그런 까닭에 이 법계연기는 『화엄경』의 이론과 사상에 입각하여 새롭게 해석된 연기의 모습이며, 진리를 이해하고 관찰하는 방법으로 중국 화엄사상 연구의 새로운 지평을 열어주는 핵심 용어가 되었다.

법계연기의 용어와 내용에 대하여 지엄의 『수현기』 권3하 제6 현전지의 '십이인연관'에서는, 법계연기에는 많은 모습이 있으나 크게 나누면 '범부염법(凡夫染法)'과 '보리정법(菩提淨法)'의 두 가지가 있다고 하였다.

범부염법에서 '범부'는 오염되어 있다는 의미이다. 즉, 범부는 본래 부처의 불성을 가지고 있지만 그 불성이 번뇌, 망상으로 가득 차 있다. 이 염법을 통해서 전개되면 부처가 되겠는가 중생이 되겠는가. 더럽고 오염되어 있는 구슬을 만진 사람이 구슬인지 알겠는가 모르겠는가. 즉 세속에 있는 사람들이 펼쳐가는 연기세계를 말한다.

보리정법에서 '보리'라는 말은 진리, 지혜의 뜻이다. 사람들이 아주 맑고 깨끗한 모습의 여의주를 보고, 또 그 여의주를 통해 펼쳐지는 세계가 깨끗하고 아름답고 뛰어난 것처럼, 바로 이러한 세계가 보리정법인 것이다.

법계연기의 진실한 모습

정법(淨法)은 중생 가운데 깨끗한 성품이 있다는 것을 전제로 하고, 그 깨끗한 성품이 자각되는 과정을 본유(本有)·본유수생(本有修生)·수생(修生)·수생본유(修生本有)의 네 가지 관점에서 논하고 있다. 진리의 깨끗한 입장에서 법계 연기를 설명하고 있는 것이다.

① 본유(本有)

연기의 근본 체(體)가 깨끗하기 때문에 이름을 떠나 법계에 현현하여 삼세에 부동함이다. 『화엄경』「여래성기품」은 "중생의 마음 가운데에 작은 티끌 수와 같은 경전이 있고, 보리의 큰 나무가 있어 뭇 성인이 함께 증득한다."라는 내용을 근거로 하여, 사람이 깨달음을 증득함에는 전후가 같지 않으나 그 보리의 나무는 따로 나뉘지 않으므로 본유(本有)임을 알라 하였다. 또한 이 연생문(緣生門)은 '십이인연'이 곧 '제일의제(第一義諦)'라고 하였다.

② 본유수생(本有修生)

모든 깨끗한 성품(淨品)이 본래는 체성이 다르지 않으나 이제 일체 연(緣)에 맞추어 새로 선(善)을 발하기 때문에 저 모든 연(緣)과 망법(妄法)에까지 의거하여 참된 지혜가 발하여 보현(普賢)에 합한다는 것이다. 성품의 본체는 본래 분별이 없는 것이며 지혜를 닦는 것 역시 분별이 없으므로 지혜는 이치를 따를 뿐 모든 연을 따르지는 않는다. 그러므로 수생은 곧 본유를 따라서 같은 성품에서 발현하는 것임을 알라 하였고, 「성기품」에 이르기를 보리심(菩提心)이 곧 성기(性起)라 하였다.

③ 수생(修生)

믿음 등의 선근이 아직 나타나기에 앞서 이제 올바른 가르침(正敎)을 대하고 연(緣)을 발하기 시작한 상태를 말하므로 신생(新生)이라고도 한다.

④ 수생본유(修生本有)

여래장성(如來藏性)이 번뇌에 덮여 숨겨져 있는 상태이다. 범부는 알지 못하는 미(迷)한 상태에 있기 때문에 그러한 본성을 가지고 있으면서도 여기에 대하여 알지 못하고 있다. 만약 본성을 대하고도 알지 못한다면 여래장성이 있다고 이름 할 수 없는 것이다.

위와 같이 법계연기의 정(淨)의 입장에서 지엄이 설명한 네 가지 구별은 깨달음의 진상을 제대로 파악한 그의 독창적인 사상으로 여겨진다.

사사무애의 궁극적인 모습에서 설명한 '십현문(十玄門)'과 '육상설(六相說)'도 매우 중요하다.

(5) 화엄종 제3조 법장(法藏)

화엄교학을 크게 성립시키다

화엄종 제3조인 법장(643~712)은 속성이 강(康)씨이며 서역 지역의 강거국(康居國) 사람이다. 법장은 일찍이 불승(佛乘)을 깨닫고자 맹세하고 지엄에게 화엄경 강의를 들었으며, 지엄이 입멸한 2년 후인 28세 때 태원사에서 득도하였다. 32세 때 측천무후(則天武后)의 주선으로 열 분의 대덕스님을 청하여 구족계를 받고 '현수(賢首)'라는 호를 받았다.

법장이 『화엄경』을 강설할 때 상서로운 현상이 많이 일어났고, 약 30부 100여 권이 넘는 화엄 관계 저술을 통하여 화엄교학을 크게 융성시켰다. 법장은 『80화엄경』을 번역하는 역경장에 참여했을 뿐만 아니라, 정치적인 활동에도 탁월한 능력을 지녀서 측천무후 및 조정의 관료들로부터 귀의를 받을 정도로 관계가 깊었다. 한마디로 법장은 무주왕조시대(武周王朝時代, 唐代) 고승이었으며 화엄교학의 대성자로 불린다.

법장은 『오교장(五教章)』을 지어 『화엄경』이 '일승원교(一乘圓教)'에 속한다는 교판을 세웠으며, 경 가운데 최고의 경전이라고 평가하였다. 법장의 저작에는 다음과 같은 것이 있다.

『탐현기(探玄記)』 20권: 본격적인 『60화엄경』의 주석서로서 45세에서 53세경에 지은 것으로 추정된다.

『화엄문의강목(華嚴文義綱目)』 1권: 『60화엄경』에 대한 경문과 핵심 내용을 설명한 것이다.

『화엄경지귀(華嚴經旨歸)』: 지귀(旨歸)란 화엄종의 본래의 뜻(宗旨)을 말한 것으로, 『화엄경』의 설처·설시·교주·청법 대중·교화의식 등 10문으로 나누어 간략히 말하고 있다.

『금사자장(金獅子章)』1권: 측천무후에게 장생전 앞에 놓여 있던 금사자(金獅子)의 비유로 화엄 법계연기의 깊은 교의(십현문과 육상문)를 설명하였다.

『오교장(五敎章)』4권: 법장의 저작 가운데 후세에 가장 많이 읽혀진 것 중 하나로, 화엄학 연구의 입문서이자 필독서로 간주되는 책이다. 이것은 오교판(五敎判)에 근거하여 화엄학의 체계를 조직한 입교개종(立敎開宗)의 저서이다. 이는 화엄학 개론서임과 동시에 화엄종의 입장에서 본 불교개론서로 일컬어진다.

이밖에도 『화엄삼보장』2권, 『의해백문』1권, 『유심법계기』1권, 『화엄삼매장』 등의 저술이 있다.

법계연기의 체계화

화엄교학의 대성자인 법장은 법계를 설명할 때 이(理)·사(事)와 인과(因果)·연기(緣起)를 관련시켜서 설명한다.

먼저, 이사(理事)와 관련하여 『탐현기』권18에서는 「입법계품」의 '법'에는 지자상(持自性)·궤칙(軌則)·대의(對意)의 뜻이 있고, '계'에도 인(因)·성(性)·분재(分齊)의 뜻이 있다고 하였다. 여기에서 '인(因)'이라 하는 것은 일체 모든 깨끗한 법(淨法)을 내는 인(因)이기 때문이며, '성(性)'이라 하는 것은 제법의 본성이 되기 때문이며, '분재(分齊)'라 하는 것은 연기하는 모습이 서로 섞이지 않기 때문이라고 하였다.

법장이 제시한 '법(法)'과 '계(界)'의 의미는 기본적으로 스승인 지엄의 의도에 거역하지 않으면서 보다 논리적인 체계를 갖추고 있다. 예를 들면, '법'의 의미는 지엄이 제시한 '의소지법(意所知法)'이라는 용어를 대신하여 '대의(對意)'라고 하였을 뿐 그 의미는 다르지 않다. 그리고 '계'의 세 가지 의미도 다르지 않으나 그 내용을 설명하는 가운데 '인(因)'은 『섭대승론석』권15와 『중변분별론』권상을 인용하여 '정법(淨法)의 인(因)' 또는 '성법(聖法)의 인(因)'이라고 하였다.

'성(性)'의 의미는 『화엄경』「세간정안품」을 인용하여 제법의 의지할 대상인 '법성(法性)'을 의미한다고 하였으며, '분재(分齊)'는 연기하고 있는 제법이 상호간에 어지럽지 않으면서 각자 자신의 분(分)을 지키고 있는 차별상을 의미한다고 하였다. 이러한 점에서 법장이 정리한 법계연기의 체계는 지엄보다 더 논리적인 체계를 갖추고 있다고 하겠다.

법계의 종류

법장은 그의 저서인 『탐현기』권18에서 화엄의 근본 취지를 논하면서 법계를 의미(約義)·유형(約類)·지위(約位) 등 세 가지 관점에서 분류할 수 있다고 하였다. 그리고 다섯 종류의 법계가 있는데, 이를 다시 능입(能入)과 소입(所入)으로 분류하여 설명한다.

① 의미(義)의 관점

소입법계(所入法界)에는 유위법계(有爲法界)·무위법계(無爲法界)·역유위역무위법계(亦有爲亦無爲法界)·비유위비무위법계(非有爲非無爲法界)·무장애법계(無障碍法界)가 있다. 다섯 종류의 '소입법계'는 신라 원효성사(617~686)의 『화엄경소』에 설해진 사법계설을 발전시킨 것으로 보이는데, 이는 신라 표원(表員)의 『화엄경문의요결문답』 권3에 인용되어 있다.

능입법계(能入法界)에는 정신(淨信)·정해(正解)·수행(修行)·증득(證得)·원만(圓滿) 등 다섯 종류가 있다.

소입법계(所入法界)를 다시 분석하면, 첫째 '유위법계'는 본식능지법종자(本識能持法種子)와 삼세제법차별변제(三世諸法差別邊際)로 구분하고, 둘째 '무위법계'는 성정문(性淨門)과 이구문(離垢門)으로 구분한다. 셋째 '역유위역무위법계'도 수상문(隨相門)과 무애문(無碍門)으로 구분하고, 이중 무애문을 '일심법계(一心法界)'라고 하였다. 이 일심법계를 다시 심진여문(心眞如門)과 심생멸문(心生滅門)으로 나누지만, 이 두 문은 모든 법을 다 갈무리한다고 한다. 넷째 '비유위비무위법계'는 형탈문(形奪門)과 무기문(無寄門)으로 구분하고, 다섯째 '무장애법계'는 보섭문(普攝門)과 원융문(圓融門)으로 나눠 설명하였다.

② 유형(類)의 관점

소입법계(所入法界)에는 법법계(法法界)·인법계(人法界)·인법구융법계(人法俱融法界)·인법구민법계(人法俱泯法界)·무장애법계(無障碍法界)가 있고, 능입법계(能入法界)에는 신(身)·지(智)·구(俱)·민(泯)·원(圓)의 5법계가 있다.

③ 지위(位)의 입장

소입법계에는 인법계(因法界)·과법계(果法界)가 있으며, 능입법계에도 점입법계(漸入法界)·돈입법계(頓入法界)가 있다. 그가 수행하는 주체를 강조하는 능입법계(能入法界)와 수행해 도달할 목적지인 소입법계(所入法界)를 함께 설한 이유는, 이론과 실천의 합치를 높일 뿐만 아니라 종교적인 실천을 강조하고자 했기 때문이다.

법장은 정보(正報)·의보(依報)·현상(現相)·표의(表義)·언설(言說)·의리(義理)·업용(業用)·설왕인(說往因)·결자분(結自分)·추승진(推勝進)의 십법계를 설하기도 하였고, 법계를 크게 나누어 '사법계(事法界)'와 '이법계(理法界)'로 분류하고 있다. 이 분류법은 그의 또 다른 저서인 『의해백문』에서도 나타나는데, "만약에 성상(性相)을 두지 않으면 이법계(理法界)요, 사상(事相)에 걸림이 없어 완연하면 사법계(事法界)이다. 이사(理事)가 합해도 무애하여, 둘이면서 둘이 아니고, 둘이 아니면서 둘인 것이 법계이다."라고 설명한다. 그리고 여기에 더하여 인과(因果)와 연기(緣起)를 관련하여 법계를 해석한 경우도 보인다.

참고로 『탐현기』 권1에 의하면, 화엄의 근본 취지인 종취(宗趣)에 대하여 강남(江南)의 인(印) 법사와 민(敏) 법사는 '이인과위종(以因果爲宗)', 수(隋)의 정영사 혜원은 '이화엄삼매위종(以華嚴三昧爲宗)', 대연(大衍·曇衍 503~581) 법사는 '이무의법계위종(以無依法界爲宗)', 수(隋)의 영유(靈裕 518~605) 법사는 '이심심법계심경위종(以甚深法界心境爲宗)', 후위(後魏) 광통(光統 468~537) 율사는 '이인과이실위종(以因果理實爲宗)'을 제시하고 있다. 법장은 '인과연기이실법계위종(因果緣起理實法界爲宗)'이라 하였다.

이들 종취는 법장의 제자인 정법사 혜원(靜法寺慧苑)뿐만 아니라 징관(澄觀)도 받아들여 발전시켰다.

(6) 이통현(李通玄)의 화엄사상과 중국 고유 사상

화엄종 전통 밖의 수행자

이통현(635~730) 장자는 당나라 때 거사불교의 선구자로서 징관과 종밀에게도 적지 않은 사상적 영향을 준 인물이다. 이통현의 전기를 알 수 있는 가장 신뢰할 만한 자료인 『결의논서(決議論序)』에 의하면, 그는 북경, 즉 산서성(山西省) 태원부(太原府) 출신으로 출생년도는 불분명하나 733년에 입적한 것으로 되어 있다.

그는 젊었을 때 노장(老莊)사상을 비롯하여 유학(儒學)·역학(易學)·음양(陰陽) 사상 등 중국의 고유 사상을 중심으로 공부하였으나, 40세 이후에는 불교에 귀의하여 교학 연구, 특히 화엄사상 연구에 몰두한다. 그는 선정의 수행을 통해 터득한 신통력을 지닌 인물로 기록되어 있는데, 이는 당시 그의 생애와 활동이 불가사의하고 신비한 면이 많았던 것에서 연유한다.

중국에는 두 종류의 큰 화엄사상의 흐름이 있는데, 산서성(山西省) 오대산(五台山) 불교문화권을 중심으로 한 오대산계 화엄사상(五台山系華嚴思想)과 당시의 수도였던 장안 근교에 소재한 종남산(終南山)을 중심으로 한 종남산계 화엄사상(終南山系華嚴思想)이 그것이다. 오대산계에 속하는 인물로는 영변(靈弁)·해탈(解脫)·이통현(李通玄)·징관(澄觀)을 들 수 있고, 종남산계에 속하는 대표적인 인물로는 지엄(智儼)·법장(法藏)·혜원(慧苑)·징관(澄觀)을 들 수 있다. 화엄종의 제4조로 추앙받는 청량국사 징관은 위 두 계통을 다 계승하고 있는데, 그는 이 두 계통을 통합한 인물에 속한다.

이통현의 저작으로는 『80화엄경』의 주석서인 『신화엄경론』 40권을 비롯해 『결의론(決疑論)』 4권, 『화엄대의(華嚴大意)』 1권, 『십명론(十明論 12연기에 대한 해설)』 1권 등이 있는데, 모두 그가 만년에 저술한 것으로 알려져 있다.

법계의 해석

이통현의 법계에 대한 이해는 그의 저서인『신화엄경론』권 32에서「입법계품」의 품명을 '지(智)'의 관점에서 해석한 곳에서 확인해 볼 수 있다. 그는 먼저 '입법계(入法界)'를 한 자씩 분석하여 '명신락자 종미창달(明信樂者 從迷創達)'은 '입(入)'의 의미이며, '신심경계 성자무의(身心境界 性自無依)'는 '법(法)'의 의미이며, '일다통철진가 시비장망(一多通徹眞假 是非障亡)'은 '계(界)'의 의미라고 전제한다.

이어서 법계의 의미에 대하여『신화엄경론』권32에서 다음과 같이 설명한다.

순(純)과 지(智)는 모두 중생의 의식의 대상이 법계라 하고, 무명(無明)의 식종(識種)을 통달한 순은 지의 작용이기에 미(迷)에 속하지 않으므로 순수한 지혜(無依智)의 경계이다. 그러므로 시방세계에 두루 하지 않음이 없어 널리 진(眞)과 속(俗)이 모두 불가사의함을 보며, 털구멍(毛孔)과 몸의 때(身塵)와 삼라만상의 끝없는 경계가 불국토(佛刹)에 중중무진하므로 부처(智)와 중생(凡)이 한 몸(同體)이고, 경계와 모습이 서로 교섭(相入)한다. 또 하나의 티끌 속에 널리 수많은 국토를 포함하고도 허공에 두루 하지 않음이 없고, 국토마다 포함되지 않는 곳이 없으면서도 보경(報境)을 파괴하지 않고 중중 무진하여 진리에 통철한다. 하나의 오묘한 음성(一妙音)이 모든 국토에 다 들리고, 한 개의 털(一纖毫)의 수량이 평등하여 방위(方位)가 없고, 대소(大小)의 견해가 없고, 만물과 내가 같은 몸이어서 식(識)이 떨어져 나가고(謝), 정(情)이 없어져서

지(智)에 통하여 걸림이 없는 것이 진리의 세계에 들어감(入法界)이다.

　　이통현 장자가 이해한 법계의 범주는 중생의 사유 영역을 뛰어넘은 '무의지(無依智)'의 세계이며, '무분별지(無分別智)'의 세계라고 하면서도 궁극적으로는 '지(智)'와 '중생(凡)'의 본체는 동일하여 '물아일체(物我一體)'라고 설명한다.

　　그는 『화엄경』 전체를 다섯 종류의 '인과변주(因果遍周)'로 나눈다.

① 성정각인과(成正覺因果)
– 제1품 「세주묘엄품」 ~ 제7품 「비로자나품」
② 신위급진수인과(信位及進修因果)
– 제8품 「여래명호품」 ~ 제26품 「십지품」
③ 정체[인과]변주(定體[因果]遍周)
– 제27품 「십정품」 ~ 제29품 「십인품」
④ 행해[인과]변주(行海[因果]遍周)
– 제30품 「보현행원품」 ~ 제38품 「이세간품」
⑤ 법계부사의 대원명지해[인과]변주
(法界不思議大圓明智海[因果]遍周) – 제39품 「입법계품」

　　이처럼 다섯으로 나눈 '인과변주법계'는 동일한 법계, 동일한 시간(刹那際)이며, 동일한 본체(體)와 작용(用)이며, 일체 제불의 공통의 법이며, 하나의 인과(因果)이므로 두루 원만하여 앞뒤가 없다고 한다. 뿐만 아니라 『화엄경』의 근본 취지는 '일대법계대원명지(一大法界大圓明智)' 인데, 그 이유는 위 다섯 종류의 변주인과가 존재하기 때문이라고 한다.

이통현 장자가 『화엄경』의 경문을 '인과' 의 관점에서 다섯으로 나눈 것(分科)은, 경의 사상만 취한 것이 아니라, 『화엄경』 자체를 성불하기 위한 실천수행의 장으로 파악했다는 사실을 알 수 있다.

성인(聖人)에 대한 견해

이통현 장자는 불교의 성인뿐만 아니라 중국의 성인들도 불교의 성인과 동등한 경지의 성인으로 인정하고 있다. 그 전거로 『신화엄경론』 권6에 의하면, '사성제(四聖諦)' 를 설명하는 내용 가운데 다음과 같은 언급이 있다.

모든 세계의 모든 부처님께서 사성제 법문을 설하시나 다만 각 세계의 중생에 따라서 그 음성(언어)이 다를 뿐이다. 또한 공자ㆍ노자 등 세간의 성인들도 중생을 치료하는 데 모두 이 사성제법으로써 하나, 다만 받아들이는 그릇에 따라 깊고 얕음에 차이가 있을 뿐이다.

부처님께서 중생을 구제하는 핵심 내용도 사성제요, 세간의 성인인 유교의 공자와 도교의 시조인 노자의 가르침까지도 사성제를 벗어나지 않는다고 하였다. 곧, 불교의 성인과 중국 고유 사상에 등장하는 성인을 다 같은 성인으로 동등하게 취급하고 있다.

삼매(三昧)의 정의

이통현은 삼매에 대하여 동권26에서 '삼매(三昧 samādhi: 正定, 正受, 等持)'를 '정정(正定)'이라 설명하고, 이어서 중국 고유 사상을 인용하여 새로운 개념으로 정의하고 있다

자성공삼매(自性空三昧)는 작위(作)에 의하지 않고, 이치(理)에 맡겨 힘들이지 않고 저절로 나타난다. 그러므로 정정(正定)이라 한다. 삼(三)은 정(正)이고, 매(昧)는 정(定)이다. 어째서 삼(三)이 정(正)인가.

무릇 법을 닦음에 세 번 하는 것(三度)으로 정(正)을 삼기 때문이다. 매(昧)는 정식(情識)이 나타나지 않음을 말한다. 바른 지혜가 나타남을 삼(三)이라 한다. 또 삼(三)은 정(正)이니, 왜냐하면 양(陽)이 셋이기 때문에 정(正)이다. 가령 11월에는 양(陽)이 하나 생기고, 12월에는 양(陽)이 둘 생기고, 정월에는 양(陽)이 셋이나 생기므로 정월이라 한다. 인(寅)으로써 목(木)이 되고, 일(日)이 되고, 화(火)가 되는데, 화(火)에서 인(寅)이 나오고, 또 일(日)은 지혜가 된다. 그러므로 12월과 정월(正月)은 간분(艮分)이 되고, 간(艮)은 산(山)이 되고, 지(止)가 되고, 문궐(門闕)이 되고, 소남(小男)이 되고, 동몽(童蒙 어리석음)이 된다. 그러므로 성인들이 이를 취해 법으로 삼은 것이다. 정월에 양(陽)이 이미 셋이나 생겨난다는 것은 간지(艮止)로부터 화(火)가 생겨남을 의미한다. 이는 정(定)에서 지(止)가 되는 것으로서 명백하게 작위가 없는 바른 지혜를 일으키는 것이요, 도(道)에 들어가는 계몽(啓蒙)의 문궐(門闕)임을 밝힌 것

이다. 간(艮)이 동몽(童蒙)인 것은 동몽의 삼(三)은 정(正)이고, 매(昧)는 정(定)인 것이, 오온(五蘊)의 어두움(冥昧)에서 바른 지혜가 바로 나타나는 것과 같다. 일(一)과 지(止)가 바로 '정(正)' 자가 되는 것은 한 마음(一心)이 그치면 그 도(道)가 '정(正)'이 되기 때문이다. 한 곳에 그치면 일마다 가려내지 못함이 없게 된다.

이통현은 먼저 교리에 입각하여 삼매를 '정정(正定)'이라고 정의하고 있다. 그런 다음 다시 중국의 고유 사상인 주역(周易)과 오행설(五行說)을 도입하여 부연 설명한다. 주역이나 음양설에 의하면 홀수는 양(陽)이고 짝수는 음(陰)이며, 1년의 처음 시작을 11월로 보고 이때부터 양이 증가하기 시작한다고 보았다. 이를 괘로 나타내면 11월은 복괘(復卦: ䷗)요, 12월은 임괘(臨卦: ䷒)요, 정월은 태괘(泰卦: ䷊)에 해당한다. 이와 같이

양이 하나씩 증가해서 전체 괘가 양인 때는 4월이고, 이때부터는 다시 음이 하나씩 증가하기 시작해서 음기가 가장 왕성한 때는 10월이 된다.

이통현은 삼매의 삼(三)을 숫자 3으로 보고, 이를 양의 괘가 세 개인 정월의 태괘(泰卦)와 연결시켜 삼(三)과 정(正)을 일치시키고 있다. 또 정월은 12지(支) 가운데 인(寅)에 해당하고, 인은 오행 가운데 목(木)에 해당한다. 목(木)은 동쪽 방향을 나타내고, 일(日 태양)은 동쪽에서 나온다. 일(日)은 오행설에서는 화(火 불)에 해당하고, 화(火)에서 목(木)이 생겨나므로 목(木)과 화(火)는 서로 상생(相生)한다. 이런 관점에서 화(火)가 인(寅=동쪽)에서 나온다고 한 것이다.

오행에서 일(日)은 일반적으로 덕(德)을 상징하며, 수(水)는 지혜를 상징한다. 그런데 이통현은 일(日)이 지혜를 상징한다고 봄으로써 12월과 정월이 간괘(艮卦: ☶)에 해당한다고 보고 있다. 간괘(艮卦)의 주요 특징이 지(止)인 것에 근거해 지(止)를 선정의 '정(定)'이라 하고, 화(火)를 바른 지혜로 보고 지(止)로부터 화(火)가 발생한다고 보고 있다. 즉 선정으로부터 바른 지혜가 생겨남을 고유 사상을 통해 입증해 보인 것이다.

보살에 대한 견해

이통현은 동권36에서 알 수 있듯이, 불보살에 대해서도 고유 사상을 인용하여 설명한다.

또 문수가 동북방에 있는 청량산에 거처한다는 것은 간괘(艮卦)가 동북방을 주재하기 때문이다. 간(艮)은 소남(小男)이 되고 동몽(童蒙)이 되므로, 문수가 늘 범부를 교화해서 계몽시켜 견성시킬 대상일 뿐만 아니라 근본지(根本智)의 첫머리가 되기 때문이다. 또 (문수가) 보현과 함께 동방에 있는 것은 동방이 묘(卯)의 방위이고, 묘(卯)가 진괘(震卦)이기 때문이다. 진(震)은 장남을 나타낸다. …… 그러므로 자(子)의 방위는 부처님 지위가 되고, 축(畜)의 방위는 십신(十信)이 되고, 인(寅)의 방위는 십주(十住)가 되고, 묘(卯)의 방위는 십행(十行)이 되고, 진(辰)의 방위는 십회향(十回向)이 되고, 사(巳)의 방위는 십지(十地)가 되고, 오(午)의 방위는 등각(等覺)이 되고, 미(未)의 방위는 밝음을 감추고서 세속에 들어가 세속과 함께 하면서 미혹한 중생을 교화하는 지위(妙覺)가 된다. 그리고 신(申)·유(酉)·술(戌)·해(亥)의 방위는 교화의 대상이 되기 때문에 이처럼 법을 세운 것이다. 그 이유는 법이 응당히 그러하기 때문이다.

이와 같이 문수의 거주처가 동북방인 것은 간괘(艮卦: ☶)와 관련시키고, 보현이 문수와 함께 동방에 있는 것은 진괘(震卦: ☳)와의 관계 속에서 설명하고, 여기서 더 나아가 불보살의 지위를 12지와의 관계 속에서 설명한다. 일반적으로 자(子)부터 사(巳)까지는 양(陽)의 기운이 하나씩 증가한다고 보는 데 비해, 이통현은 인(寅)부터 오(午)까지를 양(陽)의 위치에 속한 것으로 보고, 미(未)부터 축(丑)까지를 음(陰)의 위치에 속한다고 본다. 이에 따르면 오(午)가 양(陽)의 끝이 되고, 미(未)가음(陰)의 끝이 되는 것이다.

이러한 설정은 12지와 열두 달을 대응시킨 것으로 보이지만, 양(陽)의 기운을 부처님의 깨달음에 비유한 것으로 이해할 수도 있다. 다시 말해 양(陽)의 끝인 오(午)는 등각(等覺)이므로 최고의 깨달음의 상태라고 할 수 있기 때문이다.

이처럼 이통현은 자비와 지혜를 상징하는 두 보살이 세속을 이롭게 할 수 있다는 것을 주역과 오행설과 12지 등 고유사상과의 관련 속에서 파악하고 있다.

실천 불교로서의 중요성 인식

이통현 장자의 화엄경 해석의 특징에 대하여 중국 고유 사상인 노장(老莊)사상이나 주역(周易) · 음양(陰陽)사상과의 관련 속에서 법계와 삼매 그리고 성인(聖人)과 보살(菩薩)에 대한 이해 등 몇 가지만 택하여 간략히 살펴보았다.

그는 십이인연(十二因緣)에 대한 견해와 화엄의 중심 사상인 육상(六相)과 십현(十玄), 지(智)의 성격, 심지어 실천법인 명상(瞑想), 불광관(佛光觀)과 삼성원융(三聖圓融) 등에 대한 견해까지도 중국 고유 사상과의 관련 속에서 해석하고 있다. 이것이 그의 화엄사상 전반에 흐르는 큰 특징이다.

그가 화엄경을 중국 고유 사상과 관련시켜 해석한 이유는 어디에 있을까. 대부분의 경우 사상(思想)의 형성 및 전개는 그 사상이 전개되는 당시의 사회적 · 시대적 조건들과 무관할 수가 없다. 그러한 시대적 · 사회적 조건들과의 상호관계 속에서 자신의 모습을 선택하고 형성해 나간다.

당나라 중기 이후의 정치적·사회적 변화는 당시 중국 불교의 성격과 전개되어가는 방향에 적지 않은 영향을 주었다. 그러므로 '궁중 불교'라고 불릴 만큼 정치권과 밀착되어 있던 이념 중시의 불교에서 탈피하여, 현실 속에서 민중 중심의 실천 불교로 전향되어가는 과정 속에서 그의 사상의 형성 과정을 바라보아야 할 것이다.

이는 당시 불교 내외적으로 통합·융화의 움직임이 크게 일어난 점으로 알 수 있다. 이에 부합하여 새롭게 대두된 불교가 지방에서부터 성행하기 시작한 선종(禪宗)과 민중들의 관심을 크게 불러일으킨 정토종(淨土宗)이다. 이는 화엄종과 법상종·천태종을 포함한 기존의 종파(宗派) 중심의 불교가 더 이상 민중의 기대에 부합되지 못하였고, 변화하는 시대에 대처할 능력도 부족하였기 때문에 일어난 당연한 귀결이라 하겠다.

그런 점에서 현실 세계(俗)와 진실 세계(眞)를 철저하게 실천적으로 파악하고자 한 이통현은 마땅히 화엄경 해석을 중국 고유 사상과의 접점에서 찾았다고 하겠다. 시대의 흐름과 민중들의 요구를 동시에 받아들인 그의 선구적인 혜안은 후에 화엄종의 징관과 종밀의 사상 형성에 적지 않은 영향을 주었다.

(7) 화엄종 제4조 징관(澄觀)

화엄과 선(禪)의 융합자

화엄종의 제4조이자 완성자인 청량국사 징관(738~839)은 천태종의 담연에게서 천태교학을 배우고, 우두종(牛頭宗)의 혜충에게 선을 배웠으며, 다양한 스승으로부터 경장·논장·율장을 공부하고, 법선(法銑)에게서 화엄을 수학하였다. 법선과 징관의 관계에 대하여 『묘각탑기』에는 다음과 같이 기록되어 있다.

오직 대화엄경은 동경의 법선화상에 의지하여 깊고 심오한 뜻을 배웠다. 상근기라서 바로 깨달았을 뿐만 아니라 다시 널리 강의도 하였다. 스승인 법선대사는 '법계는 전적으로 너에게 있다.'라고 인가하였다.

화엄종의 흐름은 법장에서 혜원→법선→징관으로 이어졌는데, 법장의 직제자인 정법사(靜法寺) 혜원(慧苑)은 화엄종의 제4조가 되지 못하였다. 『80화엄경』의 주석서인 법장의 『화엄경약소(略疏)』를 계승하여 『간정기』를 찬술하였지만, 법장의 본래 의도를 잃어버렸다고 징관이 『화엄경소』와 『연의초』를 통해 신랄하게 비판했기 때문이다. 그리하여 법장의 본래 의도를 회복하였다는 의미에서 송대(宋代)에 화엄학자들이 혜원을 제외시키고 징관을 화엄종 제4조로 추앙하였다. 징관이 법장의 오교(五敎)와 십종(十宗)을 그대로 계승한 점과 법장의 법계연기 사상을 그대로 이어받은 공덕에 있다고 하겠다.

게다가 징관은 중생 구제의 이타행을 중시하는 오대산(五台山) 계통의 화엄사상의 대표자인 이통현 거사의 화엄사상도 중시하였으므로, 화엄교학의 전통과 실천 중시의 화엄사상을 잘 조화시켜 자신의 화엄교학을 완성시킨 것이다. 뒤에 선종(禪宗)에서는 징관의 이론을 도입하여 화엄을 기반으로 선(禪) 사상을 형성 발전시켜 나갔다.

징관의 학계를 도표로 나타내면 다음과 같다.

■ **화엄종 전통설**(당시의 수도권인 장안을 중심으로 한 종남단계 화엄종 계보)

두순 → 지엄 → 법장 ⋯⋯⋯⋯⋯⋯ 징관(澄觀) → 종밀(宗密)

혜원 ⋯⋯⋯⋯⋯⋯→ 법선

■ **오대산**(五台山)**계통설**(실천 중시의 오대산계 화엄계보)

영변 → 해탈 → 이통현

이밖에도 『대승기신론』을 지은 마명(馬鳴)보살과 『십지경』을 주석하고 『십주비바사론』을 저작한 용수(龍樹)보살을 모셔서 화엄 칠조설(七祖說)을 세우기도 한다.

징관의 저작은 대략 46종인데, 그 가운데 대표적인 저작은 다음과 같다.

『화엄경소(華嚴經疏)』 60권: 『80화엄경』의 경문에 따른 주석서.

『수소연의초(隨疏演義鈔)』(연의초 演義鈔) 90권: 왕복소(往復疏)라고도 함. 『화엄경소』를 문구에 따라 자세하게 해설한 것.

『행원품소(行願品疏)』1권: 『40화엄경』의 주석서.

『법계현경(法界玄鏡)』1권: 두순이 지은 법계관문(法界觀門)의 내용을 해설한 책.

일진무애법계(一眞無碍法界)

청량국사 징관은 새롭게 사(事)·이(理)·이사무애(理事無碍)·사사무애(事事無碍)의 사법계(四法界)의 체계를 세웠다. 이 사법계설은 화엄종의 초조인 두순의 저작이라고 알려진 『법계관문』의 실천사상과 상응되는 점에서 화엄교학을 대표하는 법계설이 되었다. 그가 설한 '법계'는 '진여'의 의미를 포함하여 '세계'의 의미와 거의 일치하고 있다.

징관의 전기에 의하면 스승인 법선(法銑 718~778)으로부터 화엄을 배울 때 "법계는 전적으로 너에게 있다."라고 인가받은 것과 자신의 다짐을 적은 열 가지 가운데 "일생 동안 법계의 경전을 등지지 않겠다."라는 구절이 있다.

징관은 그의 저서인 『화엄경소』 권54에서 『화엄경』「입법계품」의 품명(品名) 가운데에서 '법(法)'과 '계(界)'에 대하여 "법계(法界)란 깨달음의 세계에 들어갈 대상(法)이며 이(理)와 사(事) 등의 구별이 있다. 그러나 '법(法)'은 지(持)와 궤(軌)의 뜻을 포함하고 있으며 '계(界)'에도 많은 뜻이 있다."라고 설명한다. 그는 법계에는 지의(持義)·족의(族義)·분재의(分齊義)가 있고, '지(持)'에는 지자체상(持自體相)·지제법차별(持諸法差別)·지자종류불상잡란(持自種類不相雜亂)의 뜻이 있으며, '족(族)'은 종족의 뜻으로 십팔계설(十八界說)을 말하며, '분재(分齊)'는 '연기하고 있는 사법(事法)은 서로 섞이지 않는다'는 뜻이라고 하였다.

징관은 「입법계품」의 근본 취지를 밝히면서, 법계란 '의미(義)' 입장에서 소입법계(所入法界)를 '일진무장애법계(一眞無障礙法界)'라고 한다. 일진무장애법계는 성(性)·상(相)의 입장에서 보면 이(理)와 사(事)를 떠나지 않지만, 의미 내용의 입장에는 유위법계(有爲法界)·무위법계(無爲法界)·구시(俱是: 有爲亦無爲法界)·구비(俱非: 非有爲非無爲法界)·무장애법계(無障礙法界)의 오법계(五法界)가 있다고 했다. 여기에서 징관이 '의미(義)'의 입장에서 바라본 소입법계를 '일진무장애법계'라 한 것은, 법장이 다섯으로 나눠 설명한 것과 비교하면 스승을 뛰어넘은 탁견이라 하겠다.

법계의 궁극적인 의미

징관의 법계 해석의 가장 큰 특징은, 법계를 '진리의 궁극적인 상태로서 진리 그 자체이며 만물을 생성하는 근원'이라고 하는 성기(性起)의 관점에서 해석하고 있는 점이다. 『화엄경소』권1 서두의 '법계구(法界句)'에서는 이렇게 설명한다.

왕(往)과 복(復)이 끝이 없으나 동(動)과 정(靜)이 하나의 근원이며, 수많은 묘한 작용을 포함하고 있으면서도 여유가 있고, 언어와 사고를 초월하여 이보다 훨씬 더 벗어난 것은 오직 '법계(法界)' 뿐이라 하겠네.

징관은 스스로 중국 고유 사상인 『주역』과 『논어』 그리고 『노자』와 『장자』를 들어 설명하고 있다.

또한 『보현행원품소』의 첫머리에서는 "크고도 크도다. 진리의 세계(眞界)여! 만법은 여기에서 시작한다. 공(空)과 유(有)를 다 포함하고 있으면서도 모양이 없고, 언어 속에 들어 있으면서도 자취가 없구나. 묘유(妙有)는 그것(眞界)을 얻지만 단지 유(有)만이 아니며, 진공(眞空)도 그것을 얻지만 단지 공(空)하지만은 않구나. 생멸(生滅) 속에서 그것을 얻기 때문에 진상(眞常)이고, 연기(緣起) 속에서 그것을 얻기 때문에 서로 비추어 내는구나."라고 설파한다.

법계(法界)란 진리의 궁극적인 상태이고 만물의 근원이지만, 유(有)와 무(無)의 대립적인 관계를 초월하고 있다고 한다. 그렇기 때문에 생멸 속에 진상(眞常)이 있고, 연기하는 가운데 서로 비추어 낸다고 표현한 것이다.

징관은 『연의초』 권1에서 '법계'를 가장 중시하여 제일 먼저 내세운 까닭에 대하여 자문자답하고 있다.

법계는 『화엄경』에서 근본으로 삼는 까닭이며, 또 모든 경전에 통하는 본체이기 때문이며, 모든 진리가 공통으로 의지하는 곳이기 때문이며, 모든 중생의 미오(迷悟)의 근원이기 때문이며, 일체제불이 깨달은 곳이기 때문이며, 모든 보살행이 이곳으로부터 나오기 때문이며, 부처님께서 처음 성불하여 돈교를 설한 까닭이며, 여타 경전에서 점교를 설한 것과는 다르기 때문이다.

여기에서 주목해야 할 것은, '법계'를 모든 부처와 중생의 근본이라고 보는 점과 보살행이 발생하는 근본이라고 파악하고 있는 점이다. 이것은 화엄의 전통설에는 보이지 않는 징관의 독자적인 법계 이해로 여겨지며, 그의 실천적인 화엄사상이 잘 나타나 있다. 더불어 '청정한 법계는 깊고 깊어서 능히 항하사와 같은 큰 덕을 포함하고 있다'라고 하듯이, 징관에 의해서 파악된 법계는 전혀 오염되지 않은 청정한 법계이며, 깊고 오묘한 뜻을 지니고 있으면서도 만덕을 포함하고 있는 세계이다.

이 법계의 깊은 이치에 대해서는 당시 왕이었던 헌종(재위 805~821)도 지대한 관심을 가지고 있었다. 『불조통기』권42의 기록을 보면, "화엄법계란 무엇인가?" 묻는 헌종(憲宗)의 질문에 대하여 징관은 "법계란 중생의 체성이다. 부처님께서는 법계의 본성에 맞추어 『화엄경』을 설하셨다. 법계는 이(理)와 사(事)가 융합해 있어 어디에나 널려 있다."고 답변하였다. 이 설명을 들은 헌종은 즉석에서 법계의 의미를 깨달았다고 한다.

징관은 법계를 『화엄경』의 '현종(玄宗)', 즉 근본이라고 파악하고, 그 이유로 '연기법계부사의(緣起法界不思議)'를 종(宗)으로 삼기 때문이라고 하였다. 『연의초』권1에서도 '모두 법계를 논하여 불법의 근본을 삼은 까닭이다.'라고 하였다. 여기에서도 법계를 불법의 대종(大宗)이라고 한 것이다. 즉 '법계'란 『화엄경』의 근원이며, 넓은 의미에서 불법의 큰 근본이 된다고 보는 것이다.

징관은 법계(法界)의 종류를 넷으로 분류하는데, 사법계·이법계·이사무애법계·사사무애법계가 그것이다. 이러한 분류는 두순의 『법계관문』의 삼관(三觀)과 법장의 오법계(五法界) 내용을 다시 독자적으로 체계화시킨 것이라 하겠다. 징관은 "이(理)는 항상 사(事)와 융합해 있어 불가분리의 관계에 있다."고 설명한다. 그러므로 이사무애의 '무애(無碍)'는 시간적으로 전후가 없이 동시에 존재하는 관계로서 서로 아무런 방해가 되지 않고 융화한다는 뜻이 성립된다.

사(事)와 이(理)의 관계가 무애(無碍)인 이유는 "사리(事理)란 표현할 수 있는 소전(所詮)의 진리를 총칭하기 때문이며, 모든 장소에 이사무애(理事無碍)가 설해져 있기 때문이며, 사법계를 성립시키기 때문이다."라고 설명한다. 이것이 사사무애(事事無碍)의 올바른 이해이다.

(8) 화엄종 제5조 종밀(宗密)

선교일치(禪敎一致)

화엄종 제5조 종밀(780~841)은 유교 집안에서 출생하여 유학을 연구하다가 후에 남종선의 도원에게 출가하고 선의 이치를 깨달았다. 처음에는 낙양(洛陽)에 가서 조사들의 탑을 참배하고, 영묘사(永妙寺)에 지팡이를 내려놓고 재차 『원각경』을 강의하였으며, 그 후 징관(澄觀)에게 편지를 보내어 허락을 받고 서울(帝都)로 올라가 제자가 되었다. 이때 종밀은 32세였고 징관은 74세였지만, 이후 2년간 주야로 시봉하였다고 한다. 이렇게 하여 종밀의 사상이 드디어 숙성되었고, 원화(元和) 11년(816)부터 불교학자로서 독자적인 길을 걸어가기 시작했다.

종밀은 당의 태화(太和) 2년(828) 경성절(慶成節)에 문종(文宗)황제의 초청을 받아서 대궐에 들어가 대사(大師)라는 호칭을 받았고, 이후 2~3년 정도 대궐 내에 머문 후 다시 초당사(草堂寺)로 돌아갔다. 이를 전후로 하여 『중화 전심지선문 사자승습도(中華傳心地禪門 師資承襲圖)』를 저술하였다. 배휴(裵休)와 소면(蕭俛) 등 명사들과 친하게 교류하였다. 회창(會昌) 원년(841) 정월에 흥복원(興福院)에서 입적하였는데, 스승인 징관이 입적한 지 불과 2년 뒤의 일이었다.

한편 종밀의 사후 당말(唐末)에 이르러, 불교 내부에서 일어난 변화의 추세는 회창폐불(會昌廢佛 841~845)이라는 외부적 압력에 의해 한층 더 가속되었다. 종밀의 사후 곧바로 일어난 4대 법난 중 하나인 회창폐불은, 불교 내적으로는 당대에 장원(莊園)의 발전 위에 안주하여 재정적으로 부유해지면서 이미 종교적 주체성을 상실한 결과라 하겠다.

법계에 대해서 철학적으로 사유하고 법계를 수행해서 깨달음에 이른 종밀의 저서는 여럿 있으나 그 가운데 대표적인 것만 설명하면 다음과 같다.

① 『선원제전집도서(禪源諸詮集都序)』

선종(禪宗) 관계의 자료를 정리하여 『선원제전집(禪源諸詮集)』 100권을 저술하였다고 알려져 있으나 전해지지는 않는다. 도서(都序)는 이 책의 서문에 해당한다. 이 책은 일체 중생의 근원을 본각진성(本覺眞性) 또는 불성(佛性), 심지(心地)라 하여 이 내용을 중심으로 다루고 있다.

본각진성을 이론적으로 전개하는 것이 교의(敎義)이고, 이 본각진심(本覺眞心)을 수행해서 깨닫는 것이 선(禪)이며, 본각진심은 선의 근원이기에 '선의 근원'이라 하였으며, '교선일치론(敎禪一致論)'을 주장하고 있다.

② 『화엄원인론(華嚴原人論)』

인간 존재의 본성(本性), 근원(根源)을 탐구한 짧은 논문이다.

불교 · 유교 · 도교를 구분하고, 불교를 인천교(人天敎) · 소승교(小乘敎) · 대승법상교(大乘法相敎) · 대승파상교(大乘破相敎) · 일승현성교(一乘顯性敎)로 나눈다. 인간 존재의 근본으로서 유교와 도교는 허무의 대도(大道), 인천교는 업(業), 소승교는 인연력(因緣力), 대승법상교(大乘法相敎)는 아뢰야식, 대승파상교(大乘破相敎)는 공(空), 일승현성교(一乘顯性敎)는 진심(眞心)을 말하고 있다고 주장한다.

이 가운데 일승현성교의 진심은 불성 또는 여래장(如來藏)

이며, 인간 존재의 참된 근본이라고 주장한다. 여기에는 인간 존재의 근본에 의해서 모든 교를 통일하려는 종밀의 의도가 분명히 나타나 있으며, 동시에 불도이교(佛道二敎)에 대한 입장, 교선일치론(敎禪一致論)을 주장하는 계기가 된다.

③『보현행원품소초(普賢行願品疏鈔)』
　『주법계관문(注法界觀門)』

『40화엄경』의 주석서인『보현행원품소초』와 두순의 저작으로 알려진『법계관문』의 주석서인『주법계관문』이 있다. 이 가운데『보현행원품소초』에서는 법계에 대하여, "법계를 설하여 불법의 큰 근본(宗)으로 삼는다."라고 하며, "진리의 세계(眞界)는 곧 진여법계"라고 말한다. 법계의 종류는 비록 많지만, 그것을 통괄적으로 나타내면 단지 일진법계(一眞法界)일 뿐이라는 것이다. 즉, 진계(眞界)는 모든 부처와 중생의 근원인 청정한 마음이라는 의미이다.

이어서 종밀은 '진리의 세계(眞界)'란 진여법계(眞如法界), 즉 일진법계(一眞法界)이며, 이는 곧 모든 부처와 중생이 다 함께 가지고 있는 본래 청정한 '본원청정심(本源淸淨心)'이라고 해석하고 있다. 징관에 의해 확정된 '법계즉일심(法界卽一心)'이 그의 제자인 종밀에 의해 그대로 계승 발전된 것을 알 수 있다.

이는 다시 종밀에 의해 선(禪)사상과 결합하여 선종(禪宗)에서 더욱 강조되었으며, 여기에서는 근원성으로서의 '본원청정심' 쪽에 중점을 두게 되었다.

화엄경 유심게 (華嚴經 唯心偈)

약인욕요지 　　삼세일체불
若人欲了知 　　三世一切佛
응관법계성 　　일체유심조
應觀法界性 　　一切唯心造

화엄일승법계도(華嚴一乘法界圖)

法性圓融無二相　諸法不動本來寂
無名無相絶一切　證智所知非餘境
真性甚深極微妙　不守自性隨緣成
一中一切多中一　一即一切多即一
一微塵中含十方　一切塵中亦如是
無量遠劫即一念　一念即是無量劫
九世十世互相即　仍不雜亂隔別成
初發心時便正覺　生死涅槃常共和
理事冥然無分別　十佛普賢大人境
能入海印三昧中　繁出如意不思議
雨寶益生滿虛空　衆生隨器得利益
是故行者還本際　叵息妄想必不得
無緣善巧捉如意　歸家隨分得資糧
以陀羅尼無盡寶　莊嚴法界實寶殿
窮坐實際中道床　舊來不動名爲佛

화엄경 약찬게(華嚴經 略纂偈)

대방광불화엄경　용수보살약찬게　나무화장세계해
大方廣佛華嚴經　龍樹菩薩略纂偈　南無華藏世界海

비로자나진법신　현재설법노사나　석가모니제여래
毘盧遮那眞法身　現在說法盧舍那　釋迦牟尼諸如來

과거현재미래세　시방일체제대성　근본화엄전법륜
過去現在未來世　十方一切諸大聖　根本華嚴轉法輪

해인삼매세력고　보현보살제대중　집금강신신중신
海印三昧勢力故　普賢菩薩諸大衆　執金剛神身衆神

족행신중도량신　주성신중주지신　주산신중주림신
足行神衆道場神　主城神衆主地神　主山神衆主林神

주약신중주가신　주하신중주해신　주수신중주화신
主藥神衆主稼神　主河神衆主海神　主水神衆主火神

주풍신중주공신　주방신중주야신　주주신중아수라
主風神衆主空神　主方神衆主夜神　主畫神衆阿修羅

가루라왕긴나라　마후라가야차왕　제대용왕구반다
迦樓羅王緊那羅　摩睺羅伽夜叉王　諸大龍王鳩槃茶

건달바왕월천자　　일천자중도리천　　야마천왕도솔천
乾撻婆王月天子　　日天子衆忉利天　　夜摩天王兜率天

화락천왕타화천　　대범천왕광음천　　변정천왕광과천
化樂天王他化天　　大梵天王光音天　　遍淨天王廣果天

대자재왕불가설　　보현문수대보살　　법혜공덕금강당
大自在王不可說　　普賢文殊大菩薩　　法慧功德金剛幢

금강장급금강혜　　광염당급수미당　　대덕성문사리자
金剛藏及金剛慧　　光焰幢及須彌幢　　大德聲聞舍利子

급여비구해각등　　우바새장우바이　　선재동자동남녀
及與比丘海覺等　　優婆塞長優婆夷　　善財童子童男女

기수무량불가설　　선재동자선지식　　문수사리최제일
其數無量不可說　　善財童子善知識　　文殊舍利最第一

덕운해운선주승　　미가해탈여해당　　휴사비목구사선
德雲海雲善住僧　　彌伽解脫與海幢　　休舍毘目瞿沙仙

승열바라자행녀　　선견자재주동자　　구족우바명지사
勝熱婆羅慈行女　　善見自在主童子　　具足優婆明智士

법보계장여보안　　무염족왕대광왕　　부동우바변행외
法寶髻長與普眼　　無厭足王大光王　　不動優婆遍行外

우바라화장자인　　바시라선무상승　　사자빈신바수밀
優婆羅華長者人　　婆施羅船無上勝　　獅子嚬伸婆須密

비슬지라거사인 관자재존여정취 대천안주주지신
毘瑟祇羅居士人 觀自在尊與正趣 大天安住主地神

바산바연주야신 보덕정광주야신 희목관찰중생신
婆珊婆演主夜神 普德淨光主夜神 喜目觀察衆生神

보구중생묘덕신 적정음해주야신 수호일체주야신
普救衆生妙德神 寂靜音海主夜神 守護一切主夜神

개부수화주야신 대원정진력구호 묘덕원만구바녀
開敷樹華主夜神 大願精進力救護 妙德圓滿瞿婆女

마야부인천주광 변우동자중예각 현승견고해탈장
摩耶夫人天主光 遍友童子衆藝覺 賢勝堅固解脫長

묘월장자무승군 최적정바라문자 덕생동자유덕녀
妙月長者無勝軍 最寂靜婆羅門者 德生童子有德女

미륵보살문수등 보현보살미진중 어차법회운집래
彌勒菩薩文殊等 普賢菩薩微塵衆 於此法會雲集來

상수비로자나불 어연화장세계해 조화장엄대법륜
常隨毘盧遮那佛 於蓮華藏世界海 造化莊嚴大法輪

시방허공제세계 역부여시상설법 육육육사급여삼
十方虛空諸世界 亦復如是常說法 六六六四及與三

일십일일역부일 세주묘엄여래상 보현삼매세계성
一十一一亦復一 世主妙嚴如來相 普賢三昧世界成

화장세계노사나　여래명호사성제　광명각품문명품
華藏世界盧舍那　如來名號四聖諦　光明覺品問明品

정행현수수미정　수미정상게찬품　보살십주범행품
淨行賢首須彌頂　須彌頂上偈讚品　菩薩十住梵行品

발심공덕명법품　불승야마천궁품　야마천궁게찬품
發心功德明法品　佛昇夜摩天宮品　夜摩天宮偈讚品

십행품여무진장　불승도솔천궁품　도솔천궁게찬품
十行品與無盡藏　佛昇兜率天宮品　兜率天宮偈讚品

십회향급십지품　십정십통십인품　아승지품여수량
十回向及十地品　十定十通十忍品　阿僧祇品與壽量

보살주처불부사　여래십신상해품　여래수호공덕품
菩薩住處佛不思　如來十身相海品　如來隨好功德品

보현행급여래출　이세간품입법계　시위십만게송경
普賢行及如來出　離世間品入法界　是爲十萬偈頌經

삼십구품원만교　풍송차경신수지　초발심시변정각
三十九品圓滿敎　諷誦此經信受持　初發心時便正覺

안좌여시국토해　시명비로자나불
安坐如是國土海　是名毘盧遮那佛

의상조사 법성게(義湘祖師 法性偈)

법성원융무이상
法性圓融無二相
법성은 원융하여 차별이 없는 자리

제법부동본래적
諸法不動本來寂
모든 법 본래부터 여여한 그 자리

무명무상절일체
無名無相絶一切
이름과 형상으로 어떻게 표현하리

증지소지비여경
證智所知非餘境
거룩한 부처님 세계를

진성심심극미묘
眞性甚深極微妙
진성은 깊고 깊어 오묘한 세계

불수자성수연성
不守自性隨緣成
정해진 바 없이 인연 따라 이루어지네

일중일체다중일
一中一切多中一
하나 속에 모두 있고 전체 속에 하나 있어

일즉일체다즉일
一卽一切多卽一
하나가 모두이고 전체가 하나라네

일미진중함시방
一微塵中含十方
한 티끌 속에 대우주 잉태하고

일체진중역여시
一切塵中亦如是
티끌마다 낱낱이 대우주 머금어

무량원겁즉일념　　　아득한 긴 세월 한 생각 찰나이고
無量遠劫卽一念

일념즉시무량겁　　　찰나인 한 생각이 아득한 세월이니
一念卽是無量劫

구세십세호상즉　　　구세 십세 섞이어 하나가 되고
九世十世互相卽

잉불잡란격별성　　　얽힌 듯 산란한 듯 뚜렷한 만상이네
仍不雜亂隔別成

초발심시변정각　　　초발심 그 순간이 부처님 되는 자리
初發心時便正覺

생사열반상공화　　　생사와 열반 본래부터 한 바탕
生死涅槃常共和

이사명연무분별　　　본체와 현상계도 또한 한 바탕
理事冥然無分別

십불보현대인경　　　깨달은 성인의 경계로세
十佛普賢大人境

능인해인삼매중　　　부처님 거룩한 법 갈무린 해인삼매
能仁海印三昧中

번출여의부사의　　　부사의 여의주를 그에서 뽑아내어
繁出如意不思議

우보익생만허공
雨寶益生滿虛空
뭇 중생 이롭게 법계에 충만하네

중생수기득이익
衆生隨器得利益
각자의 그릇 따라 이익을 얻는다네

시고행자환본제
是故行者還本際
수행자 이 도리를 깨닫고자 한다면

파식망상필부득
叵息妄想必不得
망상심 쉬지 않고 어찌 이루리

무연선교착여의
無緣善巧捉如意
지혜 밝혀 여의주 잡아 쥐면

귀가수분득자량
歸家隨分得資糧
영원한 고향 길에 노자를 얻는 걸세

이다라니무진보
以陀羅尼無盡寶
고향에 돌아온 후 다라니 보배로써

장엄법계실보전
莊嚴法界實寶殿
법계를 장엄하고 보배궁 세우고서

궁좌실제중도상
窮坐實際中道床
중도의 사자좌에 고요히 앉았으니

구래부동명위불
舊來不動名爲佛
본래부터 거룩한 부처님이시라네

『화엄경』에 등장하는 39종 화엄신중(華嚴神衆=華嚴聖衆)

① 금강신(金剛神) 절 입구 금강문. 좌우에 서서 불법(不法)을
　　　　　　　　수호하는 금강력사. 육체미의 원조.

② 신중신(身衆神) 진리를 성취하여 중생을 이익되게 하고,
　　　　　　　　願을 성취하여 부처님께 공양 올림.

③ 족행신(足行神) 법성진여(法性眞如)를 체로 삼아 여래를
　　　　　　　　친근 정진. 운신(運身)에 자유 얻음.

④ 도량신(道場神) 도량신은 삼보(三寶)를 모신
　　　　　　　　도량을 지키는 존재의 대표자.

⑤ 주성신(主城神) 성(城 집)을 지키는 존재로서 바른 마음에
　　　　　　　　안주하여 마음의 성을 수호함.

⑥ 주지신(主地神) 땅을 지키는 존재의 대표자. 매년 대보름
　　　　　　　　날을 전후하여 지신밟기를 한다.

⑦ 주산신(主山神) 산의 주인. 산은 높고 움직이지 않아
　　　　　　　　동요함이 없는 무공지(無功智)를 상징.

⑧ 주림신(主林神) 숲을 지키는 존재의 대표자.

⑨ 주약신(主藥神) 약(藥)을 다스리는 존재의 대표자.

⑩ 주가신(主稼神) 농경문화에 있어서 빼놓을 수 없는 곡식의
　　　　　　　　수확을 주재하는 존재의 대표자.

⑪ 주하신(主河神) 강이나 하천을 다스리는 존재의 대표자.

⑫ 주해신(主海神) 바다를 다스리는 존재의 대표자.

⑬ 주수신(主水神) 물을 다스리는 존재의 대표자.
생명력과 풍요롭게 하는 힘을 가짐.

⑭ 주화신(主火神) 불을 다스리는 존재의 대표자. 어둠을 밝혀주고 추위를 막아줌.

⑮ 주풍신(主風神) 바람을 주관하는 존재의 대표자.
영등제(靈登祭), 일본 가미가제(神風).

⑯ 주공신(主空神) 텅 비어 있으면서 모든 것을 포용하는 허공에 존재하는 중생의 대표자.

⑰ 주방신(主方神) 방향을 수호하는 존재의 대표자.

⑱ 주야신(主夜神) 밤을 창조하고 지키는 존재의 대표자.

⑲ 주주신(主晝神) 낮을 주관하는 존재의 대표자.

⑳ 아수라왕(阿修羅王) 인도에서는 선신(善神). 뒤에 싸움 잘하는 악신(惡神)으로 취급됨.

㉑ 가루라왕(加樓羅王) 금시조(金翅鳥). 새 중의 왕이며 용을 잡아먹고 산다는 새.

㉒ 긴나라왕(緊那羅王) 인비인(人非人), 음악을 다스림. 설산에 살며 미묘한 음성을 가짐.

㉓ 마후라가왕(摩睺羅迦王) 대망신(大蟒神 이무기).
음악신으로서 제석천을 따르고 있다.

㉔ 야차왕(夜叉王) 포악(暴惡). 사람을 잡아먹는 귀신이었지만 불교에서 선신으로 바뀜.

㉕ 용왕(龍王)　　　비와 바람을 일으키는 바다의 수호신.
　　　　　　　　　인도 신화에서 뱀을 신격화하고 숭배함.

㉖ 구반다왕(鳩槃茶王) 옹형귀(甕形鬼). 사람의 정기를 빨아먹는
　　　　　　　　　귀신. 불교에서는 수호신이 됨.

㉗ 건달바왕(乾撻波王) 식향(食香), 심향행(尋香行). 제석천의
　　　　　　　　　음악을 담당하는 신.

㉘ 월천자(月天子)　달. 밝은 빛으로 깨달음을 얻게 하여
　　　　　　　　　세계를 정화함.

㉙ 일천자(日天子)　태양. 태양숭배는 광명과 창조적 생산력에
　　　　　　　　　대한 경외감에서 찾음.

㉚ 제석천왕(帝釋天王: 忉利天, 33천, 妙高山)
　　　　　　　　　부처님 설법 장소인 제석천의 왕.

㉛ 야마천왕(夜摩天王) 赤白의 연꽃이 피고 지는 것으로
　　　　　　　　　시분(時分)을 삼아 즐거움을 맛봄.

㉜ 도솔천(兜率天) 희족천(喜足天). 최상의 만족함을 느끼는 곳.
　　　　　　　　　미륵보살이 거주.

㉝ 화락천(化樂天) 거친 것을 변화(化)시켜 즐거운 락(樂)으로
　　　　　　　　　삼는 천상세계.

㉞ 타화자재천왕(他化自在天王) 자기 경계와 남의 경계까지도
　　　　　　　　　즐겁게 만들어주는 세계의 왕.

㉟ 대범천왕(大梵天王) 만유의 근원인 브라만을 신격화한

　　　우주의 창조신. 불법 수호의 역할.

㊱ 무량광천(無量光天) 색계(色界) 제2선천. 입으로 광명을

　　　나퉈 의사를 소통한다는 천상세계.

㊲ 변정천(遍淨天) 색계 제3선천. 몸과 마음이 두루 깨끗하여

　　　선의 즐거움(禪悅)만 느끼는 곳.

㊳ 광과천(廣果天) 색계 제4선천. 선혜(善慧)로서 장엄한

　　　백천아승지다라니 법문으로 중생 교화.

㊴ 대자재천왕(大自在天王) 마혜수라천(摩醯首羅天).

　　　정거천(淨居天)이라 함.

이외에도 무번(無煩), 무열(無熱), 선현(善現), 선견(善見), 색구
경(色究竟)의 5天이 있다.

참 고 문 헌

1. 원전류

60『화엄경』(『대정장』9권)

80『화엄경』(『대정장』10권)

40『화엄경』(『대정장』10권)

『신화엄경론』(『대정장』36권)

『화엄경소』(『대정장』35권)

『연희초』(『대정장』36권)

『화엄경보현행원품소』(『속장경』1~7~3책)

『보현행원품별행소초』(『속장경』1~7~5책)

2. 저서

『中國華嚴思想史の硏究』카마다시게오, 東京大學出版會, 1965

『화엄철학』카르마 C · C 츠앙 저, 이찬수 역, 경서원, 1990

『화엄경 이야기』카마다 시게오 저, 장휘옥 역, 장승, 1992

『初期中國華嚴思想の硏究』키무라 키요시타, 春秋社, 1997

『화엄의 세계』전해주, 민족사, 1998

『화엄을 읽는다』키무라 키요타카 저. 김천학 · 김경남 역, 불교시대사, 2002

3. 논문

「李通玄の根本思想 --眞法界思想形成のとその思想史的意義-」코지마 다이잔,
『印佛硏究』32-2, 1983

「五臺山系華嚴思想の特質と展開」코지마 다이잔, 『華嚴學硏究』3, 1991

「화엄학연구자료집」정엄, 『일본의 인도철학 · 불교학 연구 -그 역사와 현황-』, 1996

「현대중국불교현황 -교학체계 및 수행체계」정엄, 『세계승가공동체 교학체계와 수행체계』, 1997

「澄觀法界解釋 -三大說を中心に-」정엄, 『南都佛敎』, 2000

「징관의 해인삼매관」정엄, 『대각사상』제4호, 2001

「징관의 선종관」정엄, 『불교학연구』제3호, 2001

「四法界說의 성립과 『법계관문』」정엄, 『한국불교학』제30집, 2001

「징관의 전기 및 화엄학계에 대하여」정엄, 『정토학연구』제5집, 2002

「징관이 신십현문을 채택한 이유」정엄, 『정토학연구』제8집, 2005

「징관의 화엄법계관 -법계 이해의 세 가지 유형-」정엄, 『불교학연구』제12집, 2005

문수동자

관음보살상

보현보살상

금동 미륵보살 반가사유상(국보 78호)

오대산 현통사(顯通寺)

현통사 내 무량전(無量殿)
(화엄종 제4조 청량국사 징관스님께서 화엄경을 강의하고 연구하신 곳)

화엄경탑(현통사 박물관 소장)

응현목탑
(山西省 應縣, 화엄경
7처 9회 설법을
상징하는 탑)

오대산 청량사 내 청량석
(五台山 淸凉寺 淸凉石)

오대산 불광사
(五台山 佛光寺,
해탈선사의 불광관법
수행처)

화엄일승법계도인(華嚴一乘法界圖印)

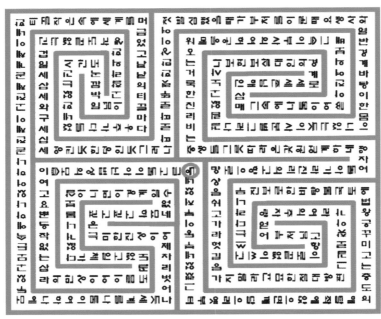

화엄일승법계도인 반시(華嚴一乘法界圖印 盤詩)